亚马逊大卖之路

跨境电商打造**千万级品牌**实操宝典

曲亮 / 著

电子工业出版社
Publishing House of Electronics Industry
北京·BEIJING

内容简介

近年来，跨境电商发展势头强劲，尤其是在全球经济产业转型及国内大循环的政策背景下，各方资本及势力纷纷加入，呈现出一派欣欣向荣的景象。亚马逊成为备受全球卖家青睐的跨境电商平台之一。而随着行业规模的扩大和卖家数量的激增，加之平台规则的频繁变动，卖家朋友们在店铺运营中屡屡碰壁，不知所措，于是想要寻求更多的书籍及文章来答疑解惑。特别是有经验的卖家朋友们，对我的前一本书《跨境电商亚马逊开店实战宝典》的基础实操已了然于胸，迫切需要高阶的运营策略及技巧，本书的推出正合时宜。

本书逻辑结构依然延续了前一本书的逻辑结构，以跨境电商的运营内容为基础，向大家展示了电商运营中的实战技法。但相比前一本书的基础操作，本书的内容干货满满，同时对运营实操知识加重了笔墨，比如第 3 章中的高阶选品，第 4～6 章中的优化进阶，第 7 章中的 IPI 新规 Tips 等，都将给读者朋友们带来全新的运营理念和实战技巧；而在 CPC 广告方面，鉴于亚马逊 A10 算法与谷歌算法的交错融合，我在第 8 章中为大家奉上自创的 CPC 新架构；关于全网融合的品牌详细战法，也在第 11 章中为大家做了专门的讲解，为大家产品的品牌出海献计献策；在实战方面，实战案例分享必不可少，自身真实的实战项目会穿插在不同的章节内容中，为大家带来全新的内容解读。

未经许可，不得以任何方式复制或抄袭本书之部分或全部内容。
版权所有，侵权必究。

图书在版编目（CIP）数据

亚马逊大卖之路：跨境电商打造千万级品牌实操宝典 / 曲亮著. —北京：电子工业出版社，2022.3
ISBN 978-7-121-42806-7

Ⅰ. ①亚… Ⅱ. ①曲… Ⅲ. ①电子商务－商业企业管理－经验－美国 Ⅳ. ①F737.124.6

中国版本图书馆 CIP 数据核字（2022）第 018366 号

责任编辑：林瑞和　　　　　　特约编辑：田学清
印　　　刷：北京天宇星印刷厂
装　　　订：北京天宇星印刷厂
出版发行：电子工业出版社
　　　　　北京市海淀区万寿路 173 信箱　　邮编：100036
开　　　本：787×980　　1/16　　印张：21.5　　字数：470 千字
版　　　次：2022 年 3 月第 1 版
印　　　次：2024 年 7 月第 3 次印刷
定　　　价：118.00 元

凡所购买电子工业出版社图书有缺损问题，请向购买书店调换。若书店售缺，请与本社发行部联系，联系及邮购电话：(010) 88254888，88258888。
质量投诉请发邮件至 zlts@phei.com.cn，盗版侵权举报请发邮件至 dbqq@phei.com.cn。
本书咨询联系方式：faq@phei.com.cn。

推荐序一

随着互联网技术的持续发展，以及中国制造在全球地位的快速提高，传统外贸企业正在加速向跨境电商转型。互联网对传统外贸产业链存量的赋能空间极大。

"外贸新基建"的不断完善加速了外贸线上化，中国乃至全球的外贸线上化的风口已经到来。通过不断地完善全链路跨境供应链体系、推进外贸数字化发展，开拓全球外贸线上化"蓝海"已经成为国内众多外贸企业的共识。外贸线上化的黄金发展机遇已经到来。

在"双循环"发展的新格局下，跨境电商是中国外贸的强劲增长点，政策导向明确，中国外贸升级转型成为必然趋势。随着各大跨境电商平台及跨境物流基础设施的不断完善、移动端应用的崛起，更多跨境商家和零售商家转战线上。

在这个时代大背景下，跨境电商成为众多商家的必然选择。然而，语言的障碍、平台规则的烦琐、运营方法的不熟悉、跨境物流环节的不可控等各个现实中的业务难点都在不断地困扰着每位向全球发展的企业家。

曲亮老师跟我是多年的同事，他有扎实的跨境电商运营经验，操盘过大量热门品类的出口业务。难能可贵的是，曲亮老师不只是一位会做业务的运营人才，更是一位可以从实践中总结出理论的高素质、高学识的专家。曲亮老师通过多年在跨境电商行业中积累的丰富经验，汇聚成了本书中各种切实可行的实战技巧。这些实战技巧可以让很多初涉跨境电商行业的人士快速地上手、掌握、实施、成单。曲亮老师这种理论与实践相结合的操作宝典在行业内非常有价值。

看着这本干货满满的跨境电商操作宝典，我回忆起曾经和曲亮老师一起披荆斩棘、屡获订单的日子，不禁感叹能买到这本书的行业从业者多么幸运。一本专业而详尽的指南会让从业者少走很多弯路，少踩很多坑。

我们当时在没人教、没人带的情况下做跨境电商，各个业务环节的学费都交了几百万元。然而，曲亮老师就是这样一位乐于分享、乐于成就他人的实践者。之所以这么多行业内外的人见到他都叫他"曲亮老师"而不是"曲总"，就是他的这种品质决定的。

最后，希望各位读者都可以从曲亮老师的新书中学到自己所需要的知识，所谓"路漫漫其修远兮，吾将上下而求索"，在瞬息万变的国际市场中，唯有不断研究、不断学习才能获得更好的发展，从而为团队创福祉、为行业树标杆、为国家争荣誉。

杨鑫
《中小网店流量宝典》作者
一名长期在互联网行业奋斗的实战者

推荐序二

2013年，我在亚马逊美国站推出了第一款自有品牌产品，通过不到1年的时间，销售额就达到了5万美元/月。而这仅仅是我的一份副业，我觉得这是我人生征途的新起点。同年，我辞去了广告公司高管的职位，并全身心地投入自己的亚马逊事业中。

2016年，随着亚马逊事业的顺利发展，我们团队推出了自己的数据软件——ZonGURU。起因是我希望解决亚马逊卖家遇到的普遍的问题，即如何利用大数据帮助亚马逊卖家实现阶段性的突破。我们从选品、优化、订单管理、客户维护等维度，为不同阶段的卖家提供比较有效的一站式解决方案。毕竟，数据对于亚马逊卖家而言太重要了。

在软件上线后的几年里，我见证了身边的朋友们在亚马逊上取得的成功，也乐于分享他们的喜悦。在分析亚马逊数据及与用户的沟通中，我们也看到了大家在亚马逊上创立自己品牌的巨大可能性，每个人都有机会做到NO.1。当今社会，大多数人都渴望的成功是获得更多的财富来实现财务自由，而亚马逊正是这把打开成功之门的钥匙。

这是最好的时代，互联网让世界充满了很多的可能性。让我惊讶的是，现在所有人都可以通过更好的教育、更好的技术、更完善的服务和更有效的工具来创立自己的品牌，走上世界舞台，与其他品牌竞争并有机会超越它们，这在以前是不可想象的。最重要的是，做到这些，你并不一定需要高学历、特殊的工作经历，或是住在特定的国家，你需要的仅仅是对亚马逊事业的热忱，以及敢于变化、勇于尝试新鲜事物和持续不断的学习能力，而且还要持之以恒地坚持下去。对此，我必须给大家提个醒，那就是，在亚马逊的事业上，要想获得长期盈利是没有捷径可言的。你需要做长期的准备，制订可行的商业计划，并具备坚定的执行力，这样才能一步步走向成功。

在曲亮老师跟我聊起这本书的时候，我想起我跟他的第一次见面，那种一见如故的感觉真是太棒了。我们都有着一样的目标和激情，那就是，帮助大家通过亚马逊平台，在跨境电商领域建立长期的、稳定的事业。曲亮老师在这方面的理论知识和实战技能可谓是专家级的，不论你是刚刚入行的小白，还是经验丰富的老手，只要阅读曲亮老师的这本实操宝典，多多汲取他在跨境电商领域的经验知识，就会让你的亚马逊事业更上一层楼。

最后，希望大家以梦为马，砥砺前行，踏上这段神奇的通向财务自由之路的旅程。祝你成功！

Jon Tilley

ZonGURU 联合创始人&首席执行官

推荐序三

近年来，跨境电商借助全球一体化的进程将世界各个国家"链接"了起来，背靠世界工厂的中国卖家在其中扮演着举足轻重的角色，他们通过电商平台为海外客户提供了优质的、丰富的产品，同时也在彰显中国的品牌影响力，让中国制造享誉全球。

但今时不同往日，要想做好跨境电商并非易事。大家一方面要提高自己的行业认知能力，另一方面则需要强化店铺的运营技能。曲亮老师的这本书正逢其时，通过总结其过往的实战经验，帮助大家更加直观地了解品牌运营的理念及店铺实操的知识。

与曲亮老师的相遇是在"大数据选品鸥鹭私董会"的现场，曲亮老师的分享干货十足，引人入胜，十余载的跨境电商运营经验及实战技巧使得百人会场掌声雷动，足见卖家们对曲亮老师的认可。期待这本宝典可以帮助更多的卖家实现品牌出海，在世界的舞台上扬帆远航！

沈润权

鸥鹭 CTO

前言

故事一 ——"梦想的种子"

  提到梦想,大家可能觉得有点虚无缥缈,但它确确实实是支撑一个人人生意义的信仰。说到我的梦想,我印象最深刻的是在大一的一节英语精读课上,老师问了我们一个问题:"你们的梦想是什么?"有的同学说:"我想当老师。"有的同学说:"我想当翻译。"当问到我的时候,我的回答是:"我要当老板,赚美元!"然后老师只是笑了笑,没说什么。说实话,当时我根本不知道怎么当老板、怎么赚美元,只是有这么一个想法,对未来没有任何的计划,而这也许就是我内心深处的那颗梦想的种子。

  我不是学霸级人物,我来自一个普普通通的工薪家庭,学习生涯也并不是一帆风顺的,在义务教育阶段中规中矩,上了大学后,也有过一段被称为"迷茫混沌"的时期:自我否定的"迷失感"、成绩不好的"愧疚感"、时间和精力错配的"失落感",以及对于未来的担忧,一系列问题充斥在我的脑海中。每当这些负能量出现的时候,我内心那颗梦想的小种子都会提醒我,给予我力量,让我对未来充满期许,不断地去调整自己的状态,奋发向上。

  大学4年匆匆而过,面临毕业后的去向,加上对实现梦想的路径再三斟酌,最后我选择了深圳,并在毕业那天毫不犹豫地订了前往深圳的车票,跟小伙伴一起南下,开启了梦想之旅。这一晃就是15年。然而,有了梦想,并不代表你就能成功。

故事二 ——"坚持的幸运"

  那是我第一次来深圳,现实并没有我想象中那么好,来的时候正好赶上最热的天气,白天和晚上温度差不多,跟蒸桑拿一样。东北流行的澡堂子,在这里压根儿就没有,大家都是使用自家的花洒淋浴,这边称之为"冲凉"。头几天因为饮食不适应,我感觉胃里翻江倒海,经常流鼻血,还被无处不在、体形硕大的"小强"们打扰。各种水土不服和身体不适接连出现,搞得我身心俱疲。家人们经常给我打电话嘘寒问暖,他们说的最多的话就是:"回来吧,在外面那么辛苦干吗啊?回来给你安排一个稳定的工作多好,没那么累!"说心里话，每到这个时候，我的内心也会动摇，但总想着再坚持一下。

适应了一段时间的深圳生活，我开始找工作，目标很明确：第一个是进国际贸易领域学习营销技巧；第二个是进有点儿实力的工厂，能近距离地接触产品，学得产品知识。于是，我的第一份工作锁定了当时很偏远的深圳关外（再走几步就到东莞了），厂里包吃住，工资为 2500 元/月，虽然苦一些，但也算稳定了下来。在接手业务以后，很明显的感觉是，我低估了做外贸工作的难度，进展不算顺利，每天零零散散地询盘，不确定哪些是真实的客户、哪些只是打探产品信息的路人。因为经验不足，所以只能全身心地去应对。每天下班后，我拖着疲惫的身躯回到住处，期待着明天有更好的消息。就这样熬了 3 个月，在第 4 个月的时候，终于有客户下单了，产品是金属探测仪上的专用电池，虽然只有几千美元的销售额，但是我却如释重负。这让我意识到，在一个陌生的城市，也可以凭借努力实现自己的人生价值。

在接下来的日子里，与家人的沟通中我的语气也多了几分自信，但亲戚、朋友依然还是劝我回去找一份工作度日。我很理解他们的好心，但我有我的坚持。

在往后的几年里，我的工作渐渐有了起色，业绩攀升，斗志昂扬。然而，在本以为可以有所作为的时候，2008 年的一场金融危机席卷全球，沉重地打击了各行各业，尤其是外贸 B2B 业务，我的工作也没能在金融危机中幸免，我又回到了重新找工作的路上。我开始深入了解国际贸易和互联网行业，趁着金融危机，幸运地抓住了转型的机遇，由 B2B 辗转到 C2C，之后又顺利地走向了 B2C，这才踏准了属于自己的人生节奏，事业走上了正轨。

转眼间，许多年过去了，亲戚、朋友也很少再提让我回家工作的事儿了，后来我才发现原来他们也下岗了，摆着小摊自力更生，我不知道说什么好，祝福吧。

很幸运的是，经过十几年的积累，2019 年我出版了自己的第一本书。出书的原因非常简单：第一是把自己的总结写出来留个纪念；第二是让后来的从业者们可以少走弯路；第三是作为下一代学习的素材，拓展孩子们对读书学习的认知范畴。

出书的过程是煎熬的，因为每天要培训、带项目，我只能利用工作和生活的间隙来完成书稿的创作，实属不易，但还是心底的那份坚持让我终于完成了人生的第一本书。在第一本书出版的那一刻，我兴奋得彻夜难眠，成就感满满。

故事三——"要以人为本"

在我国的古书中，最早提出"以人为本"的是春秋时期齐国的管仲，其言"夫霸王之所始也，以人为本"。

我很认可"以人为本"的说法，也一直在践行着这个理念。比如，我当初选择了加入跨境电商这个领域，聚焦在亚马逊这个平台，就是因为跨境电商亚马逊"不断提升客户的用户体验"的核心准则正好是"以人为本"的体现，契合了我的价值观。而后面在店铺运营中，团队围绕目标客户，从品牌调性、产品开发、售后服务等方面不断地提升客户的满意度，就是希望回归到买卖的初衷——"为客户提供价值"，把全球新零售做得更纯粹、更极致。

在做跨境电商的过程中，因为有着相同的价值观，我结识了很多各领域志同道合的伙伴，大家一起为跨境电商行业的繁荣发展贡献自己的力量。我平日的分享、出书、培训等，都是在努力地为业内人士提供力所能及的帮助，这不仅仅是我的事业，也是我人生的一次修行，我热爱它，并乐在其中。

转眼间，我创作的第二本书就要上市了，虽然没有第一本书上市时的兴奋劲儿，但依然激动得不能自已。出书、培训、做项目……在一个行业中的经验、资源积累得多了，做的事情就会有些杂。有的人戏称我是"斜杠中年"，但其实，我自始至终都保持着初心，做着跨境电商这一件事，紧紧跟随国家经济转型、产业升级的大趋势，与国运共昌盛。

在此，感谢给予我支持的父母、妻子、孩子，感谢团队里对本书做出贡献的大牛和飞哥，特别感谢出版社的林兄及各位同仁，因为有了你们的辛苦付出，才有了我第二本书上市的机会。衷心地感谢大家！

曲亮

2021 年 7 月 17 日

读 者 服 务

微信扫码回复：42806

- 获取作者视频课程、多款亚马逊开店实用工具、价值千元的热门行业类目数据等资源
- 加入本书读者交流群，与作者互动
- 获取【百场业界大咖直播合集】(持续更新)，仅需 1 元

目录

第1章 全球开店，KYC等销售新规的应对 /1
1.1 店铺KYC的新流程 /1
 1.1.1 注册资质的变化 /1
 1.1.2 KYC的审核资料 /2
 1.1.3 A-Z索赔政策新规 /6
1.2 欧盟VAT+CE新规 /7
 1.2.1 什么是VAT /7
 1.2.2 如何申报VAT /8
 1.2.3 什么是EORI /9
 1.2.4 欧盟CE负责人制度 /10
1.3 开店运营成本核算 /11
 1.3.1 技术服务费 /11
 1.3.2 店铺服务费 /13
 1.3.3 供应链费用 /13
 1.3.4 公司运营费 /14

第2章 品牌布局，亚马逊大卖之路 /16
2.1 为什么创建品牌 /16
 2.1.1 全球的卖家现状 /16
 2.1.2 品牌的消费趋势 /18
 2.1.3 建立品牌的好处 /19
 2.1.4 品牌的终极奥义 /22
2.2 品牌权益的保护 /22
2.3 品牌孵化的筹备 /25
 2.3.1 起个好名字 /25
 2.3.2 商标代注册 /26
 2.3.3 做品牌视频 /27
2.4 品牌备案的操作 /28
 2.4.1 如何备案 /28
 2.4.2 分销授权 /34
 2.4.3 品牌移除 /37

第3章 高阶选品，实战逻辑与技法 /38
3.1 选品底层逻辑 /38
 3.1.1 确定分类 /38
 3.1.2 刚需至上 /45
 3.1.3 差异突破 /47
 3.1.4 启动预算 /53
3.2 爆款选品策略 /53
 3.2.1 消费者的需求及趋势 /54
 3.2.2 全网电商的数据挖掘 /63
 3.2.3 亚马逊的数据神器 /68
 3.2.4 爆款选品的注意事项 /80
3.3 选品神器实战 /81
 3.3.1 ZonGURU /81
 3.3.2 OALUR /88
3.4 选品分析报告 /94
 3.4.1 选品报告简要 /95
 3.4.2 类目需求趋势 /95
 3.4.3 全球市场体量 /98
 3.4.4 品类类目概览 /101

3.4.5　竞品内参数据　/105
3.4.6　FBA 成本核算　/113
3.4.7　选品报告总结　/116

第 4 章　耳目一新的 Listing 优化策略（上）——文案篇　/118

4.1　全新的 A10 算法　/118
 4.1.1　强调信息相关性　/118
 4.1.2　弱化 CPC 的权重　/119
 4.1.3　店铺的绩效权重　/119
 4.1.4　ASIN 点击率（CTR）　/119
 4.1.5　ASIN 转化率（CR）　/119
4.2　标题的优化原则　/120
 4.2.1　官方的标题要求　/120
 4.2.2　标题的黄金结构　/121
 4.2.3　Listing 的 A/B 测　/122
4.3　产品的卖点展现　/124
 4.3.1　五点描述的 Tips　/124
 4.3.2　Emoji 表情的应用　/125
 4.3.3　实战案例分享（ZonGURU）　/125
4.4　ASIN 的附加属性（LQD）　/128
 4.4.1　如何操作 LQD　/128
 4.4.2　LQD 有哪些好处　/129
4.5　特定类目的标识　/130
 4.5.1　安全警示标识　/130
 4.5.2　年龄验证标识　/131
4.6　互动问答的 SEO　/131

第 5 章　耳目一新的 Listing 优化策略（中）——视觉篇　/134

5.1　图片优化 TIPs　/134
 5.1.1　多图框架　/135
 5.1.2　图片 A/B 测　/139
5.2　A+详情页　/142
 5.2.1　自定义 A+　/143
 5.2.2　A+小技巧　/145
5.3　品牌旗舰店　/146
 5.3.1　创建品牌店铺　/146
 5.3.2　店铺数据跟踪　/148
5.4　商品关联视频　/148
 5.4.1　品牌视频　/149
 5.4.2　客户视频　/150
5.5　品牌 POST　/151
 5.5.1　POST 展现样式　/152
 5.5.2　如何创建 POST　/152
5.6　视频直播　/154
 5.6.1　Amazon Live 优势　/155
 5.6.2　创建 Amazon Live　/155

第 6 章　耳目一新的 Listing 优化策略（下）——进阶篇　/159

6.1　ASIN 定价规则　/159
 6.1.1　如何定价　/159
 6.1.2　调价技巧　/161
6.2　虚拟捆绑销售　/164
 6.2.1　什么是捆绑销售　/164
 6.2.2　如何设置捆绑组合　/165
 6.2.3　捆绑商品的费用　/165
6.3　权威文件背书　/166
6.4　Alexa 语音搜索　/167
 6.4.1　语音搜索的特点　/167
 6.4.2　Amazon's Choice　/168
6.5　重视客户留评　/169
 6.5.1　客户评价的意义　/169
 6.5.2　客户留评的规则　/172
 6.5.3　品牌评价的管理　/172
 6.5.4　获取评价的途径　/173
 6.5.5　提高客户留评率　/178

目录

6.6　激励用户互动　/ 180
　　6.6.1　Customer Engagement　/ 180
　　6.6.2　定制页面的要素　/ 180

第7章　IPI监管，FBA卖家的新对策　/ 182
7.1　什么是IPI库存绩效　/ 182
　　7.1.1　IPI的评分规则　/ 183
　　7.1.2　IPI的评分周期　/ 184
　　7.1.3　全新FBA流程　/ 186
　　7.1.4　FBA成本详解　/ 189
7.2　影响IPI评分的要素　/ 191
　　7.2.1　FBA库存冗余率　/ 192
　　7.2.2　FBA库存周转率　/ 192
　　7.2.3　FBA库存出错率　/ 193
　　7.2.4　FBA热卖现货率　/ 194
7.3　如何提升IPI的分数　/ 195
　　7.3.1　减少FBA库存积压　/ 195
　　7.3.2　提高库存周转率　/ 198
　　7.3.3　维护Listing信息　/ 204
　　7.3.4　避免热卖品缺货　/ 205
7.4　库存IPI的常见问题　/ 207
　　7.4.1　优化后，为什么IPI下降了　/ 207
　　7.4.2　FBA库存率是如何计算的　/ 207
　　7.4.3　新建的ASIN是否影响IPI　/ 207
　　7.4.4　未达到IPI的后果是什么　/ 207

第8章　绝无仅有，CPC的"神仙"打法　/ 208
8.1　CPC广告介绍　/ 208
　　8.1.1　为什么投放广告　/ 208
　　8.1.2　广告的先决条件　/ 211
　　8.1.3　CPC广告位展示　/ 211

8.2　CPC操盘核心　/ 213
　　8.2.1　CPC广告原理　/ 213
　　8.2.2　DFSN黄金法则　/ 218
　　8.2.3　关键词新类型　/ 220
8.3　CPC"神仙"架构　/ 221
　　8.3.1　产品ASIN分组　/ 221
　　8.3.2　确定分组ASIN　/ 222
　　8.3.3　广告活动架构　/ 223
8.4　站内CPC广告　/ 226
　　8.4.1　CPC广告创建　/ 226
　　8.4.2　CPC操作进阶　/ 235
　　8.4.3　CPC广告报表　/ 241
8.5　CPC广告TIPs　/ 245
　　8.5.1　关键词转化率　/ 245
　　8.5.2　广告关联流量　/ 245
　　8.5.3　GEO的高权重　/ 248
　　8.5.4　品牌BAT返利　/ 248
　　8.5.5　广告优化日常　/ 249
　　8.5.6　CPC常见问题　/ 250

第9章　品牌数据，深度运营的法宝　/ 253
9.1　品牌数据解读　/ 253
　　9.1.1　客户搜索词　/ 254
　　9.1.2　重复购买行为　/ 256
　　9.1.3　市场篮子分析　/ 256
　　9.1.4　商品比较及替代　/ 256
　　9.1.5　人群属性统计　/ 257
9.2　FBA流程回顾　/ 258
　　9.2.1　头程前的准备　/ 258
　　9.2.2　头程中的工作　/ 258
　　9.2.3　入仓后的操作　/ 259
　　9.2.4　FBA注意事项　/ 259

第10章　账号维护，店铺日常的客服工作　/ 261
10.1　店铺绩效监控　/ 261

XIII

10.1.1 账户健康指标 /261
10.1.2 买家满意度指标 /264
10.1.3 客户服务评分 /264
10.2 账号问题类型 /267
10.2.1 多个账号关联 /267
10.2.2 产品违规投诉 /267
10.2.3 店铺销量激增 /268
10.2.4 销售违规投诉 /268
10.2.5 评价操纵投诉 /269
10.2.6 知识产权投诉 /269
10.3 账号解封流程 /270
10.3.1 案例1，店铺账号关联 /270
10.3.2 案例2，商标侵权投诉 /272
10.4 店铺售后处理 /275
10.4.1 针对退货问题的思考 /275
10.4.2 针对退货问题的措施 /275
10.4.3 针对客户差评的处理 /277

第11章 站外SEO，亚马逊的全网流量体系 /279

11.1 亚马逊SEO与Google的融合 /279
11.1.1 创建Listing的OTA链接 /280
11.1.2 投放Listing的OTA链接 /283
11.1.3 长尾关键词的运用 /286
11.1.4 优化目标Listing /288
11.1.5 Listing的精准内容 /288
11.1.6 品牌捆绑销售的妙用 /289
11.2 亚马逊站外SEO渠道 /290
11.2.1 MEDIUM 内容营销 /290
11.2.2 PINTEREST 运营策略 /296
11.2.3 Quora 问答推广 /299
11.2.4 YOUTUBE 营销技巧 /302
11.2.5 DEAL 站促销发布 /306
11.2.6 SHOPIFY 独立站Tips /310

第12章 ABT3.0，新团队作战体系 /314

12.1 团队的核心竞争力 /314
12.2 团队架构及人员职责 /315
12.2.1 团队架构 /315
12.2.2 人员职责 /316
12.3 团队管理的高效系统 /317
12.3.1 主流的KPI /317
12.3.2 新兴的OKR /317
12.4 跨境电商人才培养 /318
12.4.1 行业人才缺口 /318
12.4.2 政企合作模型 /318
12.4.3 校企合作模型 /319

结语 /322

附录A 亚马逊常用专业术语A-Z指南 /324

第 1 章

全球开店，KYC 等销售新规的应对

1.1 店铺 KYC 的新流程

从业 15 载，全球大大小小的电商平台亲历了不少，从平台的生态体系来讲，亚马逊是非常成熟的一个电商平台。它拥有 20 多年的技术积累，对卖家和买家的各种利益保障都在不断地完善和优化。近些年，为了营造良好的营商环境及保障买家的合法权益，亚马逊对入驻卖家的申请门槛也在不断地抬高，且 KYC 的审核也趋于严格。在我的第一本书中，已对店铺注册的流程做了详细的阐述，这里不再赘述，只跟大家重点讲讲店铺 KYC 的新变化。

1.1.1 注册资质的变化

1. 申请主体

以美国站为例，之前，中国卖家在注册店铺的时候，可以以个人资质或公司资质来申请，对申请身份没有明显限制。从 2020 年开始，针对中国卖家，亚马逊不再接受个人资质的店铺注册，只能以正规公司的资质来申请店铺。有的同学说，可以用个体工商户来注册，我在平日的培训中，确实也见过个人或个体工商户类型的店铺，但那些要么是早年间的老店铺，要么是侥幸注册成功的新卖家。

2. 信息录入

在整个注册信息填写的过程中，针对中国卖家，亚马逊优化了信息的录入格式，比如公司名称、办公地址、法人姓名等均要求录入中、英文（拼音），如图1-1所示。

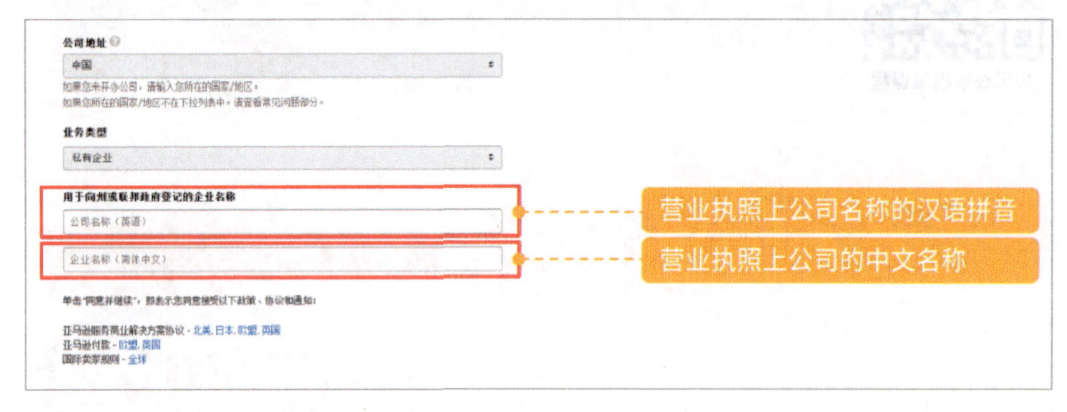

图1-1

建议大家即时关注亚马逊官方店铺的注册规则变动，严格按照要求来进行店铺的注册申请。不要心存侥幸，ETSY已经限制中国卖家注册了，亚马逊账号会越来越宝贵，且行且珍惜。

1.1.2 KYC的审核资料

提到KYC，成熟的卖家再熟悉不过了，它是亚马逊平台对开店卖家的资质审核，审核通过后才能继续在平台上销售，否则将限制销售权限。相比来说，欧洲站比美国站的KYC审核要更加严格。我们一起来看看亚马逊KYC的新变化。

1. 美国站

对于美国站的卖家来讲，最直观的变化是KYC中的地址审核被提前了，往年都是在注册完成后隔段时间才可触发KYC，一般是要卖家提供收款账户或者地址证明（有的卖家发现单独的Listing被下架，要求提交相关资料进行复审，这不属于KYC，是产品级别的分类审核）。最近一段时间，新卖家会发现，注册店铺的时候，在后半段的资料提交中直接激活了KYC的地址审核。地址审核可分为两种形式，一种是视频验证，如图1-2所示，亚马逊平台会安排工作人员与卖家约定视频通话的时间。同时，卖家可利用专属的会议软件与KYC的审核人员进行视频信息验证。

图 1-2

另一种是明信片认证，亚马逊平台会根据卖家所填的办公地址配送一张带有验证码的明信片，如图 1-3 所示，卖家收到明信片以后，把验证码录入店铺后台，提交验证即可。

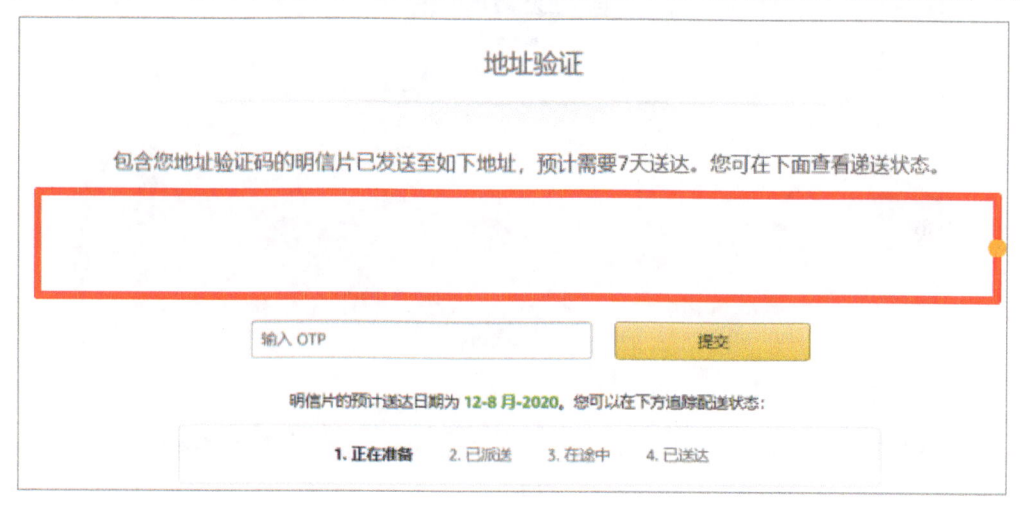

图 1-3

因为 KYC 地址信息审核提前了，所以如果一切顺利，新店铺注册完成大概需要 2~3 周。根据以往的经验，这两种形式是随机的，所以，大家要做好充分的准备，确保信息准确及视频设备可用。

在后期的运营过程中，大家要即时关注自己账号的健康状态，不要违反亚马逊平台的运营规则，避免 KYC 的二次触发。

2. 欧洲站

相比美国站，欧洲站的 KYC 就稍微复杂了些，需要认证的资料也比较多。针对不同卖家的实际情况，触发 KYC 审核的时间也不一样，一般分为两种：一种是注册即审核；另一种是达到一定的销售阈值便会触发审核。

KYC 审核的时间一般需要 1~1.5 个月。在 KYC 的审核过程中，最重要的就是审核资料的准备，卖家必须保证店铺注册信息的真实性，从而快速通过 KYC 审核。那么，卖家都需要准备哪些资料呢？下面给大家分享一下。

1）营业执照

注册欧洲站时，可以使用公司的营业执照复印件或扫描件，如图 1-4 所示。个体工商户的资质也可以，但是要保证营业执照经营范围与店铺分类的一致性。

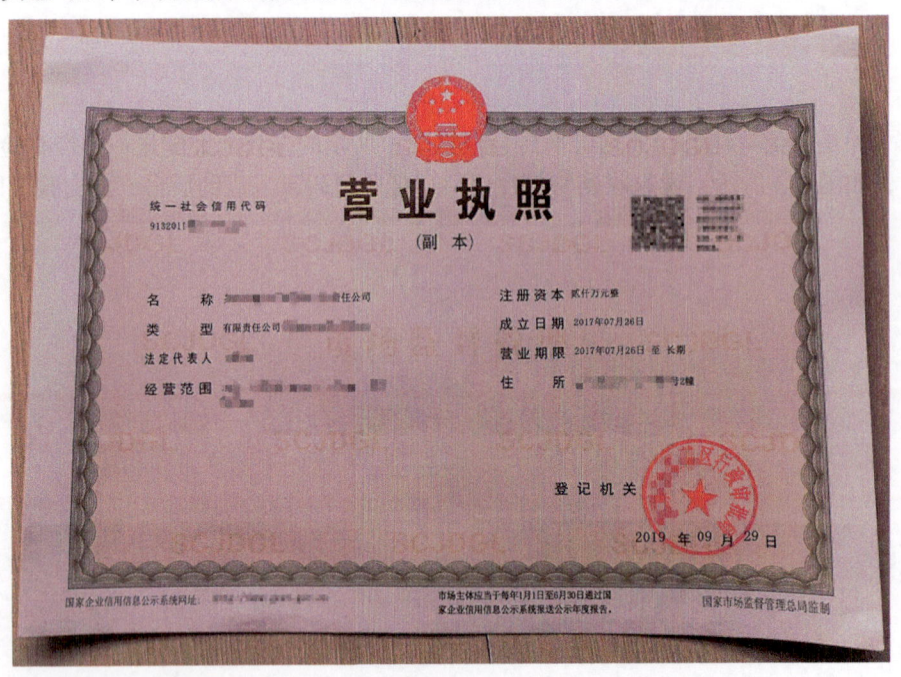

图 1-4

2）身份证件（户口本）

身份证件可以是法人及受益人的身份证正、反面的扫描件，确保信息清晰展现，并整合到一份文件里。

3）费用账单

亚马逊平台官方的要求是信用卡账单、水电、物业、宽带等日常费用账单，任选其一即可，我用的比较多的是水电账单，如图 1-5 所示。

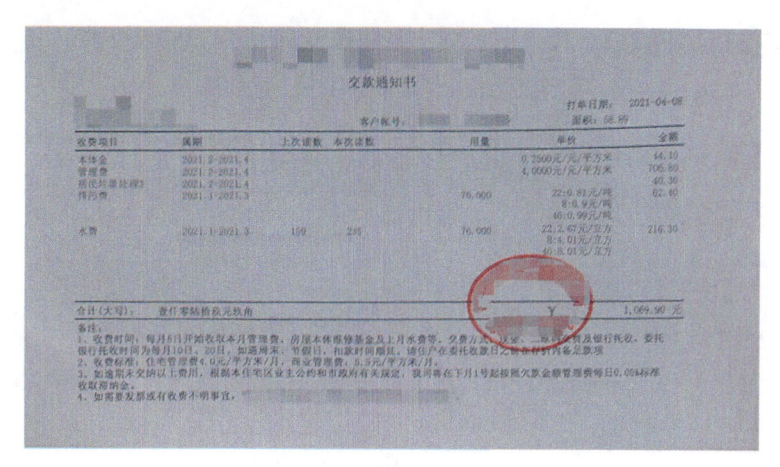

第 1 章　全球开店，KYC 等销售新规的应对

图 1-5

4）银行账户证明

亚马逊平台官方的要求是银行对账单、资信证明或支付服务提供商提供的账户对账单，材料中要确保带有公司名称、银行账号及银行业务码印章，如图 1-6 所示。

图 1-6

5）公司章程

公司章程大概有 10 多页，章程中务必包含股东、出资方式及出资额，并盖章签字，准备完善后扫描并入一份 PDF 文件中，如图 1-7 所示。

6）收款账户

我们在进行欧洲站收款账户绑定的时候，也需要准备"账户证明"来认证。我用的是 PingPong，所以提交的是 PingPong 账号的"账户证明"，如图 1-8 所示。

5

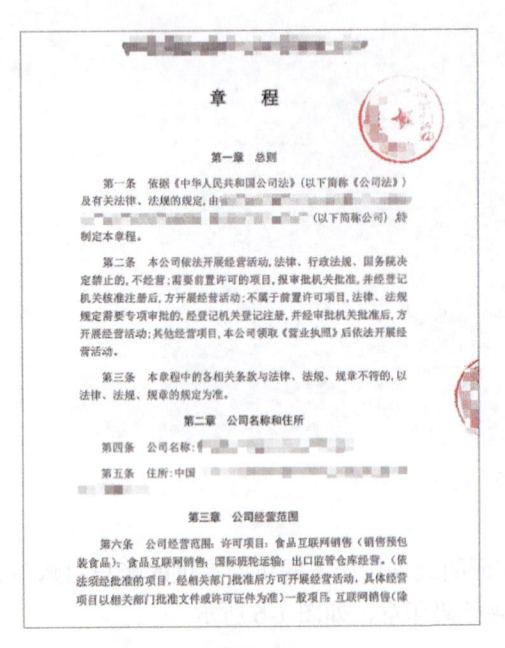

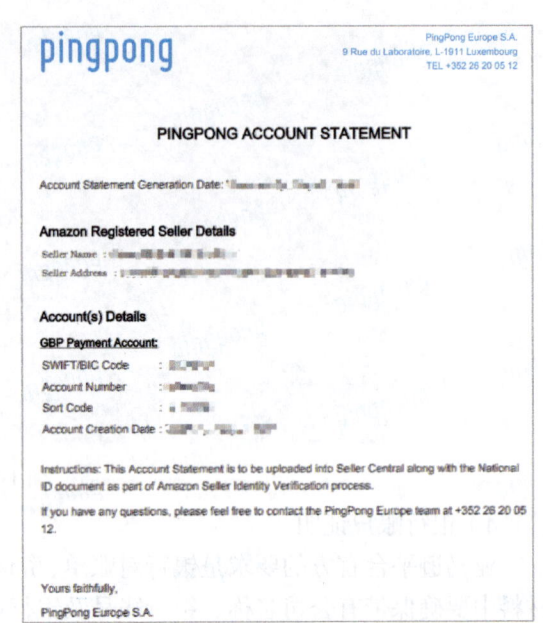

图 1-7   图 1-8

以上就是欧洲站 KYC 审核的所有资料样本，供大家参考。需要补充的一点是，以现有的经验来看，哪怕是 100% 的真实资料，欧洲站审核的通过率也不到 90%，确实有点儿玄妙，希望各位卖家谨慎操作。

1.1.3　A-Z 索赔政策新规

为了保障平台买家及卖家的合法权益，亚马逊要求卖家如果连续 3 个月的销售额达到 10000 美元，就必须购买产品责任保险，并将亚马逊作为附加被保险人。这个可以算作 A-Z 索赔保障的 PLUS 版本，虽然卖家运营成本增加了，但对于 A-Z 的索赔，亚马逊会直接介入，进行赔偿的相关操作，节约买卖双方的时间，提升消费者的满意度。当然，亚马逊也会结合内部先进的反欺诈与滥用检测系统，配合外部的保险专家，综合分析索赔案件，甄别索赔的有效性，保障卖家的利益。

最近，亚马逊对这一政策要求做了调整，此前 3 个月的达标期限被缩短到了 1 个月。也就是说，卖家的销售额在 1 个月之内达到 10000 美元，就必须购买产品责任保险。亚马逊会定期对销售额进行跟踪审核，一旦达标，就会提醒卖家在 30 天内完成保险投保或续保的操作，并要求上传相关保险凭证，所以，各位卖家要提前做好准备。

1.2 欧盟 VAT+CE 新规

FBA 卖家在亚马逊的全球网络售卖产品的过程中，难免会碰到缴税费的情况，比如美国的销售税、澳大利亚的增值税等，而各个国家都有自己的一套税收制度，其不同的计算方式和征收法则，也使得税费的管理变得稍微复杂了些。

现阶段，因为美国站为中国卖家提供了免税政策，税务规则遵循"W-8BEN 免税协议"，所以，卖家在亚马逊平台真正意义上的增值税缴付暂时为零，尽管这几年美国站开始向卖家征收销售税，但也是因地制宜，税务政策按照每个州的地方规则进行差异化征收，如图 1-9 所示。

美国州	"我要开店 (SOA)"费用（取决于贵公司所在地）	亚马逊物流库存预处理服务费（取决于运营中心所在地）
亚利桑那州	无须纳税，但服务费应纳税 - 州	应纳税：州 + 地方
康涅狄格州	应纳税，减免 1% 的州税	应纳税：州
哥伦比亚特区	应纳税：州	非应税
夏威夷州	应纳税：州 + 地方	非应税
伊利诺伊州	非应税	应纳税，仅需缴纳总费用的 50%：州 + 地方
南达科塔州	非应税：订单相关费用* 应纳税：非订单相关费用**州 + 地方	非应税
西弗吉尼亚州	应纳税：州 + 地方	应纳税：州 + 地方

* 与每个订单相关的 SOA 费用通常会因向买家销售商品而收取（例如，销售佣金、非固定交易手续费和其他单件商品费用）** 与订单相关的 SOA 费用通常是因您选择参与的计划或服务而收取的（例如，月服务费、计划费用以及广告费等）。

图 1-9

而欧盟的 VAT 增值税则更加复杂，特别是英国脱欧以后，欧盟的政策变动频繁，这里我们详细讲解下欧盟 VAT 的情况。

1.2.1 什么是 VAT

VAT（增值税）是欧洲各国比较普遍的一种消费税，亚马逊卖家在欧洲地区销售商品，就需要注册欧盟增值税。在一般情况下，VAT 又可分为进口增值税和销售增值税。

1. 进口增值税

进口增值税是卖家把产品出口到亚马逊欧洲站点国家以后，被当地政府征收的一种税项。截至 2021 年 7 月 17 日，欧洲各国的增值税税率普遍维持在 20% 左右，比如英国是 20%，德国是 19%，意大利是 22%。当然，除了进口增值税，大家别忘了还有关税。一般来说，亚马逊欧洲站进口税=关税+进口增值税。举个例子：发一批 200 顶的帽子到英国 FBA 仓库，货物的申报价值为 10 英镑/顶，总申报价值为 2000 英镑，头程运费为 200 英镑。那么，这批货物的欧洲进口税=2000 英镑×10%+（2000 英镑+200 英镑+200 英镑）×20%=680 英镑。

2. 销售增值税

销售增值税有别于进口增值税，是亚马逊卖家销售产品后向消费者征收的税额，所以亚马逊卖家需要依据在亚马逊欧洲站的销售额，向当地政府缴纳销售增值税。举个例子：帽子的售价为 150 英镑/顶，其中 150 英镑为含税售价，而不含税售价为 125 英镑；销售增值税为 25 英镑；因为 VAT 进口增值税已缴纳 3.4 英镑，所以，仍需缴纳销售税为 25 英镑−3.4 英镑=21.6 英镑。

1.2.2　如何申报 VAT

1. 4 种常见的申报情况

在日常的销售过程中，可能面对不同的销售情况，我们该如何申报 VAT 呢？接下来看几个案例。

1）案例 1

"帽子销量不好，一个季度过去了，1 顶也没卖出去。"那么，销售额=0，销售增值税=0，此时，卖家可以向海关申请退税（进口增值税）680 英镑。

2）案例 2

"赶上旺季了，200 顶帽子全部销售一空。"那么，销售额=30000 英镑，销售增值税=5000 英镑，此时，卖家应补缴 VAT=4320 英镑。

3）案例 3

"只售出一半，总计销售 100 顶帽子。"那么，销售额=15000 英镑，销售增值税=2500 英镑，此时，卖家应补缴 VAT=1820 英镑。

4）案例 4

"只售出一点点，总计销售 20 顶帽子。"那么，销售额=3000 英镑，销售增值税=500 英镑（低于进口增值税），此时，卖家应缴纳增值税=−180 英镑，也就是卖家可向海关申请退税 180 英镑。

2. VAT 的申报流程

首先，我们将货物出口至欧洲，此时上缴进口增值税，紧接着，我们开始定价（含税）上架销售，当订单交易完成后申报应缴纳的 VAT。当然，VAT 申报的前提是要先注册 VAT 税号，欧洲各国 VAT 税号申请的时间不尽相同，一般是 1~4 周，稍微慢一些的可能要延长至 8 周左右的时间，比如法国、德国。

面对繁琐的税务流程，亚马逊比较贴心地为卖家推出了官方 VAT 的整合服务，比如

VAT 申报及代缴服务，包括英国、德国、法国、意大利、西班牙、波兰、捷克这 7 个欧洲国家的服务组合，而且还有 6 个月的免费申报期。大家可以在亚马逊官方的全球开店页面了解更多详情，如图 1-10 所示。

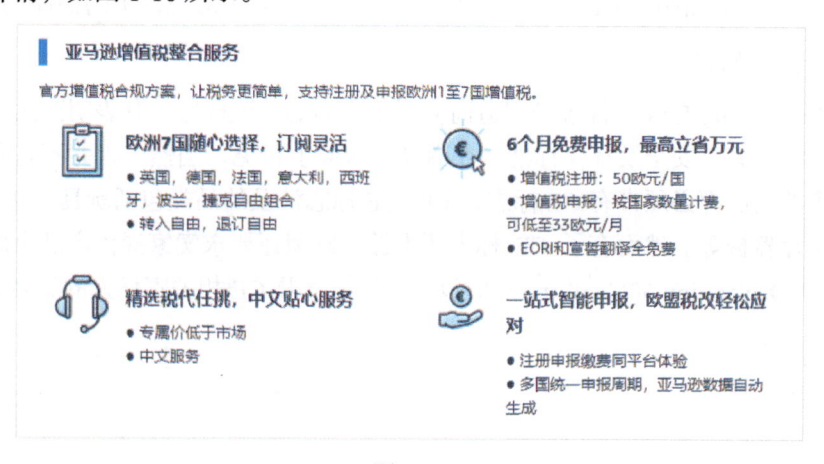

图 1-10

1.2.3　什么是 EORI

欧盟税号（Economic Operators Registration and Identification，简称 EORI），一般会和 VAT 一起申请，是卖家用于将商品出口到欧盟时，报关登记使用的编码，可以在 EORI 的官网申请及查询 EORI 账号，如图 1-11 所示。

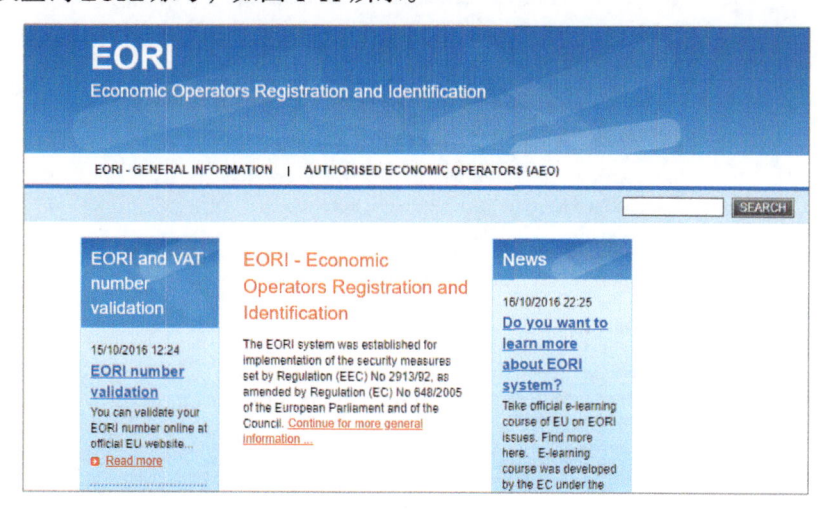

图 1-11

1.2.4 欧盟 CE 负责人制度

对于欧洲卖家来说，除上述的税务规则外，加强合规销售的手段是卖家必须为所有在 CE 标志范围内的商品印上 CE 标志，这是欧盟（除英国外）对境内流通商品的强制要求。

1. CE 产品的新规

CE（Conformity Euro）标志是制造商应用于商品的认证标志，其表明商品符合欧洲区域（EEA）的健康、安全及环保标准，在商品的包装上可见。当然，也并不是所有在欧洲经济区销售的商品都必须带有 CE 标志，一般 CE 标志涉及的品类包括玩具、电子产品、个人防护及医疗器械等。然而有了 CE 标志还不够，欧盟还要求卖家提供产品合规的书面声明——DoC（Declaration of Conformity），包含产品信息及 CE 相关责任人的签名，如图 1-12 所示。

Ref. Ares(2015)1600946 - 15/04/2015

EN

EU DECLARATION OF CONFORMITY

1. No … (unique identification of the product)
2. Name and address of the manufacturer or his authorised representative:
3. This declaration of conformity is issued under the sole responsibility of the manufacturer (or installer):
4. Object of the declaration (identification of product allowing traceability. It may include a colour image of sufficient clarity to enable the identification of the product, where appropriate.)
5. The object of the declaration described in point 4 is in conformity with the relevant Union harmonisation legislation:
6. References to the relevant harmonised standards used, or references to the specifications in relation to which conformity is declared:
7. Where applicable: the notified body ... (name, number)… performed … (description of intervention)… and issued the certificate:
8. Additional information:

Signed for and on behalf of:

(place and date of issue)

(name, function)(signature)

图 1-12

2. CE 产品代理人

2021 年 7 月 16 日开始生效的欧盟商品安全新法规要求，所有带有 CE 标志的商品必须在欧盟境内（除英国外）指定一名欧盟代理人作为商品合规的联系人，负责欧盟境内所有的材料准备，包括三方检测报告及前述的合规的书面声明等，并及时纠正商品的不合规问题。同时，卖家还要确保自己带有 CE 标志的商品也贴有欧盟代理人的联系信息。

针对欧盟商品安全新法规，欧洲站卖家可以尝试在亚马逊的服务商网络中查询更多欧盟代理人的服务。

1.3 开店运营成本核算

尽管亚马逊平台对卖家注册店铺的审核越来越严格，门槛相对提高了，但从注册流程的角度来看，对正规的卖家还是非常宽松的，只要按要求提交审核的资料，店铺基本上都能正常地注册下来。所以，在前期，重点应该放在投资回报率的问题上，也就是开店成本上，在第一本书中我跟大家简单地聊过，这里再做一个梳理。

1.3.1 技术服务费

1. 移动办公

1）固定 IP

从省钱的角度来看，如果以个人 SOHO 的模式运营亚马逊，可以直接在家里办公，店铺网络环境的投入就是自家的宽带费用，但如果考虑到亚马逊 IP 关联的规则，那么这种方式就显得特别不方便。

2）传统 VPS

从店铺运营的便利性考虑，特别是 "5+" 的小团队，建议考虑远程 IP 的办公模式，VPS 是我之前比较推崇的远程 IP 方式，这种方式有两个弊端：第一，价格昂贵，速度慢；第二，云端的电脑无法开启本地摄像头，所以不能通过店铺注册的验证环节。

3）IP 管理软件

基于价格、安全性、便利性的综合考虑，在现阶段，我比较推荐大家选择 IP 移动办公软件，价格为 60~80 元/月/IP，而且操作方便，如图 1-13 所示，这是我正在使用的两款较为安全的 IP 工具。

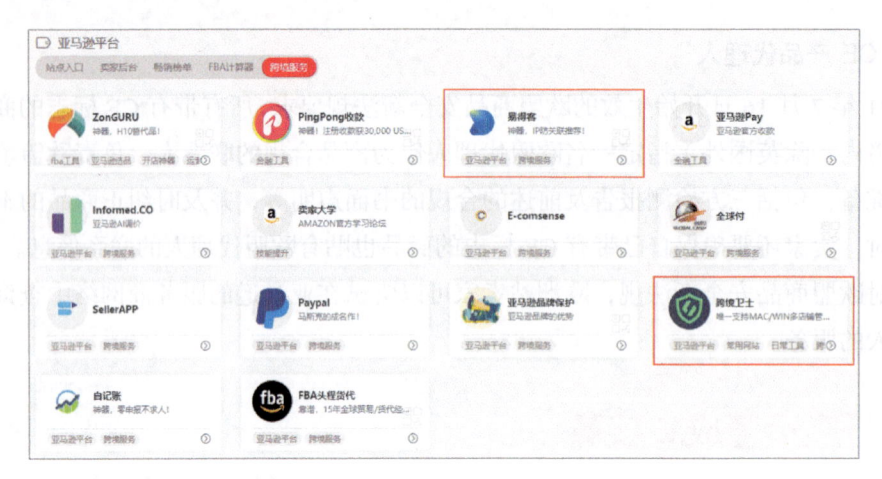

图 1-13

注意事项：一定要选择正规的 IP 云端管理工具，并严格按照亚马逊平台的规则来操作；如果是刚注册的新店铺，不要急于更换 IP，等 1 个月后再进行 IP 转移。

2．收款账号

1）亚马逊收款

亚马逊官方收款服务的安全性毋庸置疑，手续费率阶梯为 0.4%~0.9%，如图 1-14 所示。而且亚马逊也在招揽人才，准备进军数字货币领域，对于卖家和买家来说，未来收款方式的多元化及便利性还是值得期待的。

图 1-14

2）第三方收款

PingPong 是我们团队一直在用的第三方收款平台，也是为数不多的亚马逊认证收款服务商，客服高效，操作便捷，安全性也有保障，手续费率阶梯为 0.3%~1%。当然，除收款功能外，另外两个新功能也是很赞的，一是福卡信用卡，二是供应链金融，这两个算是市场上独一无二的产品服务。大家可以在卖家导航站上登录 PingPong，如图 1-15 所示，了解更多操作明细。

图 1-15

1.3.2　店铺服务费

1．店铺租金

针对品牌专业卖家，亚马逊会收取一定金额的月租金。如果是全球开店，第一个月的租金按照激活的站点收取，从第二个月开始，进行租金合并，只收取一次标准的租金，大概为260元/月，同时可以享受所有的专业级卖家服务，包括所有的店铺数据简报和品牌营销工具。这让我想到了某电商，多年来，对卖家宣称"免费开店"，然而，却把店铺营销的工具拆开，一份一份地卖钱。从这个角度来看，亚马逊的收费算是比较合理了。

2．订单佣金

除了店铺租金，每个订单还需要缴纳一定比例（8%~45%）的订单佣金，按品类订单佣金来算，平均每单12%~15%的比例，比如杯垫，单价为29.19美元，则订单佣金为4.37美元。

3．营销费用

1）CPC广告费用

广告预算因人而异，一般是30~50美元/组/天。

2）LD/BD官方活动费

部分是亚马逊平台邀请制的，费用为25~100美元。

3）亚马逊测评费用

卖家通过亚马逊为客户提供至多30个产品，购物达人可以进行官方的测评反馈。

4）站外营销费用

站外营销费用包括Deal站、CPC Google、社交媒体Facebook、SEO以及SEM的推广费用。

1.3.3　供应链费用

1．采购成本

针对品牌FBA卖家，因为需要提前备货到FBA海外仓，所以，产品的采购成本占据了业务资金的绝大部分，而采购费用还会涉及新品开模费、批量采购费及产品认证费。开模费属于研发支出，针对标准小件产品，费用一般为 2 万~5 万元，单价为 5~30 元。后期的批量采购按照常规的 FBA 测款流程，分为 3 个批次，第 1 批：150~200 件；第 2 批：500~1000 件；第 3 批：多于 1000 件。而品类认证包括 CE、ROHS、CPSC 等，这就要根据具体的产品和平台要求来进行了。

以上，可以大概预估第 1 批产品的投资额，测款及大货的采购计划还要参考卖家店铺实际的 IPI 库容规则。

2. 仓储物流

1）FBA 头程

根据不同的目标市场，常规的运输方案有 3 种，即空运、海运及陆运。其中，空运为 57 元/千克，7 天入仓；海运为 13 元/千克，35~45 天入仓；陆运（专线卡车运输）为 19 元/千克，15 天入仓。

以上数据仅供大家参考，实际收费及时效，大家可以咨询自己的货代。

2）本土配送

在产品入仓后，配送及售后将由亚马逊全权负责，一般 FBA 配送的价格高于 3 美元，配送时间为 1~3 天，相比国内自发货的操作，FBA 的时效优势明显，这也是本土配送转为 FBA 的原因之一。

1.3.4　公司运营费

1. 人员工资

以 3~5 人的小团队（管理 5~10 家店铺）为例，人均基本工资为 5000 元/月，岗位涵盖产品研发、Listing 维护、CPC 广告、物流专员。当然，人员匹配也要根据公司的实际规模，前期可以一人身兼多职，以节省开支。

2. 房租水电

小团队前期的办公面积不需太大，30~50 平方米的办公面积就足够了，支出包含物业、水电费用，大概为 5000~10000 元/月。当然，不同地域也有差别，大家可以根据自己当地的实际情况来测算。

3. 公司维护

1）代理记账

亚马逊对店铺注册资质的新要求是禁止个人注册店铺，卖家只能以公司主体来申请店铺。有的卖家打擦边球，利用"个体工商户"的资质来申请，虽然也有一定的通过率，但店铺注册下来后，会有非常多的"副作用"，比如没有 B2B 功能和品牌功能等。所以，我建议大家以正规的公司来注册。如果是正规的公司，那么无论是小规模纳税人还是一般纳税人，都需要记账报税。一般前期业务不多，找代理记账的公司来负责即可，费用大概为 1500 元/年。

2）品牌注册

既然做品牌 FBA 了，那国外的品牌注册是不可避免的，主流市场的品牌注册价格大概是美国 3300 元，欧盟 8000~10000 元，英国 4000 元。

3）欧盟 VAT

关于 VAT 的注册，不同的国家有不同的规定，费用为 1000~10000 元，大家可以根据自身的需要提前申请 VAT 税号，也可以留意部分 VAT 税务代理公司的行情，择机购买。有了税号以后，每年还需要进行固定的税务申报。

4．运营软件

在平日的工作中，我们团队也会有一些比较常用的生产力工具，包括 Flomo、Wolai 等办公软件，还有一些需要付费的运营工具，比如 Statista、ZonGURU、Oalur、Semrush 等更多的实用工具，大家可以前往亚马逊官网的卖家导航查看并体验，如图 1-16 所示。

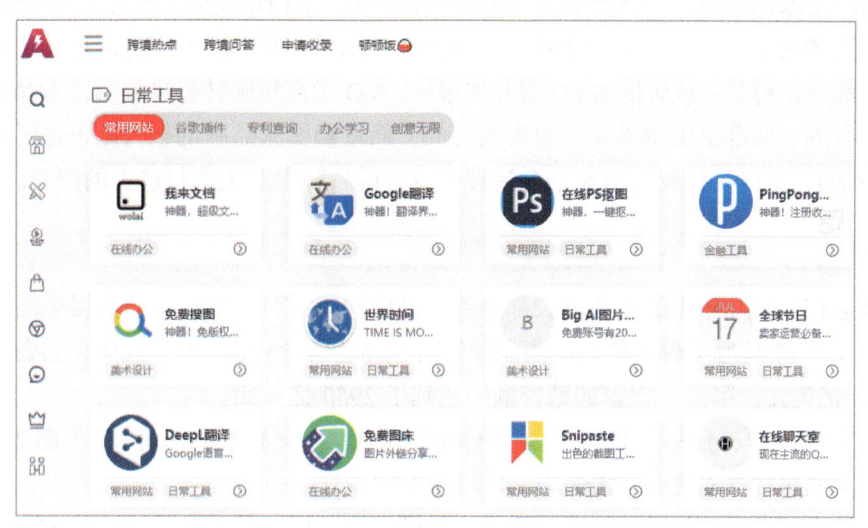

图 1-16

综上所述，品牌 FBA 卖家的项目启动资金一般是 5 万~20 万元，相比早期自发货铺货的模式，还是有一定门槛的。新手们请谨记，这个世界上没有哪门生意是 100%赚钱的，做之前要充分地评估自己的抗风险能力，做好规划，量力而行。

第 2 章

品牌布局，亚马逊大卖之路

2.1 为什么创建品牌

成熟的卖家都知道，亚马逊平台之所以能够健康、平稳地发展，源自于亚马逊 CEO 杰夫·贝佐斯的初心——以不断提升客户体验为第一原则。所以，大家发现近几年亚马逊的各项规则都开始趋紧，从店铺 KYC 到分类审核、VO 卖家权限转移再到第三方品牌卖家的扶持，所有的一切都是围绕着第一原则展开的，而重塑卖家品牌的架构则占据了亚马逊政策调整的 2/3，足以见得亚马逊对平台治理（或者说品牌卖家生态打造）的决心。

2.1.1 全球的卖家现状

亚马逊在过去几年中的业务增长都是趋于平稳的，我们拿 2020 年的数据举例。如图 2-1 所示，2020 年亚马逊平台上售出的商品总销售额高达 4750 亿美元，其中，自营品类销售额为 1800 亿美元，第三方卖家的销售额则达到了 2950 亿美元。

众所周知，亚马逊平台第三方卖家的体量相当庞大，交易量连年增长，如图 2-2 所示，第三方卖家销售额的 GMV 占比保持着年均 60% 的增长。

不断扩大的 GMV 规模足见亚马逊平台的硬实力，而亚马逊全球 20% 的 GMV 贡献仅仅来自于 3925 个卖家，如图 2-3 所示，其中大部分都是自有品牌的 FBA 卖家。

不出意料的是，自 2021 年 3 月以来，美国亚马逊依然是新卖家的首选，50% 以上的卖家都来自中国，如图 2-4 所示，每年 2 月份，中国新卖家的数量会因为春节假期而减少，而假期后又会恢复高速增长。

第 2 章 品牌布局，亚马逊大卖之路

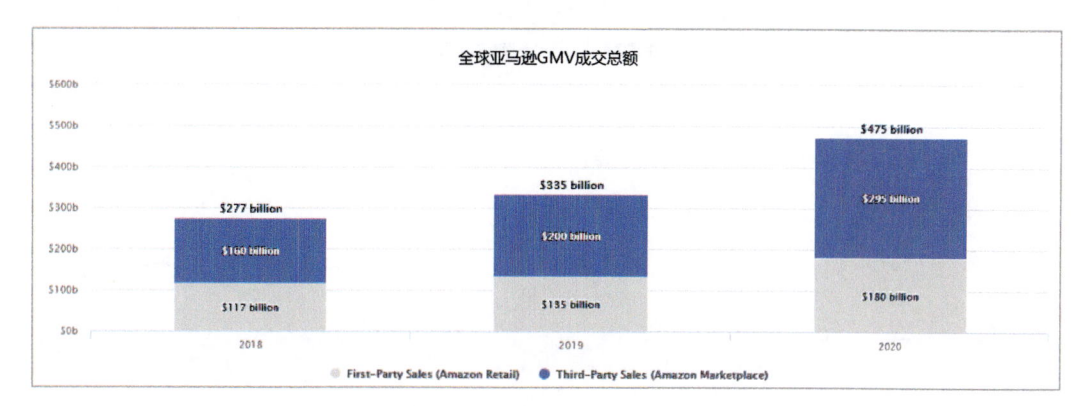

图 2-1

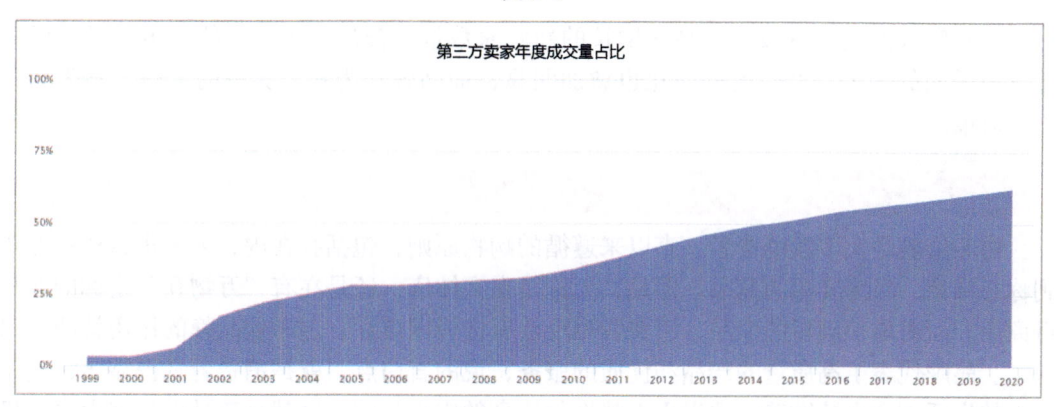

图 2-2

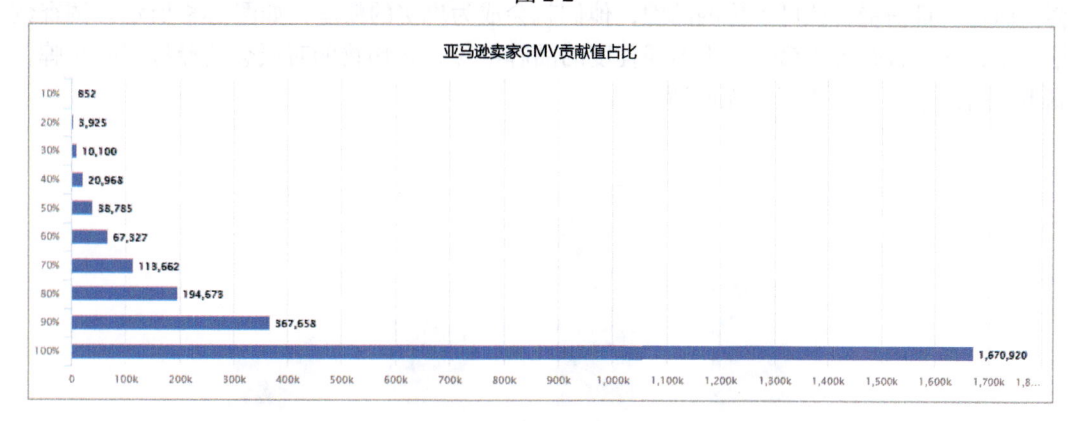

图 2-3

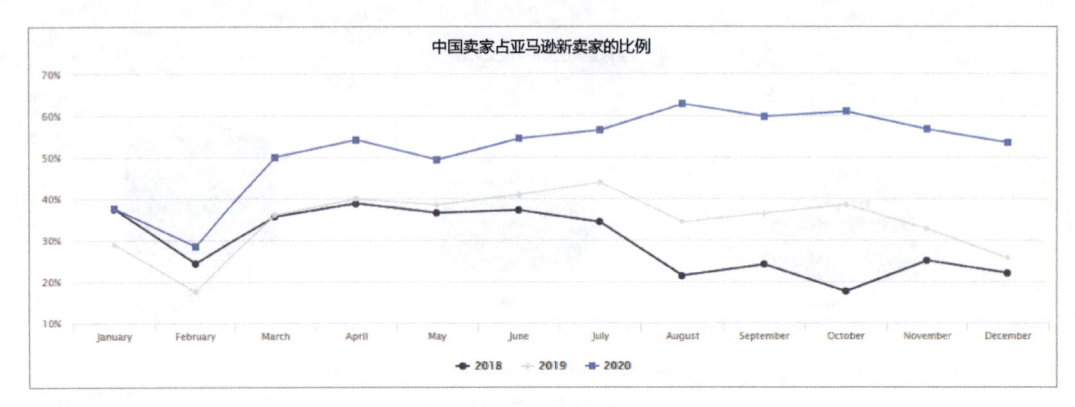

图 2-4

如此庞大的卖家基数以及高速增长的新卖家数量，都加剧了平台的竞争，且在供应链日渐透明的今天，产品的同质化也愈加明显，而品牌作为卖家突围的手段，不失为一个好对策。

2.1.2 品牌的消费趋势

物美价廉是大多数消费者一直以来遵循的购物原则，包括我在内，大家都希望能够买到称心如意、经济实惠的商品。但是，无论是在实体店，还是在有"万物仓"之称的亚马逊商店，面对琳琅满目的商品，消费者难免会有选择困难症，这时候品牌的作用就凸显出来了。品牌代表了高质量的产品和优质的服务，说的直白点，就是消费者觉得靠谱，实用至上的生活理念也让欧美消费者更青睐性价比高的中小品牌，这就是亚马逊品牌卖家的机会。而且一旦消费者认可了你的品牌，他们就会成为忠实的粉丝，如图 2-5 所示。调查数据显示，90%的消费者都会产生不同程度的品牌依赖，在购物的时候会选择特定的品牌，剩下 10%的消费者则表现得无所谓。

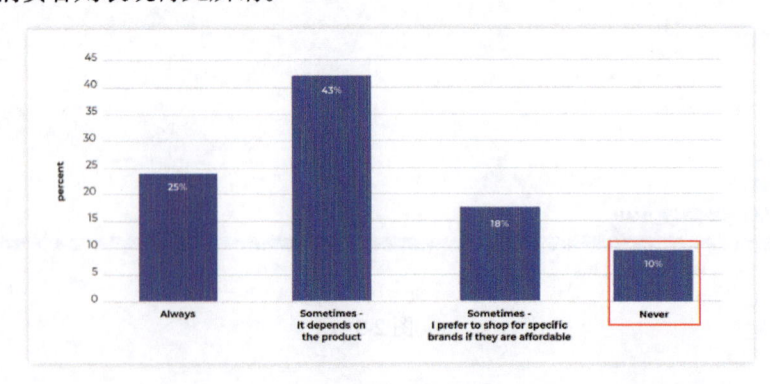

图 2-5

在清洁用品、杂货类、服饰、3C 电子以及美妆个护的品类中，品牌集中度较高，消费者对特定品牌的依赖感也较强，如图 2-6 所示。换句话说，在这些类别中，消费者认可你的产品及服务以后，对你的品牌忠诚度就会比较高。

分类	总是	有时	不在乎	无所谓	品牌倾向
清洁用品	33%	54%	10%	3%	87%
杂货分类	35%	52%	10%	4%	86%
美妆个护	37%	49%	9%	6%	86%
电子 3C	33%	51%	9%	6%	84%
服装服饰	28%	56%	13%	3%	84%
家居厨房	24%	55%	14%	8%	78%
宠物用品	34%	36%	9%	21%	70%
办公用品	21%	49%	17%	13%	70%
玩具游戏	21%	42%	15%	23%	62%
户外园艺	17%	41%	22%	19%	59%
运动健身	20%	35%	15%	30%	55%

图 2-6

但卖家做了品牌产品，从另一方面讲，消费者对你也有了更多的要求，比如品牌产品的价格、服务、包装、价值等，如图 2-7 所示，消费者在购买品牌产品时，会对品牌有更高的心理预期。

1	跟竞争对手相比，品牌的价格更加实惠	42%
2	跟竞争对手相比，品牌的产品质量更高	41%
3	品牌有卓越的客户服务	40%
4	品牌的产品达到健康、安全的标准	28%
5	品牌有持续的服务支持	26%
6	品牌的生活调性比较契合	25%
7	品牌的包装很讨喜	21%

图 2-7

2.1.3 建立品牌的好处

亚马逊的各种趋势、数据表明卖家的品牌创建已迫在眉睫，更重要的是在亚马逊上做品牌孵化还有很多的益处。

1. 规避侵权的风险

产品下架、违规封店的案例太多了，多半都是因为侵权导致的，比如无授权或者滥用品牌词等，这些都是自发货卖家或者说是无品牌卖家的痛点。这里对"无授权的品牌销售"做个延伸，在亚马逊的各种操盘策略中，有一种在国外比较常见的玩法，叫"Online Arbitrage"，我称它为"一件代发 PLUS"。

这种玩法的逻辑很简单，就是"赚差价"。套利卖家首先在亚马逊上寻找目标商品，其中目标商品有 3 个特征：1、品牌商品；2、销量大；3、缺货。锁定目标后，接下来到除亚马逊外的其他线上（比如 TARGET）、线下的商店（比如沃尔玛）寻找折扣或清仓的目标品牌商品并批量采购后，采取贴标入仓 FBA 跟卖的方式赚取利润。

有的同学可能会有疑问：这种操作不侵权吗？针对 Online Arbitrage，确实无法界定其侵权行为，因为所有的品牌产品都有正规的进货凭证（比如超市的发票），这就说明不是假货，而且数量不多，在这种情况下，品牌商或亚马逊不会做太多的限制。但如果是明目张胆地售卖假货，且无任何正规的凭证，那肯定会被定义为侵权行为。

当然，除了容易出现侵权事件，反过来，无品牌卖家也很容易被跟卖，使得单品赚钱周期缩短，造成利润上的损失。而转型自有品牌以后，这些问题都可以得到缓解，尤其是可以规避掉几乎所有的与知识产权相关的潜在风险，这样卖家才可以安心地研发产品、运营店铺。

2. 真实的产品评价

相对来说，品牌产品有着较高的留评率，无论是好评还是差评，都有利于加快我们的产品、服务的优化速度。

3. 专属的技术支持

亚马逊正在持续加强对正规品牌卖家的支持力度，比如通过品牌旗舰店铺、EBC 详情描述等来帮助卖家塑造品牌形象；赋予全新的品牌广告形式，增加卖家品牌的曝光量；开放详尽的销售报告辅助卖家进行全方面的品牌分析。如图 2-8 所示，现阶段 17 个新功能正面向品牌卖家开放，未来还有更多的新技术将优先让品牌卖家尝试。

品牌控制面板

品牌控制面板提供 ASIN 级别的建议和指标，以帮助品牌所有者提高其品牌健康度、转化率和流量。了解更多信息

图 2-8

A+内容

A+内容允许品牌使用其他图片和文本来增强详情页面的商品描述部分。了解更多信息

管理试验

"管理您的试验"允许品牌对A+商品描述、标题和商品图片进行随机的A/B测试,以便从统计学上了解哪些内容有助于提高销量。了解更多信息

上传和管理视频

品牌所有者可以轻松上传视频来改善其商品详情页面。视频有助于突出重要商品优势、指导买家以及提高商品吸引力。了解更多信息

品牌推广:

品牌推广是展示品牌徽标和自定义标题的广告,最多可推广三种商品,有助于提高品牌及其商品组合的认知度。此类广告显示在桌面和移动平台的多个位置,包括买家搜索结果上方。了解更多信息

推广展示

推广展示是一种自助式广告解决方案,使广告商能够快速启动展示广告活动,并在整个购物过程中吸引相关受众,而且无论在不在亚马逊上均可实现。了解更多信息

品牌旗舰店

借助品牌旗舰店,品牌所有者可以在亚马逊商城创建一个免费的多页品牌目的位置,以促使、指导和帮助买家发现其品牌提供的各种商品。了解更多信息

Amazon Live

Amazon Live使品牌所有者能够在亚马逊商城进行直播,实时与买家互动,并通过互动式直播来提升销量。了解更多信息

图2-8(续)

4. 忠实的品牌客户

我们以亚马逊美国站为例,全美国有3.28亿人口,大概1/3的人口,即1.2亿人都是亚马逊的PRIME会员。如此庞大且稳定的用户群体,我们可以通过打造自己的品牌来把用户沉淀下来,成为我们的忠实粉丝,这样品牌的影响力就提高了,提升了老用户的黏性,同时又能吸引更多的潜在用户。

2.1.4 品牌的终极奥义

从术的层面，大家了解了品牌创建的必要性，我们还需要站在更高的角度，即道的层面，来看待品牌与消费者的关系。

大家思考一下，何为品牌？有的卖家认为，品牌是公司的一个符号；有的卖家认为，品牌是产品的一个标识。符号也好，标识也罢，都是我们看到的表象。品牌是复杂而特殊的，它有点像我们给消费者的一个承诺，比如卓越的服务、优质的产品。而除了这一功能性的表述，品牌更像是一座桥梁，卖家与消费者通过它来沟通有无；其也更像是一段旅途，消费者每次与品牌接触的感知与经验，使得他对品牌有了更进一步的认同和理解，也使得卖家不断地拉近与消费者的情感关系，共建以人为本的价值生态。简单来说，我们赋予产品以品牌形象，为消费者提供价值，其实就是建立与消费者沟通的媒介。而作为人类，沟通必然有情感的体现，比如，买家买到品牌产品时的喜悦感；卖家获得买家认可时的成就感，这些都饱含在一次次的购物行为及产品评价中。诸如此类的正向反馈循环往复，品牌的价值与消费者的理念逐渐趋同，那么，品牌的影响力就渐渐地沉淀下来了，消费者成为了品牌的忠实粉丝，与品牌携手共同经历成长的旅程，所以跟金钱比起来，这才是品牌卖家最大的资产。

2.2 品牌权益的保护

一方面，亚马逊为品牌卖家提供了丰富的数据技术支持；另一方面，亚马逊也在竭力为品牌卖家提供更安全的品牌生态，以 2020 年为例，我们看下亚马逊在打击假冒产品和保护卖家品牌权益方面做了哪些工作。

- 亚马逊投资了超过 7 亿美元来保护客户及品牌卖家免受欺诈及滥用的损害；
- 亚马逊专门成立了假冒犯罪部门（ACCU），负责与品牌联合调查并配合执法部门对假冒者提起诉讼；
- 只有 6%的卖家账户通过了亚马逊的资质审核并成功上架产品；
- 亚马逊在产品上架之前，阻止了超过 100 亿个可疑的侵权 Listing；
- 在亚马逊平台上销售的产品中，只有 0.01%收到了客户的假冒投诉，尽管比例不高，但亚马逊依然对这些投诉的准确性进行了缜密地调查，并采取了措施。

通过以上的数据报告，可见亚马逊对品牌维护的决心，也算是给品牌卖家吃了一颗定心丸，当然卖家也要学会利用亚马逊给予的品牌权益，来维护自己的品牌。

1. 侵权行为举报

亚马逊平台明令禁止发布任何侵犯知识产权的商品，当品牌卖家发现自己的知识产权被滥用的时候，可以使用"举报违规行为"的工具向亚马逊进行申诉，如图 2-9 所示。

图 2-9

通过标题、图片或者 ASIN 来定位到可疑的侵权产品，并选择侵权行为的类型，比如举报商标侵权、举报版权侵权、举报专利侵权。提交后等待亚马逊平台审核，审核通过后立即进行下架处理，卖家也会看到处理的状态，如图 2-10 所示。

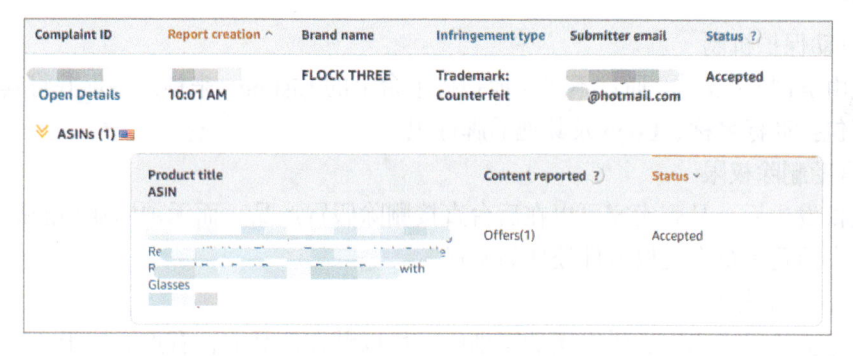

图 2-10

2．Transparency（透明计划）

Transparency 是亚马逊官方为卖家提供的一种商品追踪和验证真伪的服务。它可以对每一件商品进行追踪，从如下 4 个方面来保护品牌商和消费者免受假货的侵害。

1）事先主动防伪保护

亚马逊采取事先主动保护机制，在商品发布、入仓、配送等环节实施 Transparency 检查，确保卖家销售、配送的是正品。

2）避免假货商品评论

使卖家的品牌免受于其他卖家在此品牌 ASIN 的发布潜在假冒商品而带来的侵害，从而保护商品的买家评价免受假货影响。

3）轻松检验商品真伪

无论商品于何处购买，买家都能使用亚马逊购物应用程序 APP 或 Transparency 应用程序 APP 扫描商品上的 Transparency 条码，验证所购买商品的真伪。

4）曝光更多品牌信息

除了验证真伪，买家还可以看到单件商品的信息，包括生产日期等，加深消费者对品牌的印象。透明计划是针对新品有免费的额度，大家可以在官方公众号填写品牌信息时自行申请，会有亚马逊的工作人员给予指导。

3. Project Zero（假货自动移除）

品牌卖家可以通过有效的侵权申述手段来打击假冒产品的泛滥，但每次从卖家提起申诉、平台审核到产品被移除，都要耗费大量的精力去沟通、协调、审核，等待问题解决后，假货可能还会再次出现，这让卖家们很苦恼。不过，不用担心，亚马逊为了彻底解决这一问题，推出了全新的工具——Project Zero。

简单来说，Project Zero 是一个自动监测及移除侵权产品的工具，其通过以下 3 个方面来实现功能。

1）自动保护机制

这是由 AI 技术支持，通过不间断地扫描平台上的 Listing，来锁定目标并将其删除，比对的因素包括商标名称、Logo 及其他品牌标识。

2）自助删除权限

当侵权发生后，品牌卖家可以在后台直接删除假冒产品，而无须向亚马逊提交申述，这样就大大简化了整个侵权事件处理的流程。

3）产品独有标识

亚马逊会给品牌卖家提供专属的识别码，可以贴在产品上，有点类似于"透明计划"的二维码形式，亚马逊会对产品进行扫描并检测是否为正规的品牌产品，但这项服务是收费的，收费标准大概为 0.01 美元~0.05 美元/SKU，卖家可选，不强制。Project Zero 项目也有一定的申请门槛，具体资格要求包括：

- 必须为商标的所有者；
- 拥有品牌注册账户；
- 近 6 个月的侵权报告接受率至少为 90%。

虽然只有 3 项要求，但很明显，大部分卖家都卡在了第 3 点，当然如果你不够资质申请 Project Zero，也从另一个角度说明了你品牌的侵权行为并不多，还不至于用到 Project Zero，这是个好事儿。

2.3 品牌孵化的筹备

2.3.1 起个好名字

说到品牌，在世界 500 强的企业里，很多大家熟知的品牌名称都朗朗上口，比较容易记忆，这也是起品牌名称的首要考虑的问题：如何让消费者记住你的品牌。虽然我们还达不到起个名字就能一鸣惊人的水准，但起品牌名称也不可儿戏，要讲究合时宜且便于宣传。我见过卖家的品牌名称有纯字母的，比如 ABCD；也有用汉语拼音的，比如 hanmeime；还有的为了能够顺利通过注册，由很长的一段随机字母组合而成的，比如 DKDISNGLOEPMT。看到这些品牌名称就让我很费解，如果你是消费者，见到这样的品牌名称，你会怎么想呢？

起名称确实是个技术活儿，毕竟我们是中国人，本身对英语就不是很擅长，更别提对国外文化的了解了，所以，对于大部分的国内卖家而言，小小的品牌名称难倒了不少英雄汉。不过方法总比困难多，大家可以在网上参考或利用一些起名的工具，找一些灵感，如图 2-11 所示，卖家导航站里的"AI 起名""品牌起名"，都是操作比较简单的起名小工具，还包括品牌的 SLOGAN 宣传语，也可以一键生成，比如"品牌起名"。

图 2-11

我们点击"品牌起名"进入官网，如图 2-12 所示，录入核心词"Dog"并选取类目分类"Pets"，点击"Generate"提交。

图 2-12

稍作等待，网站就会围绕"Dog"核心词，罗列出智能匹配的名称为卖家参考，如图 2-13 所示。

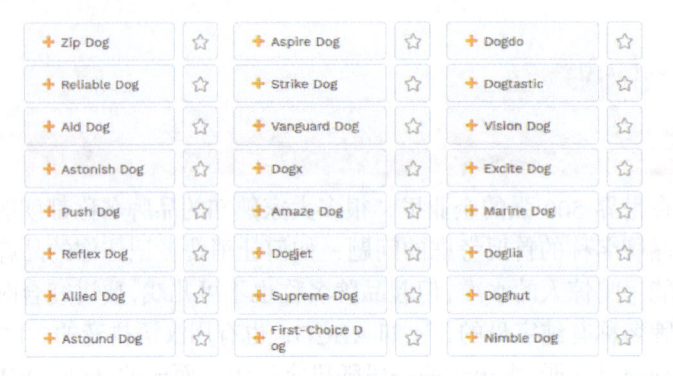

图 2-13

我们在申请商标注册的时候，一般是以图片的格式来申请，所以只有品牌名称还不行，卖家需要再准备一个匹配的 Logo，大家可以在导航站"品牌出海"的栏目里，如图 2-14 所示，借鉴一下国外的 Logo 素材及设计的辅助工具。

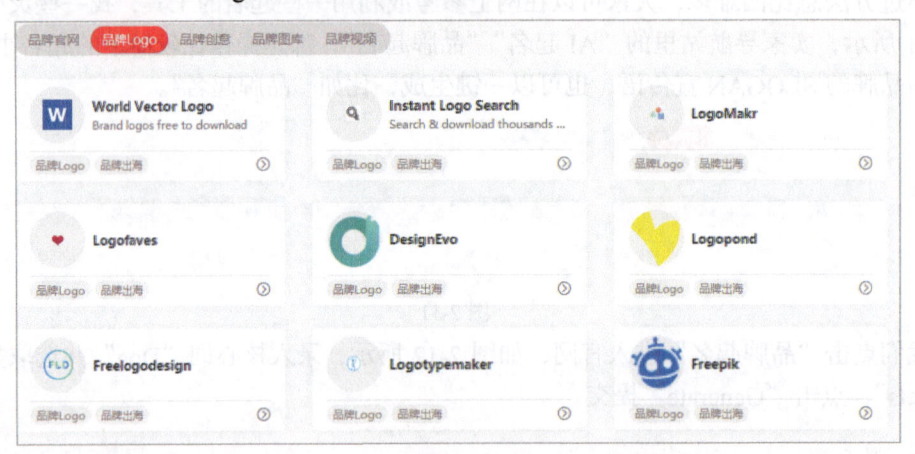

图 2-14

2.3.2　商标代注册

资料准备好以后，商标注册的流程就比较简单了，可以自行去目标市场的商标局注册，比如美国的 UPTO，也可以找靠谱的代理注册，专业的事儿交给专业的人去办，省时省力。

注册之前，需要确认好资料是否准备妥当，包括公司营业执照、法人身份信息、商标名称、Logo、注册类别、品牌产品、品牌包装、产品链接等，商标的申请流程一般是 1~2

周内受理通知书，8~12 个月出证书。按照亚马逊以往的规则，卖家只有在拿到商标证书的时候才能开始申请品牌备案，但需要将近 1 年的等待时间，对于卖家来讲确实太漫长了。好在亚马逊也意识到了这一点，对品牌备案放宽了限制：凡是持有 TM 商标或 R 标的卖家都可以进行品牌备案。这也就意味着，商标申请受理通知书也可以作为备案的依据，一下子把时间缩短到了 2 周，这样，品牌卖家就可以提前获得更多的品牌权益。但 TM 标与 R 标的备案还是有区别的，如图 2-15 所示，大家可以看到，除了品牌保护的部分功能权限缺失，其他权益跟 R 标无差别。另外，此政策支持的国家还包括美国、加拿大、墨西哥、英国、德国、意大利、西班牙、法国、荷兰、日本、澳大利亚、阿拉伯联合酋长国、印度、新加坡、瑞典、沙特阿拉伯。

品牌商权益	销售工具	待处理商标	R标
品牌打造	A+页面	✓	✓
	管理试验	✓	✓
	上传和管理视频	✓	✓
	品牌旗舰店	✓	✓
	Vine	✓	✓
	虚拟捆绑商品	✓	✓
	视频广告	✓	✓
	品牌推广	✓	✓
	展示型推广	✓	✓
品牌分析	亚马逊品牌分析	✓	✓
	品牌控制面板	✓	✓
	Amazon Attribution	✓	✓
品牌保护	自动品牌保护		✓
	举报侵权行为	(仅可举报版权侵权和专利侵权，暂不可以举报商标侵权)	✓
	Transparency透明计划		✓
	Project Zero		✓

图 2-15

2.3.3 做品牌视频

在商标申请注册期间，我们团队就会开始做品牌产品视频的准备工作。亚马逊对于品牌视频的制作暂时没有太多限制，无非是要求画质清晰，且不可露出站外 Logo 及链接等信息。所以，建议卖家们至少拍摄一段视频上传到 Listing 页面，丰富 Listing 的展现素材。

对于团队人手不够的中小卖家来讲，前期也不必大张旗鼓地找专业人士来拍摄，性价比不高，当然如果本身有负责拍摄的团队，那再好不过。

视频的时长一般控制在 60s 到 90s，内容包括品牌开场和产品拆箱（拆包装），4~6 个带文字的产品镜头（产品的用途、使用方法、独有的功能、使用的场景），品牌结语，后期处理可以参考一些视频网站的素材做剪辑，如图 2-16 所示。

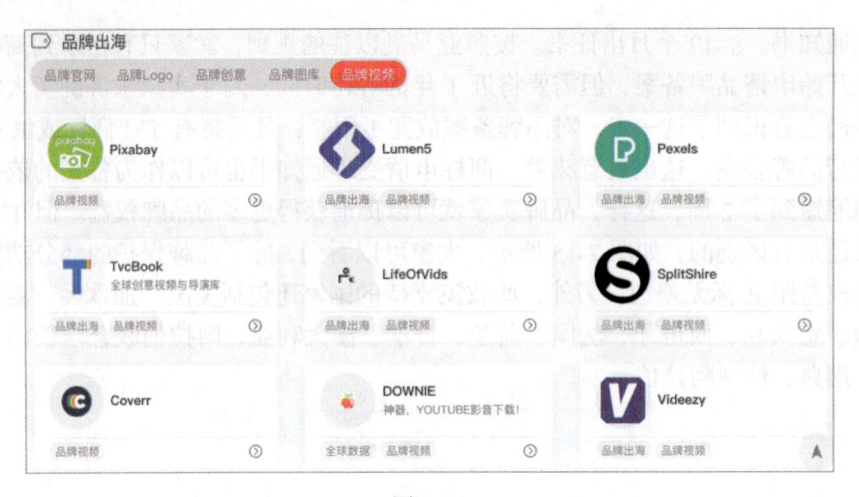

图 2-16

2.4 品牌备案的操作

2.4.1 如何备案

卖家在收到商标回执以后，就可以开始品牌备案了，具体的步骤如下：

1. 申请品牌白名单

在平日的 Listing 上架操作过程中，很多卖家都会遇到"Error!"，如图 2-17 所示，让卖家不知所措。

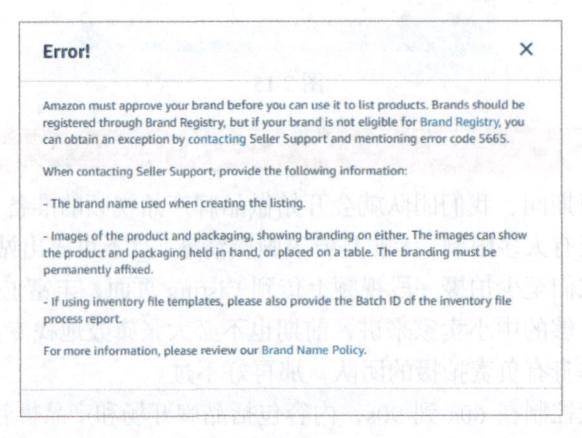

图 2-17

大家不要慌，这个其实就是亚马逊对 Listing 上架做的新要求，只有在平台上成功备案的品牌才能发布相关的品牌 ASIN。那么，对于准备注册品牌的卖家，无备案品牌如何上架产品呢？我们可以通过加入品牌白名单的方式来实现。

当我们收到"Error!"的通知后，打开 CASE 向亚马逊提供品牌名称和 3 张带 Logo 的产品及包装图片（正面、反面、包装），等待亚马逊审核即可。

2. GTIN 豁免许可

众所周知，卖家在上传产品的时候，亚马逊会要求卖家提供产品的 UPC 编码，类似于产品的 ID。如果没有 UPC，卖家将无法成功上传产品。针对品牌卖家，在亚马逊平台上如果没有 UPC 照样可以完成产品的上架，这就是亚马逊的 GTIN 豁免权限，那么如何操作呢？

首先，我们在店铺后台进入"GTIN 豁免"操作页面，选择"豁免分类"及填写品牌名称，然后点击提交，如图 2-18 所示。

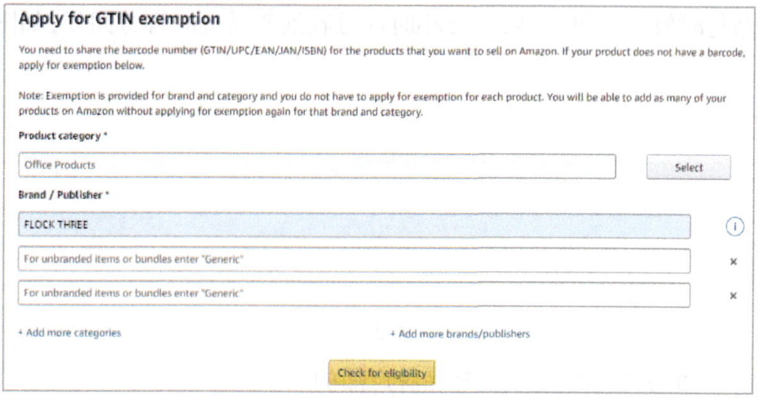

图 2-18

其次，亚马逊会提示品牌豁免分类状态，并要求提交详细资料进一步审核，如图 2-19 所示。

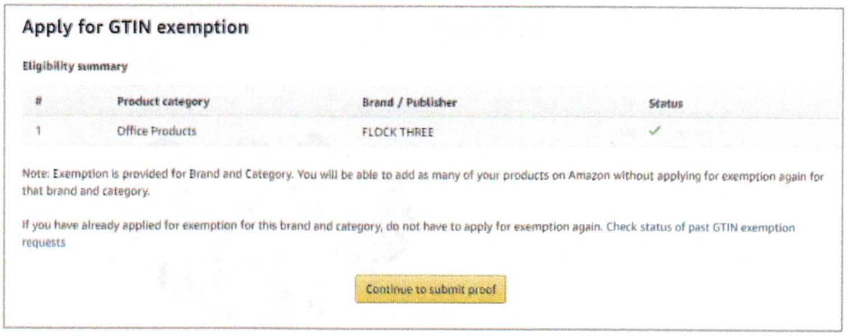

图 2-19

最后，填写目标产品的标题及提供产品带 Logo 的图片，提交的资料与品牌白名单申请

29

时的要求一致，如图 2-20 所示。

图 2-20

GTIN 的豁免时效也很快，一般 1~2 小时即可收到亚马逊的官方回复，如图 2-21 所示。

图 2-21

成功豁免后，卖家可继续完成目标品牌产品的上架工作。

3. 品牌备案的流程

我们以美国站为例，首先，我们打开亚马逊的"品牌注册"页面，如图 2-22 所示，点击"开始使用"注册品牌账户。

图 2-22

第 2 章　品牌布局，亚马逊大卖之路

其次，在"品牌账户"的注册页面，如实地填写申请人信息，其中包括法人的信息、地址、公司名称等，如图 2-23 所示。

图 2-23

接下来，账户创建成功后，点击"注册新品牌"，如图 2-24 所示，进入注册页面。如图 2-25 所示，亚马逊平台会有一个信息申请的提示，图中方框内的部分是要求提供亚马逊上品牌 ASIN 的产品链接，这就是为什么我们要提前上架一款品牌产品的原因，此时，选择"注册您的品牌"，然后，我们进入"品牌信息"的填写页面，按要求录入品牌的相关信息，包括品牌名称、商标局、注册号及商品图片等，其中官网链接或其他电商的网址链接为选填项，可以选择不填，如图 2-26 所示。

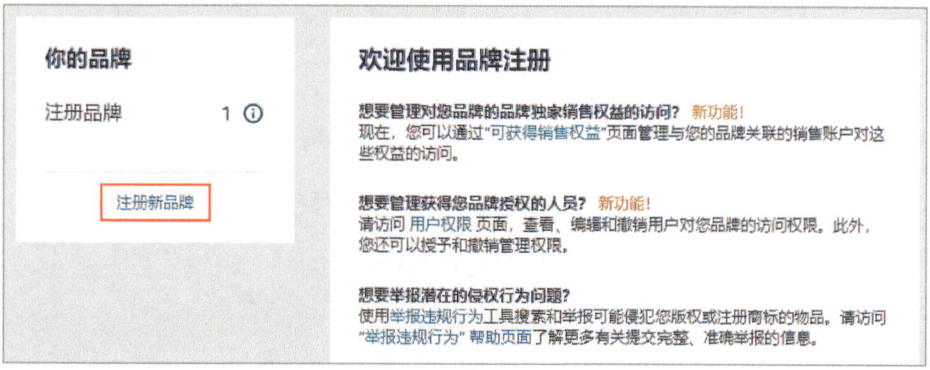

图 2-24

31

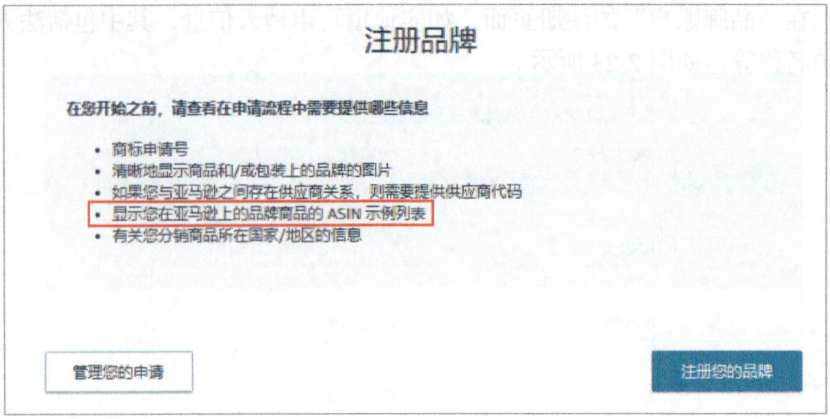

图 2-25

图 2-26

点击"下一步"后，进入"销售账户"信息的填写，包括卖家类型、商标分类以及 ASIN 链接。这里的 ASIN 链接属于选填项，但我们操作的时候页面上都会提供，如图 2-27 所示。

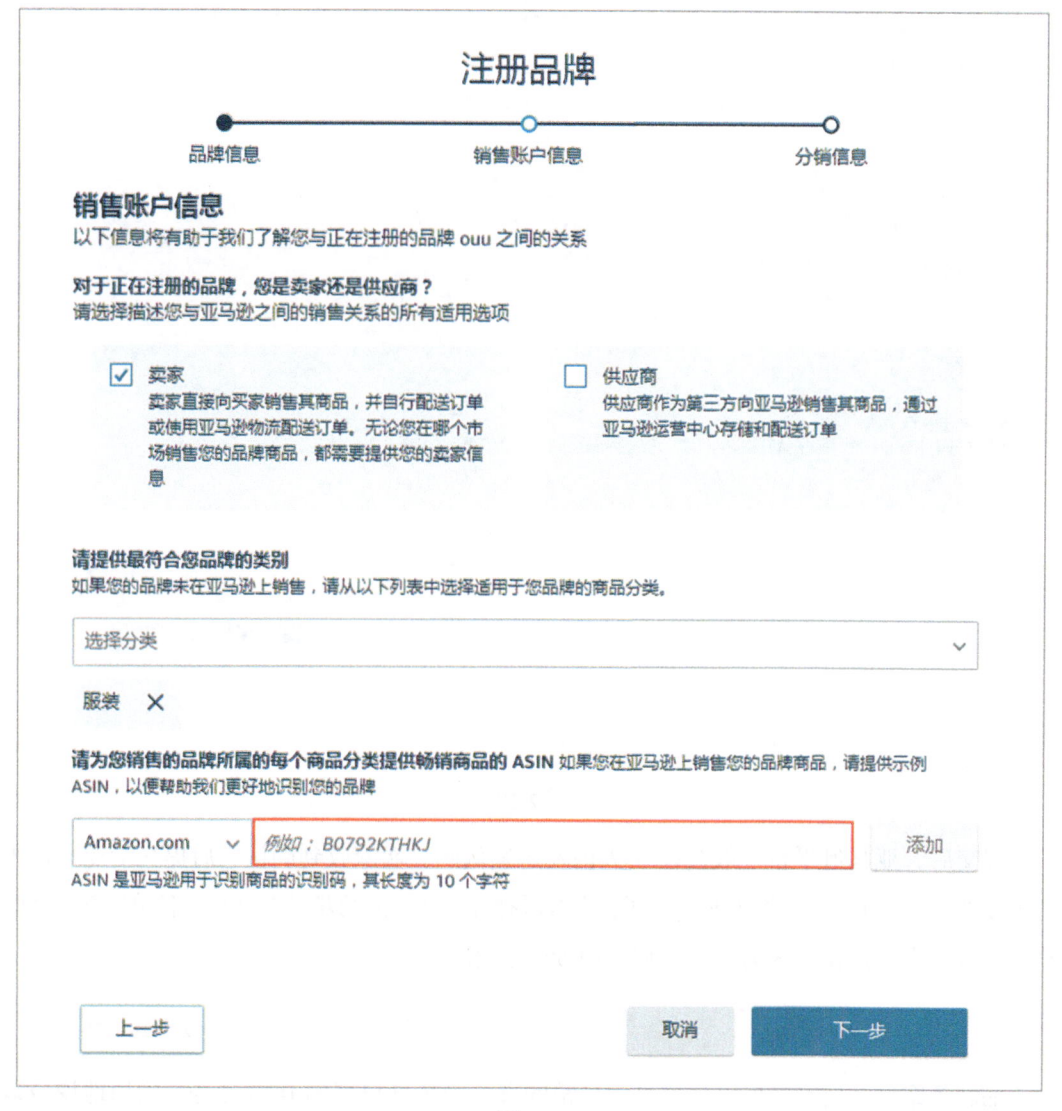

图 2-27

最后，在"分销信息"页面选择分销商所在的目标市场，其他的分销信息可先选择"否"，后续在"分销管理"页面中再进行操作，如图 2-28 所示。

图 2-28

提交后，亚马逊平台一般会在 3 天内发送确认码，卖家收到确认码后提交给亚马逊平台审核即可。至此，品牌备案就完成了。这里再补充一下，前两步的"加入白名单"和"GTIN 豁免"可以提前操作，因为商标注册的时候也会用到。

2.4.2 分销授权

品牌备案后，卖家也可以采取品牌分销的形式来拓展更多的 B2B 业务，确切地说应该是 B2B2C 业务。品牌的店铺授权流程也比较简单，如图 2-29 所示，在"品牌 CASE"→"店铺角色"页面，录入授权品牌的相关信息即可。

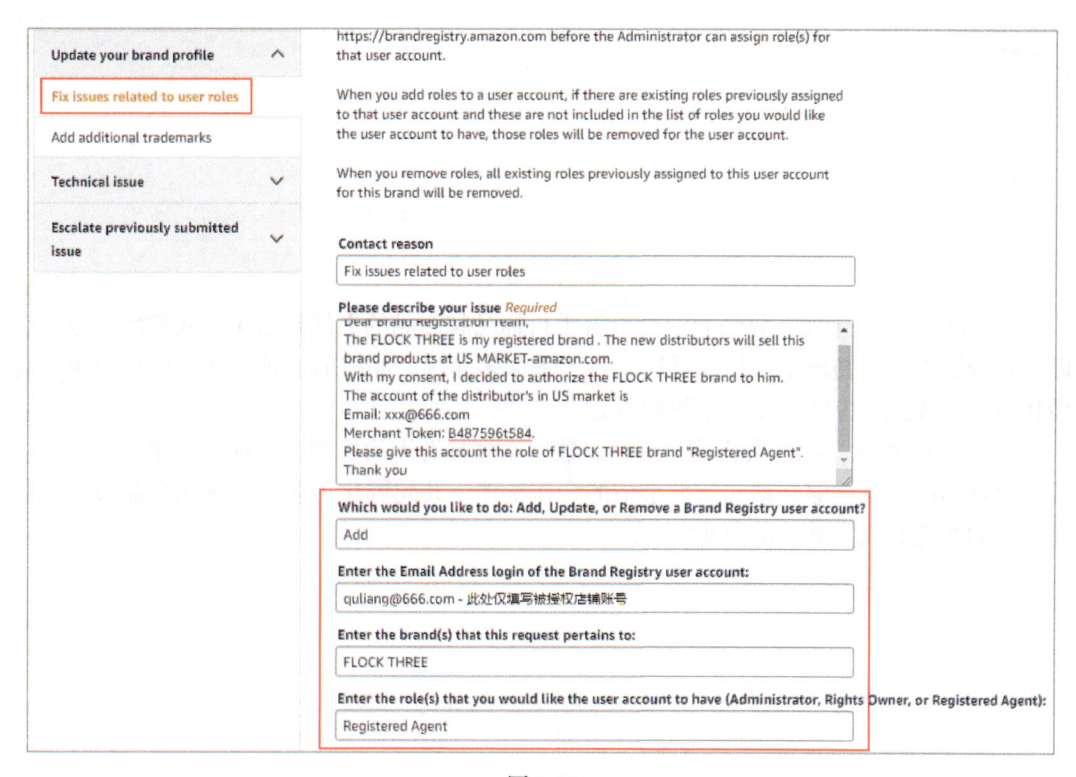

图 2-29

填写完毕后，CASE 的正文也需要完整的说明品牌授权意图，模板如下，供大家参考：

Dear Brand Registration Team,

The FLOCK THREE is my registered brand. The new distributors will sell this brand products at US MARKET.

With my consent, I decided to authorize the FLOCK THREE brand to him.

The account of the distributor's in US market is:

Email: xxx@666.com

Merchant Token: B487596t584.

Please give this account the role of FLOCK THREE brand "Registered Agent".

Thank you.

品牌授权的时效很快，一般 1~2 小时就会收到亚马逊的确认回复，如图 2-30 所示。

图 2-30

24小时后授权生效，分销商就可以着手目标品牌商品的上线销售了。我们团队也在做品牌分销项目，初衷是依托亚马逊平台，采取多品牌产品线的连锁形式，以小而美的规模化不断地优化供应链、提升品牌竞争力。

如图2-31所示，我们实行成员定额，数量不多且有淘汰机制，目标是希望能够团结一些价值观相同，且能够踏踏实实做事情的合作伙伴，共同孵化更多的中国出海品牌，为我们国家的产业升级贡献一份微薄之力。

图 2-31

2.4.3 品牌移除

亚马逊不断更新卖家及店铺绩效的监控指标，各种 KYC 核查越来越严格，有的卖家备案品牌没多久，店铺就被封号了。在培训的过程中，我也碰到过几个类似的案例，比如下面这个问题：

"在品牌成功备案到 A 店铺以后，A 店铺出现了违规被撤销了销售权限或者被封店，这个时候，与 A 店铺绑定的品牌就比较尴尬，是否还能注册店铺 B，或者如何转移到店铺 B？"

针对这个问题，首先大家要清楚一点，那就是亚马逊的品牌备案只能够操作一次，无论是美国站、欧洲站还是其他站点，品牌备案都不可重复操作。如果想要实现多店铺绑定品牌，只能通过授权的方式给予店铺权限。

其次，针对以上案例，卖家可以先操作 A 店铺的品牌移除，在店铺后台提交"移除申请"，如图 2-32 所示，录入品牌名称、店铺信息及移除原因。

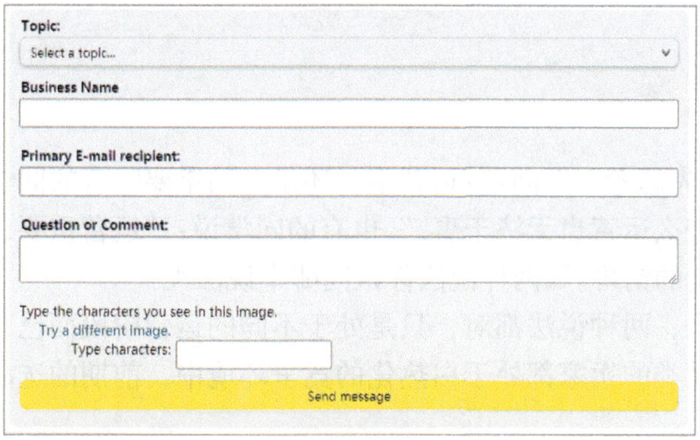

图 2-32

移除就代表撤销，再进行二次绑定的话不算违规。如图 2-33 所示，24 小时之内就会收到亚马逊客服的回复，确认移除成功后，再进行下一步操作。

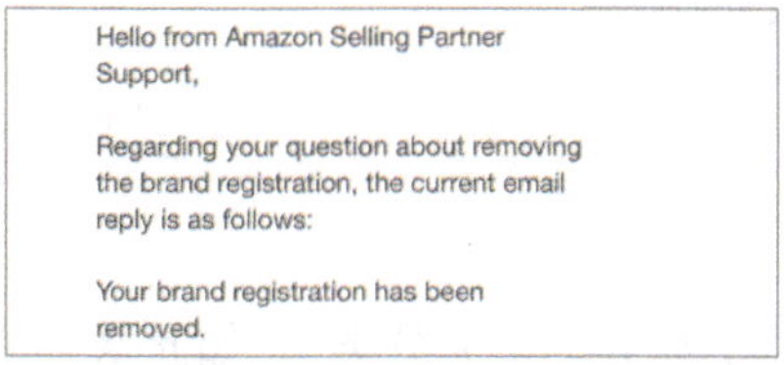

图 2-33

最后，在 B 店铺后台重新操作该品牌的备案。

路漫漫其修远兮，中国智造的品牌化升级是未来的趋势，借助亚马逊的品牌生态，各位卖家要准备好在国际舞台上打一场持久战。

第 3 章

高阶选品，实战逻辑与技法

3.1 选品底层逻辑

提到选品，大家先思考一个问题：运营重要还是产品重要？有的同学会说："选品重要，因为产品不好，再怎么运营也无济于事。"也有的同学说："运营重要，毕竟没有卖不出去的产品，只有不会卖的销售。"两种说法你认同哪个说法呢？

其实，在我看来，两种说法都对，只是处于不同的运营阶段而已，在物质生活日渐丰富的今天，大部分品类的卖家都处于白热化的竞争环境中，前期的选品能力和后期的运营能力都缺一不可。

尤其是亚马逊跨境电商的每个运营环节较之国内都有时间上的延后性，加之跨境贸易产业链的错综复杂，更需要我们在前期的选品上投入充足的精力，确定好未来的品牌运营方向及策略，这样，为后期的运营打下坚实的基础。接下来，我跟各位卖家朋友们分享下在选品操盘中需要遵循的核心原则。

3.1.1 确定分类

1. 分类概况

亚马逊平台上有 20 多个 1 级分类（大分类），如此众多的 1 级分类各自都有关联的 2 级、3 级甚至 4 级小分类。对于卖家来讲，选品的第一步就是确定好未来要做的品类。如图 3-1 所示，各级分类的产品数量及需求各不相同，比如生活家居、户外运动、母婴用品等类目的竞品众多，但需求稳定，3C 电子、游戏玩具类目的品牌集中度高，但侵权事件频发，卖家需要仔细斟酌，根据自身的情况确定好产品分类。

第3章 高阶选品，实战逻辑与技法

Category	Total products	Top 1%	Top 3%	Top 5%	Top 10%	Top 25%
Appliances	1.356.453	13.564	40.693	67.822	135.645	339.113
Art, Crafts & Sewing	5.984.654	59.846	179.539	299.232	598.465	1.496.164
Automotive	25.657.865	256.578	769.735	1.282.893	2.565.787	6.414.466
Baby Products	11.654.678	116.546	349.640	582.733	1.165.468	2.913.670
Beauty & Personal Care	3.875.845	38.758	116.275	193.792	387.585	968.961
Books	64.657.935	646.579	1.939.738	3.232.896	6.465.794	16.164.484
Cell Phones & Accessories	23.578.657	235.786	707.359	1.178.932	2.357.866	5.894.664
Clothing, Shoe & Jewelry	165.679.367	1.656.793	4.970.381	8.283.968	16.567.937	41.419.842
Electronics	38.657.987	386.579	1.159.739	1.932.899	3.865.799	9.664.497
Grocery & Gourmet Food	1.145.765	11.457	34.372	57.288	114.577	286.441
Health & Household	7.198.765	71.987	215.962	359.938	719.877	1.799.691
Home & Kitchen	89.765.987	897.659	2.692.979	4.488.299	8.976.599	22.441.497
Industrial & Scientific	20.749.738	207.497	622.492	1.037.486	2.074.974	5.187.435
Musical Instruments	768.637	7.686	23.059	38.431	76.864	192.159
Office Products	6.578.375	65.783	197.351	328.918	657.838	1.644.594
Patio, Lawn & Garden	3.976.649	39.766	119.299	198.832	397.665	994.162
Pet Supplies	1.547.652	15.476	46.429	77.382	154.765	386.913
Software	378.736	3.787	11.362	18.936	37.874	94.684
Sports & Outdoors	29.765.933	297.659	892.977	1.488.296	2.976.593	7.441.483
Tools & Home Improvement	17.562.874	175.628	526.886	878.143	1.756.287	4.390.719
Toys & Games	6.321.765	63.217	189.652	316.088	632.177	1.580.441
Video Games	486.874	4.868	14.606	24.343	48.687	121.719

图 3-1

39

2. 分类审核

为了保护消费者的合法权益，亚马逊平台上并不是所有的产品都允许卖家上架销售，所以，卖家朋友们在选品之前就要清楚地了解哪些是受限品，哪些是违禁品，哪些又是FBA的禁入品。在《跨境电商亚马逊开店实战宝典》里，笔者有跟大家分享过分类审核的详细数据和审核步骤，这里简单列举一些信息，不做过多的赘述。

1）分类受限列表（部分）

假期的玩具和游戏

视频、DVD和蓝光碟

具有收藏价值的硬币

2）产品受限列表（部分）

酒精

动物及与动物相关的产品

家居装饰的艺术品

汽车和动力配件

复合木制品

化妆品和皮肤/头发护理用品

膳食补充剂

食品与饮料

3）分类审核要求

绩效指标（不良率<1%，取消率<2.5%，迟交率<4%）

产品证明（品牌授权书）

采购发票（时限低于90天）

4）FBA受限商品

通过分类审核，不见得就可以入仓FBA。亚马逊的FBA仓库还会规定一批受限商品，如图3-2所示，卖家可以在亚马逊的"卖家中心"通过搜索"FBA product restrictions"来仔细阅读受限商品的详情，大家需要提前了解清楚。

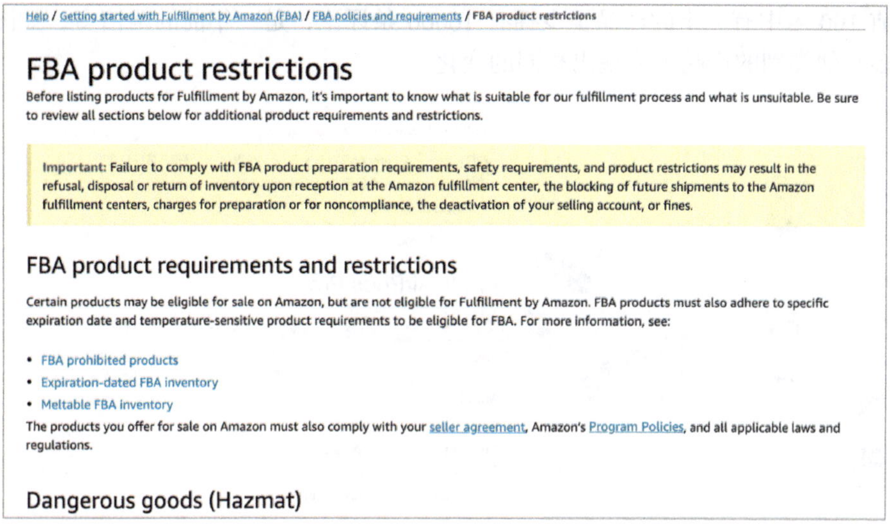
Help / Getting started with Fulfillment by Amazon (FBA) / FBA policies and requirements / FBA product restrictions

FBA product restrictions

Before listing products for Fulfillment by Amazon, it's important to know what is suitable for our fulfillment process and what is unsuitable. Be sure to review all sections below for additional product requirements and restrictions.

Important: Failure to comply with FBA product preparation requirements, safety requirements, and product restrictions may result in the refusal, disposal or return of inventory upon reception at the Amazon fulfillment center, the blocking of future shipments to the Amazon fulfillment centers, charges for preparation or for noncompliance, the deactivation of your selling account, or fines.

FBA product requirements and restrictions

Certain products may be eligible for sale on Amazon, but are not eligible for Fulfillment by Amazon. FBA products must also adhere to specific expiration date and temperature-sensitive product requirements to be eligible for FBA. For more information, see:

- FBA prohibited products
- Expiration-dated FBA inventory
- Meltable FBA inventory

The products you offer for sale on Amazon must also comply with your seller agreement, Amazon's Program Policies, and all applicable laws and regulations.

Dangerous goods (Hazmat)

图 3-2

3. 品类建议

在亚马逊平台每年 2000 亿~4000 亿美元的销售额中，不同的品类占据的市场份额也各不相同，有的市场需求大，有的则相对较小。我结合分类销售额占比和我的操盘经验给大家分享一些品类运营建议，依次为生活家居（40%）[①]、厨房和餐饮（16%）、运动户外（21%）、美妆个护（9%）、办公用品（15%）、园艺装饰（14%）、母婴用品（12%）、宠物用品（13%）、玩具游戏（19%）、家居和婴儿护理（18%）、工具和家居装饰（4%）、日用百货（12%）、衣服配饰 （13%）、艺术手工（12%）、3C 电子（12%）。有的品类的销售额占比存在着很大的东西方文化差异，比如宠物用品品类，国外的需求占比就比较高，而国内就相对低一点；有的品类需要严格的资质审核，比如母婴用品；有的品类门槛就比较高，比如放在最后的 3C 电子，尽管销售占比为 12%也不算少，但这个品类还真不是平头百姓能做的。

针对上述的分类数据，我分享以下几个例子：

1）案例 1

如图 3-3 所示，大家可以看到 Apple AirPods Pro 的“Best Seller”标签，在亚马逊的耳机类别中的排名遥遥领先，根据亚马逊的评价累计规则，截至 2021 年 7 月 25 日，其评论数已经达到 209293 条。而在耳机品类中，前 100 名 Listing 的平均评论数量也从 2019 年的 4000 多条增加到 2020 年 12 月的近 25000 条，平均评分从 4.1 分上升到 4.4 分。截至到现

---

① 括号内为该品类商品的销售额占比，因为商品在不同品类有重叠（例如午餐包可以属于母婴用品，也可以属于厨房用品），所以会有重复统计的情况，总占比远超过 100%。此处主要展现占比趋势。

在，在前 100 名中有一半的产品至少拥有 10000 条评论，是一年前的两倍多，如图 3-4 所示，许多其他类别的产品也表现出相同的变化。

图 3-3

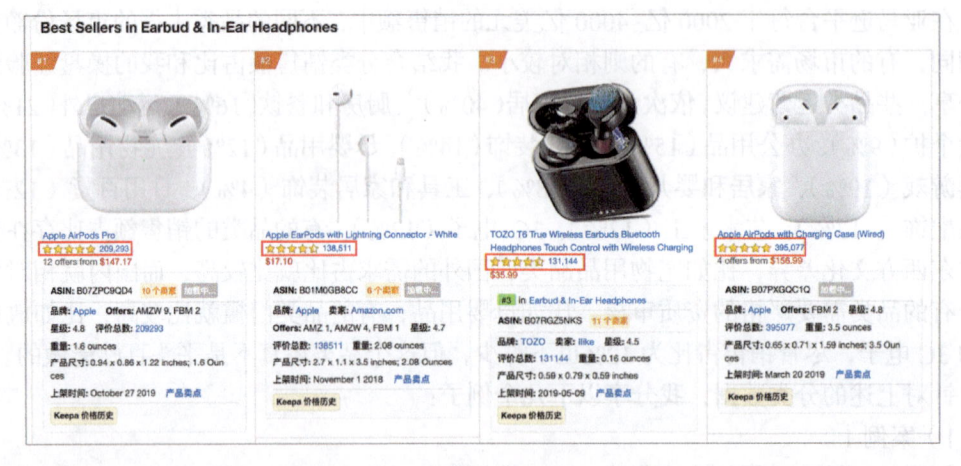

图 3-4

所以，虽然 3C 电子产品的热度高，但大部分小品类产品都是"变态级"的竞争环境，作为亚马逊平台的新手，这个品类的钱不是那么好赚的，实力劝退。

2）案例 2

母婴用品、服饰鞋包的热度也是不错的，但是大家要特别注意的是，凡是跟小孩子相关的，比如文具、书包等产品的分类审核特别严格，我们拿小孩子的书包为例，如图 3-5 所示，来给大家分享下。

图 3-5

首先，要准备此类目产品的安全检验报告，包括 CPSIA、CPSC 以及 CSPA，如图 3-6 所示。

图 3-6

其次，需要在 Listing 页面添加"WARNING"的提醒标签，如图 3-7 所示。

> ⚠ **WARNING:**
> CHOKING HAZARD -- Small parts. Not for children under 3 yrs.

图 3-7

最后，书包上也必须带有"警告标识"的信息标签（Warning label），内容包括产地、品牌、材料、注意事项，如图 3-8 所示，尤其是在欧洲和日本市场，如果此分类产品不带上述信息标签，海关抽检时会直接扣留，都没有机会进入亚马逊 FBA。

图 3-8

3）案例 3

生活家居、厨房用具、服饰配饰一直都是亚马逊热卖的品类，但品类里的产品风格要注意东西方的文化差异。比如筷子、手串和麻将等产品都彰显着浓厚的中国文化，另外还有代表喜庆的红色和代表吉祥的龙都属于中国的特色。所以，之前有的学员卖筷子和地域特色明显的麻将（在平台上一搜，卖的人还不少），如图 3-9 所示。

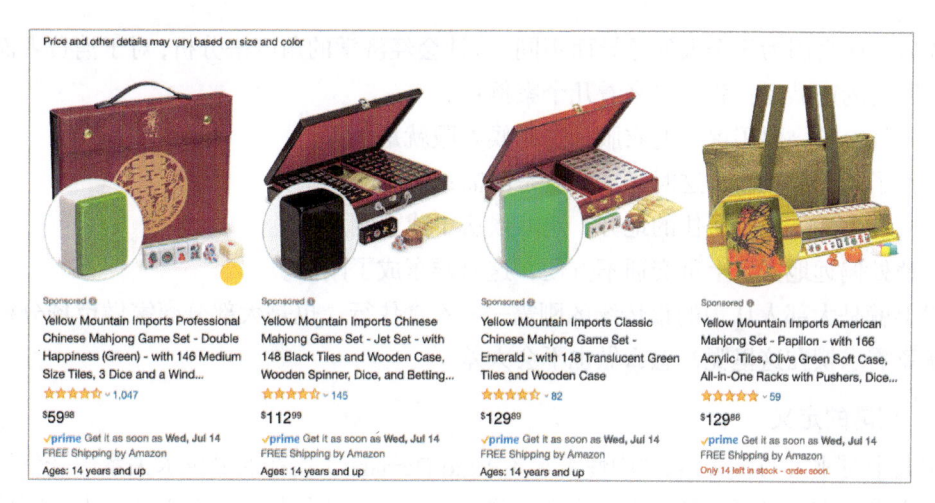

图 3-9

　　这些产品虽然也会有订单，但对国外的客户来说，这些文化色彩浓厚的产品还是比较小众化的存在。我相信，随着祖国的日渐强大，中国的文化也一定会慢慢地被全世界认可。当下，建议中国的亚马逊卖家，选品时尽量考虑符合国外客户的生活习惯，以市场需求为前提来选择适合消费者的品类及产品，待到时机成熟，再进行需求引导。

　　比如，在美国忌讳的数字是 13，美国人不喜欢红色，对绿色情有独钟（美元就是绿色的），所以，你可以看到美国股市的涨跌是红下绿上，国内则刚好相反。这些都是中外文化差异，需要我们在做产品的时候，有选择性地调整产品来满足目标市场的需求。

　　而在中东市场，数字 5 和 7 代表着吉祥如意，绿色也比较受欢迎，女士的外出服饰一般都是罩袍（波卡），所以卖家出口到中东市场的产品，其包装上绝不能带有穿着暴露的女性，如果有就违反了当地的习俗。如果卖家不了解地方的风土人情，就很容易出现店铺的违规操作，导致产品下架、无法清关等不良后果。

　　最后，得出结论：确定分类就是帮助卖家锁定亚马逊事业的一个方向，就好像大海里的灯塔一样，要确定一个长远的目标，才不会迷失方向。

3.1.2　刚需至上

　　在卖家确定好分类以后，我们再来看看客户的需求。大家首先思考一个问题：什么是刚需呢？

1. 传统的刚需

　　早在 1943 年，马斯洛就提出了人类需求的五个层级，包括生理需求、安全需求、爱和归属感的需求、尊重需求、自我实现的需求。虽然分了层级，但对于个体来讲，层级间需求的先后顺序会因为每个人的差异而不同，从社会经济学的角度来分析，对于消费者而言，哪些是刚需的产品呢？我们先来看几个案例：

- 天气冷了，要买保暖的衣服，这时候衣服就是刚需；
- 忙了一天没吃饭，这时候食物就是刚需；
- 人们生活需要有居住的地方，这时候房子成了刚需；
- 地处偏远地方，上班交通不方便，这时候车成了刚需。

以上就是大部人认为的很传统的刚需——衣食住行，也是大部分商家做市场分析的由头，毕竟需求摆在这里呢，怎么做也不会太差。

2. 刚需的定义

字典中对刚需的定义是，"刚性需求（Rigid Demand）指在商品供求关系中受价格影响较小的需求。在市场经济环境中，当商品供不应求时，商品价格就会出现上涨。刚性需求就是价格涨不涨都需要购买。"所以，刚需是一个无可替代的硬性需求。

3. 刚需的本质

知道了刚需的定义后，大家再思考下，前文提到的衣服、食物、用于通勤的车是不是刚需呢？我们再来看几个例子：

- 买保暖的衣服，实现的是暖和的基本生理需求；
- 买食物果腹，实现的是饱腹的基本生理需求；
- 买了房子，实现的是居住的基本需求；
- 买了车，实现的是正常上下班的基本需求。

从以上可以判断出，刚需的核心是从消费者的角度出发的，客户因为"我需要它"才会购买，而不是因为其他的附属特征，比如颜色、样式、形状、尺码等其他属性，这是第一层刚需。

但是，在物质生活日渐丰富的当下，需求体系的转变也在悄然发生，我们继续看几个例子：

- 买衣服不仅仅是为了保暖，还需要穿着好看；
- 食物对人们饱腹需求满足了，现在更多地追求的是色香味俱全；
- 车也不仅仅是用来通勤了，其变成身份地位的象征。

所以大家可以看到，同样一件事物本身没有变化，但人们的刚需导向变了，从"我需要它"升级到"我想要它"，从基本的生理需求转变到更高层次的心理需求，这是第二层需求。

回过头来说我们的选品逻辑，在当下，亚马逊平台上的大部分行业分类产品都已经走过了增量时代，处在存量博弈的阶段，而我们的刚需选品策略就是要在存量市场中寻找增量的机会。说的通俗点就是寻找红海中的蓝海，而不是在蓝海中扎猛子，这也许就是产业升级的根本所在，同时配合全球供给侧的改革，实现区域市场经济的高效匹配。

最后，得出结论：站在消费者的角度，我们要充分挖掘"我需要它"的市场存量，并通过"我想要它"来发现存量中的新增量，在这个过程中，大家需要注意的是，在市场理性数据的背后蕴藏着的客户感性的消费心理，这也许是未来电商的发展趋势，即所谓的"兴趣电商"。

3.1.3 差异突破

在卖家确认了目标品类和产品以后，如何做产品的差异化是比较重要的，在我往年的培训过程中，这个问题也是大多数卖家遇到的最大的难题。

美国著名零售业研究专家罗伯特·斯佩克特说："过度丰富的商品对于消费者来说，或许是一种恩赐，或许是一种诅咒。"

面对亚马逊平台上数以亿计的产品，在 ASIN 同质化严重的今天，消费者都患上了选择困难症，同时，也给卖家带来了激烈的竞争，那么，如何才能让自己的产品更有竞争力呢？

1. 产品迭代历程

每一个品类、产品的研发都有自己的迭代周期，从产品端来讲，先是开发全新的产品功能，在产品功能达到上限之后，就是通过材料的升级来达到产品的差异化升级。但材料的更新换代受限于人类的科技革命，一般都会比较漫长，几十年、上百年不等，所以，对于大部分产品来讲，产品的差异化就都落在了设计的创新层面上。而从消费者的视角来看，最开始买一款产品时，能满足基本的生活需求——能用就行，随着生活水平的提高，人们对产品有了新的要求——要用着舒服，但有的时候，由于人们喜新厌旧的心理作祟，对产品外观的要求也开始提高了。所以作为卖家，我们可以通过对产品及目标人群所处的周期，来寻找产品差异化的切入点。我们来看几个案例：

1）案例1，苹果手机 iPhone

作为智能手机的先驱，iPhone 的产品设计能力毋庸置疑，从 2007 年推出第一款 iPhone 开始，直到今天，苹果公司未曾停下手机革新的脚步，如图 3-10 所示。

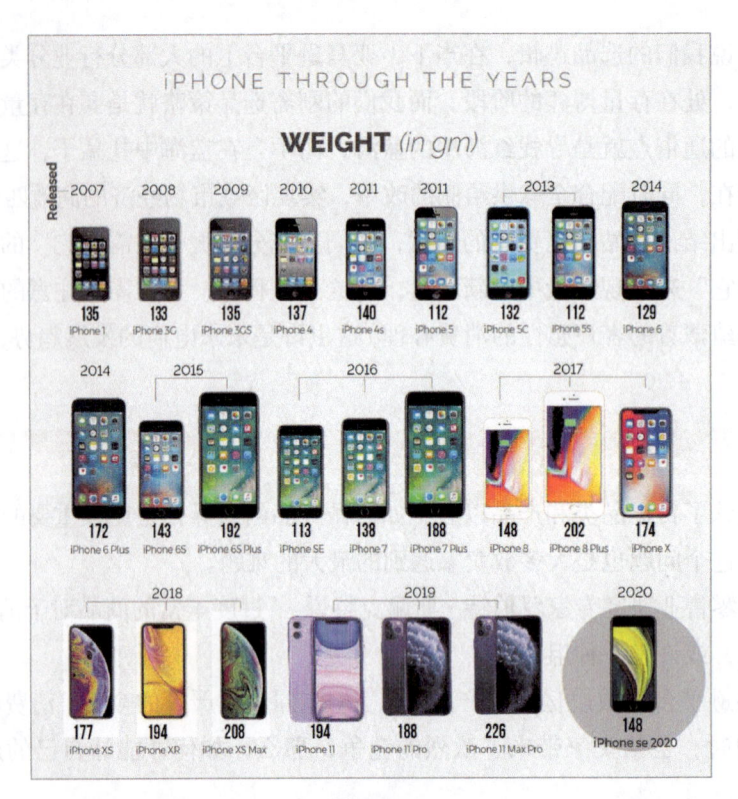

图 3-10

  从外观上来看，iPhone 的变化不大，屏幕上方始终保留着一小撮"刘海儿"，而功能性创新主要集中在软、硬件性能的优化上。其实，iPhone 的策略也正是如此，从产品本身的角度来说，以点盖面地放大差异化，突出与友商的不同之处；从消费者的角度来说，突出的重点是，没有最好，只有刚刚好，满足当下的使用场景。但最近几年，大家会发现，不只是 iPhone，其他厂商的产品也基本上陷入了硬件堆料、软件优化的微创新上，比如 A 家的手机有两个摄像头，B 家的手机也不甘落后，做了 4 个摄像头，这也充分说明了手机的差异化只在外观设计上有可创新的空间，在其功能上的划时代变革尚待时日，使得手机行业过早地进入了白热化的存量竞争阶段。

  2）案例 2，小食托盘

  俗话说，民以食为天，我作为一名美食爱好者，对美食的抵抗力几乎为零。有句话是"唯有美食与爱不可辜负"，也是道出了"吃货"们的心声。而随着人们物质生活的逐渐富有，大家也开始对食材、餐具有了更多的要求，国外也一样，除了要求好吃以外，还需要营造出氛围感。比如国外客户习惯用的刀叉、碗碟、红酒杯，这些对于卖家来讲，就是实实在在的刚需产品，如图 3-11 所示。这是一款精致的零食托盘，众所周知，外国的人们习惯分餐制，所以他们用的较多的餐具是盘子或者托盘之类的产品。这款托盘就是典型的在市场存量中寻求差异化的增量突破，以新颖的外观设计和环保的竹子材料拔得头筹，深受消费者喜爱。

图 3-11

2. 实战案例分享

接下来，我们做两个小测验，让大家思考如何做差异化。

1）案例 1，衣服挂钩

假设公司派给你新的任务，需要卖一个小玩意儿，如图 3-12 所示。那么，针对这款普通的衣服挂钩，如何做好差异化呢？

图 3-12

公司给的要求是：
- 不改变采购成本；

- 不可以打价格战；
- 常规的营销手段。

给你 3 分钟的思考时间。

好，时间到了，我猜测你的差异化建议是：

- 数量套装，竞品 1 个 9 美元，我们 5 个产品共 35 美元；
- 安装方法，竞品打孔，我们的产品可无痕黏贴；
- 配件赠送，购买竞品送 2 个螺丝，购买我们的产品送 5 个螺丝；
- 使用场景，竞品只能挂衣服，我们的产品还可以挂手机等。

以上的差异化想法都不错，但是从客户的角度来看，没有太多的惊喜，我们需要深度思考的是，一个普通的挂钩到底可以给客户带来什么？

接下来，我们看看 Jack N' Drill 是如何做的，如图 3-13 所示。跟前文提到的挂钩一模一样，价格不但没有降低，反而更贵了。

图 3-13

从产品本身来讲，如此高溢价、高排名的差异化魔法到底在哪呢？我们继续往下看，如图 3-14 所示。

图 3-14

谜底揭晓：仅仅是多了一款附赠的可爱小熊贴纸，这样客户可以把挂钩贴在小熊的脸上，正好成了它的鼻子，赋予了挂钩新的意义，而且为了降低成本，卖家把贴纸做成了电子版，客户可以扫码获取，自行打印、张贴，这真是绝妙的想法。

我们再看看客户的反应，如图 3-15 所示。客户开心地给了 5 星评价，评论中我们也能体会到客户激动的心情，而这对于其他客户来讲，是最具有感染力的事情，如果能做到这种效果，你就赢了。

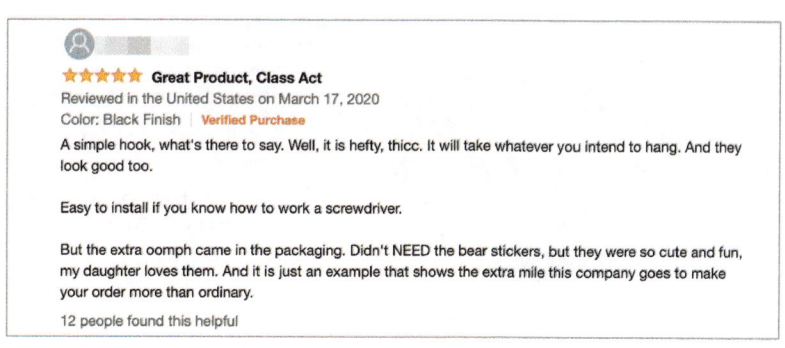

图 3-15

2）案例 2，厨房餐具

如图 3-16 所示，这些只是普普通通的饭碗，这次没有任何条件限制，充分发挥你的想象力，如何做出差异化呢？给你 3 分钟的思考时间。

图 3-16

我猜大家的差异化策略可能包含如下几点：
- 更换碗的材质，比如把陶瓷换成麦秆，更加健康环保；

- 采取套装变体策略，比如多增加几个颜色，多增加几个尺寸；
- 重新设计外观，添加不同的图案等。

其实碗和前文说的挂钩一样都属于差异化难度比较高的案例，毕竟这么简单的产品可以做出差异化的点确实不多，那是不是真的无从下手了呢？

接下来，我们来看看这家公司是如何做的，如图 3-17 所示。

图 3-17

OTOTO 是一家以色列公司，其品类集中在家居厨房，产品主打创意设计，比如这款造型独特的碗融入了可爱的小怪兽元素，吃饭之余，还能给客户带来欢乐，如图 3-18 所示，产品变成了一个怪兽帽子，模特的微笑也感染力十足。

图 3-18

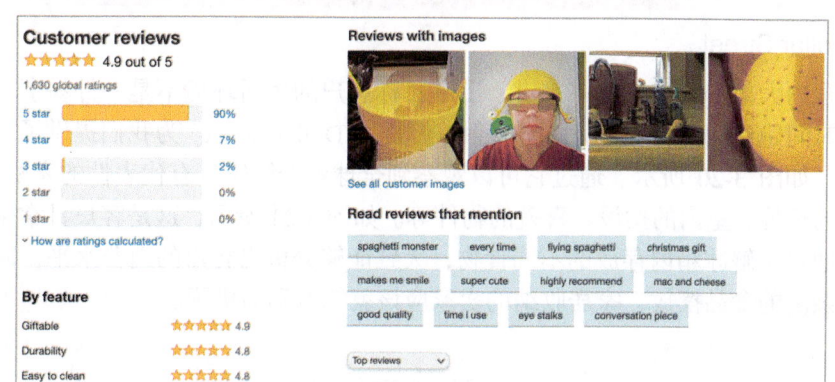

而客户的评价也反映了产品给人们带来了欢乐，如图 3-19 所示。

图 3-19

最后，得出结论：对于大部分卖家来讲，产品的差异化是选品中最难的一个环节，希望大家能从心出发，多花点儿时间，深度挖掘消费者的潜在需求，为客户提供独一无二的价值。

3.1.4 启动预算

除了上述三个因素外，卖家的资金实力也是选品重要的参考项。毕竟囤 1000 个单价 10 元的产品和囤 1000 个单价 100 元的产品给卖家带来的资金压力不是一个量级的，再算上物流时间、店铺运营及回款周期，造成的资金压力陡增会影响到整体的运营策略和日常的操作计划。

价值投资大师巴菲特有个经典的投资法则："第一，尽量避免风险，保住本金；第二，尽量避免风险，保住本金；第三，坚决牢记第一、第二条。"

所以卖家最好在选品过程中提前设定一个可控的投资金额，然后配合选品要素，尽可能地赚自己能力范围内的钱，"稳"字当头，安全第一。

3.2 爆款选品策略

在平日的培训中，学员们的选品手段并不多，都比较常规，比如学员 A：关注畅销榜单即新品榜单；学员 B：定期查看 1688 网的销量榜；学员 C：业内熟悉的厂家新品的推荐；学员 D：按照自己的习惯、经验选品；学员 E：关注行业内头部店铺的上新。

我在《跨境电商亚马逊开店实战宝典》一书里也讲到一些简单的选品方法，这里给大家做一些更加详细的补充。依照选品的底层逻辑，我们把数据选品分为 3 个部分：消费者的潜在需求、目标人群的市场容量以及亚马逊内部的 AI 大数据。接下来，我们一一详解。

3.2.1 消费者的需求及趋势

1. Dollar Street

对于国内大部分亚马逊卖家来讲，了解目标客户的生活环境不是一件易事，毕竟谁也没那么多时间跑到国外与客户近距离接触。但是，"Dollar Street"为我们提供了一个观察世界的窗口，如图 3-20 所示。通过它可以观察到全球各个国家具有代表性的家庭生活概况，包括居住的环境、室内的摆设、喜爱的物件等。如图 3-21 所示，这是客户日常生活中冰箱的状态，通过了解冰箱内存放的不同食物，大致能够分析出客户的消费水平，同时针对冰箱内略微杂乱的食品摆放，家居收纳的卖家应该就能看到商机了。

图 3-20

图 3-21

2. Answer The Public

问题产生需求，需求催生市场，市场成就买卖。通俗点讲，所谓的需求就是客户亟待解决的问题。而发现客户的问题就成了卖家开发产品、获取订单的关键所在。鉴于此，"Answer The Public"应运而生，如图 3-22 所示。它以核心关键词为词源，收集匹配用户的问题集合。这样卖家可以通过它的搜索算法，挖掘全网用户的问题及关联信息，其存在的理由其实就是解决了卖家的需求。

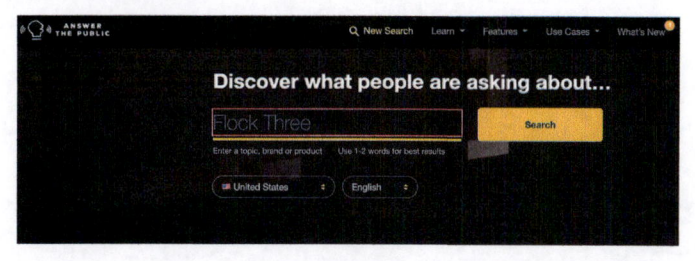

图 3-22

当我们在搜索框中输入目标关键词后，点击搜索，"Answer The Public"立刻开始关键词的匹配工作，并按照常规问题信息的特定分类展现出来，如图 3-23 所示。以英语中的特殊疑问句进行拓展，比如"Will dog poop kill grass？""Where dog sleep？"等。

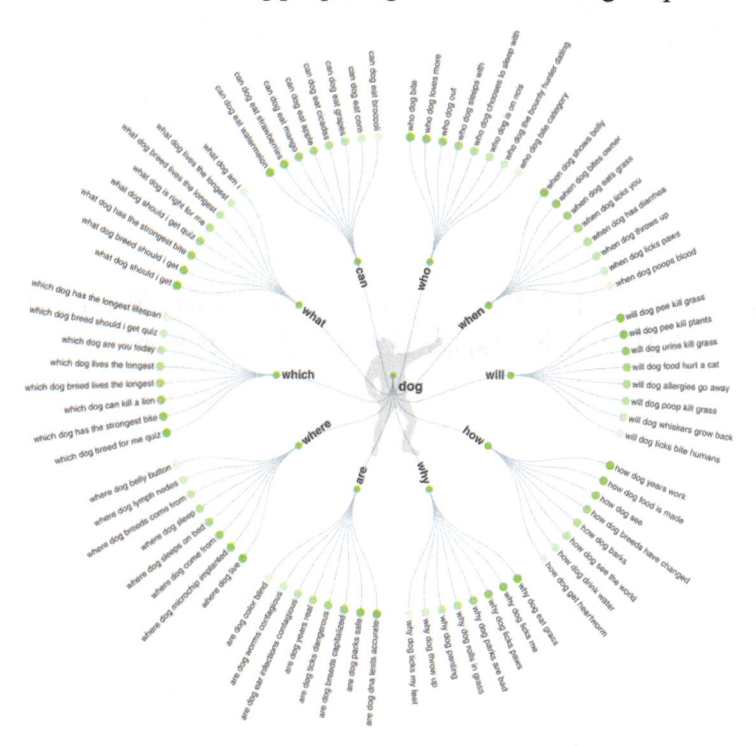

图 3-23

除了特殊疑问句的句式形式外，还有介词句式、比较句式、关联句式的问题等，如图 3-24 所示。

55

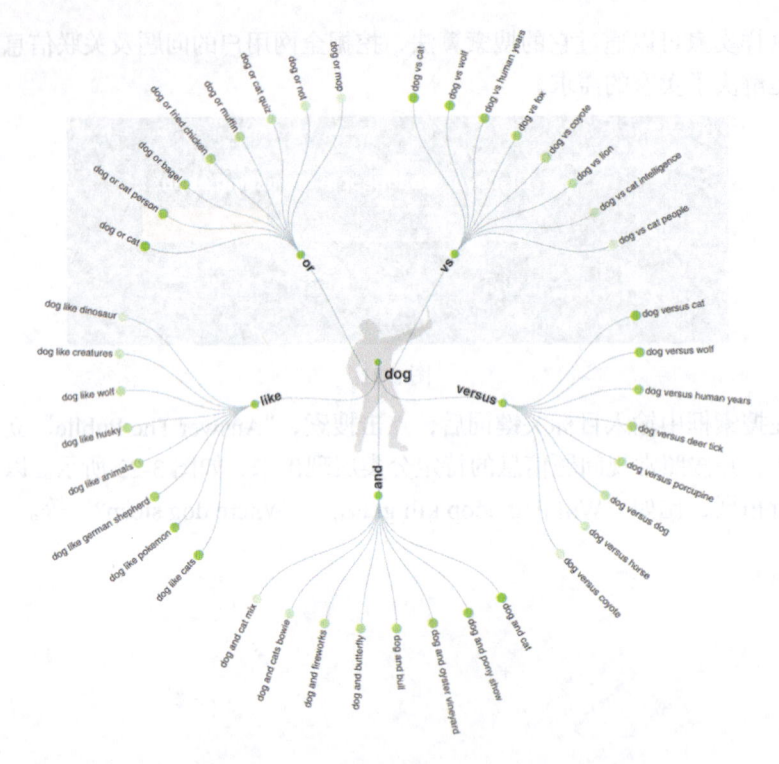

图 3-24

在各类问题的图谱上，有很多圆形的小节点，它们背后都是成千上万的问题小合集，点击圆形的小节点即可进入对应的 Google 搜索页，如图 3-25 所示。

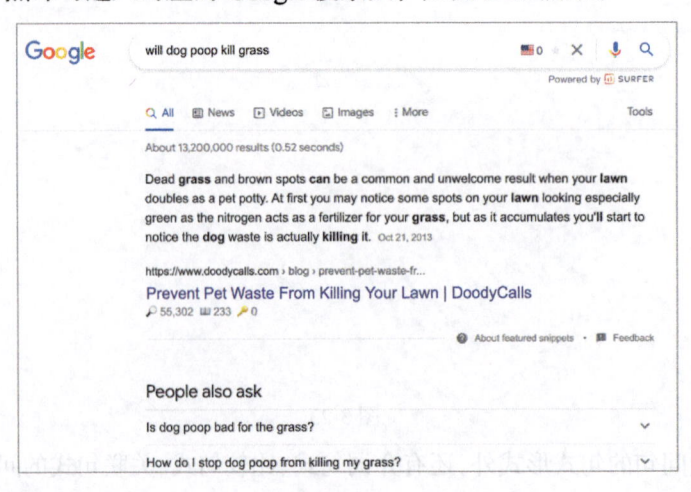

图 3-25

3．Google（关键词）趋势

Google 趋势对于亚马逊卖家来讲再熟悉不过了，从技术的角度来讲，堪称是良心网站，好用且免费，如图 3-26 所示。

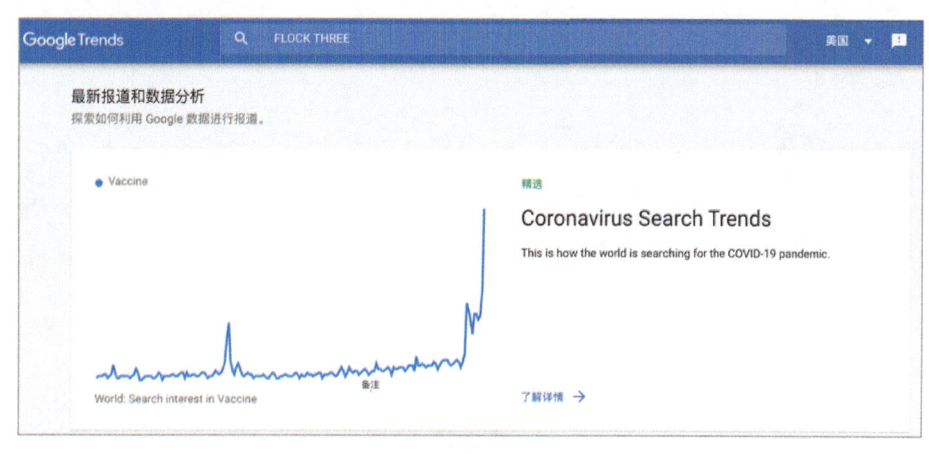

图 3-26

这些我在第一本书里也有介绍，这里我们以关键词"Diaper"为例，一起回顾下 Google 趋势的使用方法。

首先，我们在搜索框中输入目标关键词"Diaper"，确认后，Google 趋势得出的结果，如图 3-27 所示。可以看到用户在 1 年内的需求趋势情况，相对来说比较平稳，年末有小幅度的向上波动。

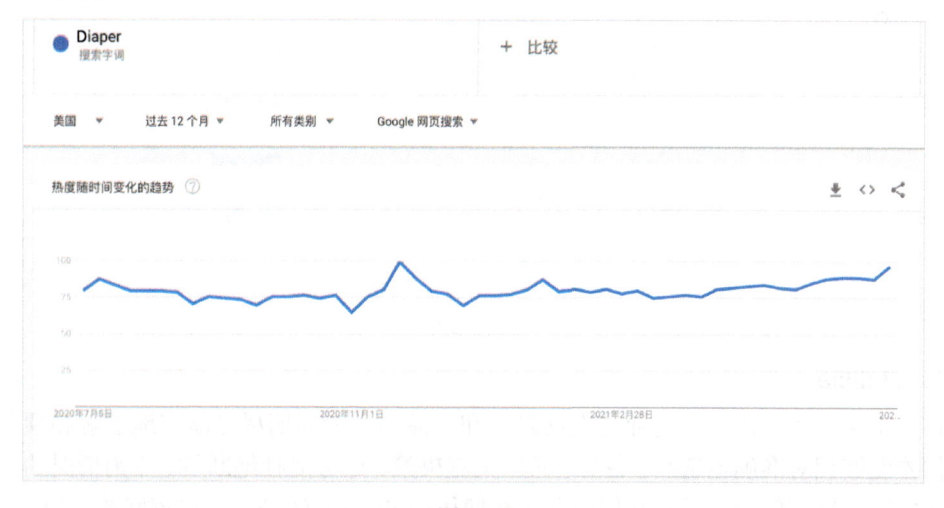

图 3-27

在时间维度上,我们还可以自定义数据周期,如图 3-28 所示。查看 5 年内的数据趋势,从长远来看,基本上波动不大,也体现了行业的整体稳定性。

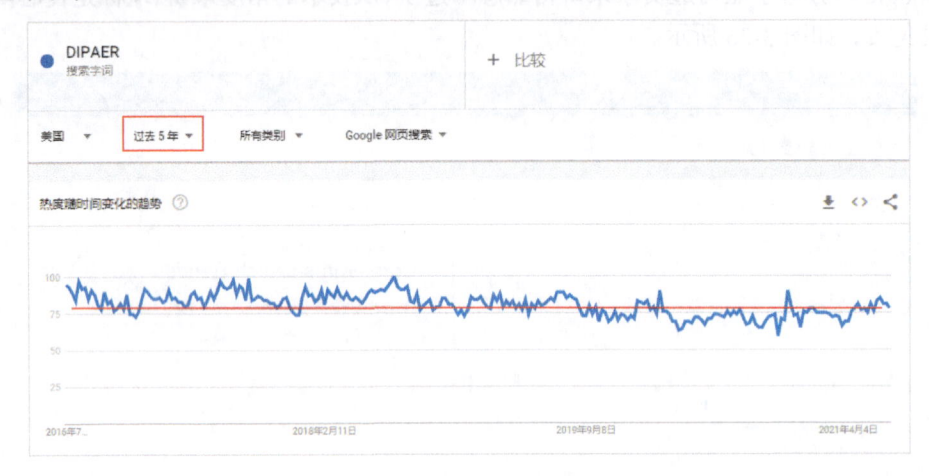

图 3-28

除了时间上的趋势研判,还有区域的需求分布,作为卖家,我们希望定位需求更大的目标市场,如图 3-29 所示。针对"Dipaer"的需求,在北美市场,相对来说热度更高,需求也更大。

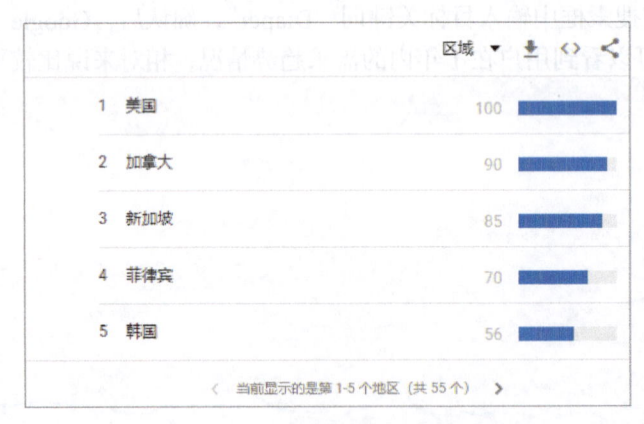

图 3-29

4. Statista

作为卖家,我们需要对行业的发展趋势和产品的生命周期尽可能多地了解和预测,这样我们才能够相对准确地选品、备货,做出关键决策,尽可能杜绝断货、滞销情况的出现。那么这些数据要如何获得呢?我们团队正在使用的 Statista 就是一个比较好的选择。

如图 3-30 所示，Statista 是全球领先的数据统计公司，平台拥有超过 100 万条的各类数据信息，涵盖了 8 万多个主题，170 多个行业类别。

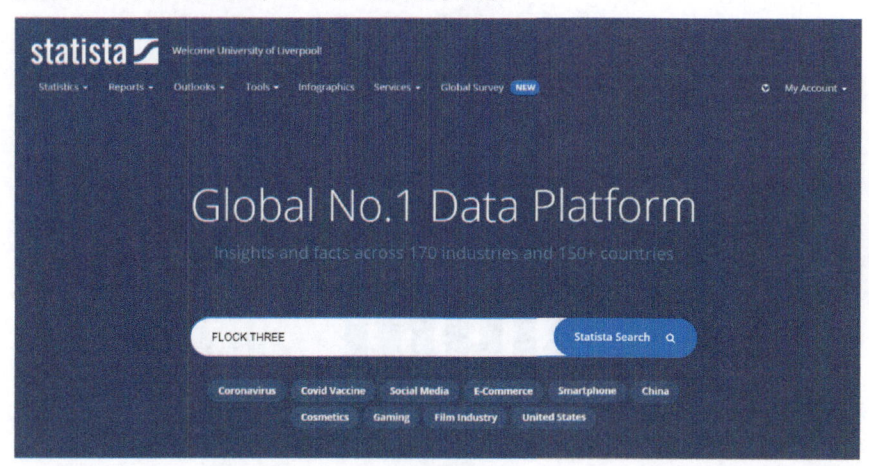

图 3-30

我们可以通过类目关键词搜索，查询到对应的行业信息，包括行业的年度营业额、分类销售概况等，如图 3-31 所示。

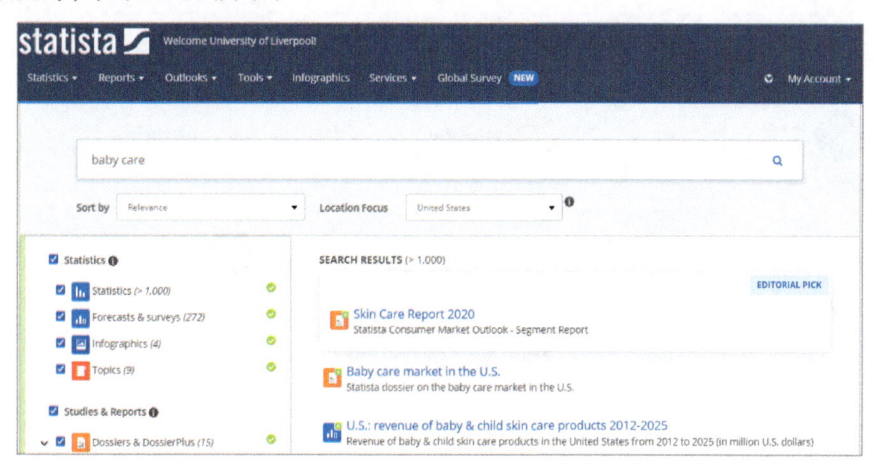

图 3-31

搜索页面会展示与关键词相关的数据源，大家可以点击数据主题查看图表详情，如图 3-32 所示。右侧还有不同的文件格式，供大家选择下载。在日常培训期间，我也整理了一些常用的行业类目数据，卖家朋友们可以在公众号"越人 TeCh"里回复"STATISTA"免费领取。

图 3-32

为了增加日常使用的便利性，大家可以在亚马逊卖家导航站的全球数据中找到"Statista"，点击进入网站即可，如图 3-33 所示。

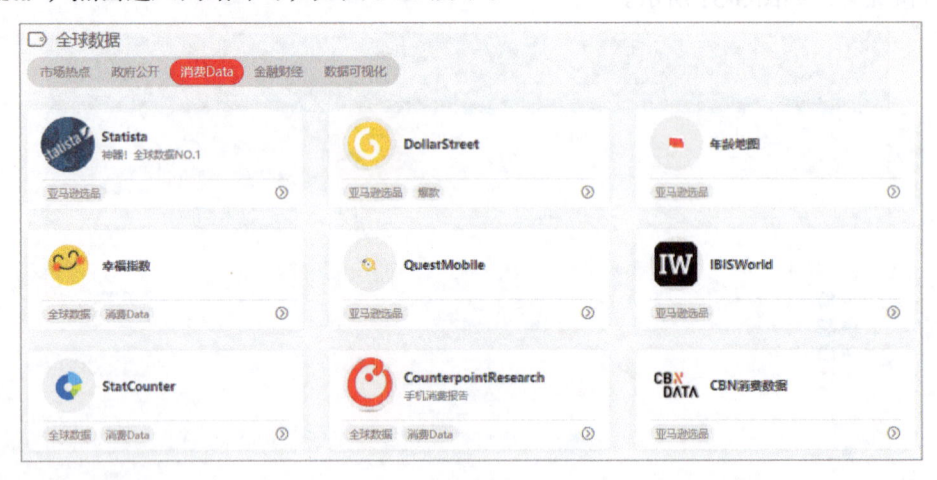

图 3-33

5. SEMRUSH

我们知道，前文中提到的 Google 趋势是以关键词的搜索趋势来洞悉数据背后的用户需求，卖家得到的是一个大概的品类稳定性，没有具体的相关数据量显示。而作为全网 NO.1 的 SEO 工具，SEMRUSH 在数据的展现和分析方面则更加细致，如图 3-34 所示。

图 3-34

我们拿关键词"BABY CARE"来举个例子。首先，我们选中 SEO 工具中的关键词概览，在搜索框填入关键词"BABY CARE"，点击搜索，进入关键词分析页面，如图 3-35 所示。

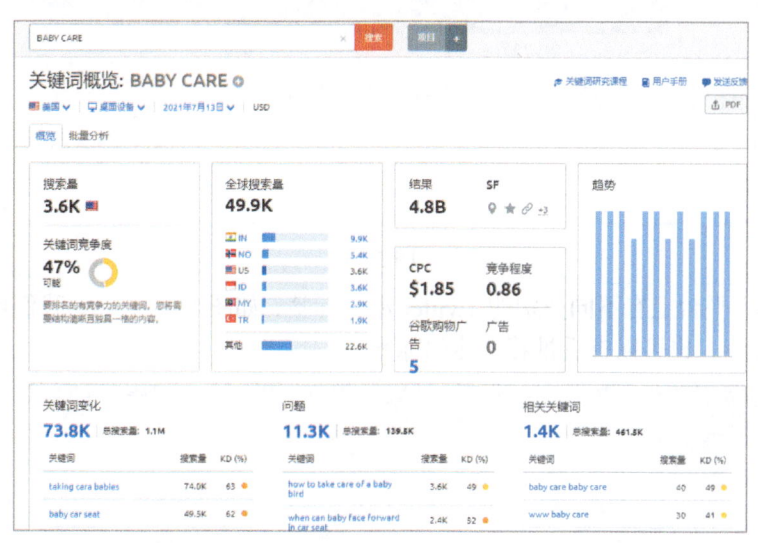

图 3-35

从图 3-35 中可以看出，目标关键词的搜索量概况，包括全球及各区域用户搜索量、CPC 及搜索趋势，而这里的搜索趋势就是 Google 趋势的数据展现，搜索数据下方还有变体关键词及各类相关的问题和信息。其中每一个数据都是量化的，方便大家做需求分析。

在日常的使用中，我一般是用 SEMRUSH 代替 Google 趋势，因为 SEMRUSH 的 SEO 数据更全一些，但 Google 趋势的优点在于免费，大家可酌情选择。

61

6. Hashtag 热门标签

新媒体作为移动互联网的新物种，从诞生之日起就融入到了人们的日常生活中，每天刷Facebook、Instagram、Twitter或者Pinterest早已成为"歪果仁"的日常，就跟我们刷微博、抖音一样。

以Twitter为例，因为其用户遍及全球，所以平台上的信息量是非常庞大的，因此用户想要第一时间找到自己想要的内容是比较困难的。为了便于用户检索目标信息，"标签"这个概念也就应运而生了。"标签"可以理解为信息定位，类似于亚马逊平台的分类类目。对于卖家来讲，我们要做的就是从特定的行业入手，使用主题标签搜索相关的帖子来获取客户的喜好，以此来挖掘消费者的需求信息。这时我们可以借助流行的标签收集网站——Hashtags.org，如图3-36所示，来帮助我们分析热门的标签数据。如何使用"Hashtag"呢？

图 3-36

"Hashtag"平台上有不同类别的Twitter流行标签，如图3-37所示，我们可以在搜索框中搜索主题标签，也可以查看推荐的热门标签。

图 3-37

点击或搜索相应的热门标签，即可进入该标签的数据分析页面，呈现内容包括 24 小时内的热度以及与主题相关的内容等，如图 3-38 所示。

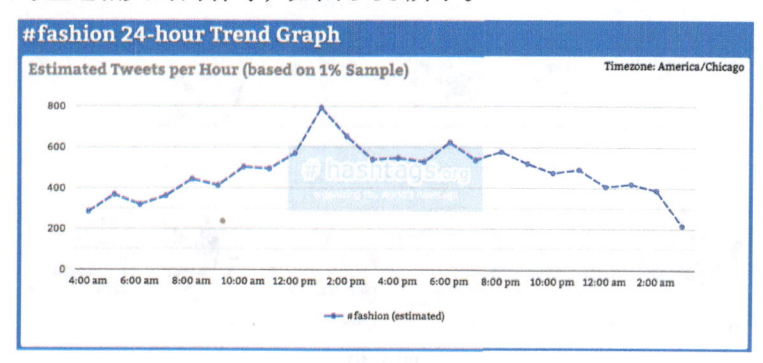

图 3-38

当然在确认好目标标签以后，我们还可以使用这些标签到 Twitter 上搜索相关的帖子，如图 3-39 所示。进一步浏览帖子的主题和评论中用户之间的互动内容，以此来挖掘出客户群体当下的潜在需求。

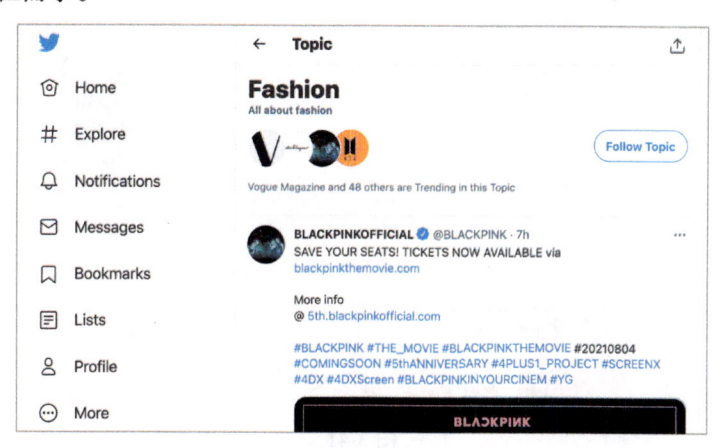

图 3-39

3.2.2 全网电商的数据挖掘

1. ETSY（手工艺品鼻祖）

ETSY 是一家老牌的手工电商平台，是我在平时培训时极力推荐的平台之一。迄今为止，其平台卖家数量已经突破 300 万家，平台上升势头明显，商品数量将近 1 亿种，如图 3-40 所示。

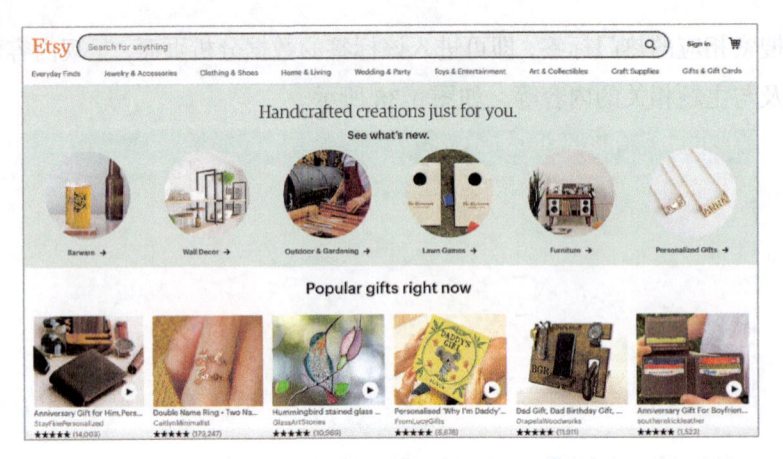

图 3-40

这个平台上品类多以生活家居、厨房餐具、时尚服饰为主，创新性十足，颇受客户喜爱。在选品环节，大家可以多去 ETSY 看看产品，汲取创意灵感，把 ETSY 作为选品的参考数据源，毕竟在新品的样式及上架时效性方面 ETSY 还是更胜一筹的。如图 3-41 所示，大家可以通过亚马逊导航站进入 ETSY。

图 3-41

2．TARGET（O2O 零售新贵）

TARGET 是一家集线上、线下于一体的综合电商企业，其运营模式是介于传统商超（Walmart）和老牌电商（亚马逊）之间的一种互联网商超模式，其网站如图 3-42 所示。

TARGET 也可以算是一种新型的 O2O 模式。单纯地从传统零售业的角度来看，无论是从会员的忠诚度还是增长率方面，TARGET 比 Walmart 是有一定优势的。不过，从平台的角度来看，3 位数的商家数量和 165000 个 SKU 的规模对于跨境电商卖家而言，没有太多的吸引力，所以 TARGET 平台跟 ETSY 的定位一样，可以作为我们的选品池，其商品品类的大众消费的数据趋势可以给中国的卖家提供一些选品参考，其网站收录在跨境卖家的专属导航站，如图 3-43 所示，方便大家浏览。

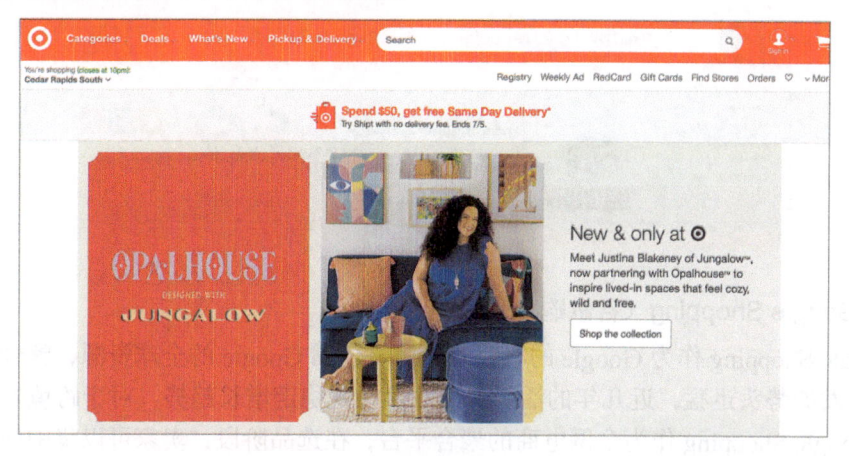

图 3-42

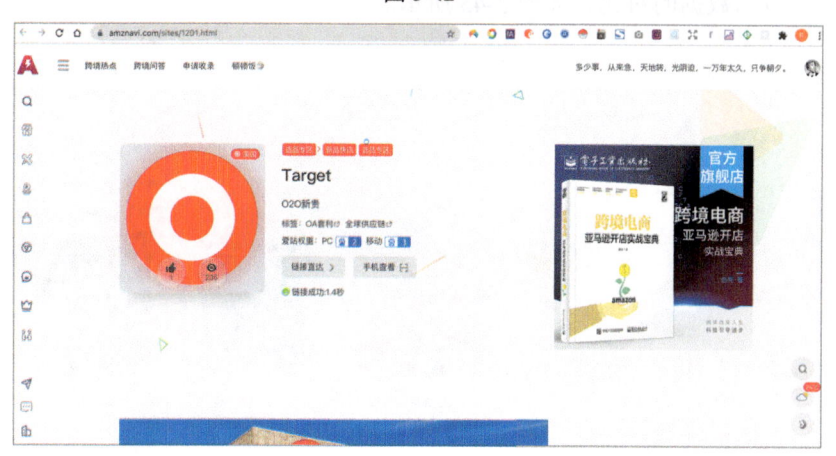

图 3-43

3．WATCHCOUNT（eBay 畅销榜单）

eBay 对大家来讲再熟悉不过了，其行业地位曾与亚马逊平齐，只不过最近几年，亚马逊的发展突飞猛进。eBay 的 GMV 体量虽然稍微小一点，但也实现了年平均 2%增长率。针对 eBay 固有的 C2C 模式，我们一般是把 eBay 作为清仓或交叉引流的跨境电商平台之一。eBay 的流量一直很可观，所以我们也可以利用诸如 WATCHCOUNT 之类的网站，如图 3-44 所示，实时留意 eBay 的产品榜单做选品的借鉴。

65

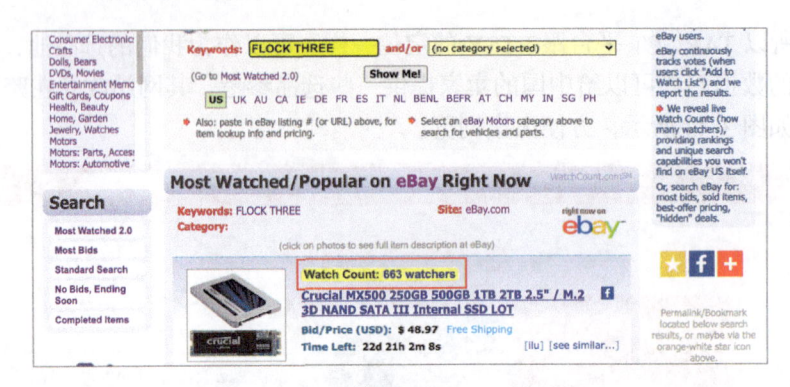

图 3-44

4．Google Shopping（谷歌购物）

Google Shopping 作为 Google 的电商急先锋，依靠 Google 的全球资源，整合全网的电商产品，发展势头迅猛，近几年的活跃卖家数量呈现稳定增长趋势。对于跨境电商从业者来说，Google Shopping 作为全网电商的聚合平台，在选品阶段，卖家可以集中地进行竞争环境的分析和竞品数据的对比，如图 3-45 所示。

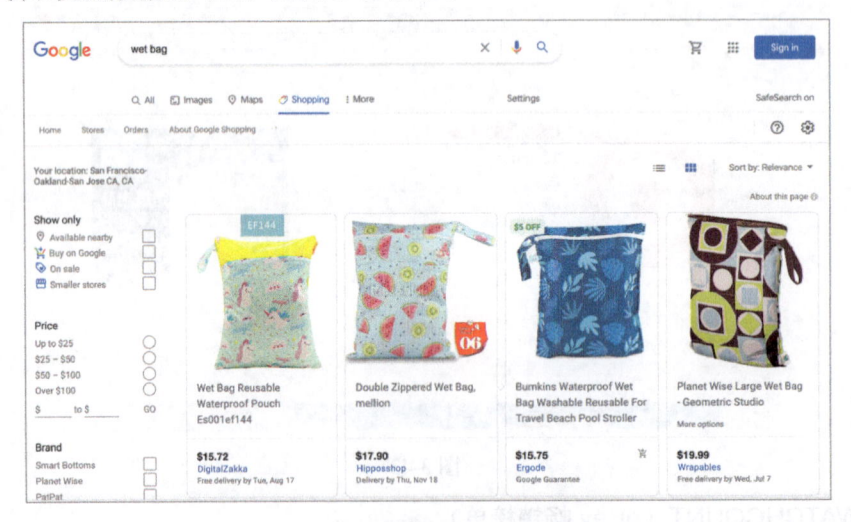

图 3-45

同时，站外 SEO 的流量入口还是 Google 的天下，尽管 Google+已经被 Google 关闭了，但 YOUTUBE、Google 广告以及 Google Shopping 为品牌亚马逊店铺、品牌网站等提供的免费展现及付费广告位，都是卖家们不可或缺的流量获取"利器"，尤其是采取亚马逊及 SHOPIFY 品牌双战略的卖家，Google 对他们的重要性不言而喻，Google 全网营销更是卖家们的 SEO 必修课，其具体的操作方法，我会在后续的章节中给大家讲解。

5. KICKSTSARTER（产品众筹网站）

在互联网上早几年就诞生了"众筹"的概念，而 KICKSTSARTER 可以算作众筹网站的鼻祖，如图 3-46 所示。另一个比较知名的众筹网站是 INDIEGOGO。从众筹网站上博人眼球的创意设计中，买家们可以研判产品未来的消费趋势，从而为选品阶段的品类方向及差异化做参考。

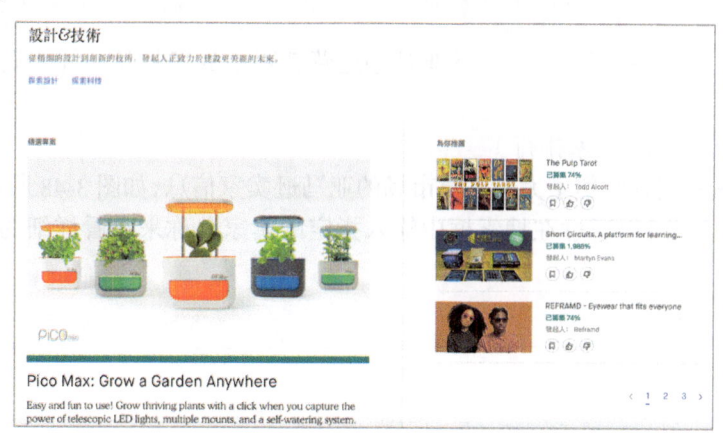

图 3-46

6. depop（社交二手电商）

随着"90 后""00 后"逐渐成长为社会的中坚力量，无论你做的是哪个品类的产品，都不能忽视这一股消费生力军。他们的生活方式和消费理念跟"70 后""80 后"完全不一样，需要卖家去观察和思考这类人群的消费行为，从而优化未来的产品线。到哪里能获取这些信息呢？除了前文提到的新媒体等平台的热门标签，大家可以尝试把 depop 作为探索新生代消费行为的窗口，如图 3-47 所示。

图 3-47

作为全球电商赛道细分领域的一员，depop 汇聚了大批忠实年轻的用户群体，他们可以在平台上开店，上架自己的闲置物品并通过交易把二手商品卖给有需要的其他用户。其

67

实这有点类似于国内诸多的二手电商平台。但 depop 还巧妙地加入了社交属性，让大家可以像 INSTAGRAM 一样发帖、分享使用体验，找到认可自己生活方式的粉丝或志同道合的伙伴互相交流生活经验。然而作为卖家，可以多观察这一类目标人群的消费趋势，比如时尚风格、生活方式等，从而有助于新品的开发。

3.2.3 亚马逊的数据神器

"工欲善其事，必先利其器"，做亚马逊运营就跟上战场打仗一样，要有几件趁手的兵器。

1）Seller Ratings（卖家排行）

Seller Ratings 网站收集了大量主流市场的亚马逊卖家信息，如图 3-48 所示。包括品牌、排名和评价数量。可以通过在搜索框中输入指定的卖家名称来查看详细的店铺信息，如图 3-49 所示。

图 3-48

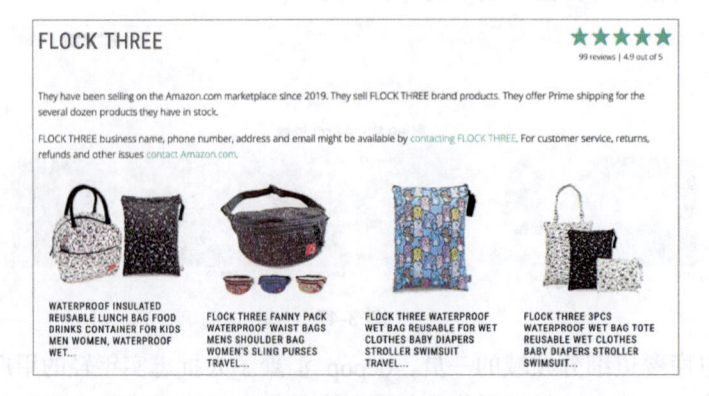

图 3-49

2）亚马逊榜单（畅销榜/新品榜/心愿榜）

亚马逊站内榜单是一定要看的，这是亚马逊自己的数据，如图 3-50 所示。

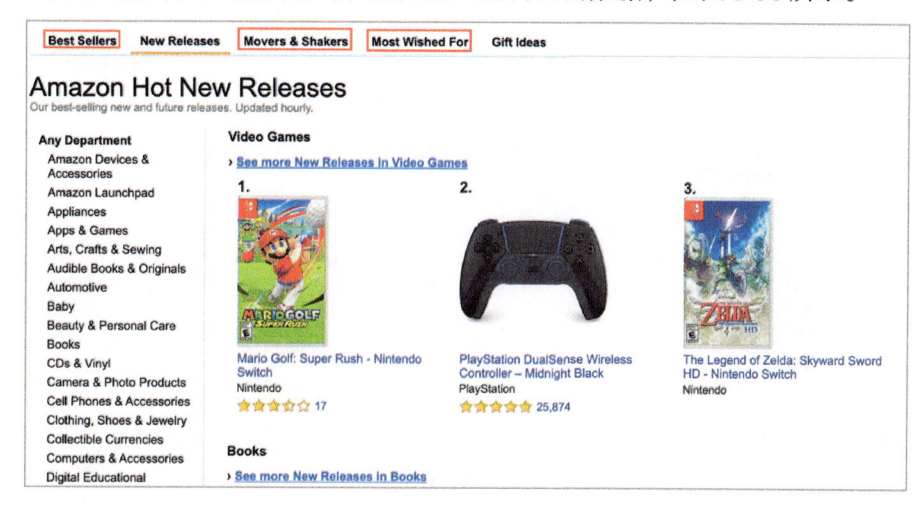

图 3-50

大家要记住，看榜单的目的不是看别人做什么，你就做什么，而是看品类销售的趋势。在选品阶段，榜单是有滞后性的，所以大家要清楚榜单的用法，不要在榜单里迷失了自己，大家可以在亚马逊卖家专属导航中点击链接进入相应的站点榜单，如图 3-51 所示。

图 3-51

3）ReviewMeta（评论检测）

在选品的过程中，卖家难免会参考竞争对手的一些数据，比如销量、评价、发货方式等，而对于亚马逊的 Listing 转化权重来讲，客户的评论是重中之重，所以大家会非常仔细地查看竞品 REVIEW 数据，参考客户好评、差评的内容。但是在这个过程中，数据的真伪

69

就很难判定了，尤其小部分评价采取了违规的上评方法导致客户评价数据失真。在这个时候，ReviewMeta 就派上用场了，如图 3-52 所示。

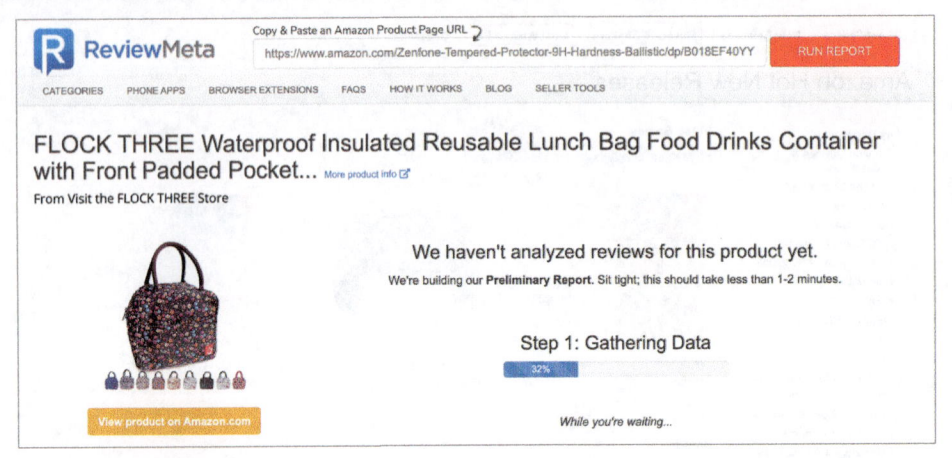

图 3-52

首先，我们在网站首页的搜索框中填入目标 Listing 的 URL 链接，然后点击运行，ReviewMeta 会自动生成客户评分报告。当然，这个评分报告是经过算法调整后形成的，过滤掉了有虚假内容嫌疑的评分，如图 3-53 所示。185 个评分中的 33 个客户评价均为可信任级别，所以调整后依然保持原有评分状态。

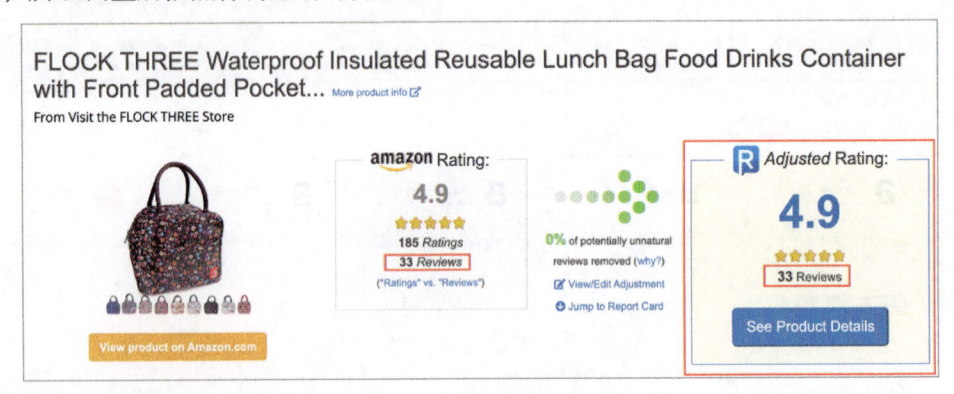

图 3-53

除了 Listing 整体评分的数据调整，还会有更详细的针对留评客户的分析报告，如图 3-54 所示。

卖家也可以通过点击留评客户的名称进入客户的可信度评估页面，在此页面可以看到客户详细的留评记录数据，如图 3-55 所示。

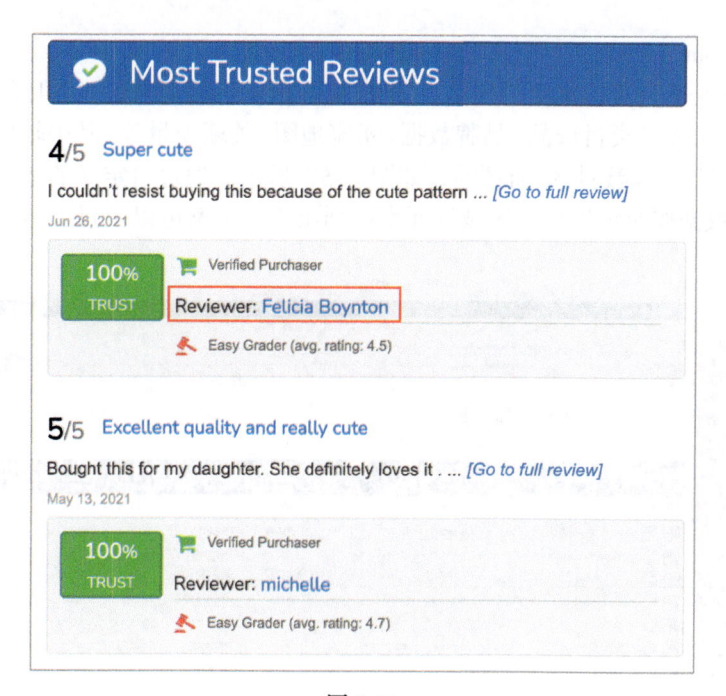

图 3-54

图 3-55

评价调整算法可能会因为目标品类、产品的不同而出现数据偏差，也就是说，其数据并不一定 100%准确，但可以作为一个相对的参考元素来辅助选品。

4）smartscout

smartscout 是来自美国本土的团队，如图 3-56 所示。相对来说，其比较小众，数据量不错，功能上也涵盖了类目选品、品牌数据、卖家地图、关联流量等。其中软件独特的"Seller Map"（卖家地图）功能还是蛮新颖的，如图 3-57 所示。通过自定义的条件筛选，美国本土卖家的店铺数据按照销售额、区域等元素排列出来，大家可以一目了然地分析潜在竞品的情况。

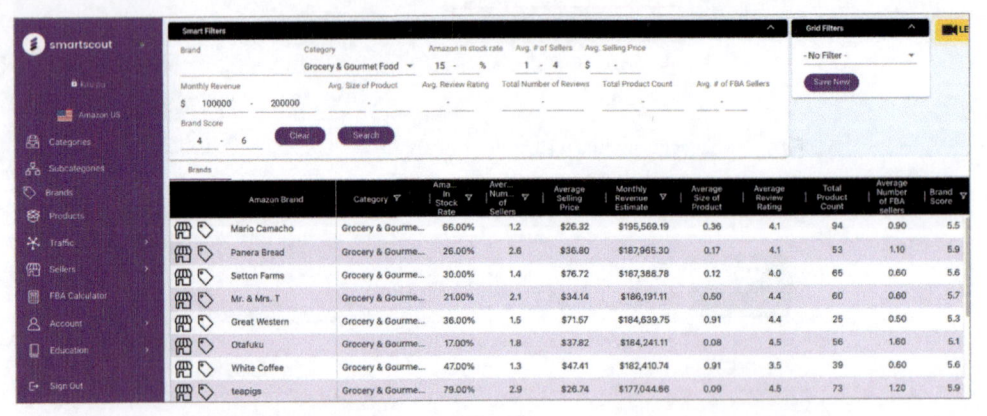

图 3-56

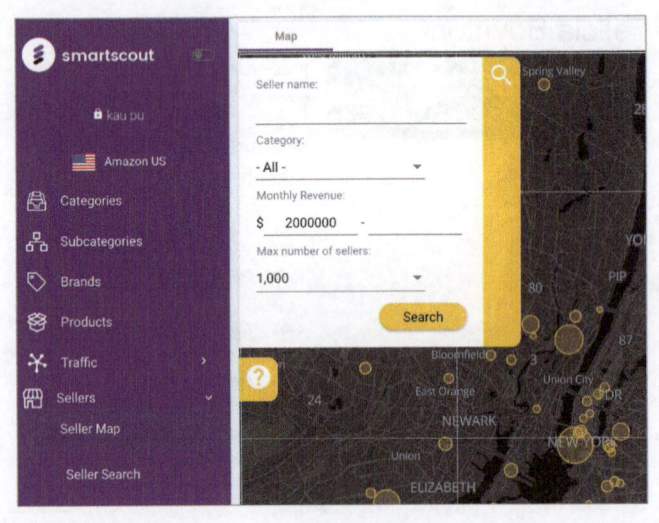

图 3-57

5）ZonGURU

ZonGURU 是性价比最高的亚马逊工具，由国外资深的亚马逊卖家团队开发而成。区别于大家已知的 MJ 精灵、JS 软件，它的 API 接口直达亚马逊底层数据，使其能保证卖家获取信息的及时性和有效性。同时其支持亚马逊北美站、亚马逊欧洲站、亚马逊澳大利亚站及亚马逊印度站的数据分析。如图 3-58 所示，ZonGURU 涵盖了亚马逊选品、Listing 优化、竞品分析、关键词监控、店铺订单报表及评价管理等多项实用的核心功能。

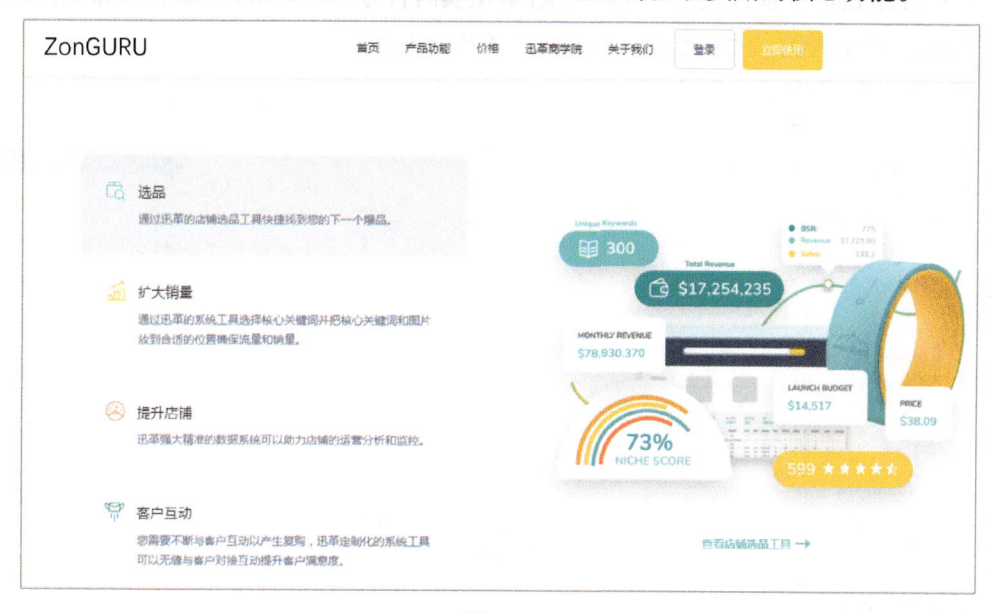

图 3-58

- 爆款选品：

这项功能是 ZonGURU 的"看家本领"，此处的选品逻辑、算法堪称独树一帜，如图 3-59 所示。软件通过自定义类目、机会评分、投入金额及关键词搜索量等配合 ZonGURU 的插件，精准定位有潜力的好产品。具体的选品操作流程大家可以参考第 3.3 节的内容。

图 3-59

73

- Listing 优化：

优化产品 Listing 的重点在于关键词，ZonGURU 可以洞悉行业和竞品的关键词数据，比如关键词销量、关键词搜索量以及关键词的广告竞价。同时依据核心关键词的评分，卖家可以对目标 Listing 进行优化，并通过 AI 算法实时打分，乐趣无穷。如图 3-60 所示，具体的 Listing 优化流程，大家可以参考后面第 4 章的内容。

图 3-60

- 运营分析：

如图 3-61 所示，店铺绑定以后，ZonGURU 会实时同步目标店铺的订单、营收金额及具体 SKU 的销售情况，比如产品的销售榜单，ACOS 最佳排名以及 ASIN 利润贡献榜。

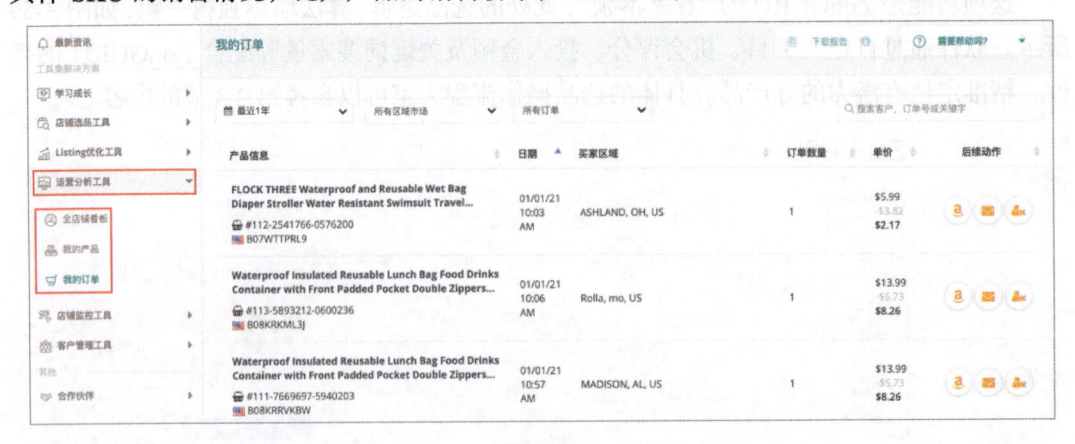

图 3-61

第 3 章　高阶选品，实战逻辑与技法

- 店铺监控：

平日里的关键词优化及广告操作，在这里可量化目标产品和追踪相关关键词的排名及效果，如图 3-62 所示。

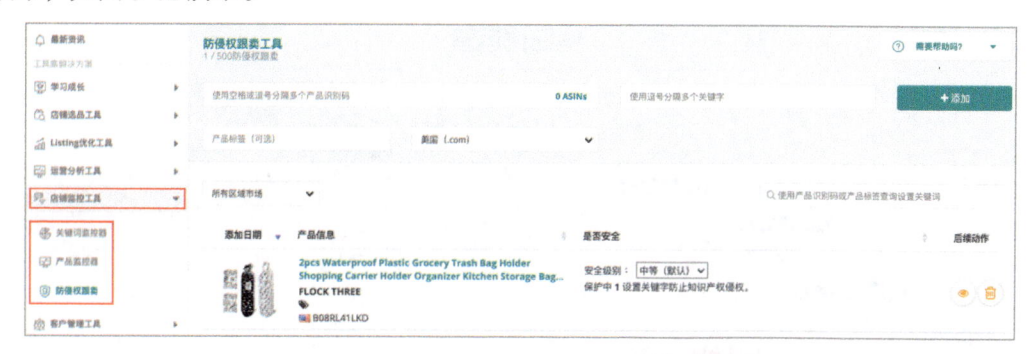

图 3-62

- 客户维护：

这个栏目下的"亚马逊批量索评"功能很赞，如图 3-63 所示。店铺信息关联后，可以一键开通"评价管理"，快速积累客户的优质评价。评价相关的具体操作大家可以参考本书第 6 章的内容。

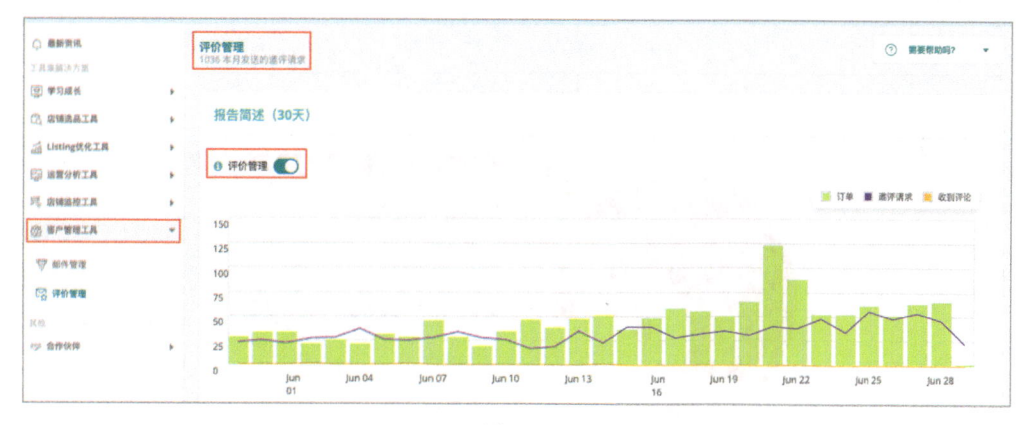

图 3-63

6）OALUR

鸥鹭（OALUR）是国内的一家亚马逊大数据提供商，在我做亚马逊的这些年里，用过的软件也有上百个了。OALUR 作为数据服务的后起之秀，在国产软件的圈子里还是比较良心的，软件的功能也非常丰富，如图 3-64 所示。其涵盖了大数据选品、关键词挖掘、竞品态势洞察等核心功能。OALUR 为用户提供了 7 天的免费试用期，如图 3-65 所示，点击注册即可免费使用。

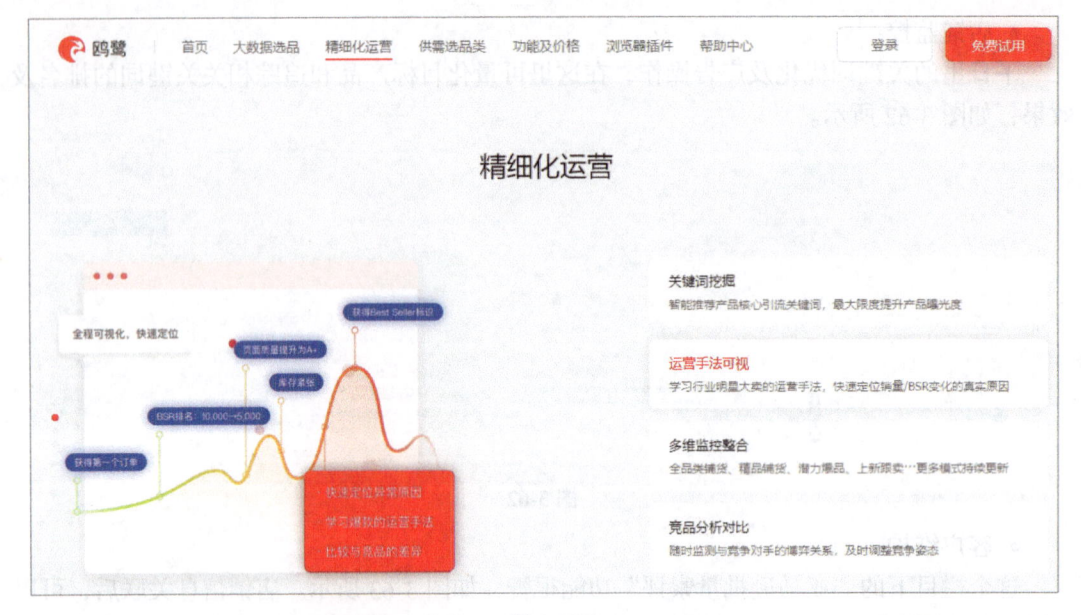

图 3-64

图 3-65

注册登录后,选取目标站点(美国站),即亚马逊的数据源(仅涵盖美国站、德国站、日本站),如图 3-66 所示。

第 3 章　高阶选品，实战逻辑与技法

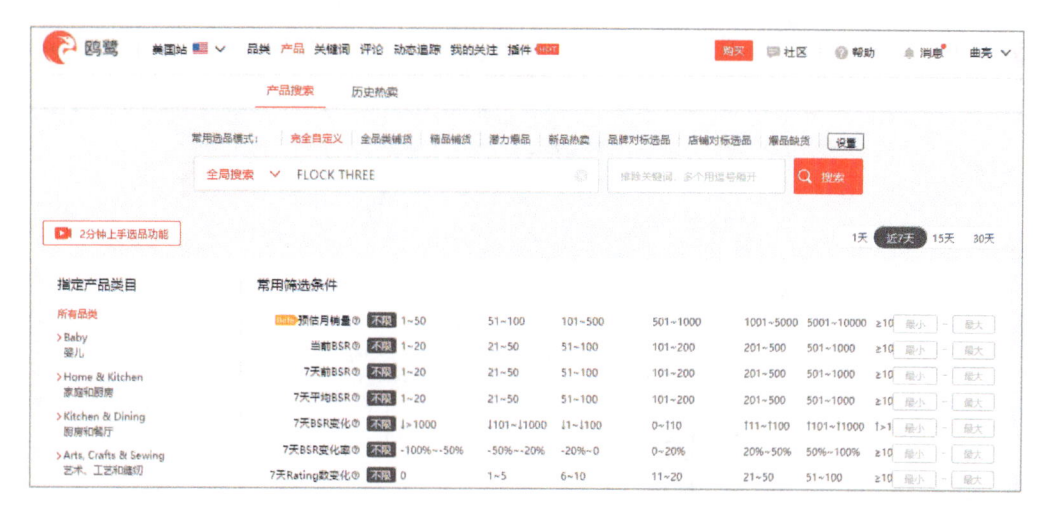

图 3-66

从数据的深度来看，OALUR 是比较全的大数据提供商，比如品类纵览，从 Listing 数量、总评论数等十几个数据维度来展现产品类目的概况，如图 3-67 所示。

图 3-67

选品模块自带预设算法，比如精品铺货、潜力爆品、新品热卖等公式算法，实现一键选品，如图 3-68 所示。

77

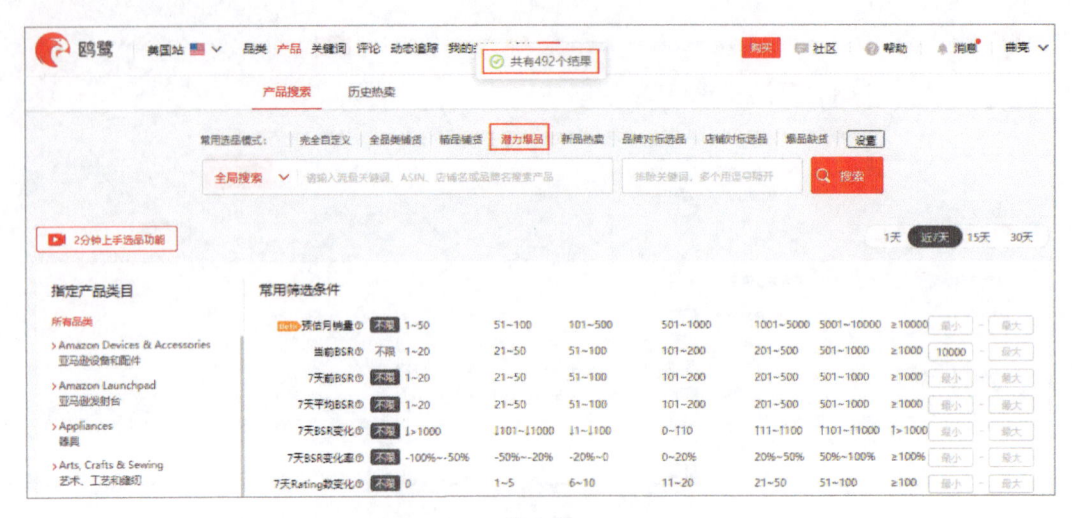

图 3-68

动态追踪是 OALUR 比较有特色的一项功能，卖家可以通过该功能实时监控竞品 ASIN 所有的变化，按时间排序，包括标题、图片、卖点、价格、BSR 排名等，如图 3-69 所示。

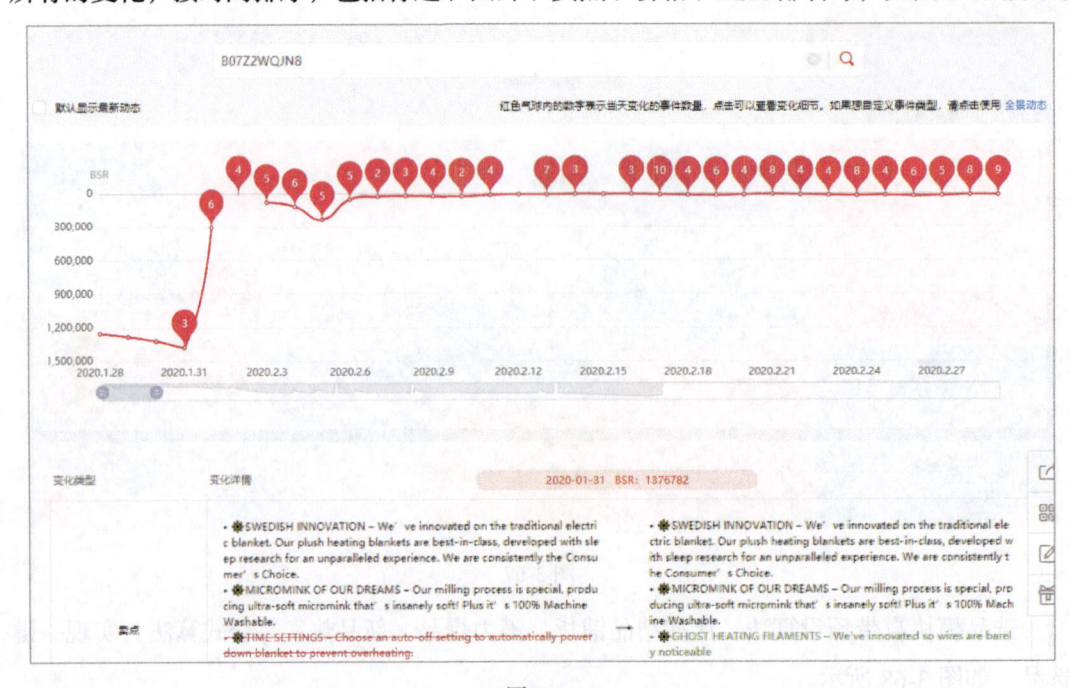

图 3-69

关键词的数据维度也比较多，包括搜索量、搜索排名及机会指数等，如图 3-70 所示。同时还有 ASIN 的关键词反查，卖家们可以借此向优秀的竞品商学习，如图 3-71 所示。

买家评价功能设计得也很人性化，如图 3-72 所示，增加了翻译功能，好评、差评的内容一目了然。

通过以上介绍，大家也可以看出来，OALUR 有部分功能与 ZonGURU 类似。在使用的过程中，个人感觉 ZonGURU 给我的印象是少而精，功能不多但纯粹而专注；鸥鹭则是在数据的量级上呈现了大而全的特性，总的来说，两款软件都很优秀，大家各取所需。

6,472条关键词，下载关键词

序号	关键词	类目分布	月搜索量	月搜索量环比变化	3个月复合增长率	月搜索量同比变化	月搜索排名	月搜索排名环比变化	月搜索趋势	月在售产品数	月机会指数	Top3产品点击&购买	操作
1	beach bag	Home & Kitchen Cell Phones & Accessories Toys & Games	1,789,935	41.43% 524,351	8.4%	1,184,859 195.82%	121	-41.83% -87		44,556	40.17	16.33% 16.46%	
2	makeup bag	Beauty & Personal Care	914,195	6.66% 57,058	2.13%	372,105 68.64%	382	-5.91% -24		24,210	37.76	24.6% 27.84%	
3	tote bag	Home & Kitchen Electronics Clothing, Shoes & Jewelry	835,286	26.3% 173,948	5.33%	690,669 477.58%	434	-25.68% -150		27,311	30.58	26.33% 29.31%	

图 3-70

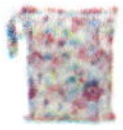

ASIN：B079FX9JL1　　PASIN：B0841JPNFY

价格：$15.29　　评分数 / 评论数：7,163 / 908

标题：Bumkins Waterproof Wet Bag, Washable, Reusable for Travel, Beach, Pool, Stroller, Diapers, Dirty Gym Clothes, Wet Swims...

29条有效流量关键词（一个月内进入过搜索结果前3页），下载关键词　查看其它变体的流量词

请输入要找的关键词

序号	流量关键词	月搜索量	在售产品数	机会指数	最新自然排名	最新广告位置	更新时间
1	waterproof plastic bag	1,123	40,000	0.03	41(p1,41/48)	前3页无	2021-07-09
2	bumkins chewtensils	--	44	--	37(p1,37/41)	前3页无	2021-07-08
3	bumpkins chewtensils	--	44	--	37(p1,37/43)	前3页无	2021-07-07
4	speedo swim bag	12,373	37	334.41	33(p1,33/37)	前3页无	2021-07-12
5	baby travel toiletries	1,509	9,945	0.15	21(p1,21/48)	前3页无	2021-07-12
6	jujube whimsical watercolor	--	50	--	17(p1,17/48)	前3页无	2021-06-18
7	bumkins	14,658	414	35.41	16(p1,16/48)	前3页无	2021-07-12
8	sarah wells pumparoo	--	24	--	13(p1,13/30)	前3页无	2021-07-07
9	bumkin	--	311	--	9(p1,9/48)	前3页无	2021-07-04
10	waterproof swim bag	3,046	75,383	0.04	8(p1,8/48)	前3页无	2021-07-12

图 3-71

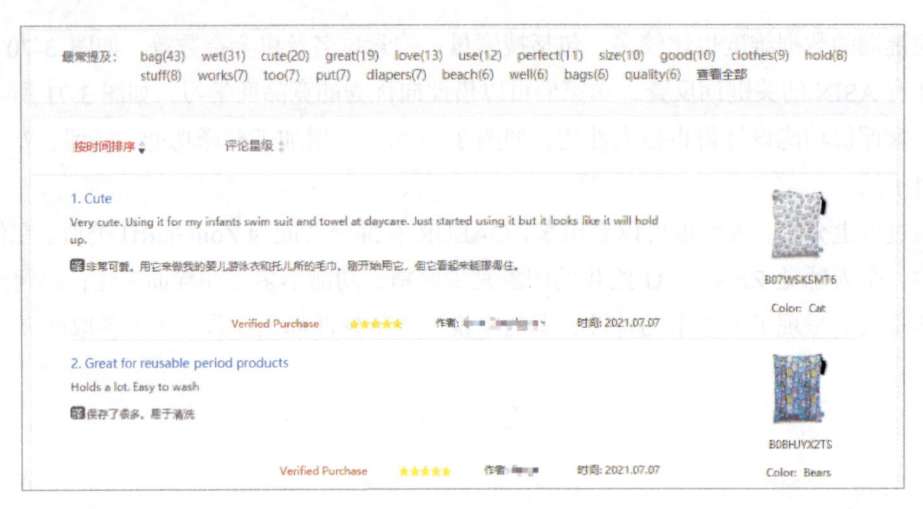

图 3-72

3.2.4 爆款选品的注意事项

1. 兴趣是最好的老师

俗话说，"干一行爱一行"，大家可以仔细观察，凡是你用心去选择的产品一般都没有太大的问题，而检验你在选品阶段是否用心的是你有没有投入100%的精力。如果找到了自己比较中意的品类或者产品，你的内驱力就会非常强，这个时候就不需要任何外在约束或限制，你自然而然地就想做得更好了。我经常跟学员讲，迄今为止，我在跨境电商领域摸爬滚打了15年，期间经历的坎坷、遇到的挫折超出了大家的想象，你们经历的我都经历了，你们没有经历的我也经历了。唯一支撑我走下来的就是我对这个行业的热爱，因为跨境电商让我看到了"努力就能成功"这一人生信条的实现，我才笃定地一直做下去。所以，对于跨境电商新手来讲，在选品的阶段，可以尝试先从兴趣入手，或者慢慢培养你对这个行业或者目标品类的感情，回归到为客户提供价值的初心，相信假以时日，你会体验到其中的快乐。

2. 充分了解行业背景

"山外有山，人外有人"，这个世界太大了，卖家如果固步自封地做产品肯定是行不通的。所以你要对所处的行业生态以及友商的数据有充分的了解，比如销售动态、新产品计划、客户评价、品牌影响力等，取人之长，补己之短。知己知彼，方能百战不殆。

3. 尤其注重产品质量

无论跨境电商的平台玩法如何变化，其核心都是为客户提供价值，包括产品和服务，而要想得到客户的长期认可，产品的质量肯定是第一位的，这是一切的根基。如果产品是"1"，那么其他所有的平台、渠道、营销打法就是"1"后面的"0"。尤其是在成熟的消费市场，客户对于产品本身的要求是极高的，产品之外的都只能是锦上添花，不能算作雪中送炭。

4. 保持平常心，失败是常态

现在很多卖家都想着一下子选个爆款出来，躺赚稳赢1天100单，用"白日做梦"来形容这部分人可能有点过分了，但这种不切实际的想法要不得。尤其对于新手来说，你要知道，选品也是概率事件，有诸多因素影响着你产品选的好与坏，然而就算你在选品阶段选到了好的目标产品，在FBA测款的时候，如果数据不好，我们也可能会排除掉它。不过没关系，这太正常了，我们继续按部就班地走选品流程就好了，不要因为1次、2次的选品失败就怀疑自己，丧失对自己的信心，相信只有自己最了解自己，如果这条路是对的，笃定地做下去就好了。

5. 去赚属于你的那份钱

作为卖家，开始做亚马逊后难免会有些焦虑，比如选品焦虑、账号焦虑、回款焦虑。好多人都说："跨境电商竞争白热化，亚马逊不好做了。"这话我听了好多年。很多卖家都太着急了，着急去做欧洲站，怕红利消失；着急去做榜单新品，怕错失赚钱良机；看到别人赚钱了，于是也跟着做生怕被落下，最后往往因为侵权等违规遭遇店铺被封杀的窘境，这种事儿我在培训时见得太多了。我经常跟"90后""00后"的新手卖家聊天时说的一句话是："若干年后，你们都是百万富翁。"不用太着急，属于你的那份钱就在那等着你呢，你需要时间去历练，朝着自己选择的方向踏踏实实一步一个脚印地走，不用走"捷径"，成功的路上不拥挤，坚持下来你就赢了。

3.3 选品神器实战

上文提到的选品工具中，使用频率较高的是ZonGURU和OALUR，接下来，跟大家详细地讲解如何用这两款软件选出属于自己的爆款。

3.3.1 ZonGURU

1. 选品参考指标

选品之前，我们会根据选品逻辑拟订一个目标产品的标准，其中包括：
- 目标价格：25美元；
- 利润率：35%；
- 关键词搜索量：2000~10000个；

- 竞品 ASIN 评价："500+"低于 5 个；
- 类目销售占比：相对分散，不集中在 2~3 个 ASIN 上；
- Listing 月销量：5000 件/月>3 个，且评价数<100 条；
- 有差异化的切入点；
- 标准的尺寸及重量；
- 可持续的品牌产品衍生系列；
- 避免过多的时尚元素。

这个标准只是供卖家朋友们参考的一个框架，并不是唯一的标准，大家可以在实战中参考，总结出自己的产品标准。

2. 专有名词解释

1）卖家类型

起步卖家：预算较小的卖家，寻求回报低、风险低的目标产品；

商业卖家：预算充足的卖家，有长期的店铺经营计划；

成熟卖家：运营经验丰富的卖家，拥有大量的资金，寻求高回报的目标产品，如图 3-73 所示。

图 3-73

2）利基评分

ZonGURU 的选品数据包括不同的参考指标，如图 3-74 所示。

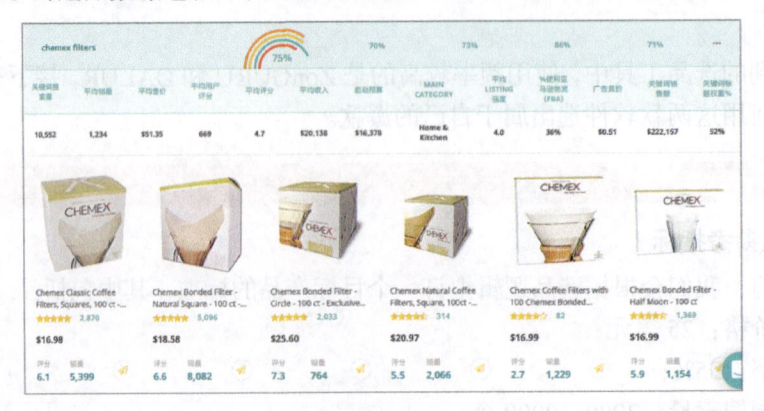

图 3-74

评分标准：80%~100%，非常高；60%~80%，高；40%~60%，中等；20%~40%，低；0%~20%，非常低。

买家需求：通过大数据分析用户购买此分类产品的几率，参考指标包括此关键词的月搜索量和关键词的 Listing 的自然流量带来的月销量。

竞争机会：通过多重数据分析用户选择的分类产品的竞争度和竞品的优化程度，参考指标包括 Listing 强度分数和竞品中的强弱数量比例。其中 Listing 强度分析参考了类目产品评价、标题、图片、特点及 A+页面比例来计算竞争机会，Listing 强度分数越低，意味着有更多的机会脱颖而出。例如嵌入类目的竞争机会为 100%，则说明这个类目竞争成功的机会很大，没有很强势的竞品或品牌。

项目预算：对前 3 个月的项目启动成本进行估算，参考类目产品关键词首页 Listing 平均月销量所需的 3 个月库存成本。做品牌的启动资金一般建议是 5 万~10 万元。如果分数高说明前期 3 个月的备货成本相对不错，反之则可能需要投入比较大的资金量。

投入产出比：根据现有类目产品的销售利润、销售速度和销售价格计算得出投资盈利的几率，即投入产出比（ROI），数值越高，说明机会越好。

关键词搜索量：30 天内精准匹配关键词的搜索量。

平均订单销量：关键词排名前 25 位 ASIN 的平均销量。

平均销售价格：关键词排名前 25 位 Listing 的平均售价。

平均评分数量：关键词排名前 25 位 Listing 的平均评论数量。

平均评分星级：关键词排名前 25 位 Listing 的平均评分星级。

平均营收金额：关键词排名前 25 位 Listing 的月度平均营收额。

启动预算：保证首页 3 个月的销售量，参考 30%成本预算。

平均 Listing 强度：基于 Listing 的标题、卖点、图片、用户评价、A+页面等优化程度以及 ZonGURU 给予的评分，分数越高说明 Listing 转化率越高。

亚马逊物流比例：类目产品中 FBA 卖家的占比。

广告竞价：关键词预估 CPC。

关键词销售额：关键词排名前 25 位 Listing 的预估月度销售额。

关键词标题权重：Listing 标题中包含此关键词的比例。

3．随机选品算法

ZonGURU 有 2 种选品模型，第 1 种是简易模式，我称之为"好运公式"，卖家无须自定义筛选指标，仅确认目标市场、分类类目和卖家类型即可。举个例子，我们进入类目选品的简易模式，默认为"美国"市场，分类锁定 Home & Kitchen，卖家类型不限，点击"系统帮您选品"，然后等待数秒，下方会出现利基关键词的相关产品数据，如图 3-75 所示。

接下来，我们就进入爆款淘宝模式，逐一地对比产品数据，找出心仪的目标产品，比如"black and white striped rug",利基评分为65,关键词搜索量为5058,如图3-76所示。

图3-75

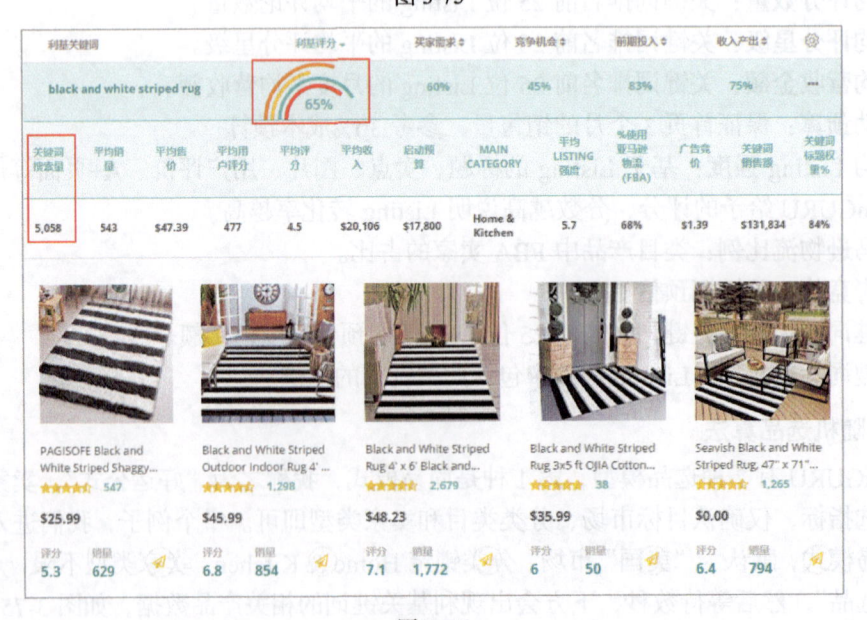

图3-76

第 3 章　高阶选品，实战逻辑与技法

在右上角的更多选项中，卖家还可以点击插件跳转到亚马逊首页，显示竞品销售概况，进一步洞悉友商的 Listing 数据，如图 3-77 所示。数据支持 CSV 导出到本地，更便于卖家的使用，如图 3-78 所示。

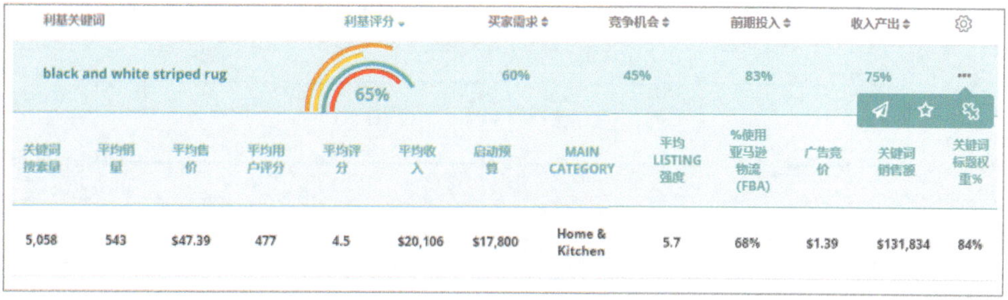

图 3-77

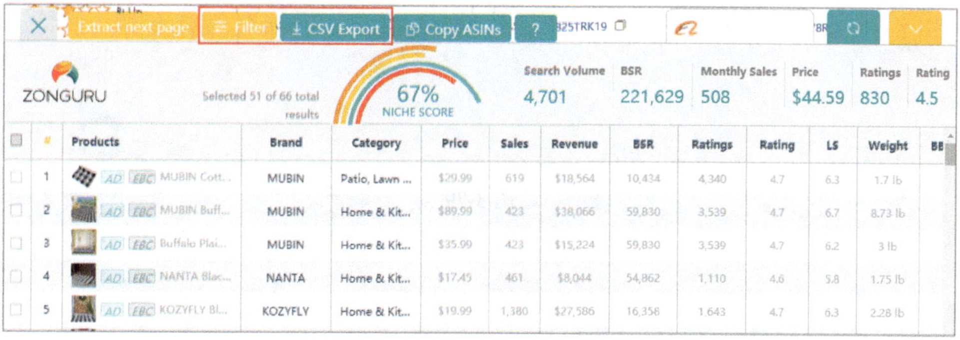

图 3-78

4. 高阶选品算法

除了上述的"好运公式"，ZonGURU 的第 2 种选品模式相对来说复杂一点，属于高度定制化的数据模式，卖家需要自定义指标筛选出心仪的产品，如图 3-79 所示。其中指标包括利基评分、平均 Listing 强度、关键词搜索量、平均用户评分、启动预算等 10 余种筛选条件。

我们来演示下流程，在操作之前，先想好筛选条件，如**目标市场**：美国；**产品分类**：Sports & Outdoors；**利基评分**：50~100 分；**关键词搜索量**：1500 个；**项目启动预算**：12000 美元；**利基月度营收**：10000 美元；**平均价格**：25 美元~85 美元；**平均评价数量**低于 500 条。如图 3-80 所示，把以上数据填写到对应的筛选条件中，点击搜索即可。

符合条件的利基关键词会罗列在"搜索"栏下方，点击"利基评分"排序，系统开始搜寻心仪的产品，如图 3-81 所示。列表中如果有包含品牌的产品，肯定是不能做的，但可以作为类目产品做趋势的参考分析。

85

图 3-79

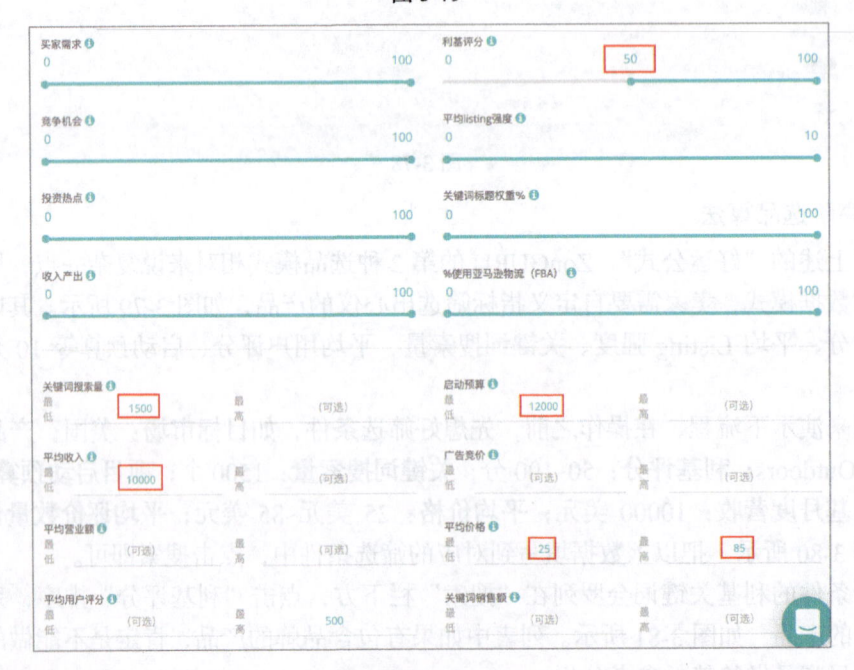

图 3-80

利基关键词	利基评分	买家需求	竞争机会	前期投入	收入产出	
womens golf shorts	84%	85%	93%	85%	72%	…
nike womens flex 4" shorts	84%	64%	99%	99%	73%	…
nike womens flex 4" training shorts	84%	68%	99%	98%	69%	…
nike running shorts men	84%	67%	98%	90%	79%	…
used golf balls	84%	72%	99%	91%	73%	…
nike women s flex 4in short	83%	66%	96%	98%	72%	…
nike women flex 4in shorts	83%	63%	98%	94%	76%	…
huk shorts for men	82%	72%	90%	96%	71%	…
tennis dress	82%	85%	91%	75%	76%	…
nike women flex 4in short	82%	62%	96%	93%	76%	…
bridgestone golf balls	82%	76%	93%	86%	71%	…

图 3-81

在列表中，有一款产品"boat flag pole"的数据还不错，利基评分为 78，搜索量为 12820 条，且 CPC 竞价为 1.16 美元，市场需求很大，而 Listing 优化强度为 3.9，平均星级为 4.3，存在较大的提升空间，如图 3-82 所示。

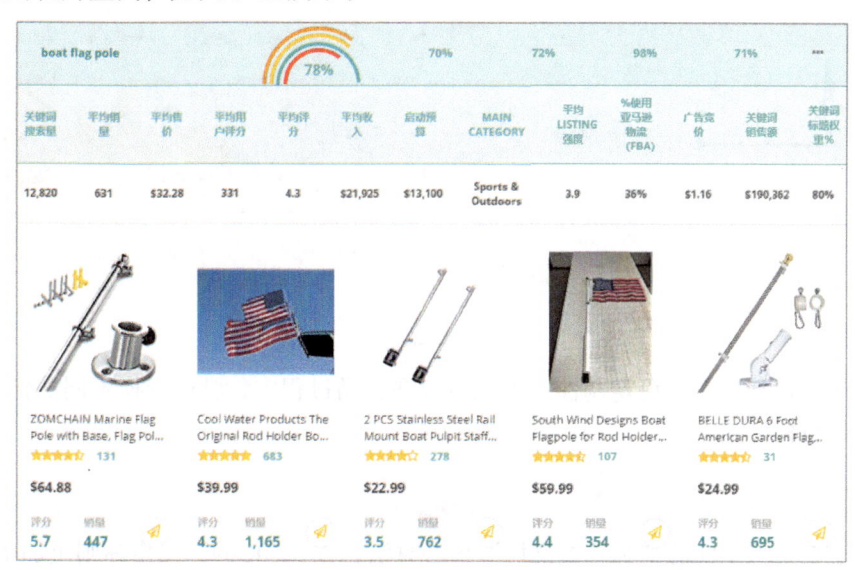

图 3-82

接下来，我们可以跳转到亚马逊首页，查看竞品的详细销售数据，如图 3-83 所示。

图 3-83

然后把最终的目标竞品添加到竞品监控的栏目里，并实时查看数据变动，如图 3-84 所示，参考 1 年的销售周期，日均销售量为 200 单。

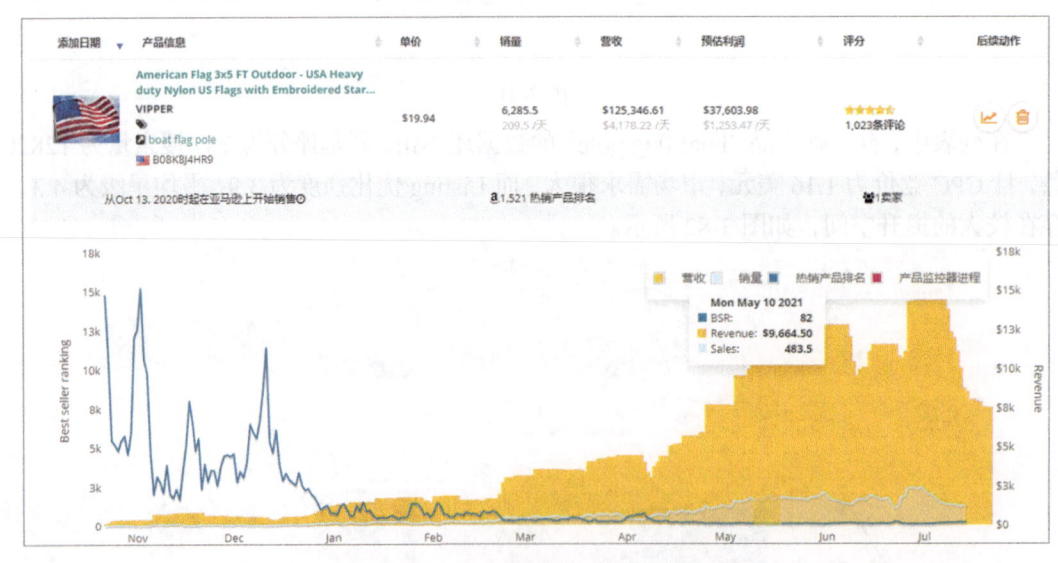

图 3-84

基于高级选品模型的可定制性，大家可以在选品过程中，尝试变换不同的指标组合来找到自己的目标产品。

3.3.2 OALUR

相较于 ZonGURU 的"利基关键词"核心算法，OALUR 的选品指标则更加丰富一些，可以理解为选品策略的大集合，包括潜力爆品模型、热卖爆品模型、对标竞品上新、亚马逊自营上新、自发货热卖爆品（谨慎）等，如图 3-85 所示。

第 3 章　高阶选品，实战逻辑与技法

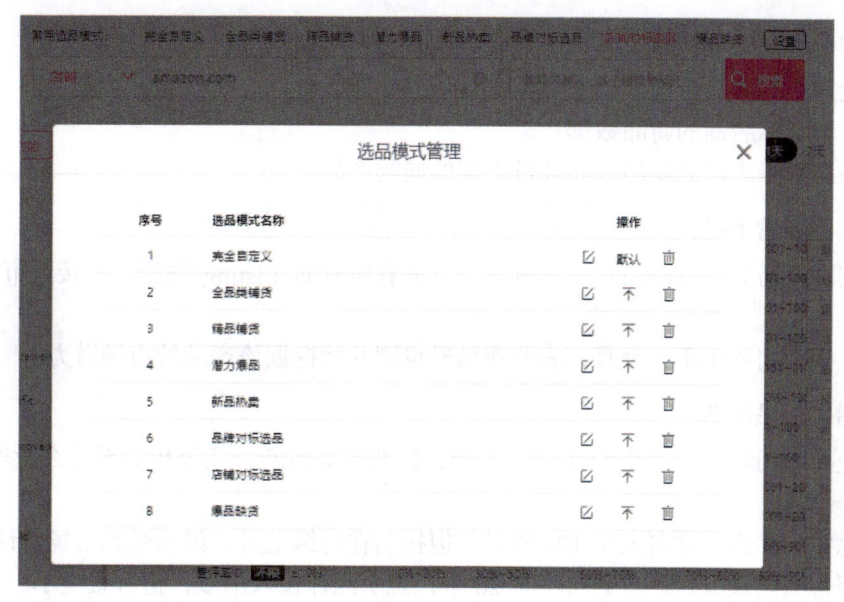

图 3-85

操作也比较简单，登录 OALUR 以后，卖家直接点击相应的选品模式，然后算法自动加载筛选，满足条件的产品会逐一罗列呈现出来，如图 3-86 所示。

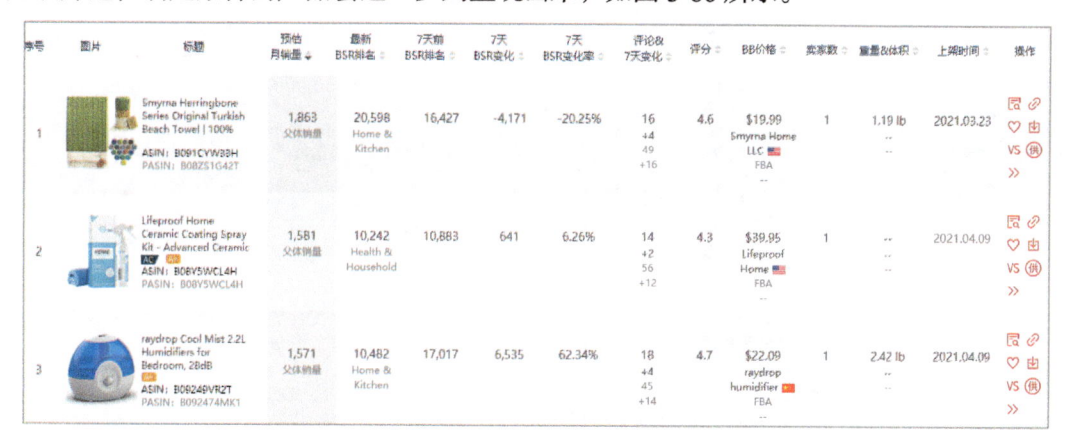

图 3-86

我们看看上述几个选品模型具体的参考思路。

1. 热卖爆品思路

1）销量高，市场热卖，需求量大；
2）评分低或者差评率较高，现有产品未能很好地满足用户需求。

89

2. 对标店铺上新

1）确定要对标的店铺，比如品类 TOP 大卖；

2）查看对标店铺的新品数据；

3）根据对标店铺的新品，甄选可上架的同类产品。

3. 官网自营上新

1）选取亚马逊自营产品，亚马逊平台掌握着所有的 Listing 数据，更接近市场，也更懂客户；

2）上架时间要小于 3 个月，表明亚马逊也刚开始挖掘该产品的市场潜力。

4. 潜力爆品思路

1）上架时间短。一般小于 3 个月上架，说明产品较新，竞争相对不那么激烈，QA、评价积累较少；

2）总排名靠后。排名大于 10000 名，但排名在持续上升，说明受到市场的认可；

3）评价数量较少。评价数量小于 20 个，说明测评投入不多，追赶难度小。

接下来，我们以潜力爆品思路为例，演示下 OALUR 的选品流程。首先，按照上述条件设定潜力爆品的筛选数值，如图 3-87 所示。

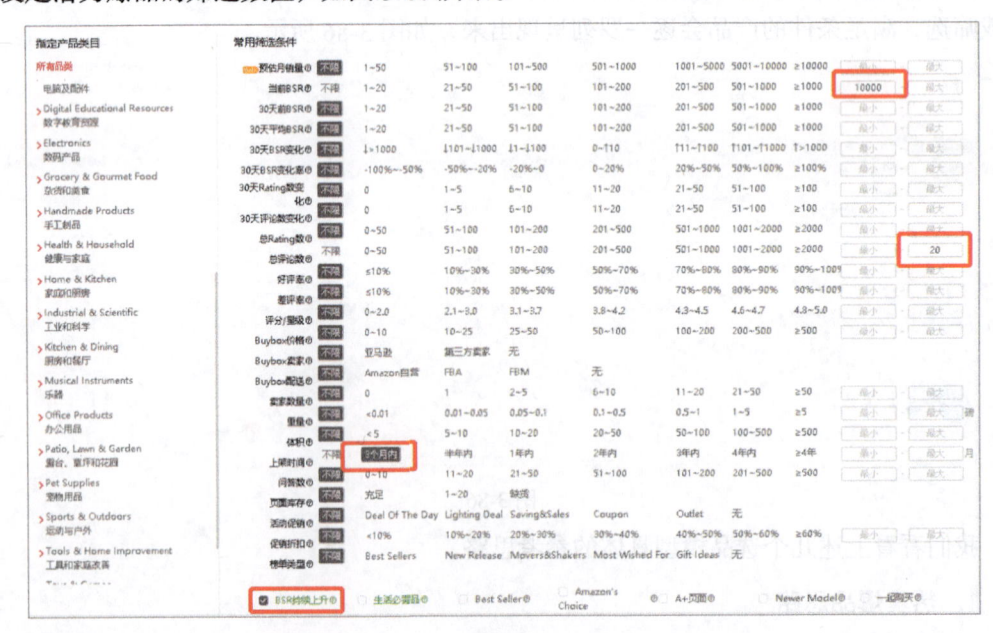

图 3-87

其次，查看符合潜力爆品条件的产品，仔细比对 BSR 的排名变化，如图 3-88 所示。

第 3 章　高阶选品，实战逻辑与技法

图 3-88

再次，选中单个产品查看其具体数据，包括图片、卖点、价格（是否在我们的目标范围内）、评论数、上架时间及是否 FBA 配送等，如图 3-89 所示。

图 3-89

另外，产品详情数据中的分类类目及排名趋势也要重点关注，如图 3-90 所示。如果我们要做该产品，可以参考此类目产品节点。

91

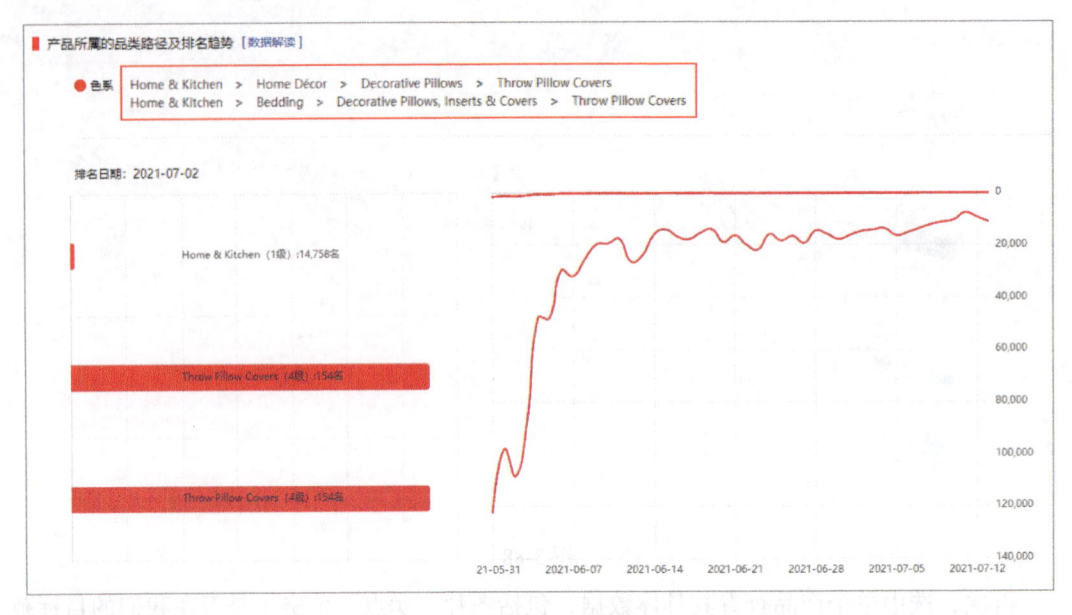

图 3-90

紧接着，我们可以看看 Listing 评价的趋势，如图 3-91。因为是新品的原因，留评不多，但数据却有增长，还需要继续观察。

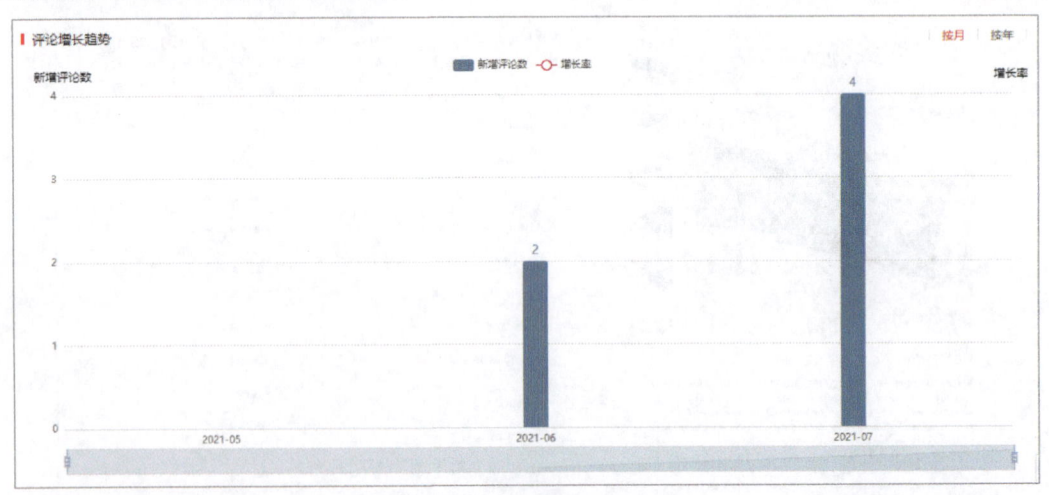

图 3-91

针对新品评论不多的情况，我们可以参考同类产品的 TOP 卖家，会得到买家对于产品的好评或差评的反馈内容，可以帮助我们做产品的优化提升，如图 3-92 所示。

图 3-92

最后，我们可以查看关键词数据，如图 3-93 所示。通过流量关键词我们可以看到该产品核心关键词的搜索量，而搜索量在一定程度上代表着市场需求，如果真的要做这个产品，市场需求又大又稳定岂不美哉。

如果涉及多变体的 Listing，还可以逐一查看各个变体的销售趋势、品类的容量等，大家可以多多尝试。

掌握了以上的选品方法后，通过 ZonGURU 或者 OALUR 选出的产品，会一并进入到我们的选品跟踪表中留待观察，如图 3-94 所示。表格内会按照数据指标详细地记录每个产品，便于后期跟踪。大家可以在公众号"越人 TeCH"回复"选品跟踪表"免费领取选品跟踪表。

图 3-93

图 3-94

3.4 选品分析报告

  大家通过以上方法构建好自己的产品池以后，还需要进行选品标的的数据分析，即我们常用的"选品报告"。一般的选品报告涵盖信息不多，主要包括以下几个方面：全球市场概况（行业体量、天花板及未来发展趋势）、竞品内参数据（品牌分布、销售数据及竞争强度）、关键词的数据（核心词搜索量、核心词销售额及 CPC 竞价参考）、产品差异方案（客户痛点、产品缺陷及解决方案）和 Listing 成本核算（FBA 成本、营销预算及投入产出比 ROI）。接下来，我通过之前的一个真实案例与大家分享标的产品的报告分析及流程。目标产品为 Wet Bag（尿布袋），目标市场为美国。

3.4.1 选品报告简要

本报告系以美国站 baby 大类目的产品为切入口进行分类解析，整体类目属于刚需类产品，2级、3级、4级分类多数都没有季节性限制，需求波动不大，尤其在年中 PRIME DAY 及年底购物季等重要的电商节日中表现更佳，虽然人气比不上 3C 电子的品类火热，但市场容量很大。

3.4.2 类目需求趋势

首先，我们先来看下 baby 的类目产品需求趋势，baby 的类目涵盖的产品特别多，比如婴儿尿布、婴儿车、旅行装备、安全设备等，通过 SEMRUSH 的关键词查询，可以判断 baby 类目的需求数据，如图 3-95 所示。全网搜索总量在 300 万次之多，美国占据了 20%，相关 SERP 也达到了约 40 亿条。

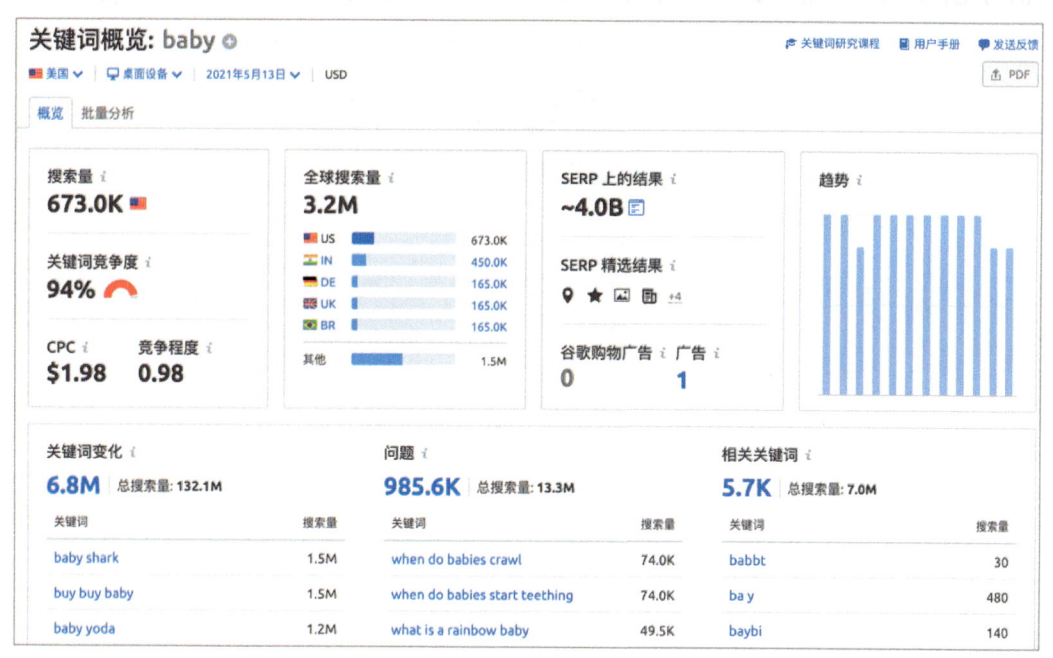

图 3-95

同时，我们利用 Google 趋势来确认下 baby 类目关键词的热度趋势，如图 3-96 所示。近 1 年的搜索趋势指数维持在 75~100 的高位，几乎没有波动。

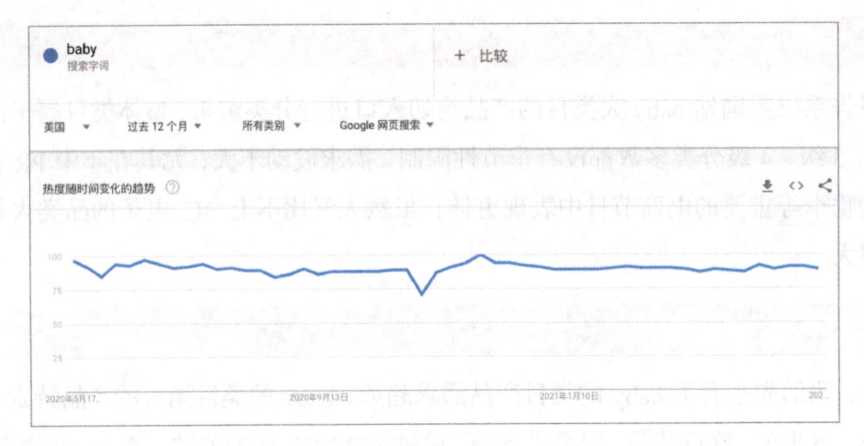

图 3-96

再来利用 Statista 的数据透视 baby 行业的 2 级、3 级类目销量榜单，如图 3-97 所示。显而易见，Diaper（儿童纸尿裤）的销量占比在分类中遥遥领先。

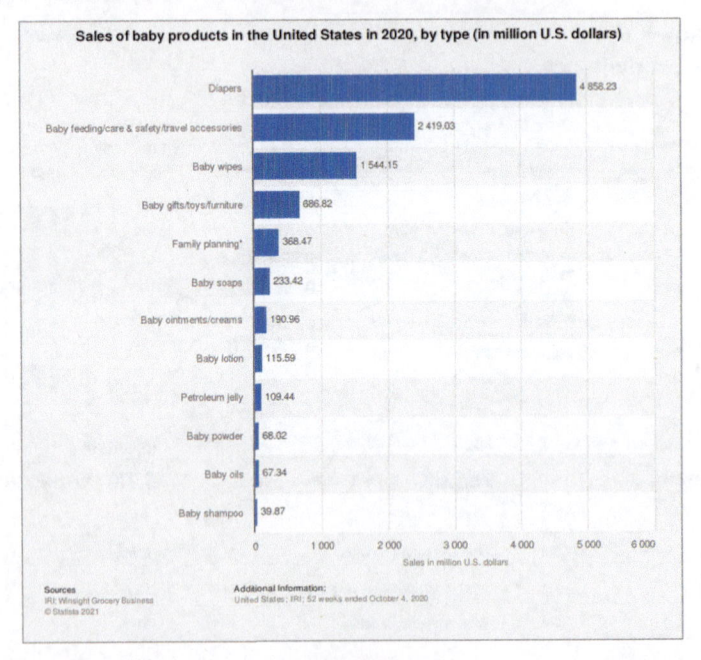

图 3-97

数据看到这里，我们开始思考，Diaper 的销量这么大，我们需要更多的信息来佐证其是否符合我们"红海中找蓝海的产品逻辑"，我们利用 Google 趋势确认了下关键词热度，如图 3-98 所示，趋势平稳，搜索趋势指数介于 75~100 之间，波澜不大。

96

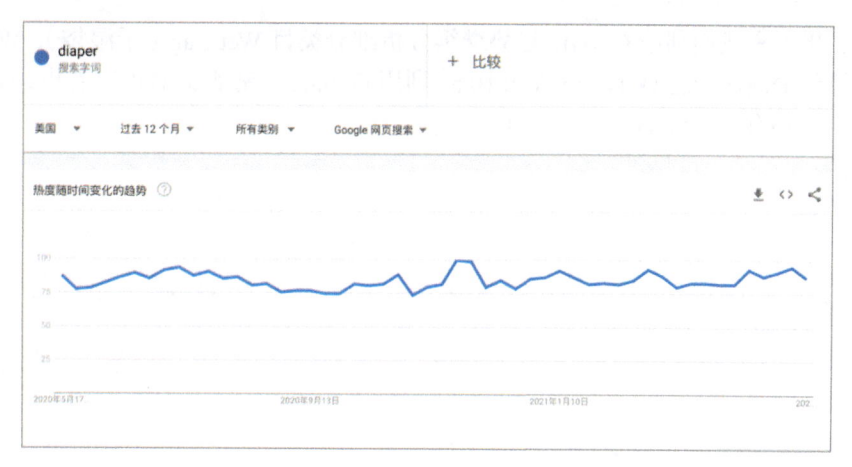

图 3-98

但我们利用 Google 查询了 Diaper 的品牌搜索趋势，情况却不容乐观，如图 3-99 所示。

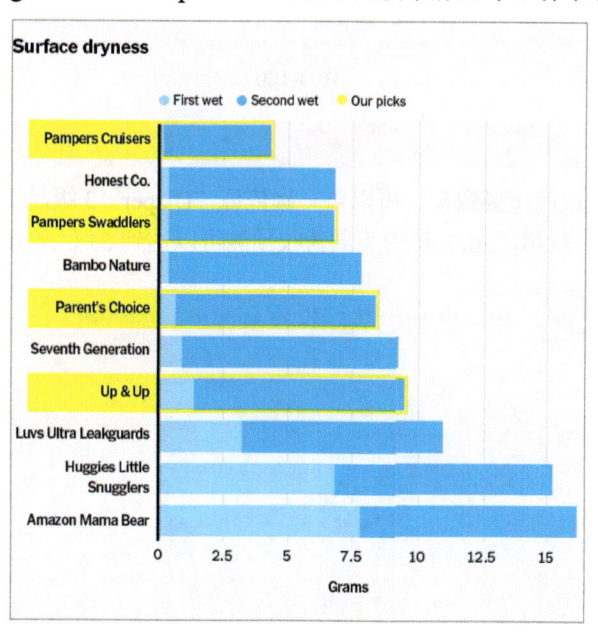

图 3-99

很明显，全球知名品牌早已牢牢占据行业的垄断地位，品牌众多且口碑尚好，尽管需求旺盛，但差异化难度不小，且处在竞争白热化的阶段运营成本增加，进而抬高了我们进入目标市场的门槛。所以，我们采取的是迂回策略，优先考虑了 Diaper 的周边衍生品，比如 Wet Bag，即干湿袋。

所以，接下来我们利用 Google 趋势继续分析细分类目 Wet Bag（干湿袋），Wet Bag 有时也可以算作 Diaper Bag 或 Diaper Wet Bag，利用 Google 趋势查询后可以看出，如图 3-100 所示。搜索趋势有部分波动，但整体还算平稳。

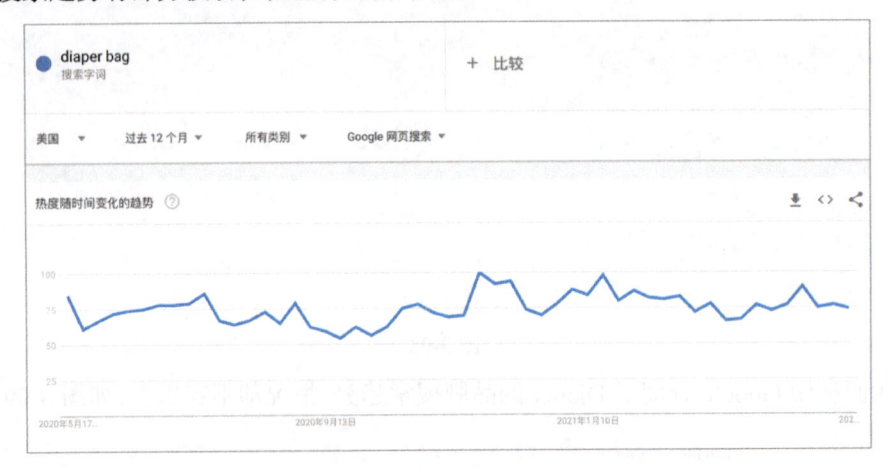

图 3-100

3.4.3 全球市场体量

首先，通过 Statista 的市场数据，可以再一次佐证"Diaper"3 级品类的市场需求，销售量大且稳定，如图 3-101 所示。2023 年的美国营收预测可以达到 63 亿美元（403 亿元）。

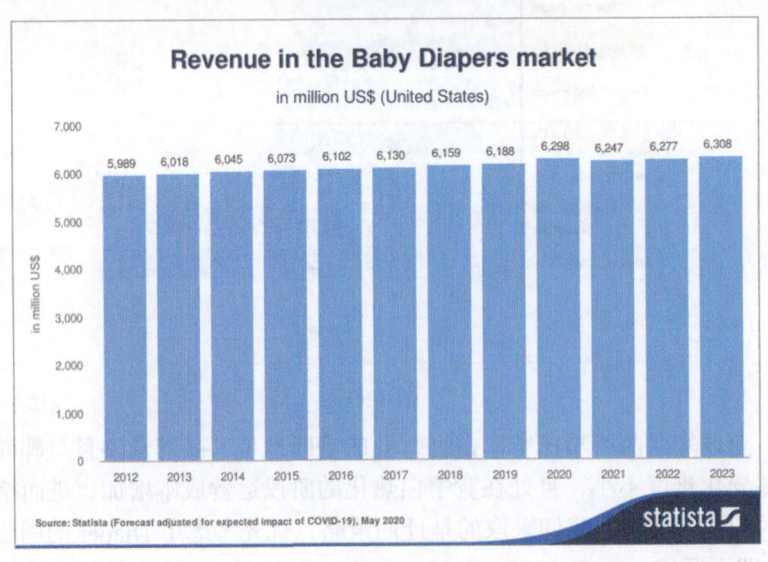

图 3-101

第 3 章　高阶选品，实战逻辑与技法

　　有的读者可能会有疑惑：这个数据有什么用？大家要知道我们的选品标的是 Wet Bag，而其最广泛的用途就是装 Diaper，当 Diaper 保持销量稳定时，整体的衍生品市场就会趋于平稳，从而 Wet Bag 的需求也就不会有大的波动，当然这只是其中的一个相对的参考因素，也不是绝对的。

　　其次，我们又查询了一下全美的家庭现状，如图 3-102 所示。按照家庭拥有孩子的数量统计了家庭数量的占比数据。

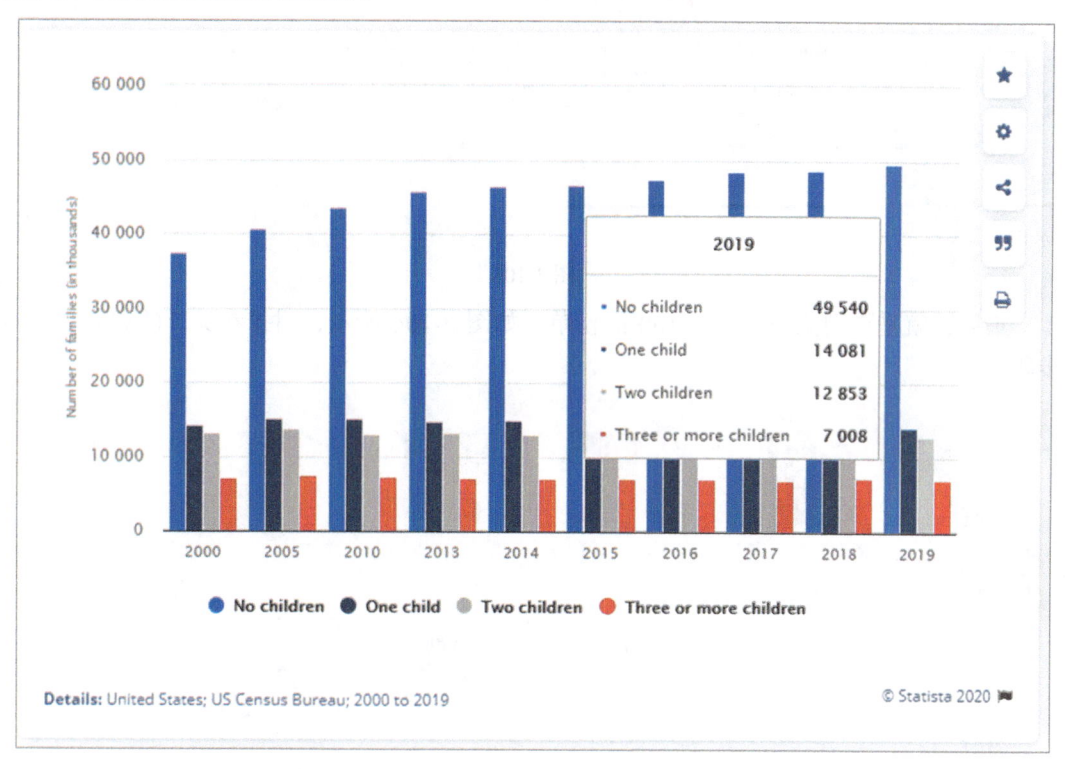

图 3-102

　　我把这个数据看成我们现有的和未来的潜在客户群体，同时，Wet Bag 对 Diaper 来说，上限体量就是按家庭来决定的而不是总人数，包括复购率也是可以通过此数据预测出来的。

　　接下来，我们又利用 ZonGURU 查看了核心关键词 Wet Bag 首页数据，如图 3-103 所示。大致了解了竞品市场的平均水平，比如竞品平均的评价数量为 1021 条，我们会在竞品分析中继续深入挖掘。

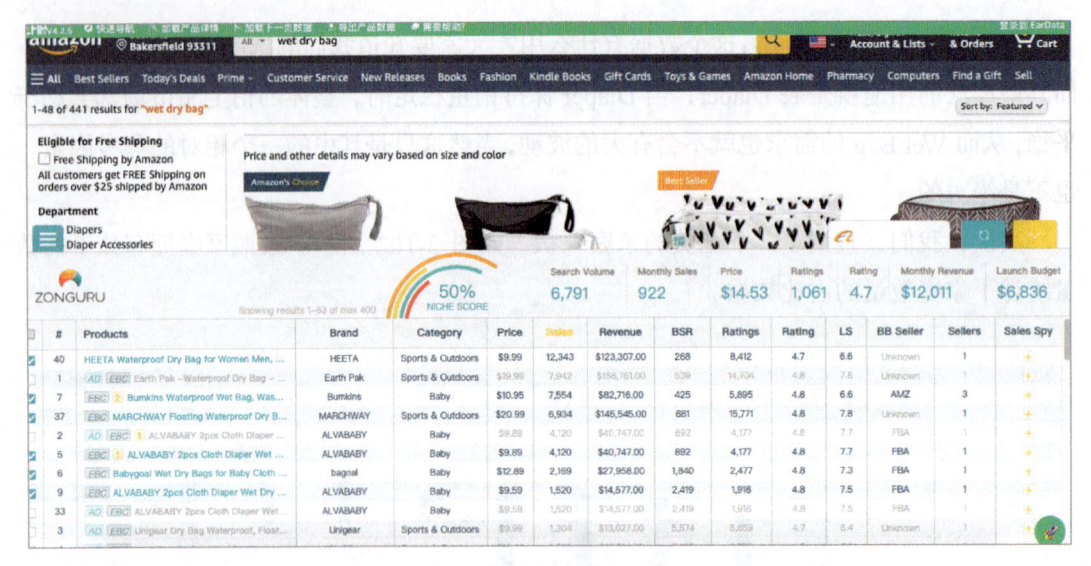

图 3-103

最后，就是再浏览一下 TOP100 的榜单，如图 3-104 所示，对排在头部的竞品有个初步印象。

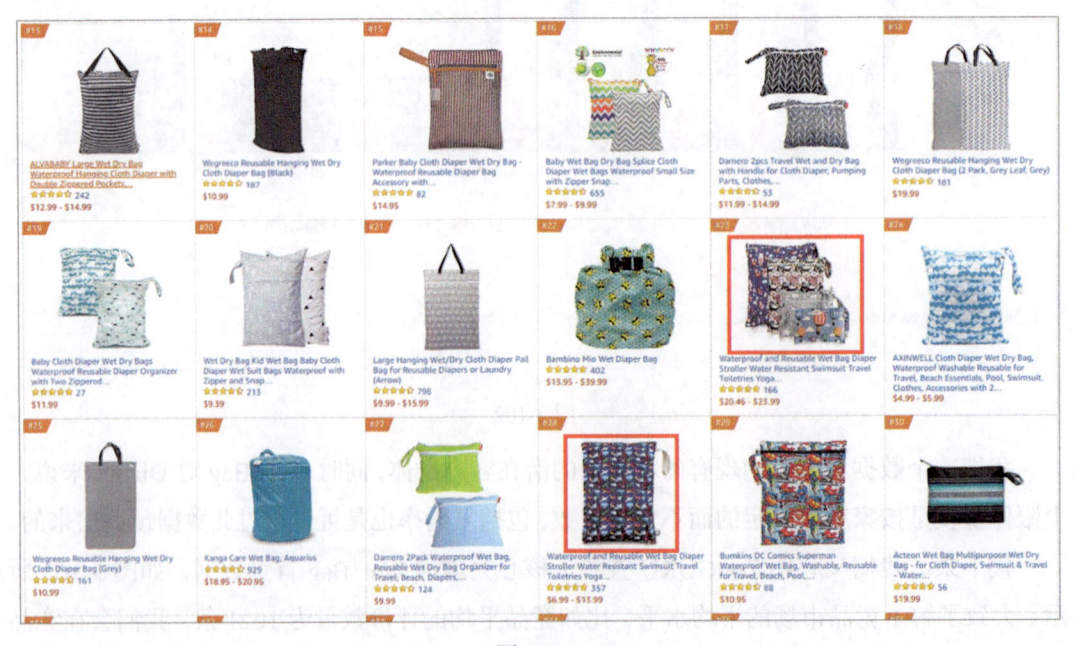

图 3-104

3.4.4 品类类目概览

Wet Bag 在亚马逊平台分类表里算是 4 级小分类了，如图 3-105 所示。Listing 的总数量不算多，年复合增长率可以达到 23.15%，也还不错。

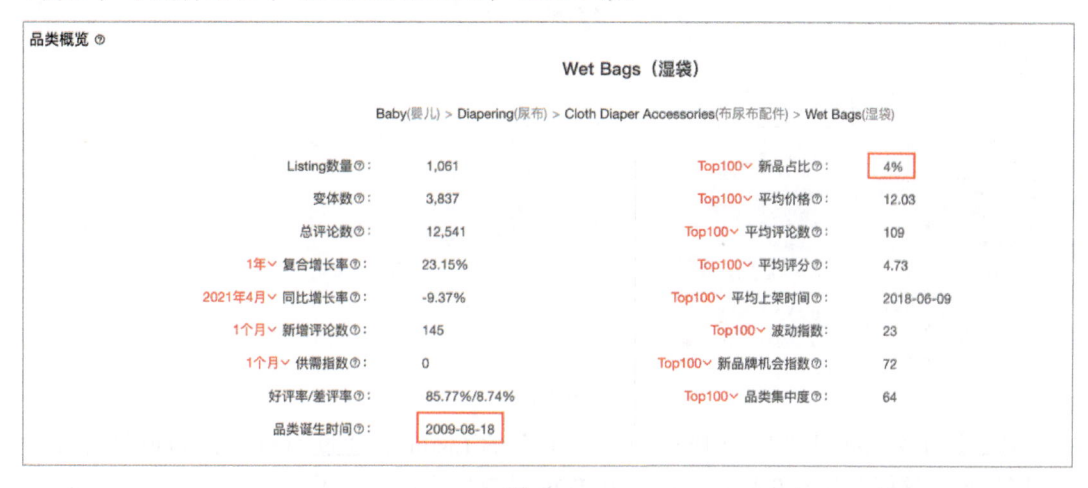

品类概览	Wet Bags（湿袋）		
	Baby(婴儿) > Diapering(尿布) > Cloth Diaper Accessories(布尿布配件) > Wet Bags(湿袋)		
Listing数量	1,061	Top100 新品占比	4%
变体数	3,837	Top100 平均价格	12.03
总评论数	12,541	Top100 平均评论数	109
1年 复合增长率	23.15%	Top100 平均评分	4.73
2021年4月 同比增长率	-9.37%	Top100 平均上架时间	2018-06-09
1个月 新增评论数	145	Top100 波动指数	23
1个月 供需指数	0	Top100 新品牌机会指数	72
好评率/差评率	85.77%/8.74%	Top100 品类集中度	64
品类诞生时间	2009-08-18		

图 3-105

在亚马逊平台上，最近几年各品类产品的增长趋势相对平稳，如图 3-106 所示，除了年中 "PRIME DAY" 的促销会带来明显的波动，其余时间没有太大变化。

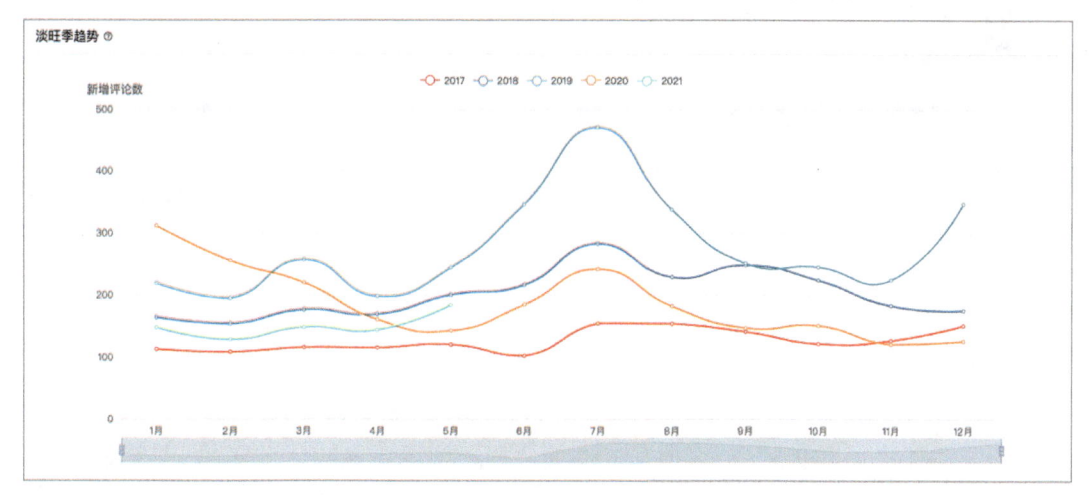

图 3-106

从数据上来看，没有明显的季节性产品的特征，比如淡季或旺季的区分。再来看看新品占比的数据，这里我们划分了两个定义新品的维度，其一是核心词前 3 页里 "RATINGS<

100"的 Listing，这个数据展现的是新上架产品冲排名的竞争力，我们通过 ZonGURU 的数据抓取，如图 3-107 所示，以透视表的形式计算得出新品占比为 65%。

图 3-107

其二是 TOP100 里"上架时间少于 3 个月"的 Listing，通过 OALUR 查询得出，其占比只有 4%，这就意味着新品要想在品类 TOP 榜单里脱颖而出还是有一定难度的。同时，我也挑选了一个新品查看了下其具体的销量数据作为参考，如图 3-108 所示。

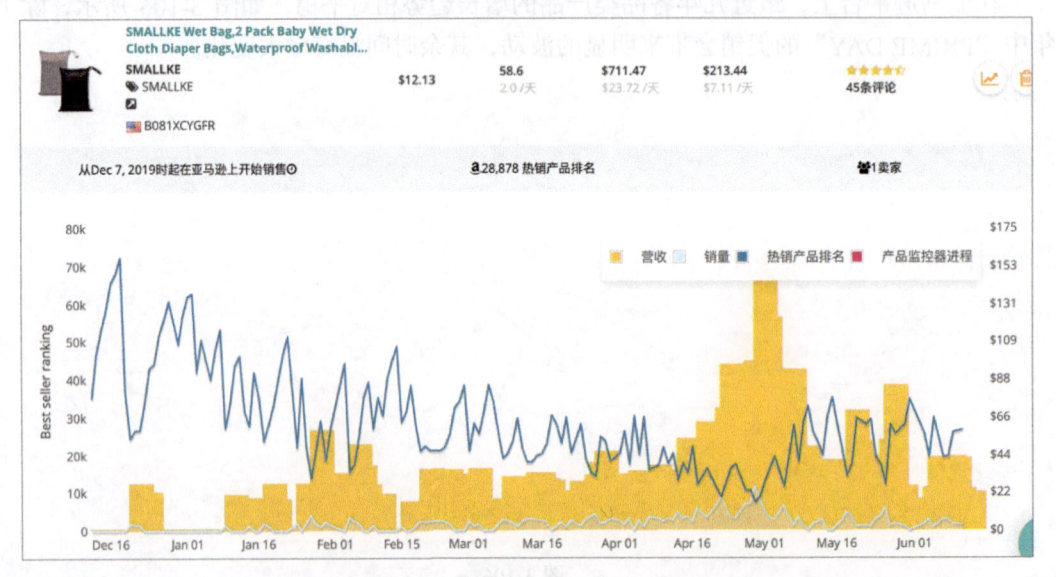

图 3-108

其三是通过 Listing 的上架时间分布和每月新增的产品数来判断分类中新品竞争的趋势，如图 3-109 所示。

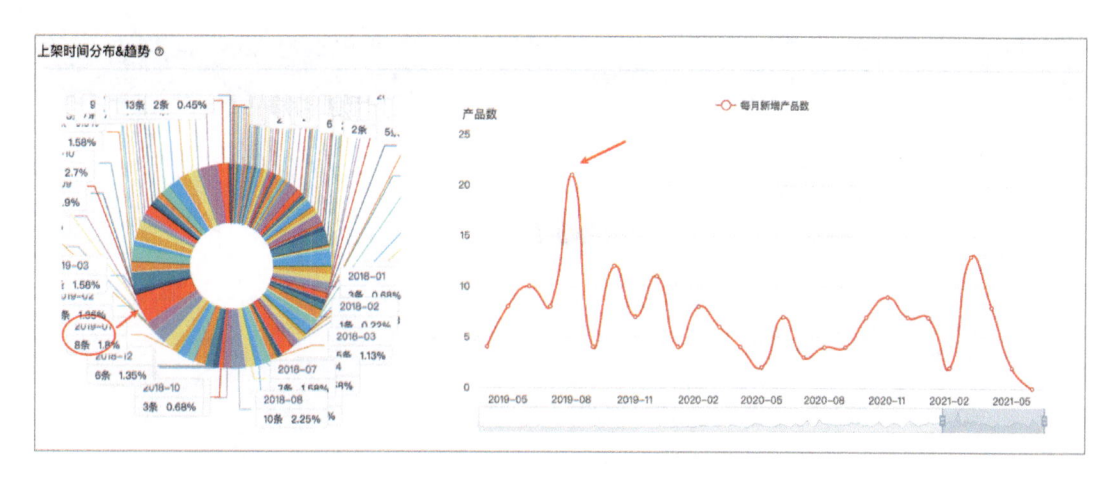

图 3-109

从上架时间来看，只有 2019 年 6 月产品数量新增相对集中，其他时间相对分散，也说明了品类 Listing 的上新数量不多，新品竞争不大。

接下来，我们来看看市场上产品的质量情况，除了前文提到的首页（关键词）Listing 的平均 1061 条的评价数量，4.7 的评分以外，评分的星级占比也是好评多于差评的，如图 3-110 所示，"4 星+"的占比为 86%，其中"5 星"的占比为 76%。

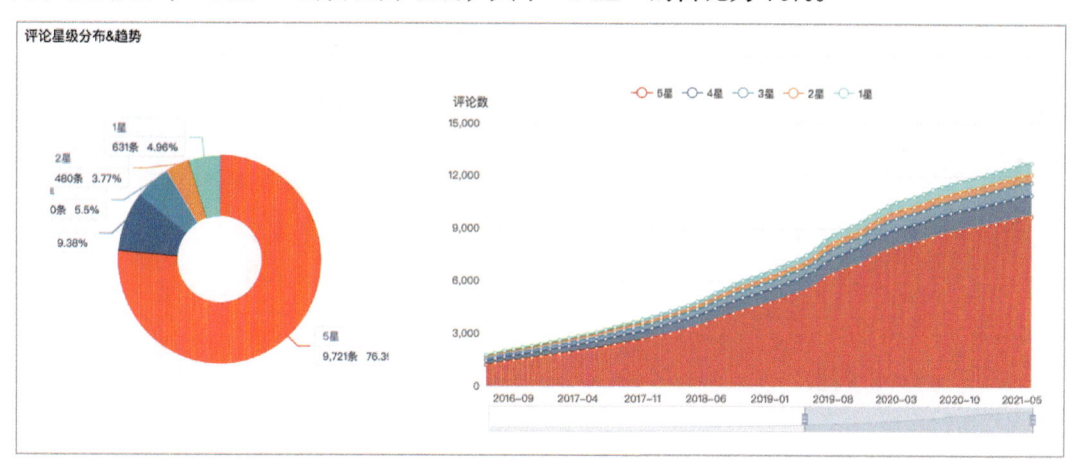

图 3-110

最后，我们来看下 Listing 的价格区间，也是分 3 个维度：其一是关键词 Listing 的均价，如图 3-111 所示，均价维持在 14.53 美元，属于正常的跑量价格。

103

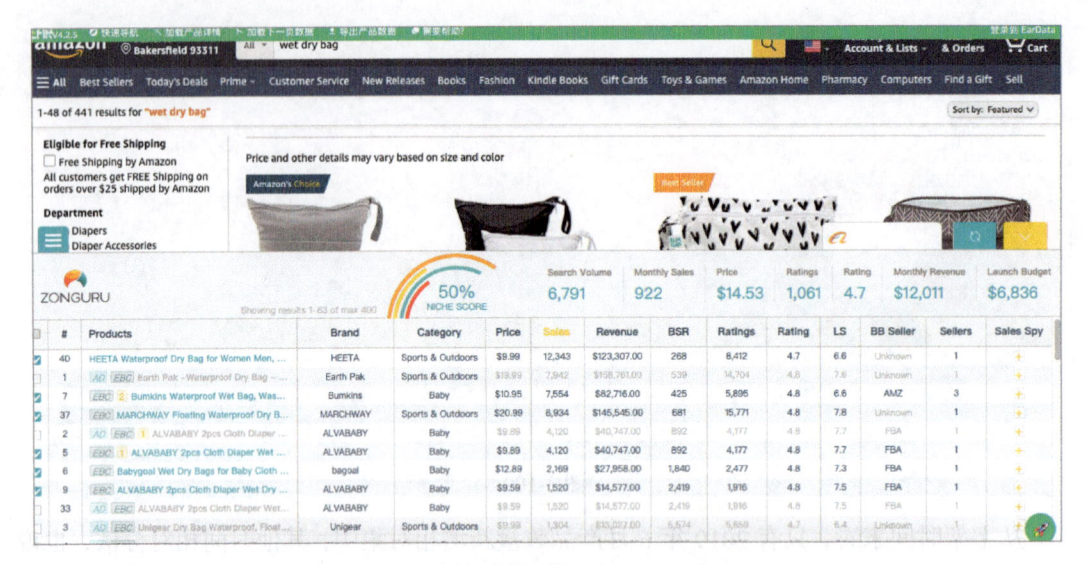

图 3-111

其二是 TOP100 的价格数据，其维持在 5 美元~33 美元之间，如图 3-112 所示，均价在 12.5 美元左右，整体趋势变化不大。

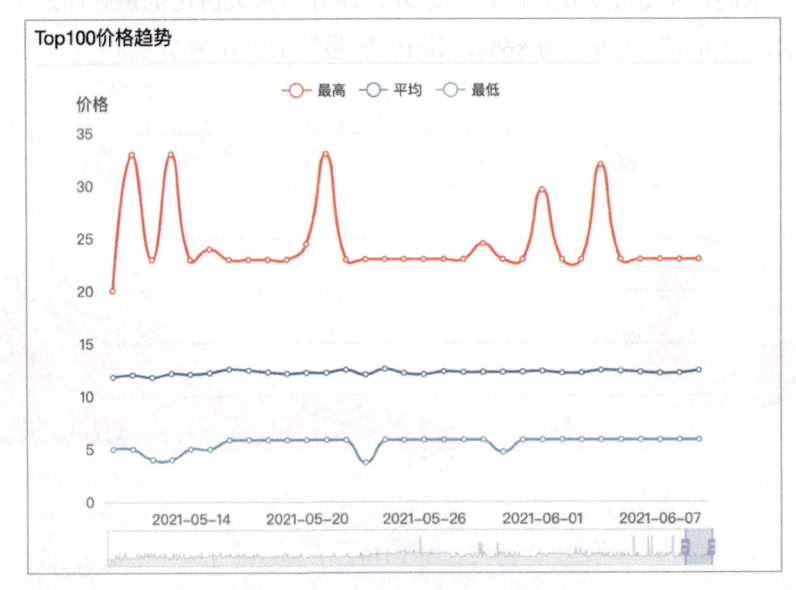

图 3-112

其三是排名前 2000 位的产品价格分布，如图 3-113 所示，其价格普遍集中在 15 美元左右。

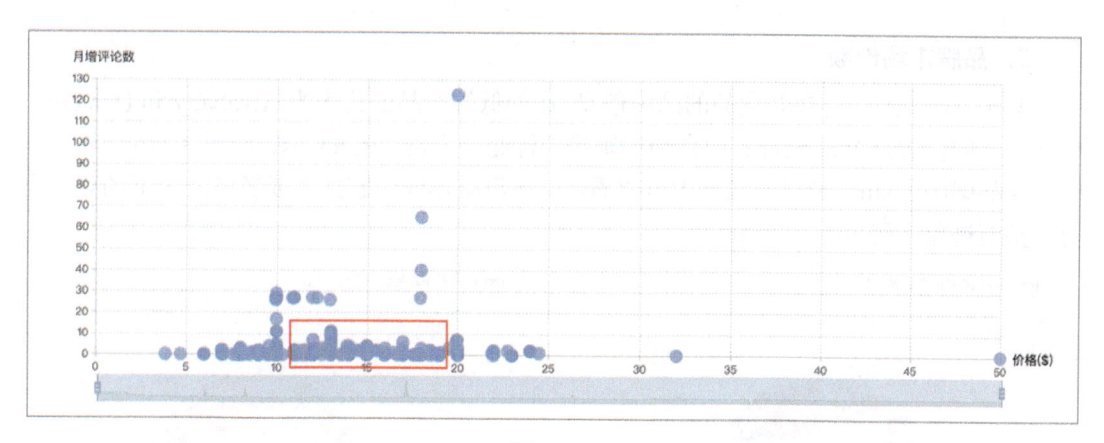

图 3-113

3.4.5 竞品内参数据

除了品类、市场的概况，我们还需要挑选几个竞品作为竞争标的来分析单品的运营数据。

1. 卖家类型占比

首先，我们要知道平台卖家的类型，如图 3-114 所示，FBA 卖家占比为 83%，亚马逊自营占比至多为 12%，其余为 FBM 自发货卖家。很明显地看出，Wet Bag 的发货方式只能是 FBA，否则连竞争的资格都没有。

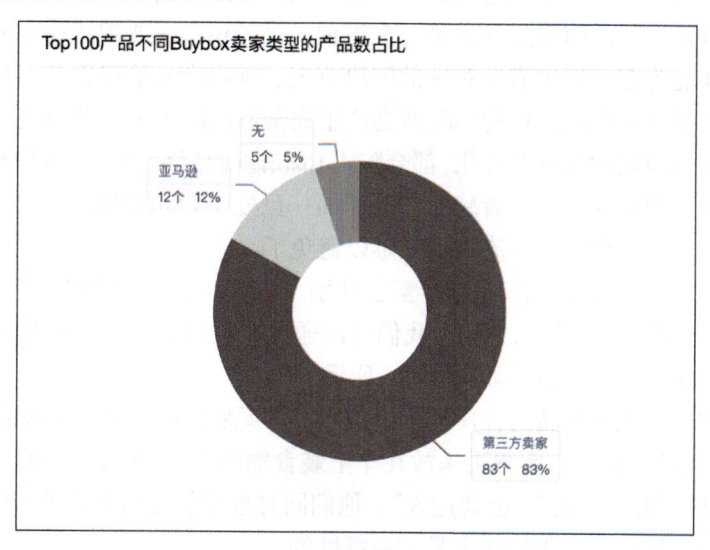

图 3-114

105

2. 品牌市场份额

其次，我们收集了 TOP 竞品的品牌信息，比如低端产品的代表为 Alvababy 和 Damero；中端产品的代表是 Wegreeco；而高端的则是"行业老大哥"Bumkins，如图 3-115 所示。从图中各品牌的 Listing 情况的数据中可以看出，还没有形成一家独大或者三分天下的竞争态势，垄断迹象不明显。

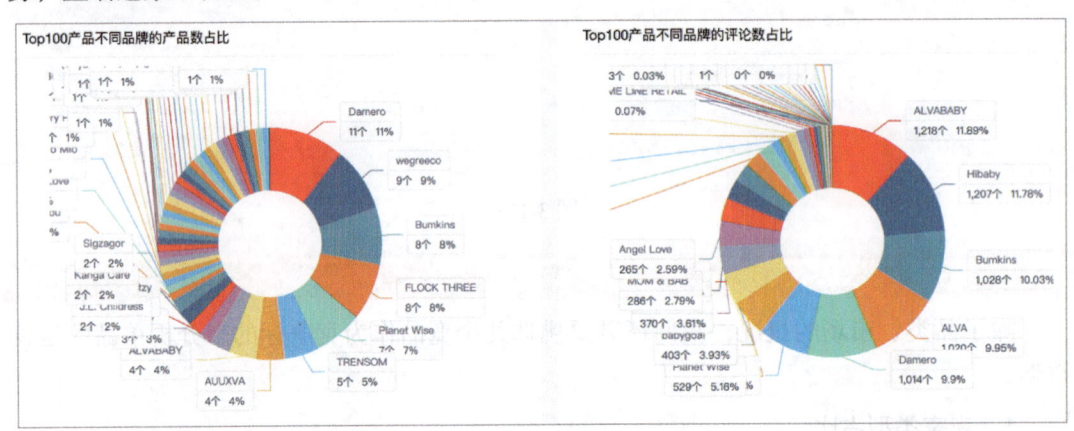

图 3-115

3. 目标人群标签

除了了解市场整体的数据及趋势，公司在开始做产品之前，一定要首先弄清楚你的目标客户是谁，这跟选品之前确定分类是一个道理，是公司最重要的战略方向。确定了客户的属性，我们才能为客户提供有针对性的解决方案、确定产品价格以及拓展对应的营销渠道。比如职场白领和全职妈妈在购物时就会产生完全不同的决策，哪怕是同一款 Listing，如果文案信息泛泛而谈而没有个性化，都会陷入 Listing 商品化的陷阱。这种毫无品牌价值、客户价值的体现，很容易让消费者感到不适。而一旦处于如此境地，竞争对手就会很轻易地利用经验和金钱打败你，客户流失也就难以避免了。

一般情况下，客户的 IP 标签包括年龄、性别、职业、学历、婚姻状况、住址和兴趣爱好等。如何才能获得这些标签信息呢？我们可以通过竞争对手的 Listing 客户留评来总结客户的喜好以及了解其生活状态，如图 3-116 所示。

比如我们的 Wet Bag 竞品的客户评价里有"妈妈买来给孩子装纸尿裤的"，也有"女孩子买来装瑜伽服的"，还有"客户买来放在车上装食物的"，这里面就会有很强的人群标签属性——"宝妈""美食达人""运动达人"，他们同时也可能是新媒体平台的活跃分子，这些信息对后期的新媒体的广告操作也是大有帮助的。

图 3-116

4．客户产品需求

通过前文对客户群体的分析后目标客户就确定下来了，然后就是要调查标签人群在使用此类产品时的具体需求了，也就是客户亟待解决的痛点问题。

例如 Wet Bag 可以帮助客户解决哪些问题呢？

1）在户外运动，比如游泳、瑜伽的时候，换洗的衣服无法方便地收纳；

2）在潮湿的季节，孩子的纸尿裤很容易受潮，不耐用；

3）出去游玩的时候，车上放的饮料等食物很容易弄脏座椅。

有问题就有需求，有需求就有市场。针对客户的痛点，现有的竞品是否可以满足呢？我们可以通过查看竞品 Listing 获得客户的真实反馈，看看 2 星、3 星的差评，客户对产品质量及服务有哪些不满意的地方和新的要求，从而可以帮助卖家进行产品方面的改进。当然，1 星的评价也可以看看，如图 3-117 所示，集中在左上的象限里。1 星差评的客户往往过于情绪化，更多的是对产品或服务的指责。

其中，绿色是积极的信号，红色是消极的信号，针对单个 SKU 的回馈，客户的情绪一目了然。通过评价数据，我们也绘制出了另外一条情绪变化线，如图 3-118 所示。

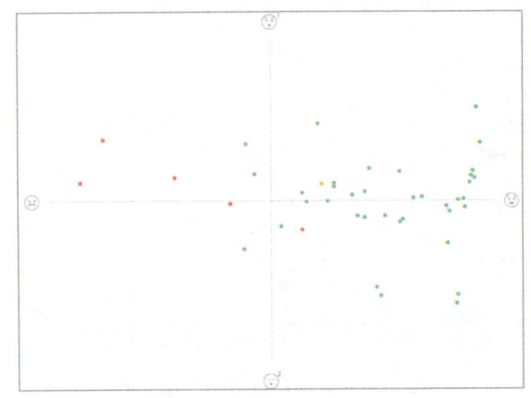

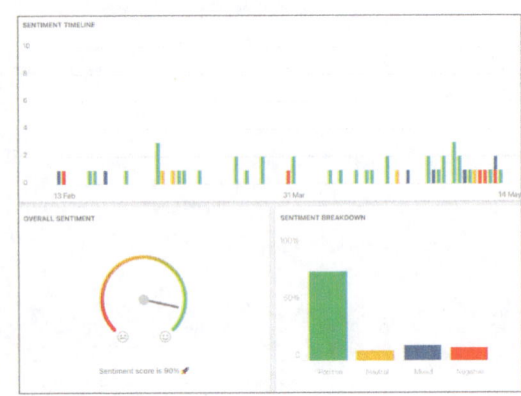

图 3-117　　　　　　　　　　　　图 3-118

5．竞品数据透视

我们选取两款产品分别进行点对点的竞品分析。

1）竞品 1：Alvababy

关键词的排名情况如图 3-119 所示，近 1 月内被收录的关键词为 438 个，其中大词的竞争强度较高，实时数据显示，品类词前 3 页的曝光几乎没有。

再来看看核心词的 FBT 流量如图 3-120 所示，历史流量入口为 787 个。

最后，看下核心词的转化率（CR）如图 3-121 所示，在"品牌分析"里，ASIN 的点击和转化占比率分别是 20.21%和 21.86%，通过计算得出，ASIN 核心词 Wet Bag 的转化率是 25.92%。

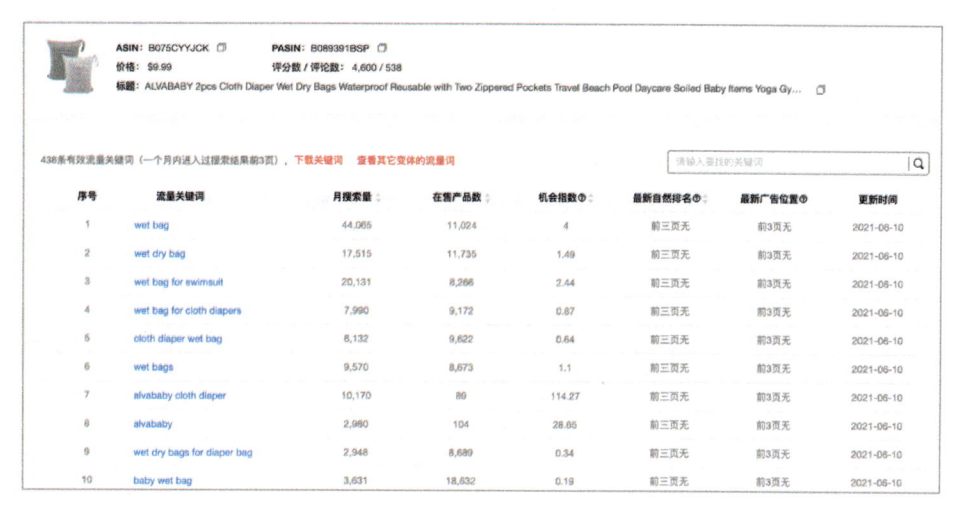

图 3-119

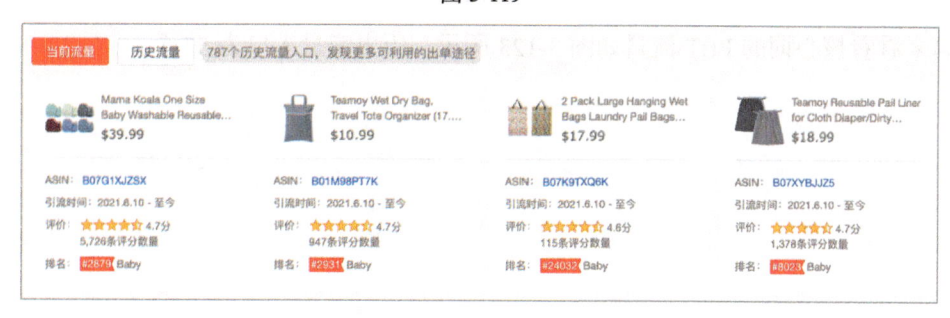

图 3-120

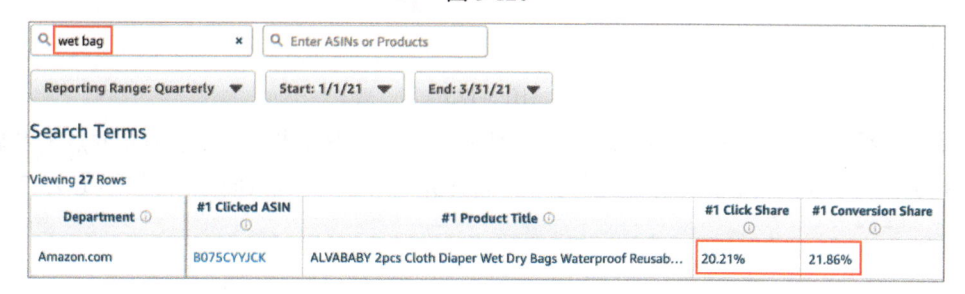

图 3-121

2）竞品 2：Bumpkins

关键词排名情况如图 3-122 所示，近 1 月内被收录关键词为 111 个，虽然大词的排名没有进入前 3 页，但品牌关键词的搜索量已达到 4000 多次了，足见其品牌在此类目下对客户购物行为的影响力。

图 3-122

再来看看核心词的 FBT 流量如图 3-123 所示，历史流量入口为 57 个。

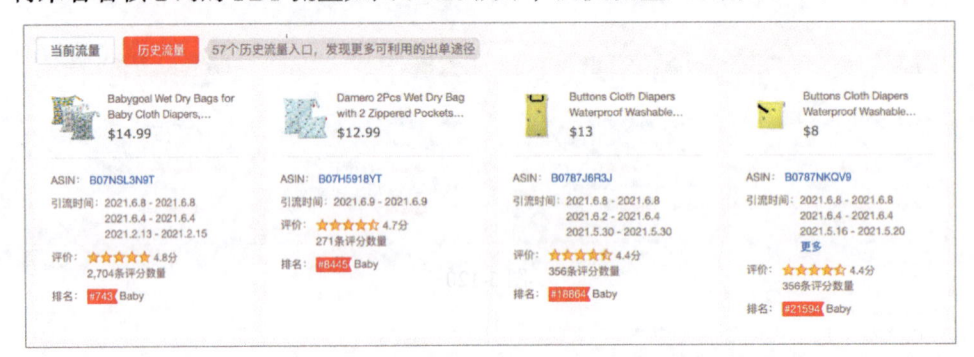

图 3-123

最后，看下核心词的转化率如图 3-124 所示，在"品牌分析"里，ASIN 的点击和转化占比率分别是 15.05%、14.68%，通过计算得出，ASIN 核心词 Wet Bag 的转化率是 23.28%。

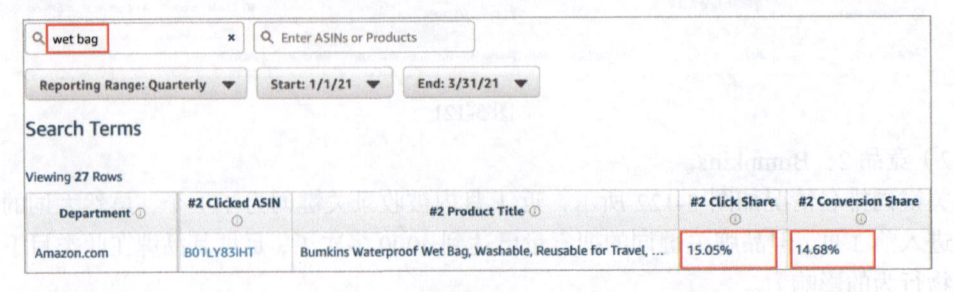

图 3-124

6. 差异化的突破

为什么我们在确定分类的时候要选择"红海中的蓝海",也是为了这部分埋下伏笔。目标人群的痛点和现有竞品的缺点都一一了解了。从产品本身出发,红海市场相对来说整体工艺比较成熟,不至于遇到产品改进方面的难题。对于新手卖家来讲,受限于投资预算的上限,供应商在产品的改进方面不一定有兴趣,导致新手没有太多的话语权,这也确实是对产品供应链和创新性的考验。

在上面竞品的信息中,从客户的评价数据可以知悉,防水性能差、拉链质量低劣、款式单一是客户普遍关注的问题点。解决此类问题的方法比较直接,那就是从细节处提升质量并在图案样式上做出创新。

总结一下,问题的解决方案如下:
1) 采用新型的复合面料,在保证防水特性的同时,确保图案及色彩的高还原度;
2) 拉链采用 YKK 等顶级大牌产品,成本有所增加,但可提升客户体验;
3) 图案全部由团队原创设计,把易用性及时尚性相结合,来匹配目标人群的喜好。

7. ASIN 核心优势

小分类 Listing 的推出已经有 5~6 年了,与竞品相比,我们在两个细节上可以进行优化和提升,即产品的用料材质及外观设计。通过观察竞品可以看出,同等价位的材质基本都不会差太多,但外观就不敢保证了,图案都很普通。我们的 Wet Bag 有更好看的图案设计,所以我们主打的外观原创设计是从颜值出发,抓住流行趋势,来俘获客户的芳心;另外,产品的用料也比市面上的产品普遍高 0.5~1 个档次,使得面料和拉链更加耐用,再加上产品超强的防水性能以及完善的售后服务,每一个特性的小改变都会让我们的产品在众多的竞争产品中脱颖而出。

8. 独有品牌价值

目标人群、产品方向以及问题的解决方案确定好以后,对于品牌来讲,拉高与竞品的竞争门槛的终极大法就是需要有自己独一无二或者说彰显品牌调性的价值主张(UVP),即我们的产品可以给客户带来什么?以 Wet Bag 为例,其 UVP 在于:
1) 轻巧方便,易于日常收纳;
2) 一袋多用,使用用途广泛;
3) 真实防水,面料质量上乘;
4) 设计时尚,增添生活乐趣。

其实,UVP 的进一步升华就成为了品牌的 Slogan,即从消费者的角度出发,产品给客户带来的真正价值。实话讲,卖家要真正做到独一无二是比较难的,但我们始终要想办法从白热化的红海中脱颖而出,这也是我们对自己产品的一个认知升级,UVP 也是我们做产品差异化、Listing 优化、品牌宣传的基石。

说到品牌宣传，亚马逊作为我们的品牌孵化中心，可以围绕亚马逊拓展更多的站外流量。比如我们的 Wet Bag 产品，根据目标人群的特点，Pinterest 和 Instagram 的推广就比 Facebook 和 Twitter 更好些，也可以做些诸如 Slickdeal 的折扣促销，但这些都因人而异，且以亚马逊 SEO 为主，比如亚马逊 LIVE、亚马逊 POST 切不可本末倒置。

9．关键词的数据

最后，深度挖掘下关键词数据，利用 ZonGURU 获取核心关键词表，如图 3-125 所示，为核心关键词 Wet Bag 30 日内的数据。

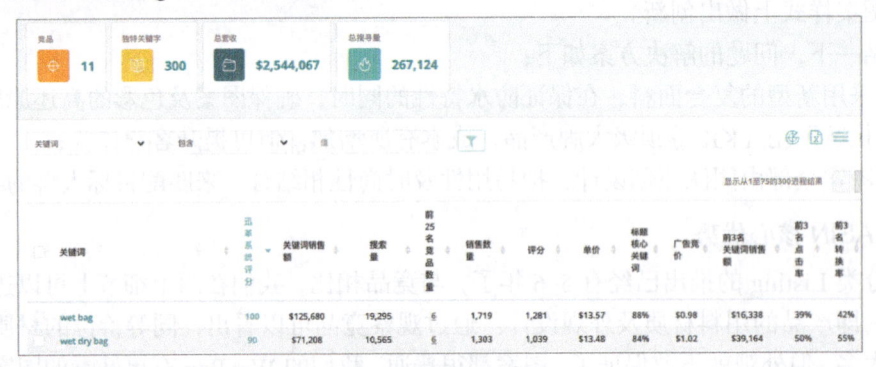

图 3-125

核心词搜索量：19295 个；

核心词订单量：1719 个/月；

核心词 CPC 竞价：0.98 美元；

核心词（TOP3-CR）转化率：26%；

核心词关联图谱如图 3-126 所示，流量入口尽收眼底。

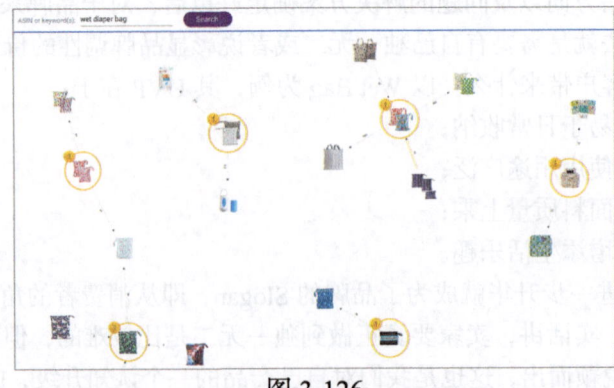

图 3-126

3.4.6 FBA 成本核算

创业初期，我们对亚马逊店铺的成本核算、营收预测不会很准确，但这也是让我们有个心理准备，说的直白点就是："目标是要有的，万一实现了呢。"比如接下来的 12 个月里，目标 Listing 的每月的成本为 1.2 万美元，营收目标为 3 万~5 万美元，然后根据这些做出可行性的操盘计划。最重要的是，我们要知道未来 1 年需要投入多少钱以及大概能赚到多少钱，类似于项目投资收益（可关注公众号"越人 TeCH"，回复"ROI"，领取投资收益表）。

大家都知道，对于 FBA 的卖家来讲，初期的成本预算相比自发货而言会多一些，其中货款是资金占有最多的一项支出，毕竟先备货到 FBA 还是有一定的资金压力的。当然，除了产品的采购成本，还有哪些其他费用呢？我们先来看下订单收入的计算公式："订单收入=销售额–采购成本–亚马逊头程–订单佣金–FBA 物流费用–促销折扣+特定的销售税–CPC 广告费–Listing 运营费用（因人而异，利用房租、人工、物业水电等加权平均）。"

虽然，其中的部分运营费用无法准确地预估出来，但我们可以借助软件来实现初期的成本核算来给 Listing 未来的操盘做参考。这里给大家分享 3 个小工具。

1. 官方 FBA 利润计算器

首当其冲的是我在《跨境电商亚马逊开店实战宝典》一书里跟大家介绍过的亚马逊官方 FBA 利润计算器，大家可以在卖家专属导航里找到，如图 3-127 所示。然后选择自己的目标市场，进入 FBA 计算器。

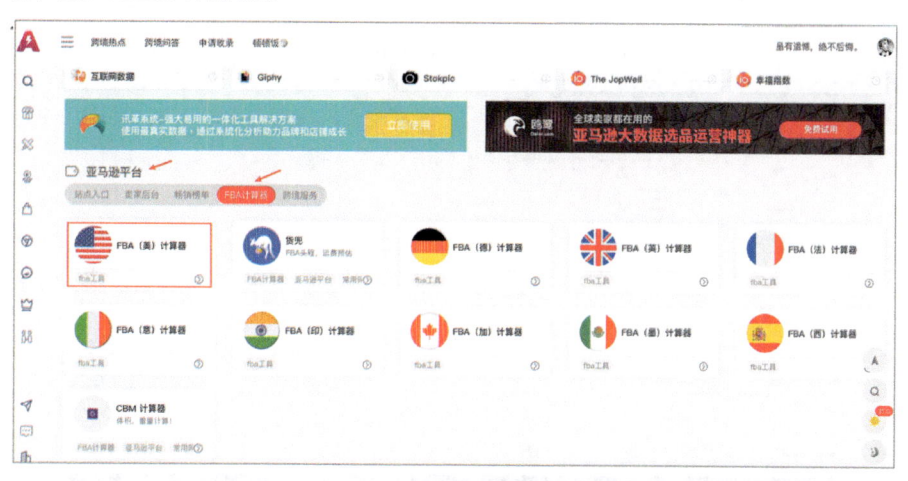

图 3-127

根据提示，填入相应的数据即可，如图 3-128 所示。切记计数单位别填错了，包括尺寸、重量、货币。注意：这里的利润率仅是剔除掉产品采购成本、亚马逊平台费用（佣金+FBA 费用）以及物流头程的费用，其他运营相关的费用不包含，需要另外计算。

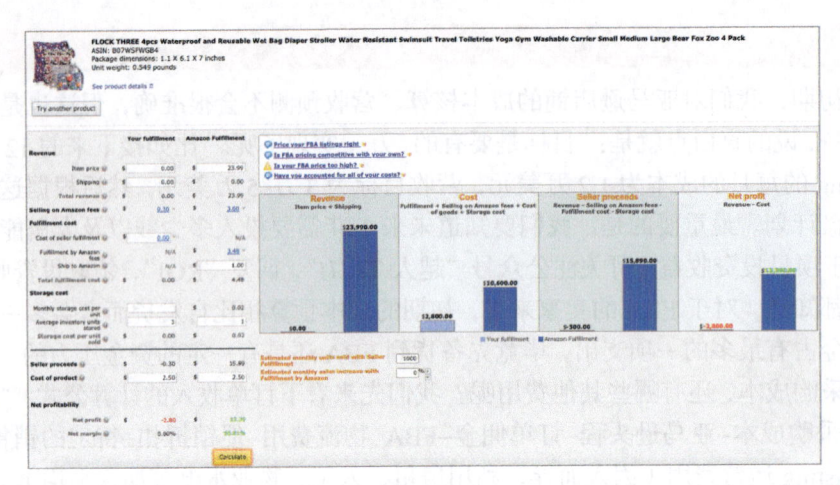

图 3-128

2. SMARTSCOUT 利润计算器

第 2 个工具是 SMARTSCOUT 的 FBA 利润计算器如图 3-129 所示。与官方的 FBA 计算器用法一样，在下图的方框处填入对应的 ASIN、数量、价格及成本后，软件会自动计算出结果。

图 3-129

需要注意的是，FBA 的费用是分阶梯的，我在这里也贴心地附上了详尽的 FBA 收费标准如图 3-130 所示，给大家参考。

Size	Max weight (lbs)	Max longest side	Max median side	Max shortest side	Max Length + Girth	Fee
Small Standard (6 oz or less)	0.375	15	12	0.75		$2.70
Small Standard (6+ to 12 oz)	0.75	15	12	0.75		$2.84
Small Standard (12+ to 16 oz)	1	15	12	0.75		$3.32
Large standard (6 oz or less)	0.375	18	14	8		$3.47
Large standard (6+ to 12 oz)	0.75	18	14	8		$3.64
Large standard (12+ to 16 oz)	1	18	14	8		$4.25
Large standard (1+ to 2 lb)	2	18	14	8		$4.95
Large standard (2+ to 3 lb)	3	18	14	8		$5.68
Large standard (3+ lb to 20 lb)	20	18	14	8		$5.68 + $0.30 above first 3 lbs
Small oversize (70 lb or less)	70	60	30		130	$8.66 + $0.38 above first 1 lbs
Medium oversize (150 lb or less)	150	108			130	$11.37 + $0.39 above first 1 lbs
Large oversize (150 lb or less)	150	108			165	$76.29 + $0.79 above first 90 lbs
Special oversize (Over 150 lb)						$138.11 + $0.79 above first 90 lbs

图 3-130

3. EXCEL 自制 FBA 利润计算器

第 3 个工具是团队自制的一款 EXCEL 版本的 FBA 利润计算器，其由多个成本模块组成，需要注意的是把相关的 ASIN 数据填入灰色单元格后，费用会在"SUBTOTAL"栏目里自动计算出来。

首先是 FBA 的成本核算，包括 FBA 的运费、订单佣金、FBA 仓储费如图 3-131 所示。

TITLE	VALUE	SUBTOTAL
FBA Fulfillment Cost		
Product Name	Messenger Bag	
Units	1	
Sale Price on Amazon	$23.99	
Length (inches)	14.9	
Width (inches)	9.9	
Height (inches)	0.4	
Weight (lbs)	0.45	
FBA Cost		$2.84
Amazon Referral Fees		
Category	Shoes, Handbags & Sunglasses	
Referral Fee %	15%	
Minimum Fee	$0.30	
Total Amazon Referral Fees		$3.60
Amazon Storage Fees		
Estimated Months of Storage	1	
Avg. Storage Fees/Item		$0.04

图 3-131

其次是 ASIN 的采购成本、广告预算如图 3-132 所示。基本信息填写完毕后，EXCEL 自动计算出利润及利润率，该案例 ASIN 的利润率为 40.23%。大家可以关注公众号"越人 TeCH"，回复"FBA 计算器"领取。

Costs of Goods (Landed Costs)		
Manufacturer cost	$4.46	
Packaging Cost	$0.30	
Freight	$0.70	
Inspection Fees	$0.00	
Duties Rate	0%	
Warehouse storage, receiving, out fees	$0.00	
Landed cost inc Shipping FBA		$5.46
Advertising		
Monthly PPC Budget	$ 2.40	
Total monthly advertising cost per unit		$2.40
Summary		
Total Profit Per Unit		$9.65
Total Profit Margin		40.23%

Pro Tips!

Above is a guide ONLY

图 3-132

除了以上 Listing 的成本利润核算，与运营相关的费用，我们也要保证把钱花在刀刃上。所以我们要根据 Listing 的不同阶段制定绩效目标，并实时监控相应的店铺绩效指标，包括但不限于产品毛利率（40%，利润/销售额×100%）、投资回报率（45%，实际利润/产品的成本×100%）、产品动销率 STR（30%，30/60/90 天）、目标关键词上首页的时间（1~2 周）、ROAS（6~8，CPC 营收成本比）等。

3.4.7　选品报告总结

通过以上的数据收集与分析，我们已经对选品的标的数据有了充分的了解，最后我们提炼一下，用 FBA 项目汇报表的形式呈现出来，如图 3-133 所示。

1. 目标客户人群	3. 客户痛点的解决方案	4. 独有的特性/价值	6. DTC营销渠道
宝妈， 家庭主妇， 运动达人， 美食爱好者	1）采用新型的复合面料，再保证防水特性的同时，确保图案及色彩的高还原度； 2）拉链采用YKK等顶级大牌，成本有所增加，但，可提升客户体验； 3）图案全部又团队原创设计，易用性及时尚相结合，来匹配目标人群的喜好。	1）轻巧方便，易于日常收纳； 2）一袋多用，使用用途广泛； 3）真实防水，面料质量上乘； 4）设计时尚，增添生活乐趣。	根据目标人群的特点，Pinterest和Instagram的推广就比Facebook和Twitter更好些，也可以做些诸如Slickdeal的折扣促销，但，这些都因人而异，且以亚马逊SEO为主，比如亚马逊LIVE，亚马逊POST。
2. 客户的痛点/问题		5. 核心竞争优势	7. 核心运营指标
1）户外运动，游泳，瑜伽的时候，换洗的衣服无法方便得收纳； 2）在潮湿的季节，孩子的纸尿裤很容易受潮，不耐用； 3）出去游玩的时候，车上放的饮料，食物很容易弄脏座椅。		外观原创设计从颜值出发，抓住流行趋势，来俘获客户的芳心；使得面料和拉链更加耐用，再加上超强的防水性能，以及完美的售后服务	产品毛利率（40%，利润/销售额*100%），投资回报率（45%，实际利润/产品的成本*100%），产品动销率STR（30%，30/60/90天），目标关键词上首页的时间（1周 - 2周），ROAs（6-8，CPC营收成本比）
8. 三个月 投入预算		9. 未来的应收预期	
$12,000		$30,000 - $50,000	
		Copyright @ Amznavi.com	
操作建议：尽管品牌相对集中，但市场需求旺盛，工艺纯熟，依托全新的产品外观设计&防水材料升级，有后发制人的潜力，操作建议A+			

图 3-133

第 3 章　高阶选品，实战逻辑与技法

同时，选品数据报告将以 PDF 文件的形式整理成册进入公司的选品库，如图 3-134 所示。

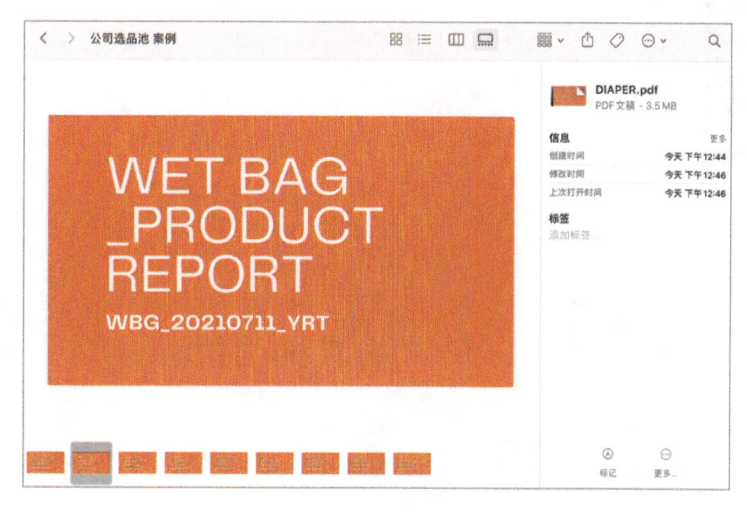

图 3-134

至此，选品报告才告一段落，整体流程不算复杂，但数据较多，只要大家认真对待，一定会有所收获。

卖家学员们可以访问我们的跨境电商问答社区来获取更多精彩的选品数据分析实例，如图 3-135 所示。

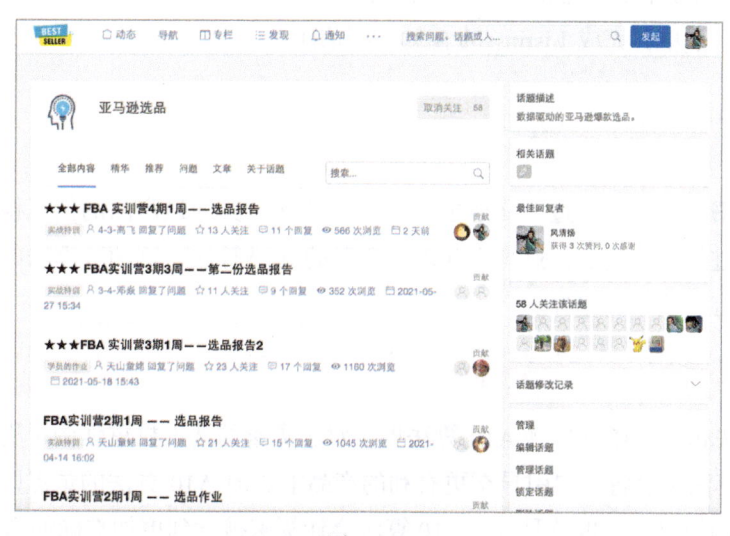

图 3-135

117

第 4 章

耳目一新的 Listing 优化策略（上）——文案篇

当浏览亚马逊网站的时候，消费者的目标非常明确，那就是，购买自己心仪的产品。只不过面对平台上数以亿计类目的商品，买家选择哪个，就是未知数了。如果我们的 Listing 想在客户的面前脱颖而出，就需要充分地了解和运用亚马逊的 SEO 技巧来吸引潜在客户，并引导他们进行下单，完成 Listing 的 SEO 转化闭环。

4.1 全新的 A10 算法

在前一本书中，我提到过亚马逊独有的 A9 算法，其通过产品的信息检索来匹配客户的搜索词，经过几年的演变，亚马逊迎来了全新的 A10 算法，这两种算法的底层逻辑基本相同，但仍然有一些小的差异。

4.1.1 强调信息相关性

与 A9 算法相比，在亚马逊 A10 算法里，对于买家的搜索权重强调了更高的相关性。在以往的 A9 算法中会将用户引导至更有利的产品上。但 A10 算法的重点则转移到为消费者提供更精准的信息上，也就是说，A10 算法会让买家搜索到更加准确的商品。

4.1.2 弱化 CPC 的权重

这里的弱化不是说 CPC 广告无关紧要了，而是相对而言在 A10 算法里的广告重要性不及过往的 A9 算法，而是依附于搜索信息的相关性。同时，相比 CPC 广告订单，A10 算法更倾向于自然订单，且会提高 Listing 权重。

4.1.3 店铺的绩效权重

在 A10 算法中，卖家的店铺好评即"Feedback"的权重被提升了如图 4-1 所示，更多的真实好评会在 SEO 中占得先机，同时也包括经营时间、绩效指标及库存规模等也被纳入 SEO 搜索权重。

图 4-1

4.1.4 ASIN 点击率（CTR）

针对产品在 CPC 广告中获得展现的情况，A10 算法降低了其流量的权重，而更关注用户流量所带来的有效点击。如果流量很大，但点击几乎没有，说明消费者不感兴趣，从另一个角度来看，也说明了产品无相关性，排名反而会下降。

4.1.5 ASIN 转化率（CR）

与点击转化一样，ASIN 订单转化的权重也在逐渐增加，毕竟客户购买了产品，对产品本身的相关性更有说服力，所以卖家要关注综合指标的关联表现，而不仅仅是追求某一个指标的数量增长。

综上得出，亚马逊的 A10 算法对消费者而言更有意义，购物体验更好。而作为卖家，我们需要迎合全新的 A10 算法，做好 Listing 的 SEO 优化。

4.2 标题的优化原则

在整个 Listing 的 SEO 优化要素中,"标题"始终占据着最高的权重,也是卖家们优化 Listing 的重点。

4.2.1 官方的标题要求

我们先来看看标题的底线——官方的标准:
- 标题不得超过 200 个字符,包括空格;
- 标题中不得包含促销短语,例如免费送货、保证 100%质量;
- 标题中不得包含用于装饰的字符,例如⌒!﹡$?﹍⌒{}#<>|﹡;^¬¦;
- 标题必须包含产品识别的信息,例如远足靴或雨伞;
- 标题的元素组合,如品牌名称+型号+产品类型+尺寸+数量+材料+颜色。

官方还给出了一些类目的产品标题案例供大家参考,比如:
- 厨房用具——Vacu Vin Wine Saver Gift Pack White(品牌/型号/类型/颜色);
- 洗浴浴巾——Martex Atelier Hand Blue Moon(品牌/样式/材质/型号/颜色);
- 餐具套装——Spiegelau Authentis Collection Burgundy Wine Glasses Set of 6(品牌/样式/产品型号/数量)。

在众多标准之中,标题的字符数始终在卖家的操作中存在争议,如上文提到,官方针对标题的要求上限是 200 个字符,但部分类目产品的标题则要求是 80 个字符。所以在 80~200 个字符的限制范围内,我们一般的标题长度设定在 150~180 个字符,但在 Listing 存在变体的情况下,特定类目会应用平台的 DPM/DCM 法则对标题的显现进行二次限定如图 4-2 所示,Messenger Bag(邮差包)的变体显示的即是父标题的内容,这就是 DPM。

图 4-2

DPM 的情况一般会出现在服装服饰、珠宝首饰及户外运动的类目中。虽然在 Listing

页面，变体标题都跟随父产品的标题内容，但在订单页面，变体标题还是以独立的信息展现出来。如此可见，DPM 更考验卖家对 Listing 标题的优化功能。

4.2.2 标题的黄金结构

对于 Listing 而言，标题最大的贡献在于搜索页面的点击转化，客户在搜索匹配出现的众多产品中，是否能一目了然地让客户看到你的产品。这里就涉及两个层面的含义，一是标题的关键词是否准确；二是标题的表述是否清晰。

针对前者，我们需要通过一系列工具来收集目标关键词，比如我们常用的 AMZ EXPANDER——亚马逊下拉框的升级版如图 4-3 所示。卖家可以借鉴其从核心词拓展出的核心词组及关联属性。

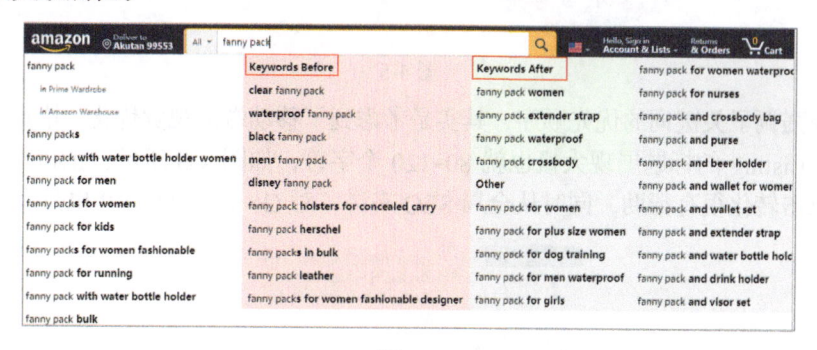

图 4-3

其他更多的实用软件，大家可以在亚马逊导航站的"关键词工具"栏目中找到，如图 4-4 所示。

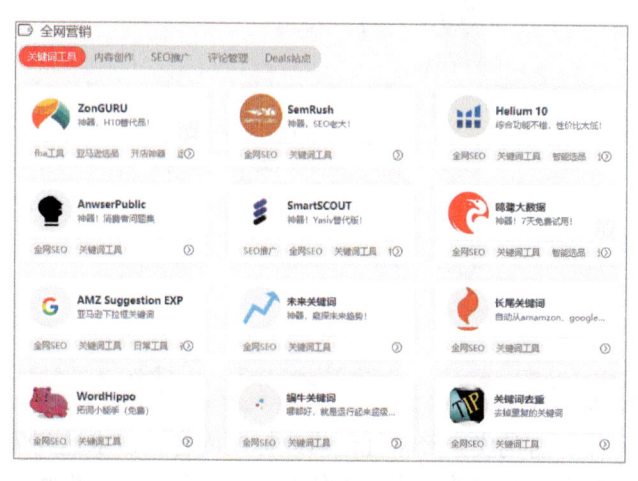

图 4-4

而针对后者，我在前一本书中提到过标题的万能框架，即"品牌名+核心词 1+功能+核心词 2+颜色+特点+核心词 3+适用人群/范围"。卖家需要对各类关键词进行精心地布局，比如首先是品牌名称，毕竟客户的购物意向更倾向于品牌产品，所以这一优势要在标题中凸显出来。其次是按照卖家的逻辑进行关键词的编排，在语句通顺的前提下，依据产品的特点及目标人群把重点关键词安排在前面如图 4-5 所示。32 个单词的组合分成了若干逻辑段，而且在存在变体 DCM 的情况下，部分逻辑段还要做差异化的调整。

图 4-5

这里我强调了关键词的优先顺序，其实是考虑到了移动端的视觉优化。毕竟在移动端的搜索页面，Listing 的标题展现大概也就 80~120 个字符，如图 4-6 所示，把核心词放在前面对用户的点击转化很有帮助，同时从全局 SEO 来讲，对 Google 的 SERP 也是大有裨益的。

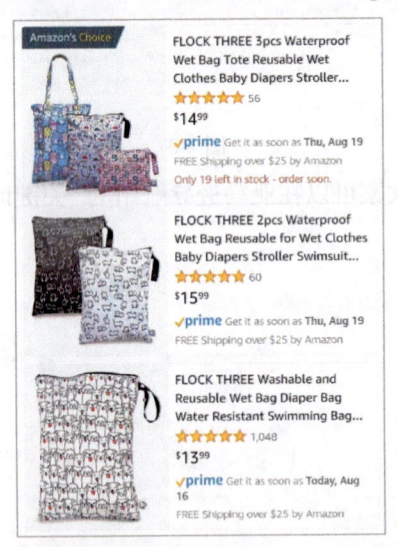

图 4-6

4.2.3　Listing 的 A/B 测

在标题优化过程中，有的卖家经常性地修改标题内容，以求达到最好的转化效果，但往往标题修改后大不如前，又修改回去。为什么会有这种情况发生呢？原因有两点：一是因为亚马逊的搜索引擎有个收录的过程，不能更新得太频繁，要有点耐心；二是因为在优化之前，卖家也不确定修改后的标题效果如何，所以操作起来比较盲目。

亚马逊为了解决这种低效的标题优化，针对品牌卖家特别推出了"管理实验"模块，如图 4-7 所示。我们习惯称之为"A/B 测"，顾名思义是在不影响现有 Listing 标题内容的基础上进行新优化方案的测试。如果新、老标题对比结果显示新方案的数据转化更高，卖家即可更换新标题方案，这样就能确保万无一失了，也不用那么焦虑。

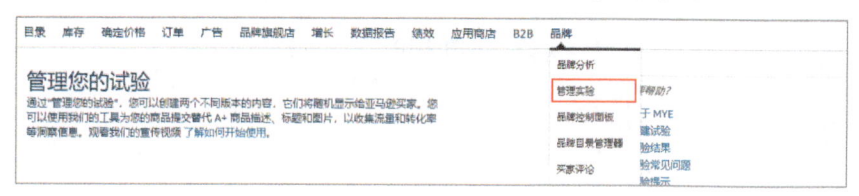

图 4-7

点击"创建 A/B 测"即可进入创建页面，按要求录入"A/B 测"的名称、测试内容及时间，如图 4-8 所示。

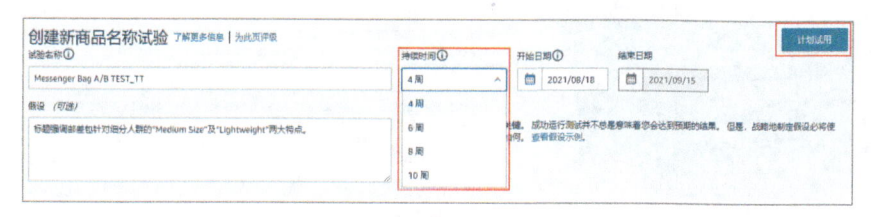

图 4-8

其次，卖家需填写备好的新标题如图 4-9 所示。信息确认无误后，即可点击模块右上角的"计划试用"启动"A/B 测"。

截至 2021 年 12 月，亚马逊"A/B 测"的功能已经可以支持新标题、主图和 A+ 页面的操作，如图 4-10 所示。

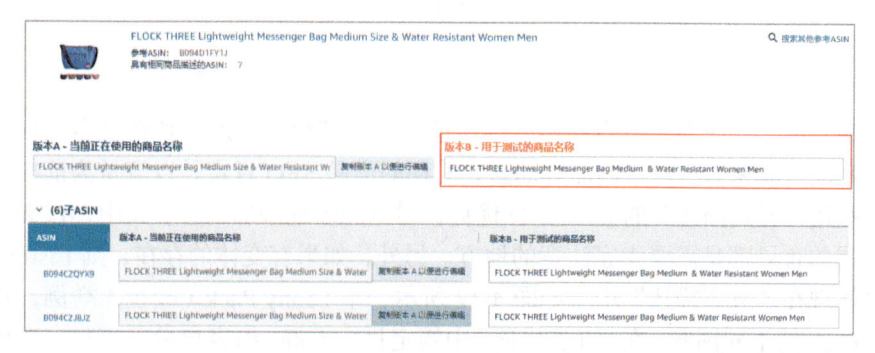

图 4-9

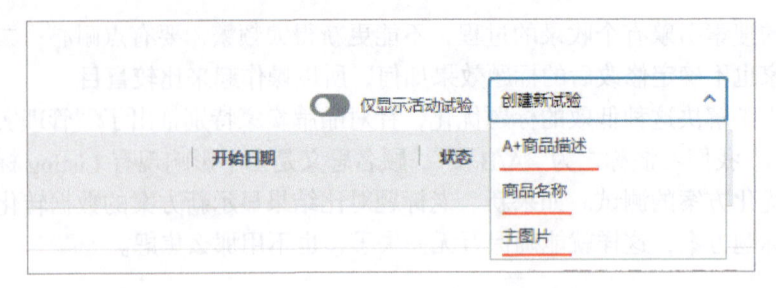

图 4-10

4.3 产品的卖点展现

产品卖点是亚马逊文本 SEO 占比最多的版块，因为 Listing 至多只能添加 5 个产品特点，所以也被卖家称为"五点描述"，如图 4-11 所示。

图 4-11

4.3.1 五点描述的 Tips

与标题一样，卖家对"五点描述"的纠结点是在篇幅上，内容到底是多写点还是少写点呢？以我的经验来看，对于新品牌而言，前期的产品 SEO 肯定是以流量为前提，所以我们会充分利用"五点描述"的文本 SEO 优势，尽可能多地添加内容，其中，行文逻辑以及长尾关键词的布局都是需要卖家注意的地方。另外，如果有变体的存在，则 Listing 的变体差异也要体现在"五点描述"中。如图 4-12 所示，拿 Fanny Pack（腰包）举例，我们会根据 Fanny Pack 的不同图案，在"五点描述"中锁定目标人群，给客户量身定制个性化体验。

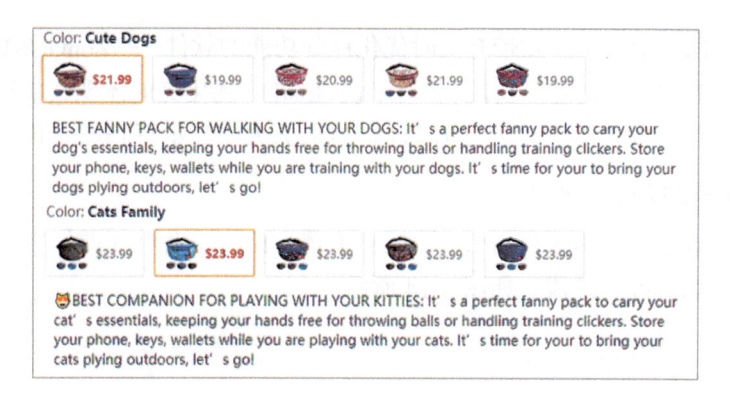

第 4 章 耳目一新的 Listing 优化策略（上）——文案篇

图 4-12

4.3.2 Emoji 表情的应用

以前为了提升 Listing 的版面内容的可读性，亚马逊是准许卖家对 HTML 代码的编辑应用。最近出于对网络安全的考虑（也有可能是为了推进品牌化布局），亚马逊取消了 HTML 的嵌入权限，这样卖家就失去了一个美化详情内容的工具。不过，Emoji 的权限还是保留了下来。如图 4-13 所示，有了表情符号，卖家可以根据目标产品的需要，利用 Emoji 来烘托 Listing 的氛围，轻松而愉快地与用户实现微情感的互动，间接地提升订单的转化。

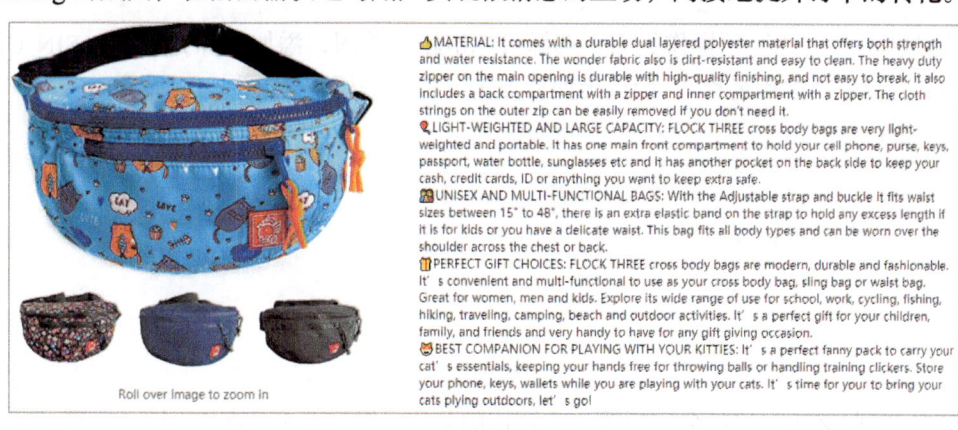

图 4-13

4.3.3 实战案例分享（ZonGURU）

综上所述，标题也好，卖点也罢，对于 Listing 优化来讲，很难在实际的工作中实现 SEO 的量化。比如组内 3 人针对同一个 Listing 进行文案优化，如何知道哪个才有更好的效果呢？虽然我们有前文提到的工具"A/B 测"，但"A/B 测"更倾向于结果导向，而非事前的过程

125

评估。所以我们团队引入了一款带有实时优化评分功能的软件——ZonGURU。在前文中我也重点提到过 ZonGURU 的选品功能，相对来说，Listing 优化更能体现其卓越的底层算法，而这也是软件最核心的价值。我拿 Fanny Pack 为例，为大家展示下 Listing 优化的全新步骤。

1. ZonGURU 核心关键词

首先，我们登录 ZonGURU 后台，在后台右侧"Listing 优化工具"中，选择"核心关键词"进入关键词的准备阶段，如图 4-14 所示。

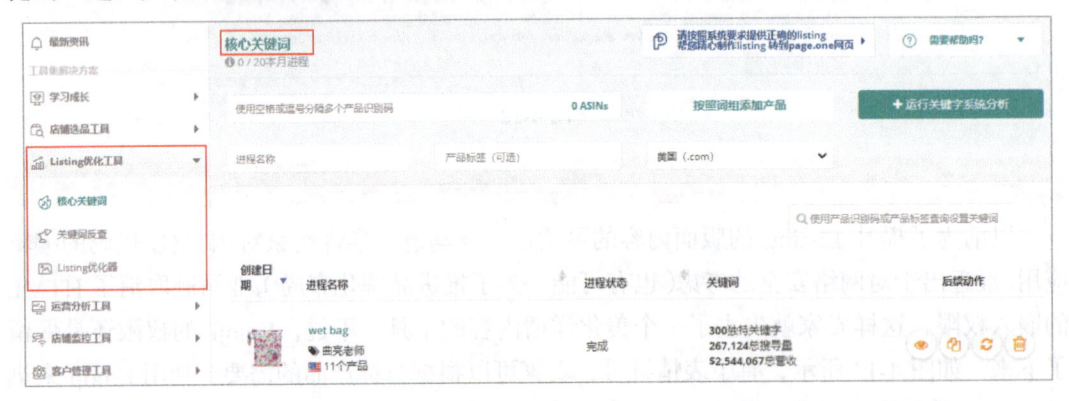

图 4-14

在"核心关键词"的操作页面，选择目标市场为美国，添加目标竞品的 ASIN（至多 25 个），设置好"进程名称"，确认无误后点击"运行分析"，如图 4-15 所示。

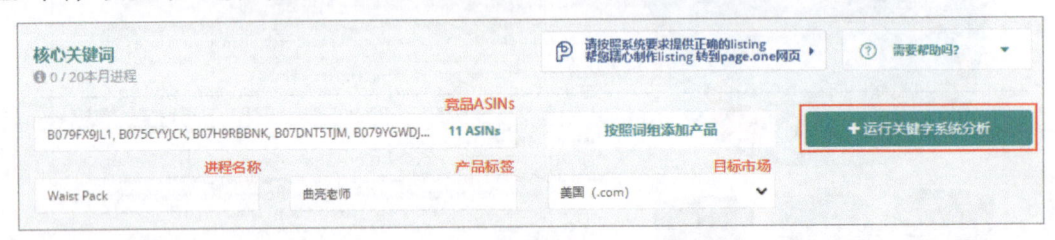

图 4-15

稍等片刻，ZonGURU 会完成核心关键词的分析，然后点击"查看"进入关键词列表，如图 4-16 所示。

图 4-16

第 4 章 耳目一新的 Listing 优化策略（上）——文案篇

大家可以在"核心关键词"列表页先了解核心关键词的相关数据指标，包括关键词搜索量、关键词销售额、标题核心词占比、点击率占比、转化率占比等，如图 4-17 所示。看到这么多的数据，新手卖家可能心里疑惑：还不明白指标的意思，怎么判断关键词的好坏呢？大家不要慌，可以辅助 ZonGURU 的综合评分来判断核心词的优劣。

关键词	选择原族评分	关键词销售额	搜索量	前25名竞品数量	销售数量	评分	单价	标题核心关键词	广告竞价	前3名关键词销售额	前3名点击率	前3名转换率
fanny pack	100	$483,104	64,942	9	1,747	2.317	$17.30	64%	$0.90	$193,241	31%	40%
waist pack	93	$54,928	7,692	17	4,327	5.507	$18.31	80%	$0.79	$21,972	45%	40%
waist bags for women	93	$75,752	7,308	9	1,961	2.908	$18.51	0	$0.80	$38,634	39%	51%
fanny packs	88	$52,512	9,670	8	1,719	2.780	$16.97	20%	$0.84	$23,630	40%	45%
belt bag for men	87	$42,199	3,942	1	1,800	2.921	$20.99	40%	$0.73	$31,227	61%	74%
waist bag	86	$77,185	9,226	7	1,807	2.546	$17.80	76%	$0.80	$45,540	44%	59%

图 4-17

2．Listing 优化器

完成了"核心关键词"的分析后，我们就要进入 Listing 优化的重头戏了。首先，在右侧"Listing 优化工具"中选择"Listing 优化器"，进入"进程管理"页面，如图 4-18 所示，按要求录入"进程名称"，点击"开始新进程"，创建好以后进入相应的"Listing 优化器"。

图 4-18

在"Listing 优化器"页面，我们需要先做两件事情：一是在左侧添加前文的"核心关键词"；二是在右侧添加我们的优化标的及目标竞品 ASIN，接下来 ZonGURU 会自动获取对应产品的 Listing 信息，如图 4-19 所示。

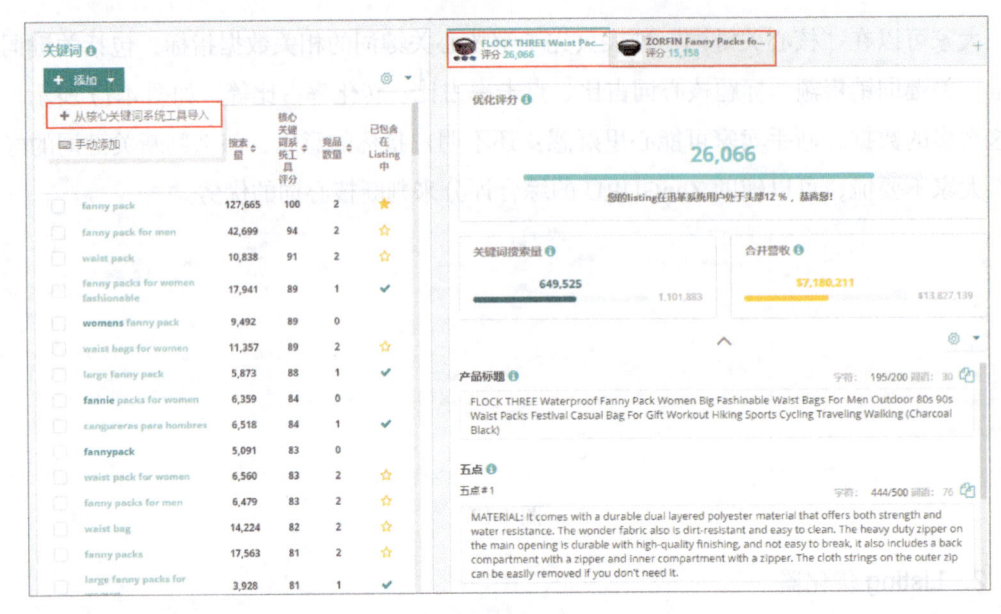

图 4-19

当一切信息准备妥当后，我们就可以开始编辑 Listing 了。"Listing 优化器"的工作原理很简单，即卖家在"右侧工作区"编辑"标题"或"五点描述"的时候，"左侧工作区"的关键词会实时地出现"五角星"来提示 Listing 优化的关键词权重表现。如果产品信息中包含多个 ZonGURU 高分的核心关键词，则"右侧工作区"的"优化评分"也会相应地实时提高分数，如此卖家就可以量化 Listing 的编辑工作。而且在这种游戏化的元素融入以后，会让枯燥的优化工作变得具有挑战性，非常有趣，当然最重要的是优化后的 Listing 确实有效果，大家可以多尝试。

4.4　ASIN 的附加属性（LQD）

为了进一步提升平台用户的购物体验，2020 年 8 月，亚马逊发布了全新的"改进商品信息质量"的功能，简称为"LQD"。对于卖家而言，"LQD"相当于 Listing 信息的智能助手，它会识别缺少重要属性的 ASIN 产品，并提示卖家补充相关信息，减少信息错误导致的客户退货及信息违规造成的 Listing 下架风险。

4.4.1　如何操作 LQD

我们可以在"卖家中心"的"INVENTORY"栏目中找到"LQD"选项，如图 4-20 所示。然后点击"LQD"进入操作页面。

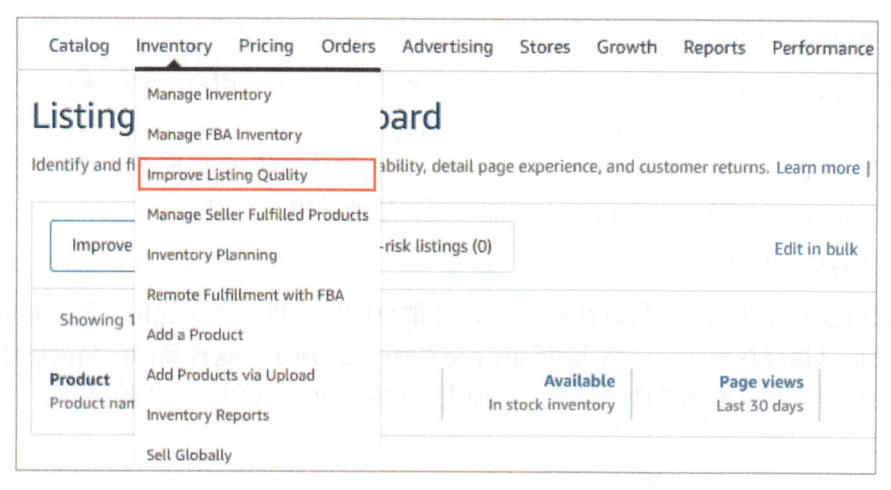

第 4 章　耳目一新的 Listing 优化策略（上）——文案篇

图 4-20

在"LQD"的主页面，亚马逊会罗列出所有缺少必要属性的产品 ASIN，包括产品名称、浏览量、销售额以及属性建议等，卖家需要根据提示进行产品 ASIN 的信息补充，如图 4-21 所示。

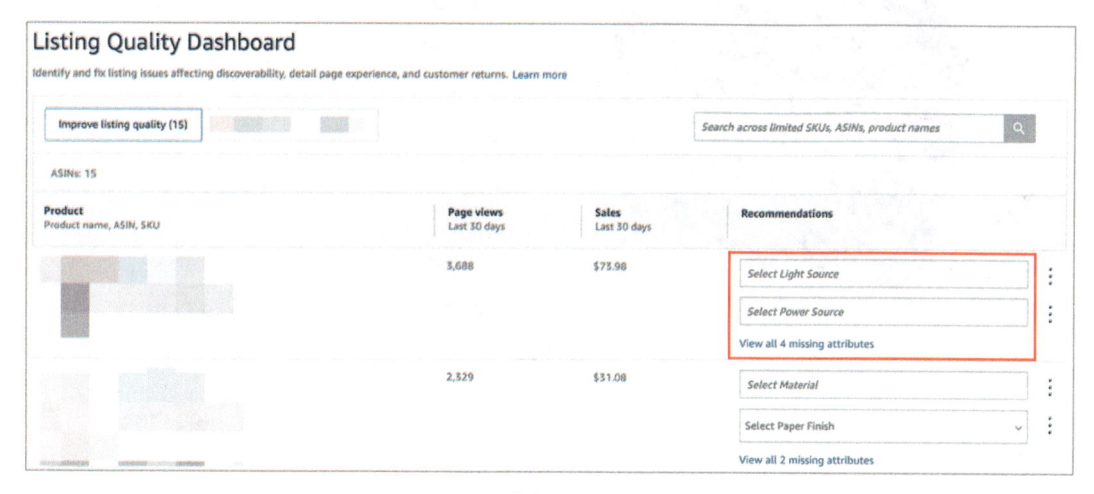

图 4-21

4.4.2　LQD 有哪些好处

看上去"LQD"的操作流程比较简单，但在 Listing 的 SEO 中，"LQD"的作用却不可小觑。

1. 增加 ASIN 曝光量

亚马逊已经慢慢成为了用户首选的购物搜索引擎，而为了用户能够快速地找到心仪的目标商品，在搜索页面，亚马逊提供了超级多的信息过滤器。而信息过滤器中的属性数据库又在不断地扩充，所以要想在搜索页面独树一帜，卖家不但要保证产品信息的完善，还要确保产品属性的准确，这样 Listing 才能够更容易地被用户发现。

2. 提升用户体验

大家有没有注意到，亚马逊针对 Listing 详情页的信息排版做了优化，部分突出产品关键属性的信息被展现在了"产品卖点"的上方如图 4-22 所示。这种新的产品浏览体验能够让消费者获得直观、准确的产品信息，从而更快地做出购买决策，间接地提升了 Listing 的转化率。

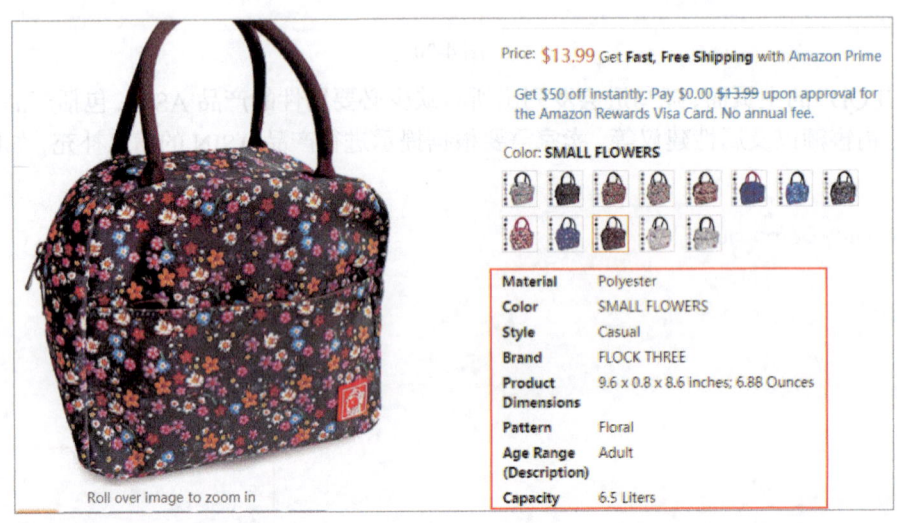

图 4-22

4.5 特定类目的标识

针对特定类目的产品，除了分类审核外，Listing 页面还会要求展示对应的警示标语，以提醒用户注意潜在的风险。

4.5.1 安全警示标识

儿童类目的产品大多数都需要形式不同的警告标识，比如儿童书包、笔袋等学生用具，此类目产品不仅需要分类审核，还需要在 Listing 页面展现警示符号如图 4-23 所示。各位

第 4 章　耳目一新的 Listing 优化策略（上）——文案篇

卖家有做儿童类目相关产品的务必按规定补充相关信息，否则 Listing 将会被下架处理。

⚠ **WARNING:**
CHOKING HAZARD -- Small parts. Not for children under 3 yrs.

图 4-23

4.5.2　年龄验证标识

在亚马逊英国站，凡是涉及 18 岁以下的产品，都会标识出"快递警示"，提醒用户购买此产品所需提供的 ID 等身份核实的规定如图 4-24 所示。卖家需要在 Listing 编辑中提供准确的 Target Audience（目标人群）及适用年龄。

图 4-24

4.6　互动问答的 SEO

如图 4-25 所示，Listing 问答在整个 ASIN 详情页面的位置非常突出，紧挨着客户评价，这足以说明平台对问答功能的重视。针对消费者来说，从日常的购物行为来看，Listing 问答也确实在售前咨询中扮演着重要角色，也是用户互动的一个入口，如图 4-26 所示，毕竟消费者的产品体验是比较有说服力的。

问答的重点在于内容质量，卖家可以借着回答消费者问题的机会，在内容中埋入 ASIN 相关的关键词，同时可以利用亚马逊的新规，在回复中插入视频，更加直观地展示产品的特点，如图 4-27 所示。这个时候，"问答"就相当于 Listing 详情页的免费广告位了。

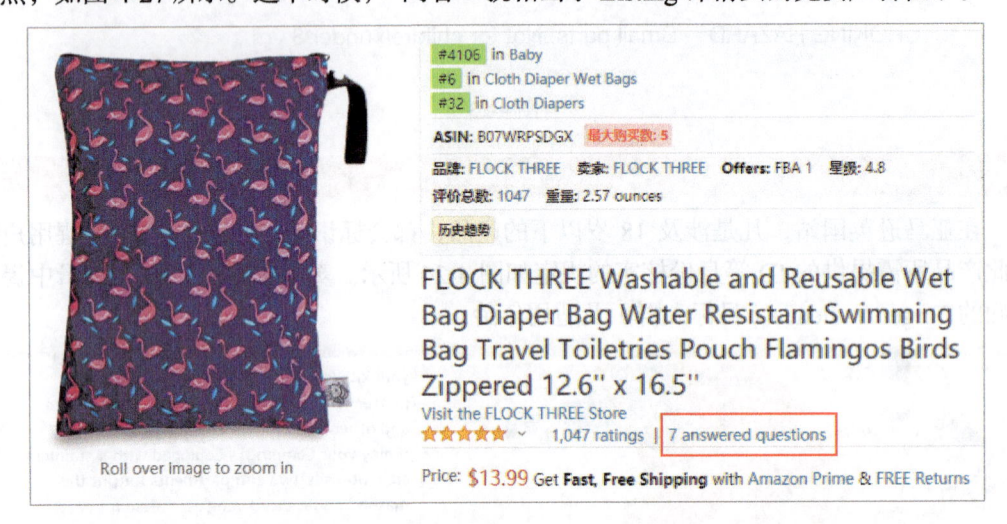

图 4-25

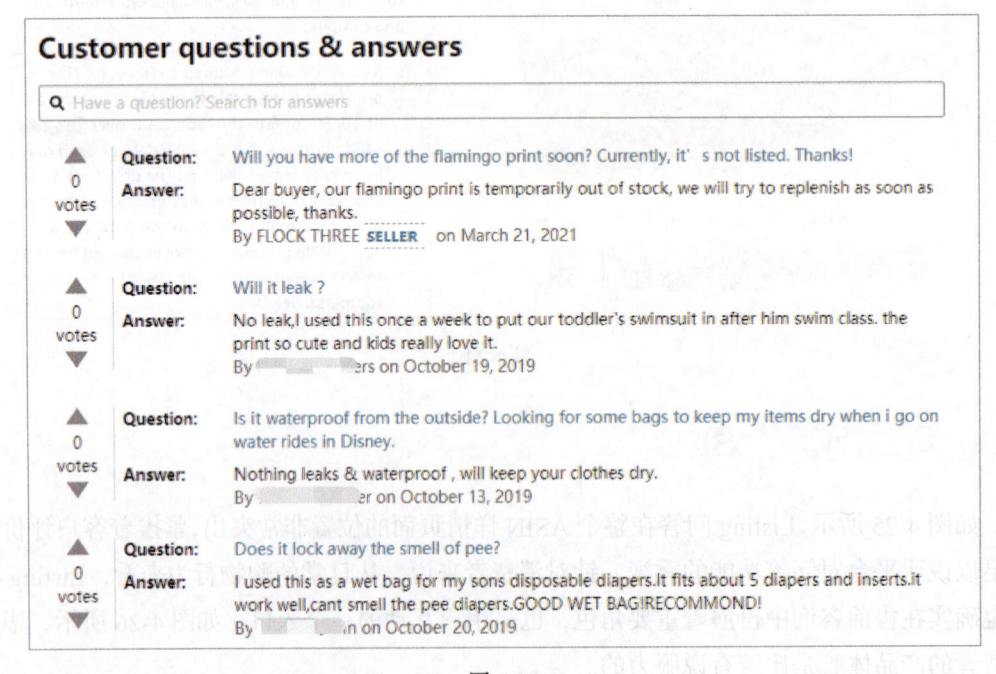

图 4-26

图 4-27

对于新品来讲，大家可以多关注竞品的问答内容，整理消费者比较关注的问题，在有消费者提问的时候，可以结合自己的产品特点给予最佳的答复。

第 5 章

耳目一新的 Listing 优化策略（中）——视觉篇

文字版的内容编辑是 Listing 的优化基础，而随着富媒体的发展，视觉上的冲击更能抓住消费者的眼球，所以卖家可以利用更丰富的展现形式，包括图片、视频、贴文等，来提升 Listing 内容的竞争力。

5.1 图片优化 TIPs

限于关键词搜索页面的信息展现，产品图片承载了更多"点击转化"的任务。如图 5-1 所示，毕竟一张生动的图片比文字更能抓住消费者的眼球。

而当消费者进入产品详情页以后，更多的图片详情又担负起了订单转化的任务。所以贯穿流量始终的高品质图片是客户转化的不可或缺的重要因素。亚马逊平台对图片有非常严格的要求，比如主图背景为纯白色且不得有任何的文字和水印等、图像像素为 1600dpi×1600dpi（之前是 800dpi×800dpi）、图片格式支持 JPEG/PNG/TIFF 等。

第 5 章　耳目一新的 Listing 优化策略（中）——视觉篇

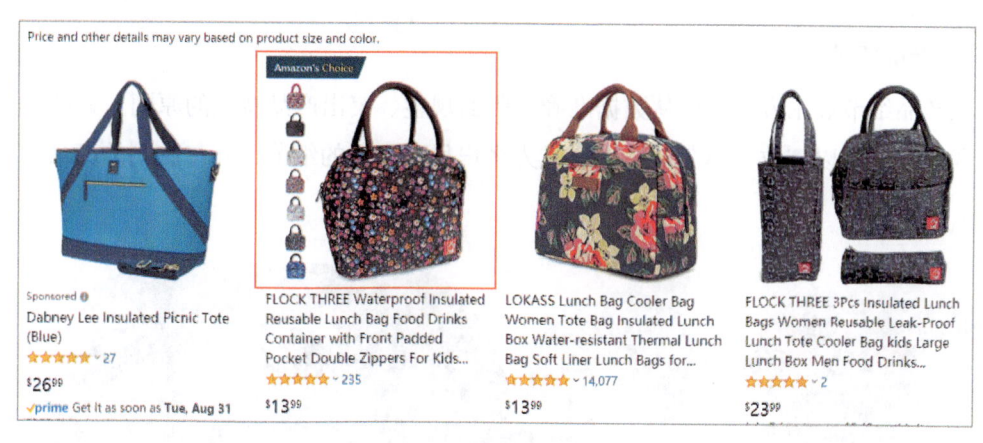

图 5-1

5.1.1　多图框架

产品图片数量的上限为 9 张，但只有 7 张出现在 1 级页面，另外 2 张会被安排在 2 级页面。如图 5-2 所示，在 7 个展示位中，第 1 个是白底主图，第 7 个是视频展示，剩下的 5 张图片则涵盖了产品样式、产品细节、使用场景及包装配件的展示。

图 5-2

135

1. 产品细节

在产品细节展示方面，遵从数据准确、版面规整、突出产品特性的原则。如图 5-3 所示，我们一般会以"放大镜"的展现形式为客户呈现产品的细节，并与右侧的产品卖点相呼应。

图 5-3

第 5 章　耳目一新的 Listing 优化策略（中）——视觉篇

针对这款午餐包，在尺寸的图片描述中同时加入了 inch 和 cm 双单位，主要是考虑到目标人群对"计量单位"的使用习惯，如图 5-4 所示。

图 5-4

2. 使用场景

产品的场景图是必不可少的，这种场景图片会使客户产生很强的代入感，如图 5-5 所示。

图 5-5

对于场景图的素材,我们肯定是参照目标人群的生活习惯,如图 5-6 所示,在展示午餐包的保温特性的时候,我们会放置水果、汉堡、可口可乐等,这样客户的代入感更强。

第 5 章　耳目一新的 Listing 优化策略（中）——视觉篇

图 5-6

5.1.2　图片 A/B 测

　　图片的要求都明白了，那么到底什么样的图片更吸引消费者呢？尤其是主图，如何知道哪张图片转化效果更好呢？我们来看一个案例，如图 5-7 所示，对比左右两张主图，站在消费者的角度，你更喜欢哪一张图片呢？

139

图 5-7

有的读者可能会选择第一张，有的读者会选择第二张，而判定的标准基本上都是源于自己的第一印象，即"感觉"。

那么，我们要如何知道目标人群的感觉呢？

这里我们要借助一些第三方的问卷工具，比如常用的工具 PickFu，如图 5-8 所示。

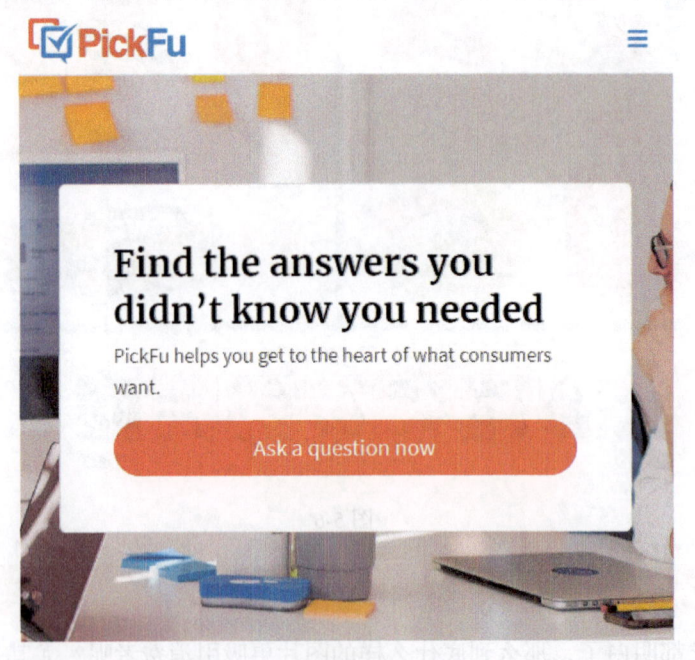

图 5-8

PickFu 类似于一个庞大的问卷调查网络，使用者可以在上面通过向特定人群提出问题来测试自己的新想法。而客户会参与到问题的投票和评论中与提问者互动，如图 5-9 所示。

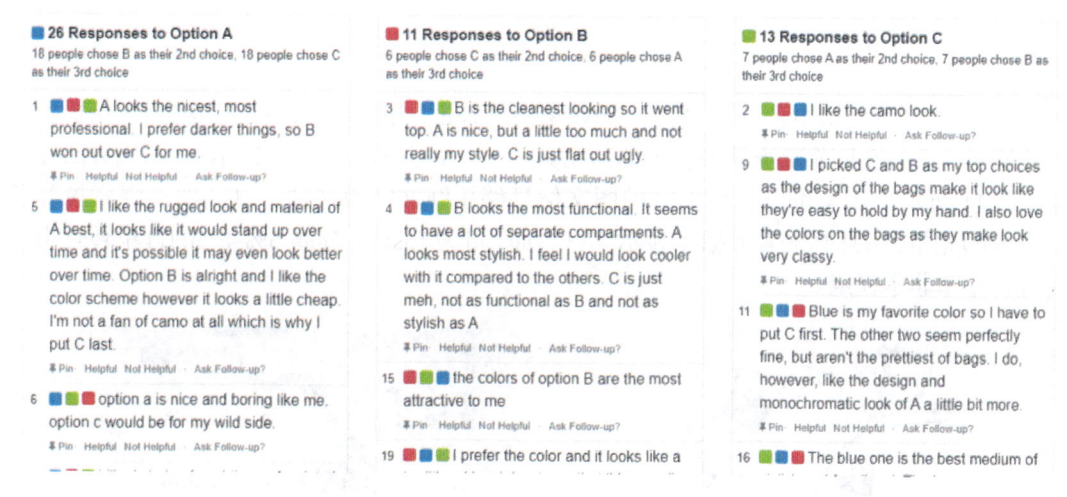

第 5 章　耳目一新的 Listing 优化策略（中）——视觉篇

图 5-9

针对上文的案例，经过客户的一番反馈，数据结果表明，第一张图片的投票率最高，如图 5-10 所示。说明客户比较喜欢礼品包装的展现形式。

图 5-10

当然，除了 PickFu，在前一章节我提到过的"品牌 A/B 测"也可以测试消费者的图片倾向，两者相比，后者的时间周期会稍微久一点。

老话讲"一图胜千言"，更何况亚马逊给我们提供了 9 张图片的展示机会，卖家们一定要好好利用。

5.2 A+详情页

现如今，在亚马逊取消支持 HTML 的政策下，Listing 文字详情的表现力将会大打折扣，与此同时，亚马逊早前赋予品牌卖家的新工具——"A+页面"（曾用名 EBC）则优势凸显。如图 5-11 所示，卖家可以利用丰富的图文信息碾压纯文字版详情，这一弱一强就拉开了 Listing 的竞争力。亚马逊官方数据显示"A+页面"可为 Listing 提高 5%~8% 的订单转化率，而且转化率非常稳定。

图 5-11

5.2.1 自定义 A+

既然"A+页面"的优势这么大,那么品牌卖家要如何创建"A+页面"呢?首先,我们在卖家中心的"广告"菜单中选择"A+页面"进入管理器,如图 5-12 所示。

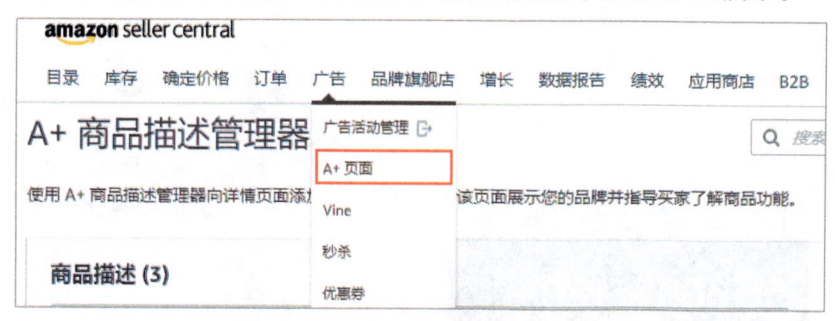

图 5-12

其次,我们点击右侧的"开始创建 A+商品描述"进入"A+页面"的编辑界面,如图 5-13 所示,选择"增强型商品描述"创建自定义"A+页面"。

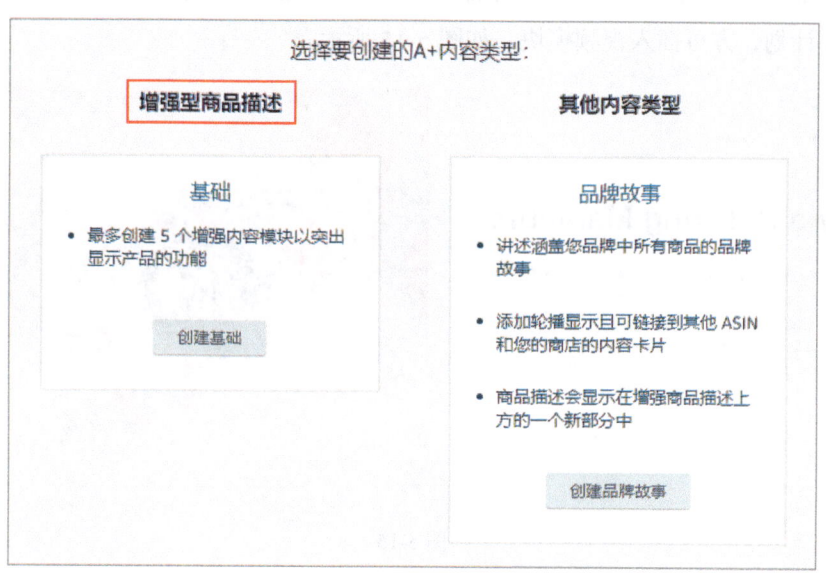

图 5-13

在描述编辑页面,亚马逊会提供 17 个模板供卖家选择,卖家选择对应的模板制作并上传图文信息,如图 5-14 所示。

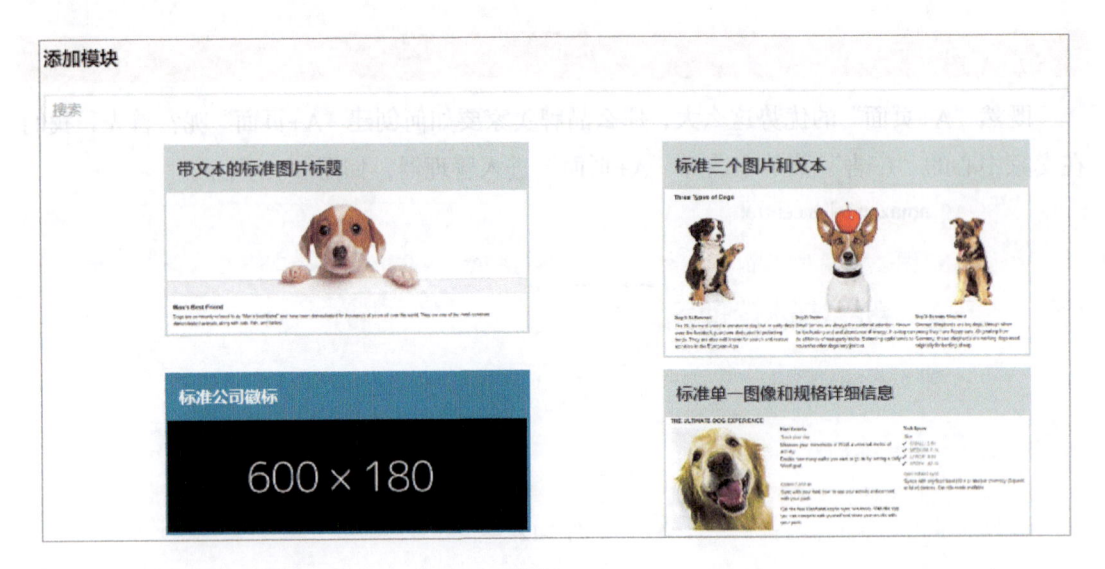

图 5-14

这里的模板仅支持图文信息，如果品牌卖家想要添加视频文件，则必须加入亚马逊的 LaunchPad 计划，方可插入视频模块，如图 5-15 所示。

图 5-15

图文信息编排好以后，确认"A+页面"的关联 ASIN，就可以提交到亚马逊审核了。按照过往的经验，第一次审核"A+页面"的时间为 7~15 个工作日，在获得批准后的 24 小时会应用到 ASIN 页面。

5.2.2 A+小技巧

1. 突出产品卖点

以午餐包为例,此款产品与竞品最大的不同在于包内空间更大,所以在"A+页面"使用了大量的相关素材突出这一特点,包括实物场景图及模特展示图等,如图 5-16 所示。

图 5-16

2. 激发情感共鸣

此款午餐包的款式搭配了很多宠物的图案,比如可爱的狗狗和猫咪,所以在某"A+页面"里添加了部分宠物素材,赋予了图片更多的温度,如图 5-17 所示。

图 5-17

5.3 品牌旗舰店

除了"A+页面",亚马逊还为品牌卖家开通了"品牌旗舰店"的权限,通过"品牌旗舰店",品牌卖家可以创建类似于国内电商的品牌店铺,用来展示品牌、产品及价值理念,如图 5-18 所示。

图 5-18

5.3.1 创建品牌店铺

首先,卖家在完成品牌备案后,通过"卖家中心"的"品牌店铺"栏目即可进入品牌店铺的管理界面,然后点击"编辑品牌旗舰"进入操作界面,如图 5-19 所示。

图 5-19

第 5 章　耳目一新的 Listing 优化策略（中）——视觉篇

在"店铺编辑"页面，我们可以根据需要进行店铺的页面布局，但并不是随意创建，而是需要匹配亚马逊提供的店铺模板，如图 5-20 所示。

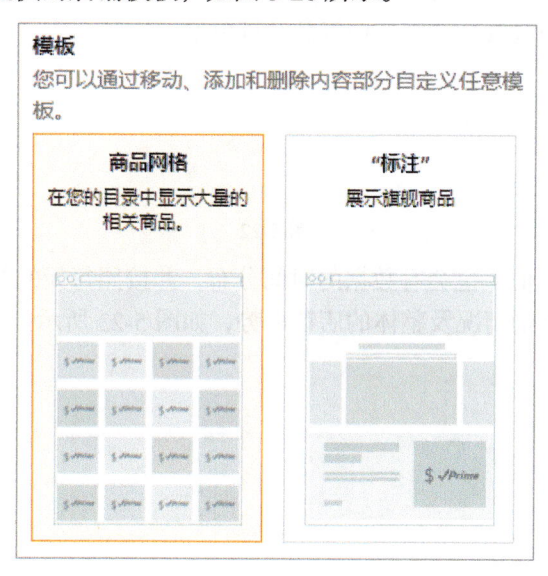

图 5-20

选取模板后，就可以按要求添加图片或商品信息了，如图 5-21 所示。在设计品牌店铺的时候，大家要留意"移动端"的版面优化，让用户能有更好的浏览体验。

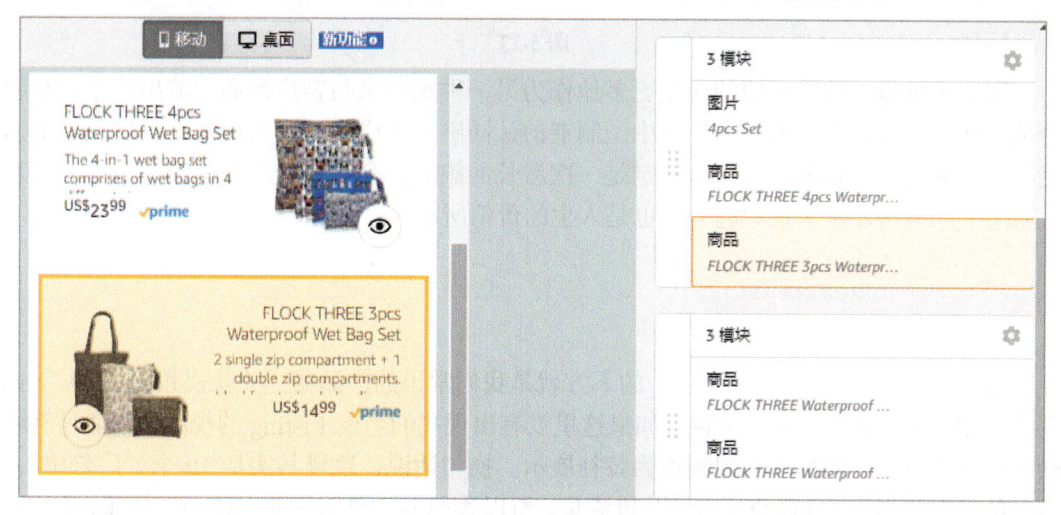

图 5-21

147

5.3.2 店铺数据跟踪

如果卖家要查看店铺的相关数据,可以直接点击"数据报表"进行数据分析,如图 5-22 所示。数据包含常见的流量、访客、销售额及订单量。

图 5-22

跟"业务报表"类似,也会有数据的时间分布,并按照每天的数据情况罗列出来,让卖家能够了解当天的店铺情况及整体的店铺趋势,如图 5-23 所示。

图 5-23

我个人觉得,品牌店铺的应用更多地作为另一种媒介来与客户沟通,输出卖家的品牌价值。在这个过程中,提升客户对中国制造的认同感,并成为品牌的粉丝,其实就是中国品牌价值的具象化延伸。所以这注定是一次漫长的旅途,赚快钱的时代已经过去了,做真正有意义的事情才是未来的趋势,也是人生的价值所在。

5.4 商品关联视频

如图 5-24 所示,在"A+页面"的下方就是我们常说的产品的"关联视频",总共有 10 个视频用作关联展示,也就是说,如果这里没有出现我们当前 Listing 的视频,则亚马逊就会推荐同类目,类似的产品视频作为替补展示。换句话说,这里其实是 10 个"广告位",竞品的出现相当于"在眼皮子底下"抢流量,所以我们最少要制作并上传一条视频,在"广告位"中占有一席之地。那么我们能通过什么途径进行"关联视频"的上传呢?

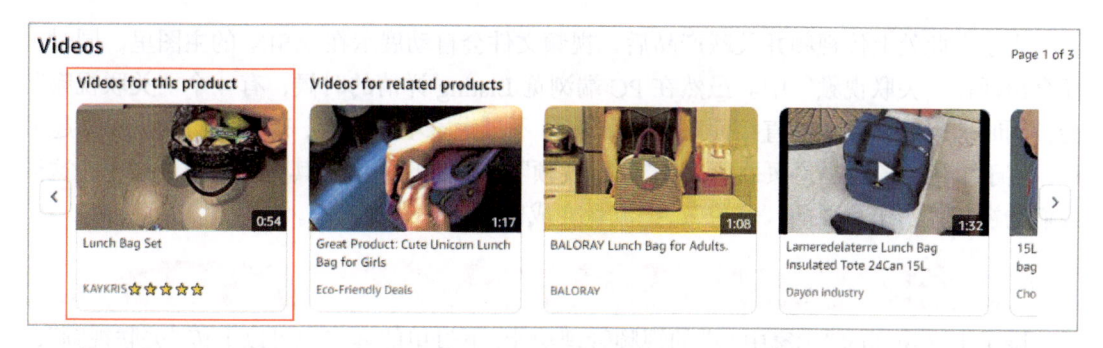

第 5 章 耳目一新的 Listing 优化策略（中）——视觉篇

图 5-24

5.4.1 品牌视频

首先，亚马逊已经为品牌卖家开通了上传视频的权限，在"卖家中心"的"库存"模块，选择"上传和管理视频"即可进入到视频管理页面，如图 5-25 所示。

图 5-25

149

卖家在此处上传视频并关联产品后，视频文件会自动展示在 ASIN 的主图里，同时，还会出现在"关联视频"中。虽然在 PC 端浏览 Listing 详情的时候，有 4 个"关联视频"会被同时展现出来和竞品直接面对面"交锋"，不过大家不用担心，现在手机购物越来越流行，鉴于手机端的亚马逊页面版式，"关联视频"仅能展现一个，其他的都被隐藏了，这样我们的视频就占了重要的"坑位"，把流量变成留量，提升转化率。

5.4.2 客户视频

除了上文说到的"卖家中心"的视频管理功能，下过单的客户也可以上传"关联视频"，是借助留评的契机上传产品的视频，如图 5-26 所示。

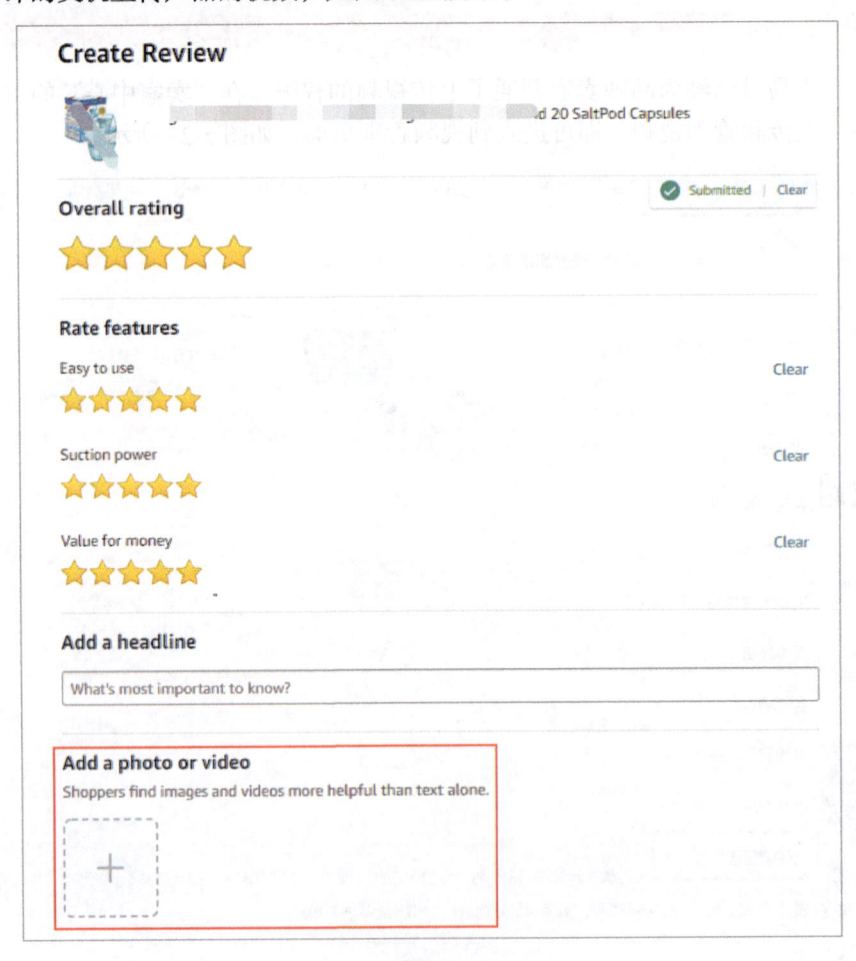

图 5-26

5.5 品牌 POST

新媒体的盛行使得用户在亚马逊上的时间逐渐被"侵蚀",毕竟客户不可能 24 小时都在购物,他们更多的时间可能花在了社交媒体上,而订单转化的环节还是落在了亚马逊平台,如此对于亚马逊来讲也并没有太大的危机。不过 Facebook、Instagram、Pinterest 等社交平台可不想一直做亚马逊的流量嫁衣,他们纷纷推出自己的电商计划或成立自己的电商部门或与 SHOPIFY 等知名电商系统合作,共同打造全新的新媒体电商生态,捍卫自己的流量星球。

这一幕看着是不是很眼熟?当然,巨头亚马逊也不可能坐以待毙,在 2019 年年末,为品牌卖家上线了全新用户互动工具"亚马逊 POST",即"亚马逊贴文",如图 5-27 所示,品牌卖家可以借助"亚马逊 POST"免费发布品牌或产品的图文信息来进行亚马逊站内的推广,消费者看到后可以直接跳转产品详情,下单购买。也可以点击"订阅"成为粉丝,整个流程类似于我们常见的社交平台。但是,"亚马逊 POST"归类在"亚马逊广告"的栏目里,所以后期有可能会尝试收费。可见,亚马逊的意图很明显,流量、转化全都要。

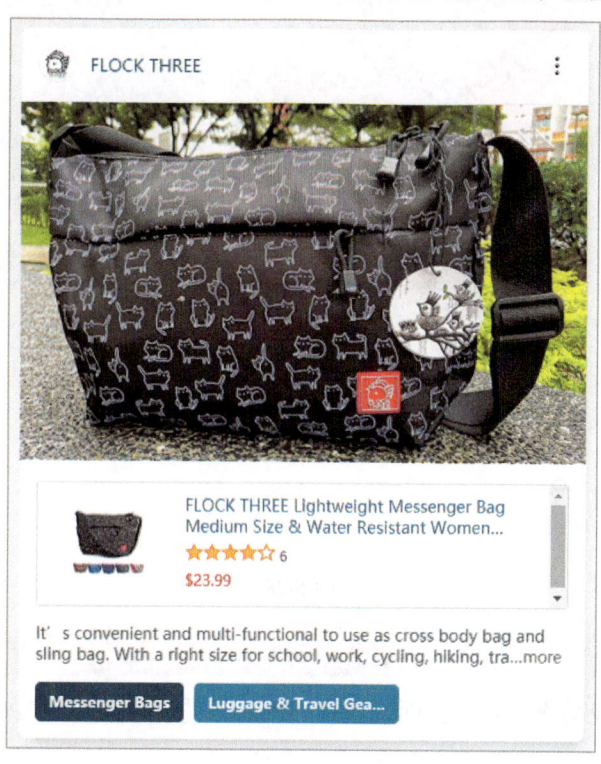

图 5-27

5.5.1　POST 展现样式

当前,"亚马逊 POST"仅支持亚马逊手机端的完全展示,一般是在 Listing 页面的"用户问答"栏目之上,最多展现 10 个品类相关的图片贴文,如图 5-28 所示。当卖家的 POST 达到 10 个时,按照最新的"亚马逊 POST"政策,它们将会自动展示在品牌 Listing 的详情页上。

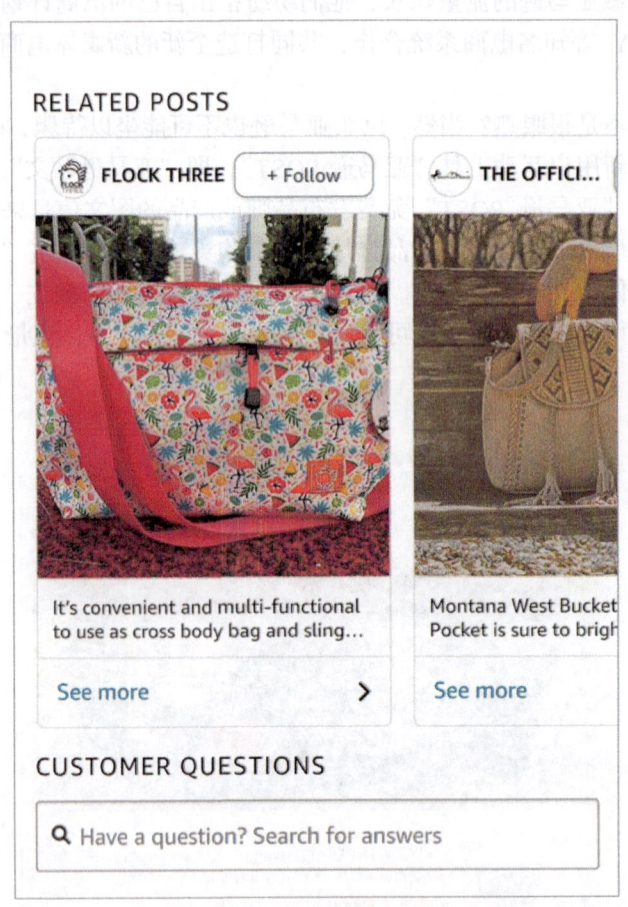

图 5-28

5.5.2　如何创建 POST

卖家可以在"亚马逊广告"页面,选择"Posts"进入"亚马逊 POST"的管理界面,如图 5-29 所示。

第 5 章　耳目一新的 Listing 优化策略（中）——视觉篇

图 5-29

在"亚马逊 POST"页面，选择"Create post"即可进入新贴文的创建，如图 5-30 所示，卖家需要准备目标产品的图片、贴文的标题、目标产品 ASIN 以及贴文标签，在编辑贴文的同时，右侧可即时浏览贴文的展示效果，信息确认无误后提交即可。

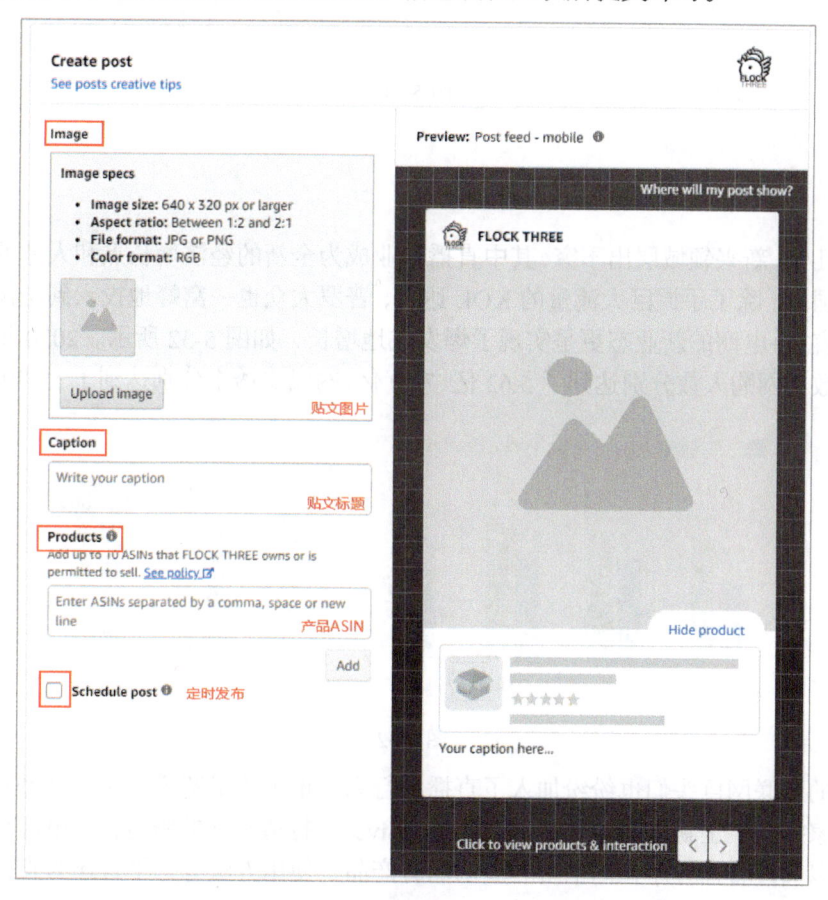

图 5-30

153

如图 5-31 所示，所有的 POST 都会有数据跟踪，供品牌卖家来评估贴文的互动效果，以便做贴文的进一步优化。

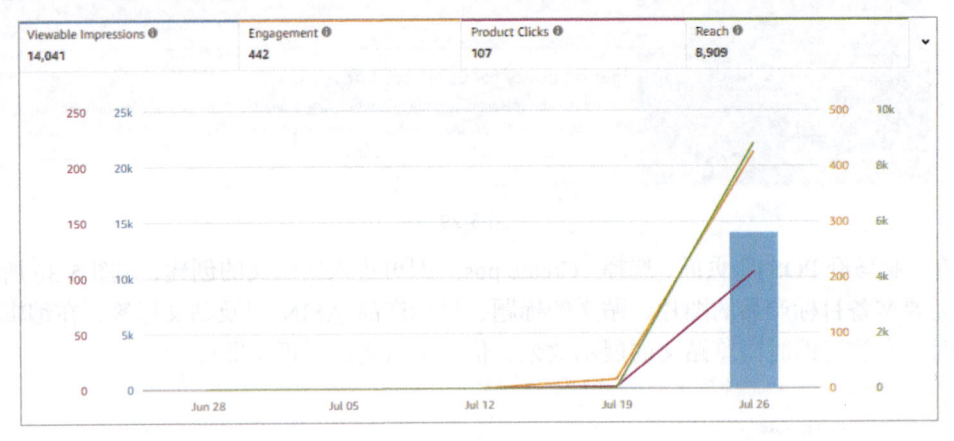

图 5-31

5.6 视频直播

最近几年，新兴领域层出不穷，其中直播行业成为全新的经济增长点和人才的集聚地。尤其是在国内，除了手握巨大流量的 KOL 达人，普罗大众也一窝蜂地投入到全民直播的浪潮中。而直播+电商的新业态更是实现了爆发式地增长，如图 5-32 所示。2020 年 6 月，直播观看人数与网购人数分别达到了 5.62 亿、7.49 亿，网民渗透率分别达到了 59.79%、79.68%。

图 5-32

国外的互联网巨头们也纷纷加入了直播的行列，抢占流量赛道。而亚马逊不甘落后，为品牌卖家推出了全新的流量工具"Amazon Live"，打造全新的跨境直播电商模式，这样卖家就可以通过直播程序，向消费者展示品牌产品、使用方法等，平台还为直播开通了专属的搜索频道，供消费者浏览，如图 5-33 所示。

第 5 章　耳目一新的 Listing 优化策略（中）——视觉篇

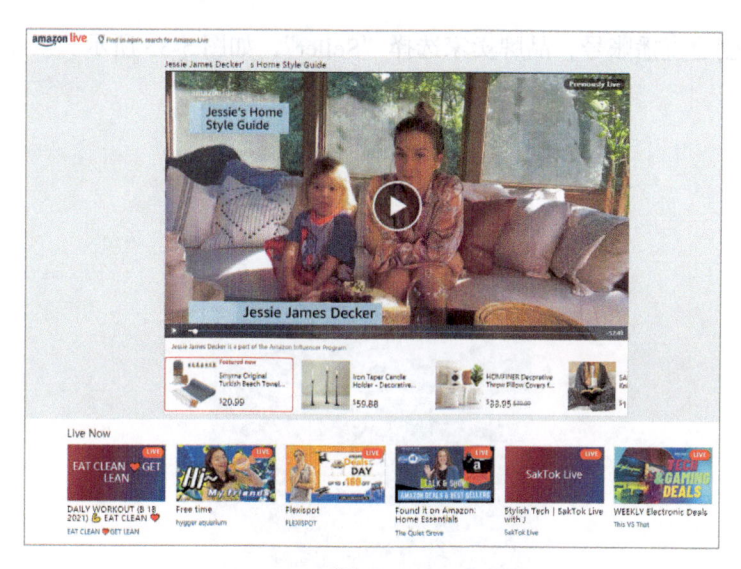

图 5-33

5.6.1　Amazon Live 优势

对于品牌卖家而言，"Amazon Live"可以赋予卖家更直观的品牌展现形式，尤其对于中国卖家，我们可以通过网络让远在大洋彼岸的用户身临其境地体验产品，卖家的声音、图像比文字、图片更能拉近与消费者的距离，提升客户对品牌的信任。毕竟所有的交易都是建立在信任的基础上的，Listing 的优化归根结底也是通过增加消费者的信任来提升转化率的，"Amazon Live"就成了订单转化的又一利器。所以直播对于跨境电商而言更有意义。

5.6.2　创建 Amazon Live

第 1 步，卖家需要在亚马逊首页进入"Amazon Live"频道，下载"Amazon Live Creator"的 APP，如图 5-34 所示。

图 5-34

第 2 步，创建直播账号，品牌卖家选择 "Seller"，如图 5-35 所示。

图 5-35

第 3 步，卖家选择目标品牌，编辑直播的账号名称，如图 5-36 所示。

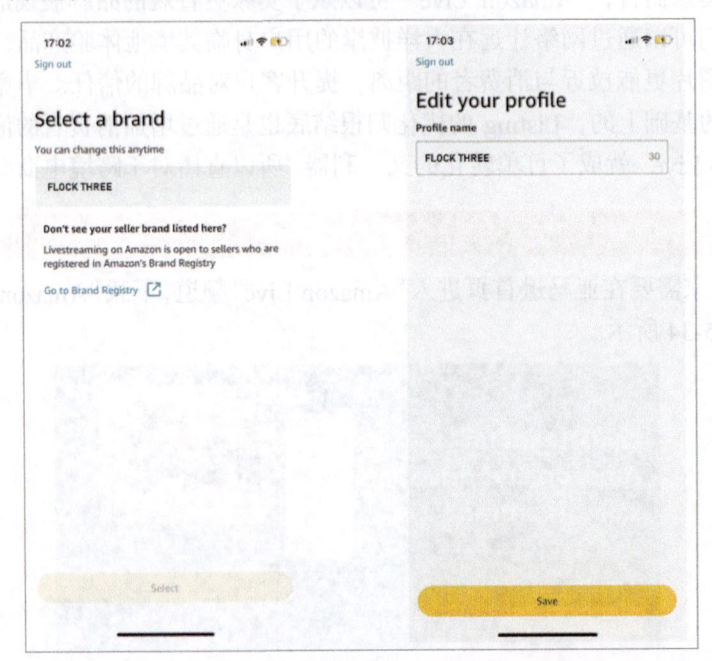

图 5-36

第 5 章　耳目一新的 Listing 优化策略（中）——视觉篇

第 4 步，添加直播中展示的目标产品，如图 5-37 所示。

第 5 步，预览直播信息，准备开启直播，如图 5-38 所示。

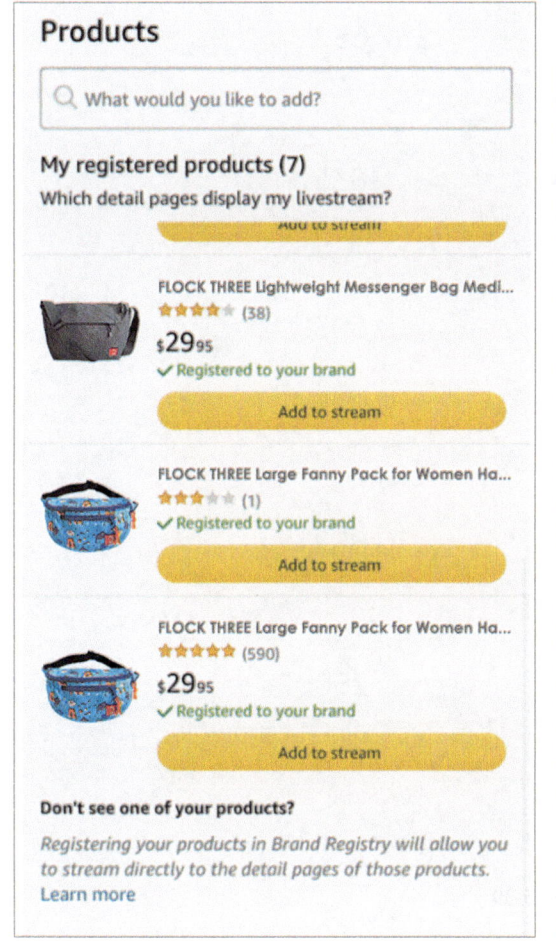

图 5-37　　　　　　　　　　　　　　图 5-38

直播结束后，直播中的用户互动、销售等数据会在"Analytics"中呈现，如图 5-39 所示。卖家可以依据报告内容做更进一步的直播优化。

现阶段，"Amazon Live"针对品牌卖家是完全免费的，所以大家可以利用这个机会用心策划，做好品牌产品的内容输出。

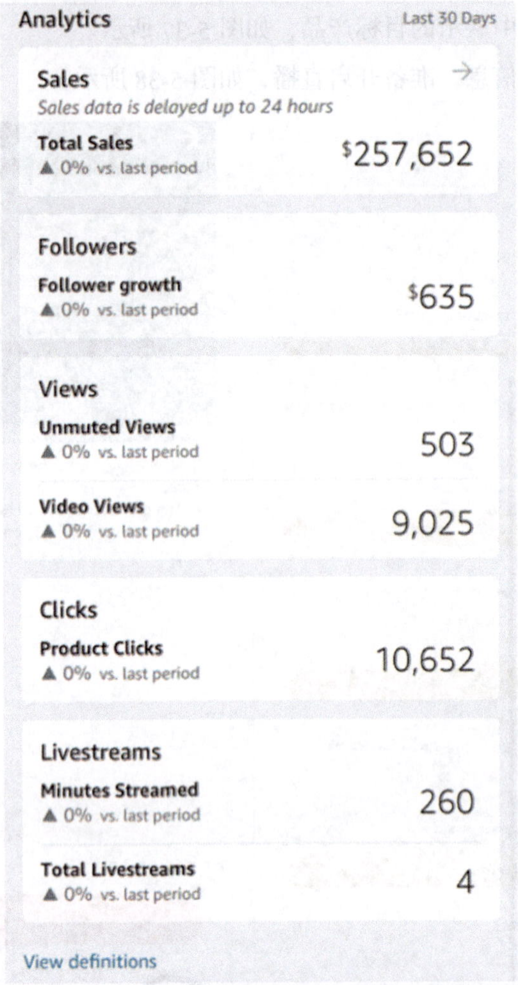

Analytics	Last 30 Days
Sales	
Sales data is delayed up to 24 hours	
Total Sales ▲ 0% vs. last period	$257,652
Followers	
Follower growth ▲ 0% vs. last period	$635
Views	
Unmuted Views ▲ 0% vs. last period	503
Video Views ▲ 0% vs. last period	9,025
Clicks	
Product Clicks ▲ 0% vs. last period	10,652
Livestreams	
Minutes Streamed ▲ 0% vs. last period	260
Total Livestreams ▲ 0% vs. last period	4

View definitions

图 5-39

第 6 章

耳目一新的 Listing 优化策略（下）——进阶篇

除了 Listing 文字篇及视觉篇的优化策略，还有一些高级的优化技巧需要卖家们掌握。

6.1 ASIN 定价规则

对于平台的消费者而言，物美价廉是购物的首要原则，其中价廉并不意味着追求无止境的低价，而是满足其心理预期的合理价格。而且亚马逊卖家勒令禁止出现"价格战"等恶意扰乱市场的行为，同时，按照最新的 A10 算法，产品价格低也不一定能获得更多的流量及转化，所以卖家们不能对 Listing 胡乱地降价，而是要提前做好适宜的定价策略，在满足市场需求的同时争取利润最大化。

6.1.1 如何定价

1. 参考市场

以过往的经验来看，用生活类产品的均价及销量数据来分析，一般情况下定价在 25 美元以下是低端走量区间；定价在 25 美元~50 美元是中端区间；定价在 50 美元以上的属于高端区间。以上各区间指的用户的消费层级，层级越高目标客户的心理预期越高，利润也相对越高，但在销量上可能比不上低定价区间。而实际情况是根据品类的不同，上述区间会有动态调整，比如 3C 类的产品，可能 400 美元的单价属于低端区间，10000 美元单价则属于高端区间。由此可以看出，虽然卖家对 Listing 有自主定价权，但价格定得对不对还是市场决定的。所以，除去自身产品的成本核算，还需要重点考察目标市场的价格动态。

举个例子，在参考市场均价的时候，我会利用数据软件比如 ZonGURU 来分析出目标市场的品类均价，如图 6-1 所示。在这期间我会对目标产品进行过滤，剔除非直接竞品，让市场均价更准确。

图 6-1

接下来，我会挑选 TOP 卖家进行数据分析，查看价格及销量变动的趋势，如图 6-2 所示，了解同类产品的弹性需求指数。由此我就能做出自身产品对应排名及销量和价格的调整区间。

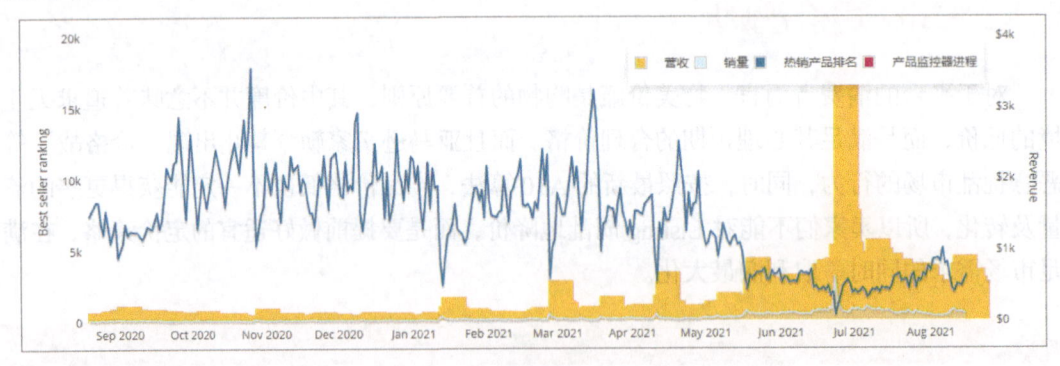

图 6-2

2. 价格矩阵

面对琳琅满目的产品，很多消费者会按照价格来搜索，将一分钱一分货的理念作为购买决策。站在卖家的角度，针对消费者的这一特点，我们可以采取多变体的价格矩阵，如图 6-3 所示。

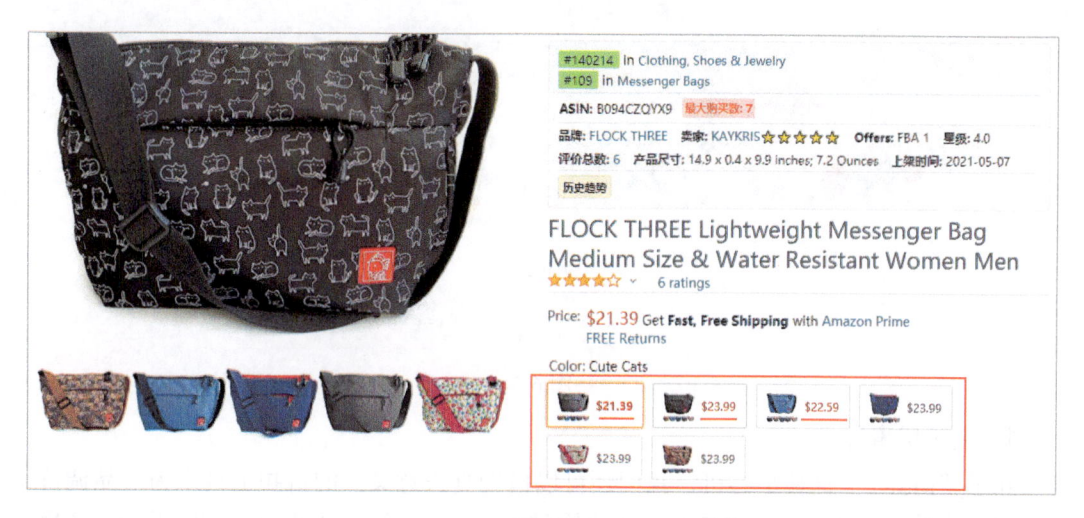

第 6 章　耳目一新的 Listing 优化策略（下）——进阶篇

图 6-3

这样做有两个好处。其一，鉴于消费者日常对比价格的购物习惯，我们可以引导客户在 Listing 的变体内部做选择，价格的不同会让消费者自然而然地去联想变体间的差异，最后有可能说服自己选择其中的一款，也有可能在比较完价格后离开。无论结果如何我们都实现了目标——尽可能长时间地把用户留在 Listing 页面。其二，在类目产品竞争激烈的当下，调低价格往往是众多卖家的惯用手段。有了价格矩阵，我们可以针对目标竞品进行自身产品的定位划分，采用价格梯度实现精准打击。

6.1.2　调价技巧

在上传 Listing 的时候，我们一般会给产品添加"建议零售价（MSRP）"。如图 6-4 所示，在"Listing 编辑"页面，卖家可以录入"MSRP"的数值，一般都高于产品的实际售价，属于 Listing 上传的常规操作。

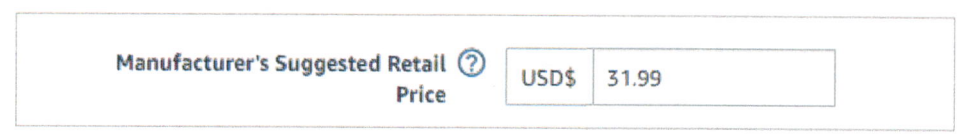

图 6-4

这样做的好处是当消费者浏览 Listing 信息时，看到产品售价的时候，如图 6-5 所示，有了"MSRP"的衬托，对比实际价格时在心理上会有一种占便宜的感觉，从而刺激用户做出购买决策。

161

图 6-5

1. 新版优惠券

除了"MSRP"这种小心机,我们还可以借助真正意义上的折扣工具来为产品调价,以达到转化预期。在前一本书中我跟大家聊过满减、买一赠一等折扣活动的设置,这里不再赘述,重点讲一下新工具"优惠券"。

"优惠券"相比折扣码,有更好的购物体验,如图 6-6 所示,做了"优惠券"的产品,"优惠券"的信息会直接显示在产品价格的下方,非常醒目。在客户下单时,点选"优惠券",折扣立即生效。

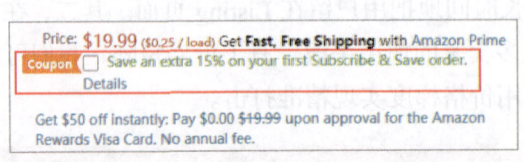

图 6-6

"优惠券"的设置流程也比较简单。首先,我们可以在"卖家中心"的"广告"栏目里,选择"优惠券",进入"优惠券"的操作界面,如图 6-7 所示。

图 6-7

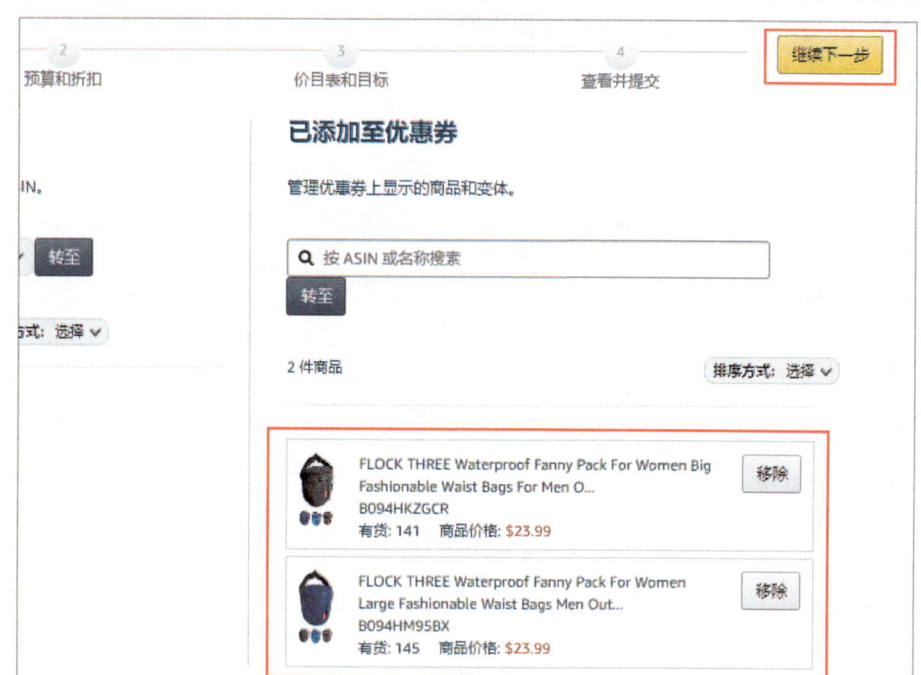

第 6 章 耳目一新的 Listing 优化策略（下）——进阶篇

在"优惠券"的操作界面，选择目标 ASIN，点击"继续下一步"如图 6-8 所示。

图 6-8

其次，设置折扣信息，包括折扣比例、兑换限制及折扣预算，如图 6-9 所示。

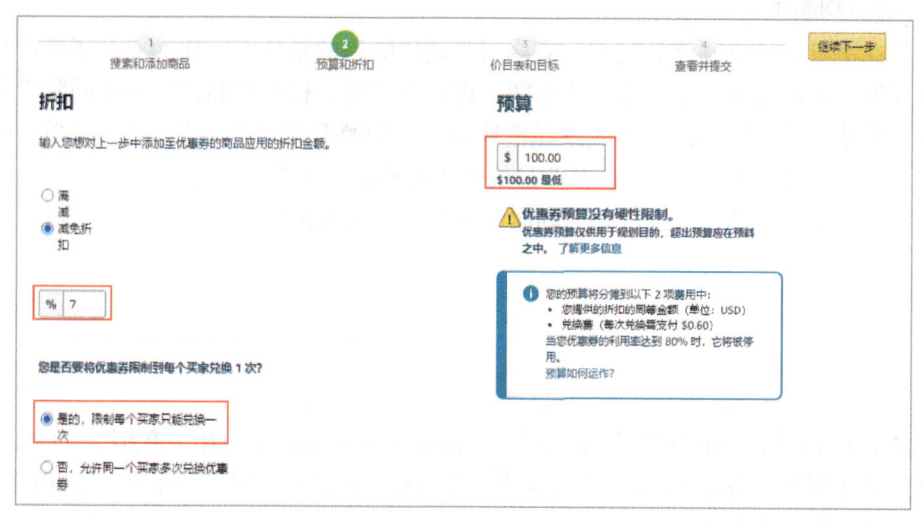

图 6-9

最后，设置优惠券的名称、目标人群及折扣时间，如图 6-10 所示，信息确认无误后，点击"继续下一步"提交，然后等待折扣生效。

图 6-10

2. 价量均衡术

卖家在平日做价格调整的时候，应该明确调价的目的是什么。比如充分了解产品自身的生命周期，从新品期、上升期、成熟期，再到衰退期，根据产品销售的不同阶段制定不同的价格策略。举个例子，FBA 卖家经常遇到的一个棘手的问题并不是没有订单，而是商品断货。在这种情况下，卖家应该对产品的销售趋势有个预判，提前进行 FBA 产品的补仓计划，同时利用价格调整寻找订单与利润的平衡点，控制销售速度，保障预期利润。

6.2 虚拟捆绑销售

6.2.1 什么是捆绑销售

如图 6-11 所示，"捆绑商品"是亚马逊为品牌卖家开通的新权限，有别于"FBT"，"捆绑商品"是卖家自行挑选 FBA 产品组合成一个 ASIN 来进行销售，如果客户下单购买，亚马逊将会进行独立的配送。

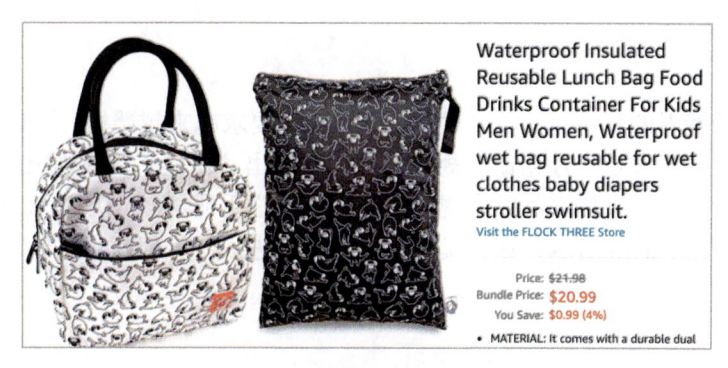

第 6 章　耳目一新的 Listing 优化策略（下）——进阶篇

图 6-11

6.2.2　如何设置捆绑组合

"捆绑商品"的页面跟 Listing 编辑类似，点击"品牌"下方的"虚拟捆绑销售"进入"捆绑商品"的设置界面，如图 6-12 所示，卖家可以对组合后商品的名称、卖点、描述、图片及价格进行更改，但无法更改组合中的商品选项。

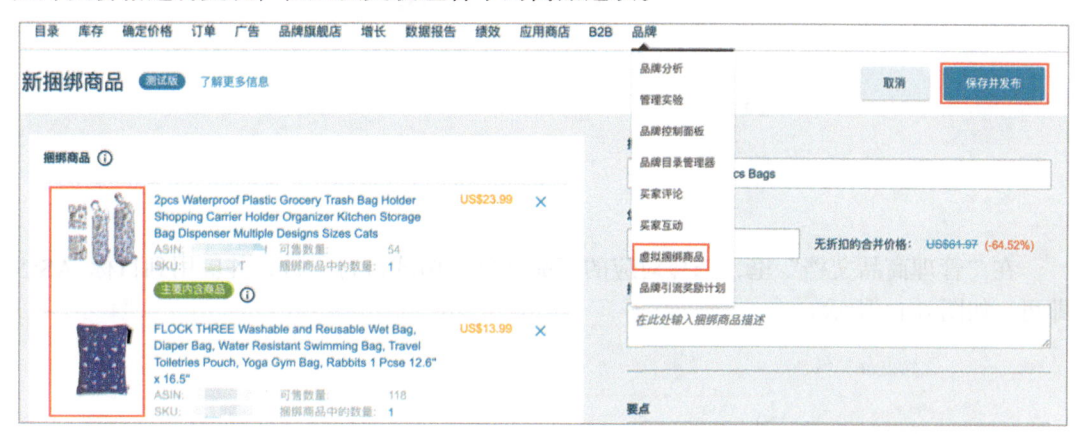

图 6-12

其中，捆绑商品必须包含 2~5 个 ASIN，捆绑数量可以编辑，而定价不能高于组合内商品的综合。

6.2.3　捆绑商品的费用

"捆绑商品"虽然是捆绑销售的，但因为 FBA 的独立配送，所以在客户下单后，还是以单独购买组合内商品的形式进入 FBA 订单配送系统。所有的费用不变，包括订单佣金及配送费，这样大家就可以理解为什么亚马逊称之为"虚拟捆绑销售"了。

6.3 权威文件背书

为了保护消费者的利益,亚马逊对于产品本身的要求越来越严格,同时在 Listing 详情页面,亚马逊也在想方设法地帮助合规卖家做信息露出,比如平台新推出的"商品文档"功能,其允许卖家自行上传产品的合规证书,包括用户手册、CE 认证、CPSC 安全认证、TEST 报告等。如图 6-13 所示,在"卖家后台"点击进入"管理商品文档"。

图 6-13

在"管理商品文档"里,选择对应的商品文件及格式进行上传,并应用到目标 ASIN 即可,如图 6-14 所示。

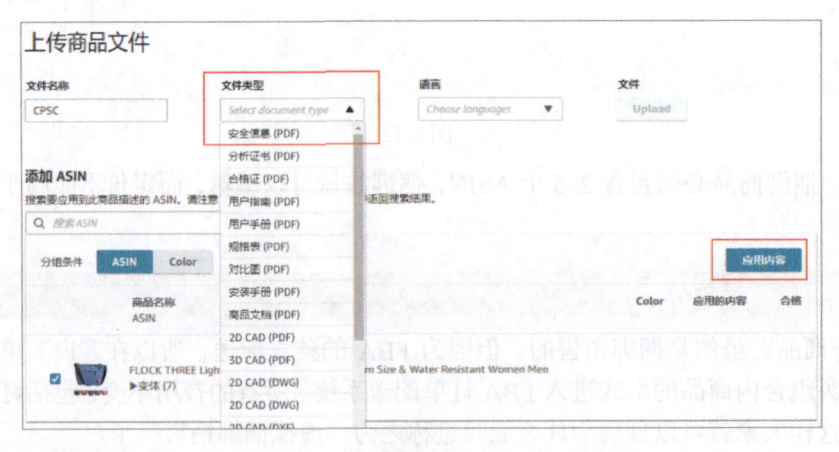

图 6-14

6.4　Alexa 语音搜索

2014 年，亚马逊官网上线了一款智能语音音箱 Echo，掀起了全球物联网智能制造的浪潮，各大科技公司纷纷效仿，推出自家的智能音箱，比如 Google Home、Apple HomePod、Samsung Galaxy Home 等。

许多年过去了，Echo 已经发展到了第四代，如图 6-15 所示，在美国的销量也遥遥领先，据 eMarketer 的一项调查显示，70%的美国智能音箱消费者使用的都是亚马逊的 Echo。Echo 是基于亚马逊电商平台构建的，其背靠强大的产品数据库，为消费者提供了很大的购物便利性。当然除了购物，Echo 还融合了其他本地化的服务，这也是为什么 Echo 如此畅销的原因。

图 6-15

亚马逊是由数据驱动的，基于转化的 A10 算法在 Echo 的语音搜索中同样适用，而语音搜索越来越普及，所以站在卖家的角度，要提前布局 Alexa 的语音搜索优化，以迎合消费者的购物新趋势。

6.4.1　语音搜索的特点

1．品牌购物倾向

由于语音搜索更注重结果，所以 Alexa 并不适用于新产品的信息获取，如果用户希望查看目标产品的详细信息，他很可能会转移到计算机上进行传统的搜索浏览。

举个例子，用户在亚马逊网站购物时，可能会录入 lunch bag。但消费者在使用 Alexa 进行语音查询的时候，则可能会说："Alexa，order me FLOCK THREE lunch bag。"

2. 搜索精选推荐

我们平日的语言交流比文字更生动、更具有描述性，因为对方可以看到我们的表情、动作，可以听到我们的声音。可是语音搜索则只能从我们的语言描述中去判断并进行自我学习来二次纠正。举个例子，用户在亚马逊网站上搜索 kids backpack，该查询的语音版本则更倾向于"Alexa, order me the best kids backpack"。也就是说，我们在网站上搜索关键词的时候，可以有不同的产品推荐出来供我们浏览和选择，但在语音搜索中，Alexa 只会读取并提供用户唯一的选项，即"精选推荐"。

6.4.2 Amazon's Choice

2015 年，即 Echo 发布后的次年，亚马逊推出了"Amazon's Choice"，也就是后来大家熟知的"亚马逊精选"，如图 6-16 所示。

图 6-16

凡是带有"Amazon's Choice"标志的产品都会自动进入 Alexa 的语音搜索数据库，供消费者搜索购买。鉴于 Alexa 语音搜索的特点，用户在订购有历史订单的产品时，会被优先推荐购买相同的产品，这对于新产品来讲，可能有些不公平。还好"亚马逊精选"的推出正好解决了这一难题，让新品也有机会进入语音数据库，带动销量的增长。在我们平日的语音测试中，"亚马逊精选"数据库的产品也并不总是那些具有最多评论的 ASIN，而是取决于更好的客户体验。

但无论怎样，卖家朋友们都要多多留意语音搜索的新赛道，为品牌 Listing 争取更多的流量入口。

6.5 重视客户留评

6.5.1 客户评价的意义

当客户在亚马逊上购物的时候，尤其是购买新品时，有一个指标是大家最关心的，即"Review（评价）"。这些评价大都来自实际购买的客户在产品使用中的心得体会，以给予后来的卖家更多的产品信息参考。每位评论的客户都可以为产品进行评价，从1星到5星，并提供真实的体验和意见，最后得出产品的平均分并展示在Listing的详情页面（标题下方）如图6-17所示。

图 6-17

点击"评分信息"，会跳转到客户的具体评论内容页面，如图6-18所示。

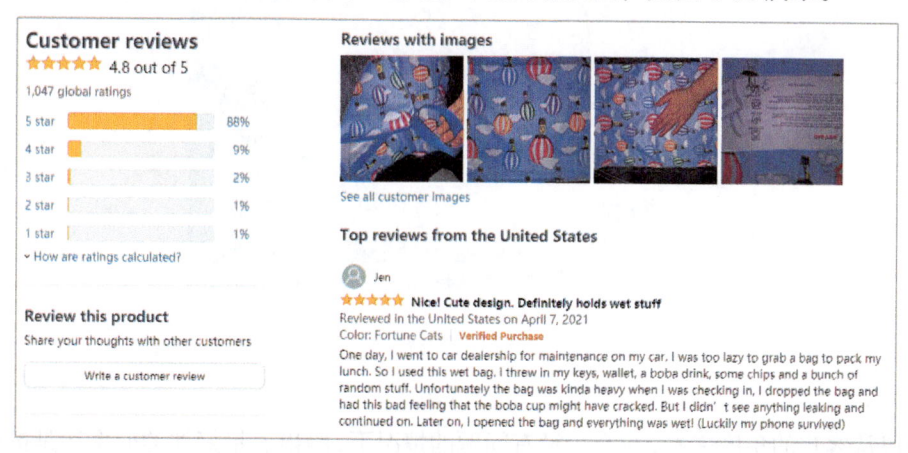

图 6-18

客户评价在亚马逊SEO算法中的转化权重非常高，甚至可以说是最高的，大家在Listing

优化信息的排版上也可感觉到。先不说产品详情页,在关键词的搜索页,亚马逊展现 Listing 信息的时候,都是突出评价信息的,如图 6-19 所示。

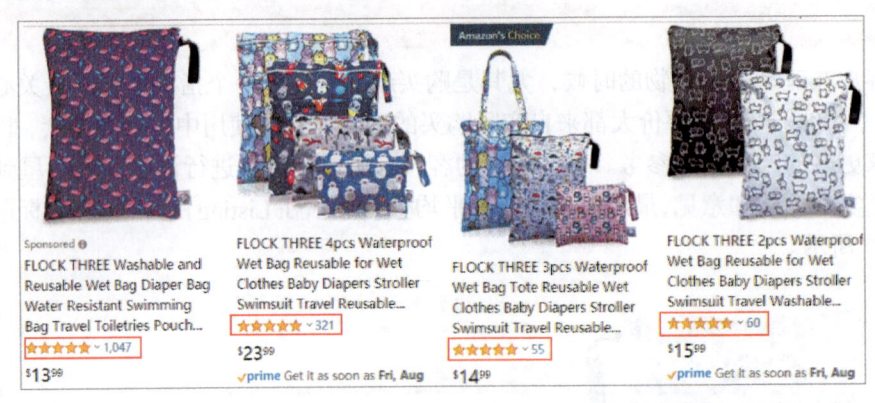

图 6-19

对于平台上庞大的评价数据,我们来看看背后隐藏的规律,希望给卖家们一些启发(数据参考美国站 3C 分类中 100 多万份的评价样本)。

1. 评论星级分布

如图 6-20 所示,在 1~5 星的评价分布中,有超过 50%的客户评论给出了 5 星的好评,其次是 4 星或 1 星的评价,而很少有人给出 2 星或 3 星的评价。

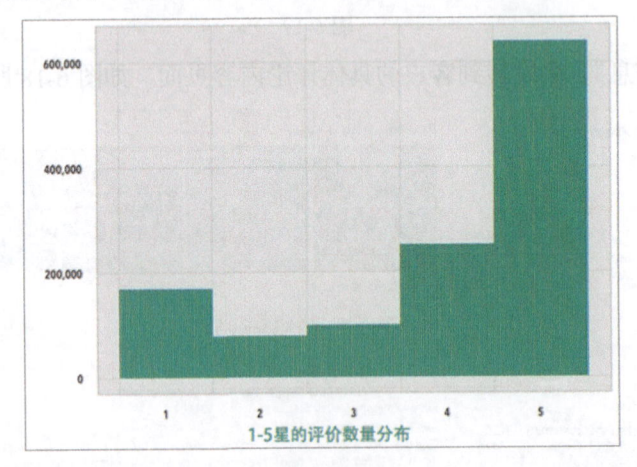

图 6-20

所以从客户的角度来看,在产品没有问题的情况下,给出 5 星好评的概率还是挺高的。当然这也有一定的地域性特征,比如日本客户的评价上限就只有 4 星,有做日本站的卖家应该更深有体会。

2. 评价转化效用

对于每一个客户的评价，所有的平台用户都可以对其进行投票，来评判它是否对潜在买家有帮助，如图 6-21 所示，只有 10%左右的评价内容几乎没有评价投票，其他大部分的客户留评都有很好的投票得分。

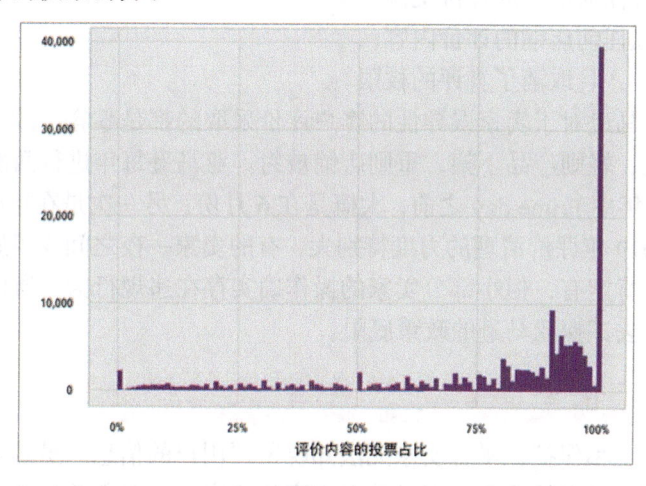

图 6-21

而在另一份针对 Prime 会员的调查报告中显示，阅读评价和撰写评价依然是消费者最大的偏好，如图 6-22 所示。

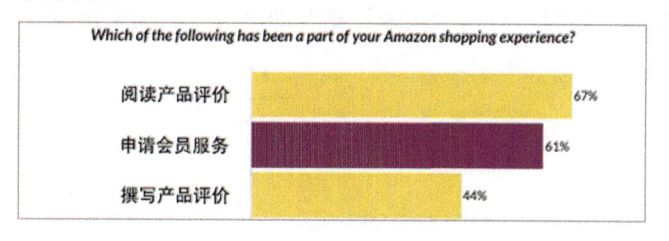

图 6-22

所以，当 Listing 有且仅有 1 个 1 星差评的时候，无论之前的订单量多好，转化率都会急转直下，卖家要按照 1∶10 的评价权重比例，尽快分析原因并采取行动。

3. 最佳等级区间

虽然拥有 5 星评价的好处很多，可是把时间拉长来看，优秀的 Listing 平均得分一般在 4.6~4.9 分，4.3 分是个分水岭，当不足 4.3 分的时候，Listing 转化率会开始下降。当然类目不同，整体评价竞争力也有差异，有的产品分类 3.8 分就是表现很好的，不过我们很少去做评分低的类目，除非类目工艺没问题，否则这类产品对品牌建设毫无用处。

6.5.2 客户留评的规则

在亚马逊后台的评价准则里,已经清楚地写着对客户评价的要求,包括:
1. 不允许为自己的产品撰写评价;
2. 不允许出现任何形式的评价交换;
3. 不允许操纵任何店铺的评价内容;
4. 直评无权重,且取消了直评的权限。

一直以来,亚马逊对于卖家误导性的客户评价采取的都是零容忍政策,只要卖家违反了平台上述的规定,轻则产品下架,重则店铺被封。亚马逊每年进行两次规模比较大的评价清理,一次是在年中 Prime day 之前,大概是在 6 月份;另一次是在年底购物季之前,大概是在 9 月份。2019 年评价清理的力度特别大,有的卖家一夜之间少了好几千条的评价内容,其中"误伤"肯定有,但小部分卖家的操作确实存在违规行为。所以希望大家能够踏踏实实地做,不要去试探亚马逊的政策底限。

6.5.3 品牌评价的管理

出于对用户的隐私保护,平台卖家无法知晓留评用户的信息。虽然亚马逊的这种做法对消费者的权益起到了保护作用,但是站在卖家的角度,面对留差评的用户,真是束手无策,也阻碍了买、卖双方的沟通。

好在亚马逊也意识到了这一点,针对品牌卖家,开通了"评价管理"的权限,如图 6-23 所示,在后台"品牌"栏目,点击"买家评论"即可进入"买家评论"页面。

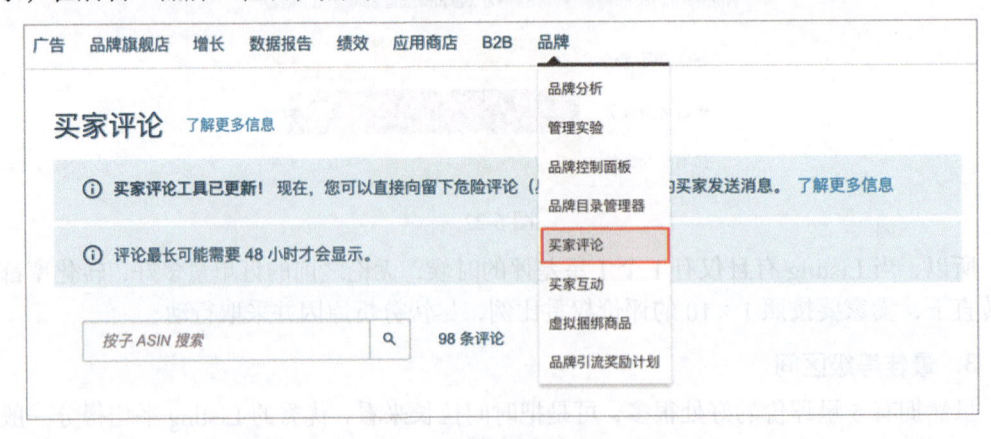

图 6-23

在"买家评论"页面,品牌旗下所有产品的 30 天内的客户评价都会展示在这里,如图 6-24 所示,如果评价为 5 星,则会显示为"无须回复"。

第 6 章　耳目一新的 Listing 优化策略（下）——进阶篇

图 6-24

仅当评价为 3 星以下时，卖家才有权限联系客户，如图 6-25 所示，与客户沟通相关的产品问题或给予妥善的售后方案。

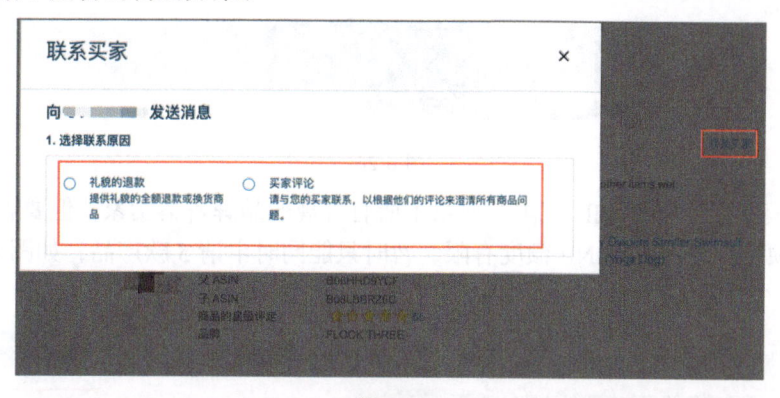

图 6-25

6.5.4　获取评价的途径

虽然亚马逊封锁、处罚第三方恶意买单的行为令人拍手称快，这对合规的卖家是好事儿。但现如今，平台上众多卖家的竞争已白热化，且对大部分卖家而言，在客户留评率持续降低的情况下，提升评价数量的方法真的不多，之前有一个"早期评论人计划"，然而亚马逊在 2021 年 4 月也取消了。自此，对于新、老卖家而言，获取评价的方式变得越发困难，那么还有哪些官方认可的、可操作的获评途径呢？我们来看一下。

1. VINE VOICE

VINE VOICE 就是我们常说的"绿标评论"，如图 6-26 所示，之前是（Amazon Vendor Express（简称 VE）、Amazon Vendor Central（简称 VC）卖家的专属权益，根据亚马逊官方统计，卖家使用 VINE 项目后，销量提升了 19.6%，这对于卖家还是有很大帮助的。

173

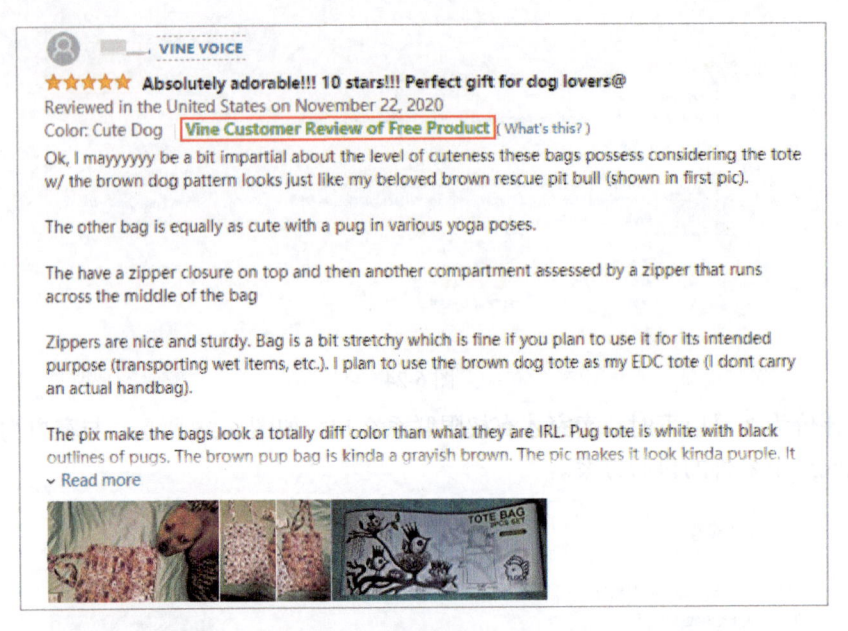

图 6-26

现在亚马逊已经把 VINE 权限开放给了所有合规的品牌备案卖家，但要收取每件产品 200 美元的项目费，而且 VINE 额度有限，暂时只能同时申请 5 款产品，如图 6-27 所示。

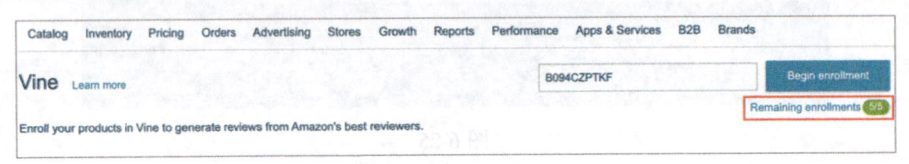

图 6-27

按照过往的经验，在参与 VINE 项目期间，我们的 Listing 仅收到过 1 个 3 星评价，如图 6-28 所示，后来在查看客户的亚马逊主页时，发现这是一位习惯性评价 3 星的客户，其可能对产品的要求比较高，其他大部分都是 5 星好评。

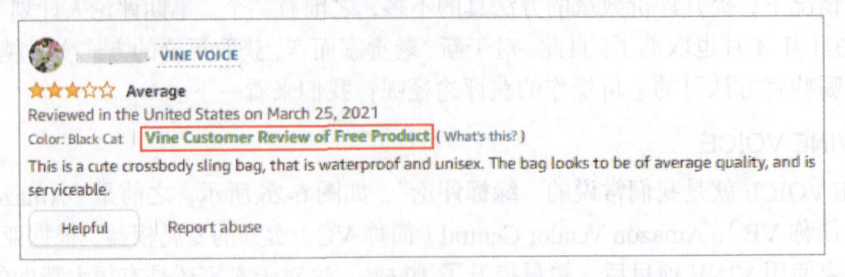

图 6-28

第 6 章　耳目一新的 Listing 优化策略（下）——进阶篇

不过在培训的时候，我也碰到过收获 1 星 VINE 的卖家，在沟通中发现，产品确实存在一定的缺陷。所以对于 VINE 评价项目，卖家唯一需要注意的是确保产品的质量，要对产品有足够的信心，否则 VINE 用户很可能留下差评，那就得不偿失了。

2．评价合并机制

亚马逊在全球有超过 20 的站点，为了便于 Listing 的数据全球化管理，亚马逊会对单一 Listing 的评价采取信息合并，我们称之为"评价合并"。这种"评价合并"会有两种展现形式。

1）Listing 的变体评价合并

变体是亚马逊对同一个 Listing、不同属性 SKU 的统称。每个变体就是一款产品，都有自己的 ASIN，是相对独立的销售状态，只不过通过父 ASIN 的定义，所有的变体从属于同一个产品系列。所以部分变体的数据是共享给 Listing 的，比如"客户评价"的信息。基于这一特性，客户在购买目标变体后留下的评价就会统计到 Listing 的汇总评价里，如图 6-29 所示。也就是说，用户打开 Listing 看到的评价是包含了所有变体的客户留评，这就是"变体评价合并"。

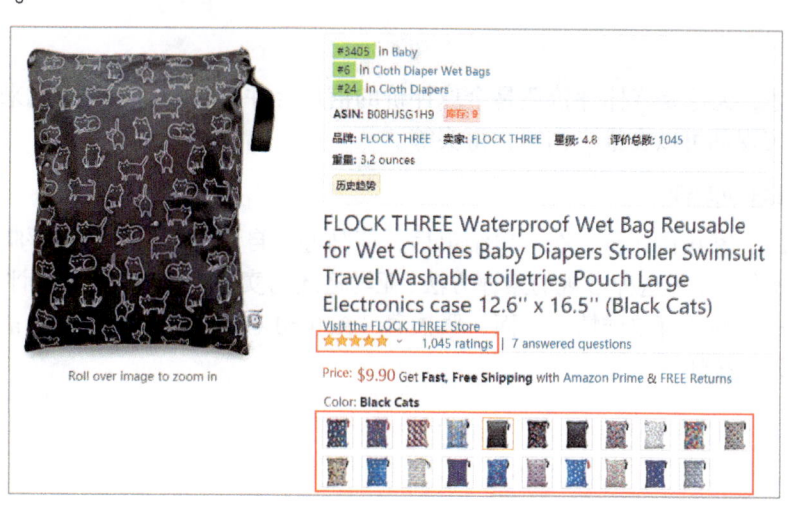

图 6-29

如果卖家上新的产品属于同一产品系列，就可以采取在 Listing 里添加新变体的方式。这样新品能即时共享前期 Listing 积累的评价数据，从而提升曝光率和转化率。

2）Listing 的全球评价合并

得益于亚马逊的全球售卖网络，卖家可以把同一款产品（ASIN）在不同的国家站点上架销售，比如美国站、澳洲站、欧洲站。这个时候，亚马逊就会针对同款 ASIN 的评价实行跨区域同步，我们称之为"全球评价合并"，如图 6-30 所示，如此一来，Listing 就可以积累更多的客户评价。

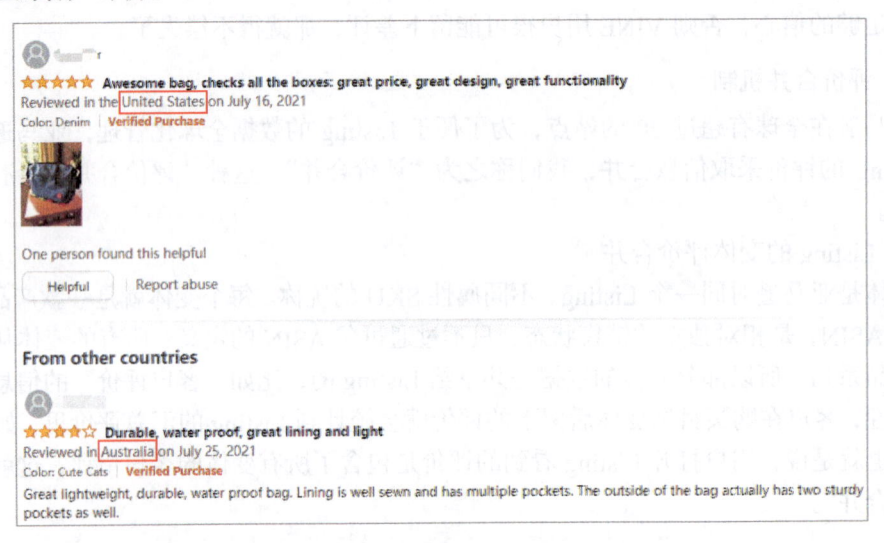

图 6-30

综上所述，无论是变体评价还是全球评价的信息合并，对于新品的优化来讲，卖家的 Listing 排名表现都可以在推广初期拔得头筹。

3. 一键自动索评

为了帮助卖家获得评价，在订单结束后，亚马逊会自动给客户发送索评邮件，无须卖家做额外的操作。除了这种常规的索评方法，亚马逊还为卖家推出了"自助索评"。如图 6-31 所示，在亚马逊的"订单详情"页面，紧挨着"Refund Order"的"Request a Review"就是"自助索评"按钮。

图 6-31

点击"自助索评"进入操作页面，如图 6-32 所示，点击"Yes"提交指令，亚马逊会再次发送索评邮件。

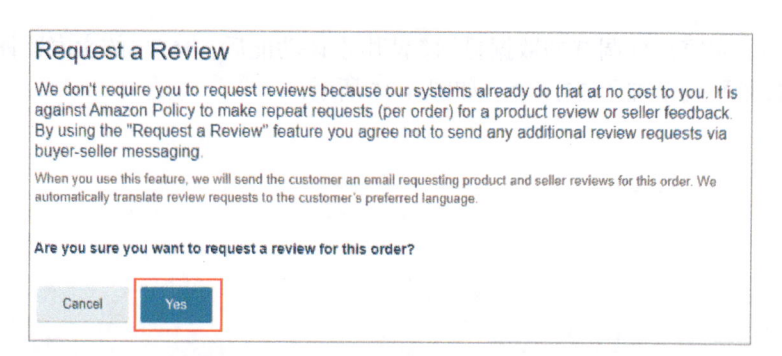

第 6 章 耳目一新的 Listing 优化策略（下）——进阶篇

图 6-32

需要注意的是，"自助索评"指令有时间限制，必须是在客户收到订单后 5~30 天内，卖家才可以使用。如果超出"自助索评"的时间范围，亚马逊就会提示，如图 6-33 所示。

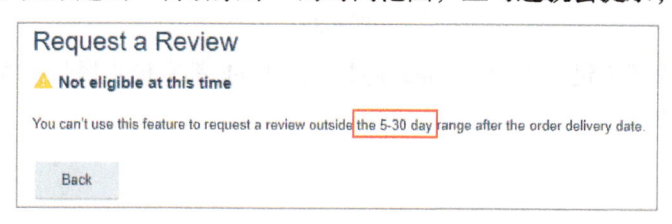

图 6-33

但新的问题又来了，在订单不多的时候，卖家还可以应付。可是，对于每天上百单的卖家来说，如果单靠手动对订单逐个记忆和点击，着实有点折磨人。所以大部分卖家都会用自动索评软件，比如我们团队在用的"ZonGURU"。

如图 6-34 所示，卖家在完成店铺与 ZonGURU 系统的绑定后，可一键开启 ZonGURU 中的"评价管理"功能，ZonGURU 就会按照订单来统计发送邮件的时间，并按时发送索评邮件，准确无误且省时省力，使得卖家的工作量大幅降低，非常好用。

图 6-34

177

针对亚马逊卖家抽样调查的数据显示，使用索评功能后，94.7%的卖家留评率都有显著增长，留评数量平均增加了 25.9 个，如图 6-35 所示。

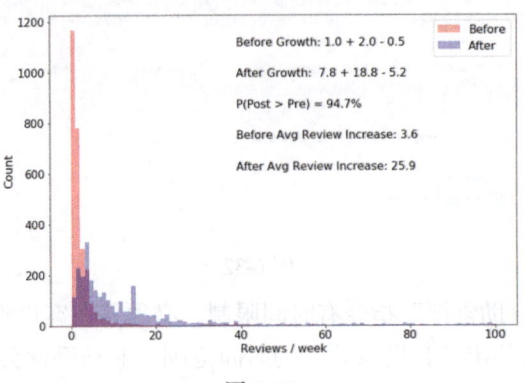

图 6-35

索评后的效果还不错，无论 Review 还是 Feedback 都有稳步增长，客户们的评价也很可爱，如图 6-36 所示。

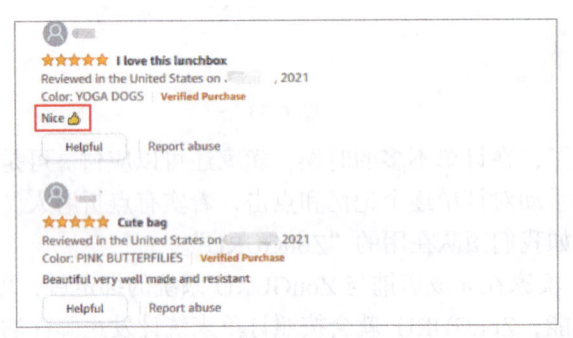

图 6-36

6.5.5 提高客户留评率

数据显示，亚马逊 Listing 的平均留评率一般在 3%~8%，有的品类可能低到 1%以下。从数据中可以看出，确实很少人愿意留下自己的评价。但这也不怨亚马逊，纵观全球的电商市场，包括国内的淘宝、京东，这些年，网购消费者的留评都少之又少。就以我自己来说，我上一次购物的评价还停留在几年前。不过，卖家们也不用太悲观，相对来说，国外客户的留评意愿还是有的，只不过想要客户们真正行动起来，卖家不仅要保证产品优质，还需要在诸多细节上下功夫，比如我在前一本书中提到的"索评卡"。

"索评卡"也叫"感谢卡"，是卖家放在产品包裹中的一个小卡片，卡片的内容包括优惠信息、评价引导以及卖家的联系方式。一张制作精良的"感谢卡"不仅可以抑制差评率，还可以沉淀客户。但卖家们时刻要注意的是,"感谢卡"上的文案一定是中立的,不能出现任何 URL、EMAIL 等购买引导信息;也不能出现以好评换奖励,或者以金钱来诱导评价的内容,这是亚马逊的留评原则。

我们来看一个案例,如图 6-37 所示,"感谢卡"的正面是品牌的 Logo"FLOCKTHREE",大大的"THANK YOU"字母以及三只可爱的小鸟营造了一个轻松、温馨的氛围,而三只小鸟的形象也映射了品牌名称"Flock Three"。

"感谢卡"的背面则包含了 3 部分内容,如图 6-38 所示。首先是告知客户"留评价的操作步骤"。

图 6-37

图 6-38

其次是"感谢卡"的正文内容,即对客户表示感谢,并期望客户能够分享购物体验。

"Your order made our day! We hope we make yours. Your satisfaction is our ultimate goal.We would be pleased if you share your experience with other shoppers."

最后附上新媒体账号,包括 Facebook、Instagram 和 Pintrerst。

"索评卡"可以提高卖家索评的成功率,同时彰显品牌价值,让客户从各个细节中体会到我们的用心,客户就会对你敞开心扉,并分享他的喜悦,如图 6-39 所示,你让客户开心了,留评率自然而然地就提升了。

图 6-39

6.6 激励用户互动

在第 2 章中,我们有提到过亚马逊的品牌保护计划之一——"Transparency(透明计划)",以二维码的方式进行品牌正品的追踪,杜绝假冒产品的出现。除了这一常规功能之外,亚马逊还赋予了"Transparency"全新的体验"Customer Engagement"。什么是"Customer Engagement"呢?

6.6.1 Customer Engagement

"Customer Engagement"附属于"Transparency",消费者在扫描二维码后,不仅可以检验商品的真伪,还可以看到定制的品牌宣传页,类似于产品的 A+ 页面。但作用不太一样,前者是提高订单转化率,后者是提高复购率及挖掘潜在用户群。

6.6.2 定制页面的要素

如图 6-40 所示,品牌定制的"Customer Engagement"页面,一般由 5 个部分组合而成。

图 6-40

1. ASIN 基本信息

显示 ASIN 的真伪检验结果,如果代码有效,则显示绿色√;反之,则显示红色×。还包括商品名称、生产日期、生产地址等。

2. 产品宣传视频

卖家可通过视频的方式分享产品的特点、使用指南等，帮助客户全方位地了解产品功能。

3. 折扣促销信息

通过提供专属的折扣信息，包括满减优惠、折扣码、买一送一等来提升复购率或关联销售。

4. 讲述品牌故事

通过图文并茂的展现形式来加深消费者对品牌的印象，提升品牌价值。

5. 社交媒体分享

页面中还有"一键分享"的按钮，方便消费者将视频或促销信息分享到新媒体平台，通过用户间的二次传播吸引更多的潜在客户。

除了以上的进阶技巧，还要配合产品的优化节奏。一般来说，第一次 Listing 的优化是在产品刚刚上架时，只要填写基本信息即可，完成度大概在 30%；第二次优化则是在 FBA 头程期间，需要花费的精力比较多，完成度大概在 90%；第三次优化属于微调，是在 CPC 广告后的 2~4 周。大家可以根据自己的类目产品做出相应的计划。

通过 Listing 优化文字篇、视觉篇以及进阶篇的学习，相信卖家朋友们已经掌握了亚马逊 Listing 优化的核心策略。当然 Listing 优化是一个漫长的过程，涉及非常多的细节，在今后的 Listing 编辑中，卖家们还需关注其他更多的实用技巧。

第 7 章

IPI 监管，FBA 卖家的新对策

7.1 什么是 IPI 库存绩效

对于 FBA 卖家来讲，最大的风险是产品的销售把控。如果 SKU 的库存太少就会发生断货，间接地导致销售的损失；反之，SKU 库存过多则会发生滞销，间接地导致库存持有成本增加，拉低 ROI。为了能够帮助 FBA 卖家有效地监控其亚马逊平台的库存变化，亚马逊特别推出了 IPI 库存绩效（Inventory Performance Index），来衡量店铺库存的健康状况。

卖家可以在亚马逊后台点击"Inventory"→"Inventory Planning"进入页面，如图 7-1 所示。

IPI 指标体系的出现一方面使得卖家能实时地优化库存以避免销售额损失，降低库存成本；另一方面，IPI 指标能够反向促进卖家 FBA 产品线的优化，有助于亚马逊提升 FBA 仓储效率，确保其 FBA 网络体系能够更加合理地利用，最终使得亚马逊和第三方卖家都能够从中受益。

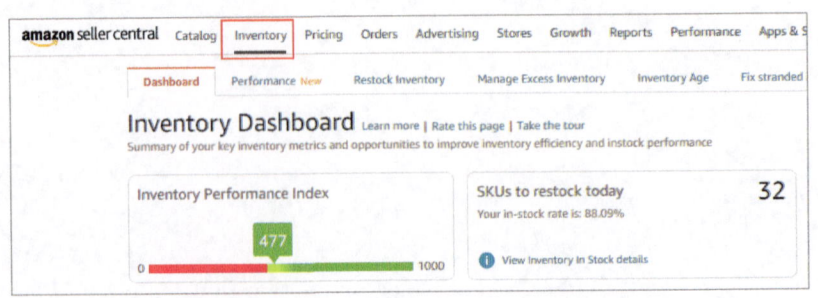

图 7-1

7.1.1　IPI 的评分规则

为了便于查看，IPI 评级是以分数做量化，其评分范围在 0~1000 分，如图 7-2 所示，目前的指数阈值被设定为 450 分。

图 7-2

大家注意到，IPI 指数会依据不同的数值呈现 4 种颜色：深绿色——代表优秀；浅绿色——代表良好；黄色——代表一般；红色——代表较差，如图 7-3 所示。

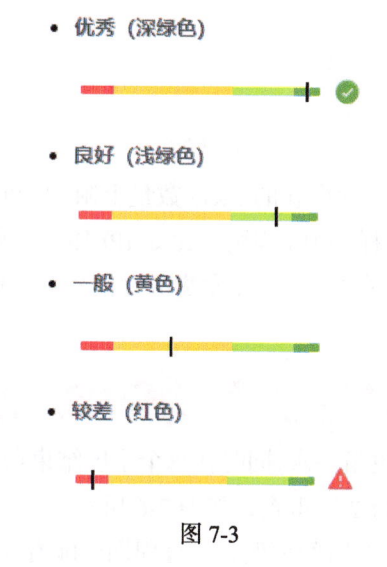

- 优秀（深绿色）

- 良好（浅绿色）

- 一般（黄色）

- 较差（红色）

图 7-3

除了上述的评分等级，亚马逊还对 FBA 中的单品 SKU 引入了 ASIN 级别的库容限制，包括库容体积与 SKU 可存放数量，且按照产品分类分配了对应的数量和库容，有标准尺寸、超大尺寸，服装及鞋子分类，如图 7-4 所示。

库容和 SKU 数量与 IPI 指数正相关，即如果 IPI 指数在 450 分以上，则库容不限，单品 SKU 的数量受限；如果 IPI 指数在 450 分以下，则单品 SKU 的数量和库容都将受到一定的限制，说直白点儿就是可发送的 FBA 产品的数量和体积都有限额，且还有额外的超限费用，如图 7-5 所示。

183

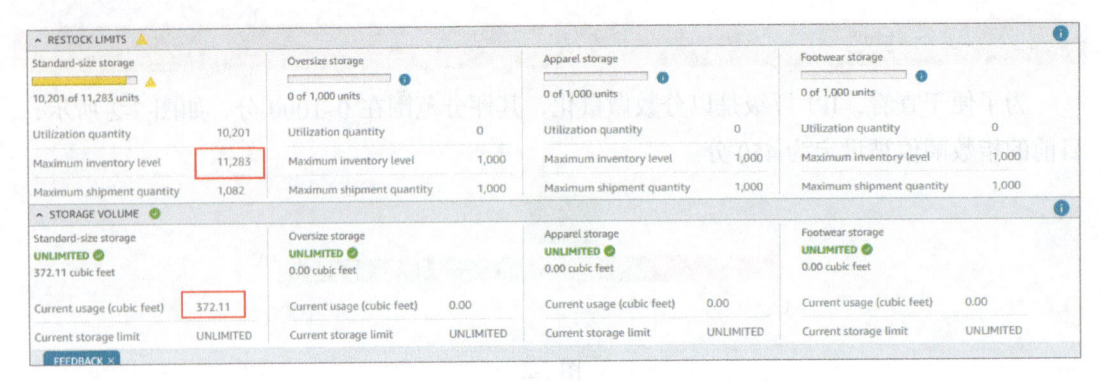

图 7-4

	库存绩效指数 < 450	库存绩效指数 >= 450
存储限制	每季更新	无限
每月存储超量	超出存储限制每立方英尺 10.00 美元	不适用

图 7-5

但针对新注册的店铺来说，标准仓的 SKU 数量上限为 1000 个，库容暂时没有限额。当然并不是所有的站点都是一样的 IPI 规则，比如 IPI 体系目前就不适用于澳洲市场，但 SKU 数量还是有限额的。大家在操作 FBA 发货的时候，可以根据店铺的实际情况做出合理的规划。

7.1.2 IPI 的评分周期

亚马逊 IPI 的分数是每周更新一次，同时在每个季度结束前 6 周和季度末的最后 1 周，亚马逊会对 IPI 的评分分别进行 2 次审查，如图 7-6 所示。

图 7-6 是 2019 年的 IPI 核验时间范例，检查周期会随着亚马逊的 IPI 政策随时微调。比如 2020 年第 4 季度，IPI 的检查时间就提前了 1 个月，且库容受限实施时间延长了 2 个月，如图 7-7 所示。

在新库容规则实施的前 4~8 周，亚马逊会提前通知卖家的 IPI 阈值，以及相应的 IPI 分数检查周期。在 IPI 分数无法达标的情况下，库容限制即将开启，卖家需要尽可能多地提高 IPI 分数。

如图 7-8 所示，在 IPI 的 2 次考核期内，只要其中 1 次的 IPI 评分能够达标，那么，卖家店铺就有资格在下个季度获得无限的库容空间。

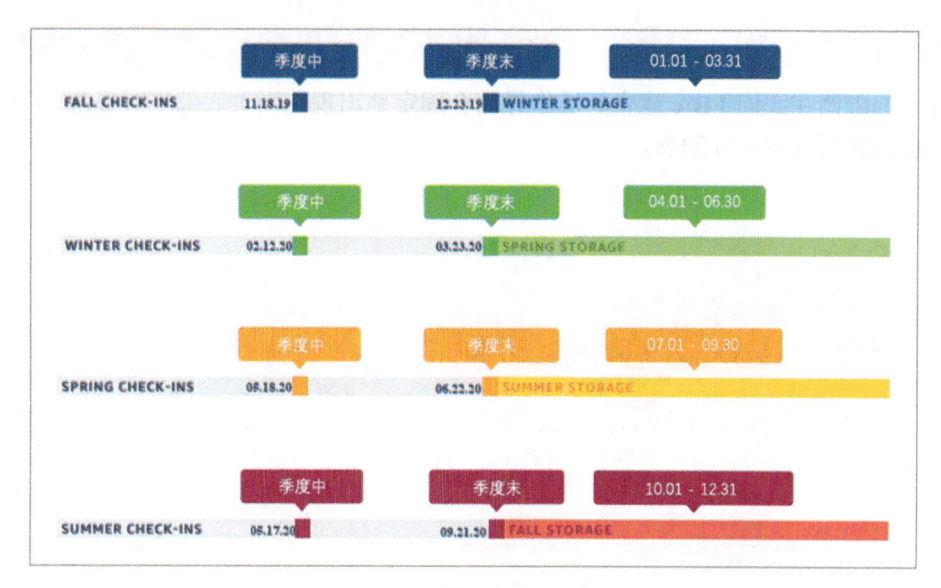

图 7-6

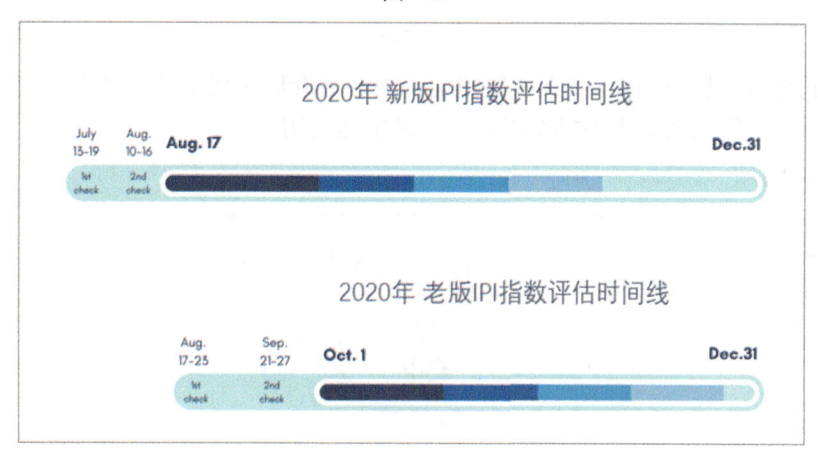

图 7-7

情景	第 1 个分数检查周	第 2 个分数检查周	您是否要遵守仓储容量限制?
1	等于或高于库存绩效指标阈值	等于或高于库存绩效指标阈值	否
2	低于库存绩效指标阈值	等于或高于库存绩效指标阈值	否
3	等于或高于库存绩效指标阈值	低于库存绩效指标阈值	否
4	低于库存绩效指标阈值	低于库存绩效指标阈值	是

图 7-8

7.1.3 全新 FBA 流程

库容的限制在我们 FBA 建仓的操作界面会固定地出现在网页底部实时提醒，如图 7-9 所示，点击即可查看库容动态。

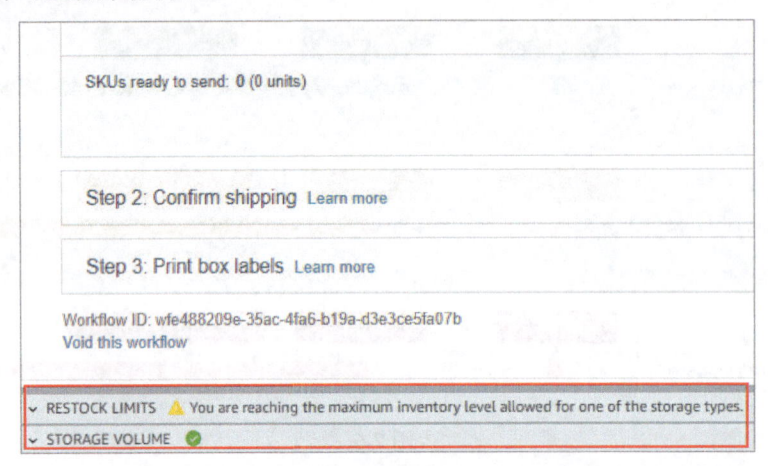

图 7-9

针对 FBA 的建仓操作，我在《跨境电商亚马逊开店实战宝典》里有详细的讲解，如图 7-10 所示，尽管是老版本的操作界面，但是依然适用。

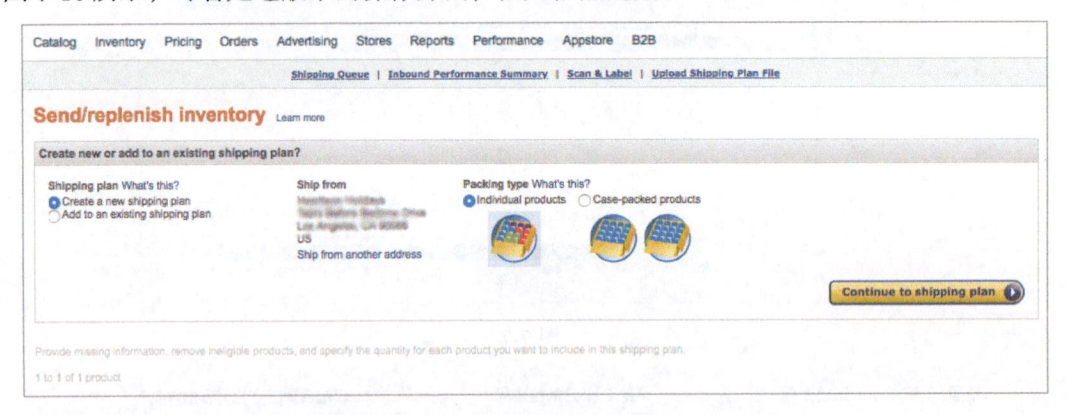

图 7-10

不过，大家应该也会注意到亚马逊推出了 FBA 发货的新版本"Send to Amazon"，新的 FBA 建仓逻辑没有变化，只是针对操作界面做了改进，使得卖家在一个网页中就可以完成所有的操作。接下来，我们看下 FBA 新流程的操作重点，如图 7-11 所示，点击"Send to Amazon"，进入全新的 FBA 计划创建界面，在新界面中，总共分为 4 个流程和 5 个部分。

首先，确认 FBA 发货产品，选取"单件商品"或"发货模板"，打印产品标签；其次，

第 7 章　IPI 监管，FBA 卖家的新对策

点击"确认发货"；最后，卖家需要打印外包装箱标签，准备贴标签发货。在后续完成发货后，别忘了填写头程的运单号，并标记"发货完成"。

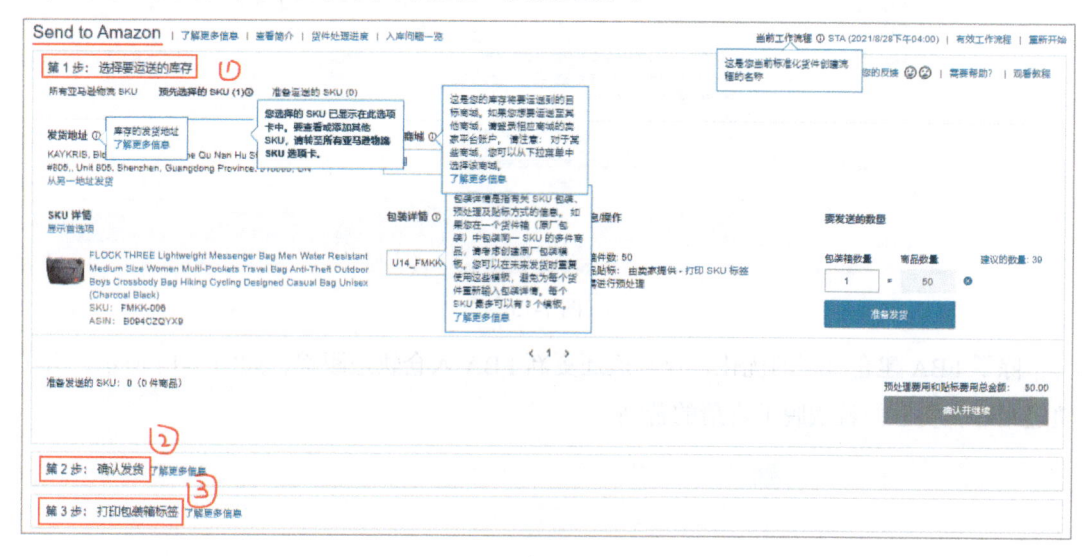

图 7-11

FBA 新流程不难，但有几个需要注意的地方。

其一，在建立 FBA 发货计划之前，卖家要确保目标 Listing 的尺寸及重量等相关信息填写完毕，否则发货产品无法识别。

其二，鉴于单一 SKU 和多 SKU 的发货安排，我们要使用不同的包装选项，如果 1 个箱子只有 1 个 SKU，则选择"模板发货"；如果 1 个箱子装有多个 SKU，则选择"单件商品"，如图 7-12 所示。

图 7-12

其三，多 SKU 发货的装箱将采取多箱混装，而此时的操作跟老版本有所不同，需要我们在选择箱子数量以后，利用亚马逊提供的装箱模板上传，如图 7-13 所示，表格中的产品信息是自动生成的，需要卖家如实填写每个箱子存放的 SKU 产品及对应的数量信息。

187

图 7-13

除了 FBA 建仓流程的优化，亚马逊还更新 FBA 入仓轨迹跟踪，如图 7-14 所示，有了轨迹跟踪，卖家们就摆脱了盲猜的苦恼。

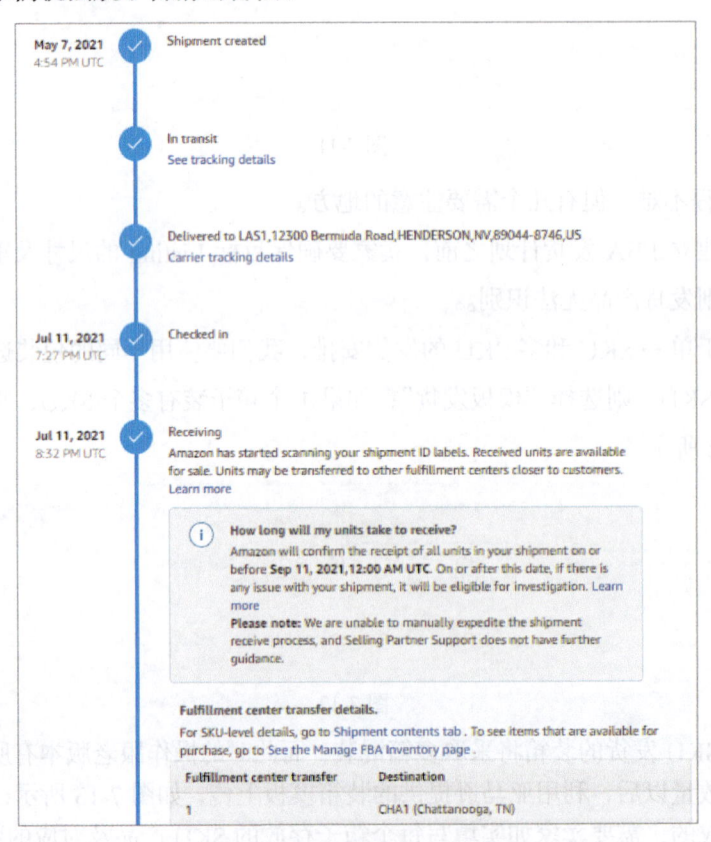

图 7-14

第 7 章　IPI 监管，FBA 卖家的新对策

如上所述，与 FBA 新版流程相比，之前的流程确实为卖家们增添了不少便利性，尽管后台是新、老版本共存，但新版页面会随时取代老版本，大家要即时关注亚马逊平台的通知，并尽快适应新版 FBA 操作。

7.1.4　FBA 成本详解

如果 IPI 分数低于考核值，亚马逊不仅会对卖家的库存进行限制，对于超限的部分，亚马逊还将收取除月度仓储费和长期仓储费（如适用）之外的仓储超限费。

IPI 仓储超限费计算公式如下（以美国市场为例）：

- 预计月度超限费=（当前超量值×每日超量费率×月剩余收费天数）+截至目前产生的月度超量费；
- 当前超限值=当前使用量–当前限制量；
- 每日超量费率=10 美元/当月天数×100%；
- 月剩余收费天数=当前月份天数–当日日期数值+1。

卖家可以在"数据报告"菜单中选择"库存和销售报告"，然后在新页面选择左侧"付款"里的"库存仓储超量费"，选择时间并下载报告，如图 7-15 所示。

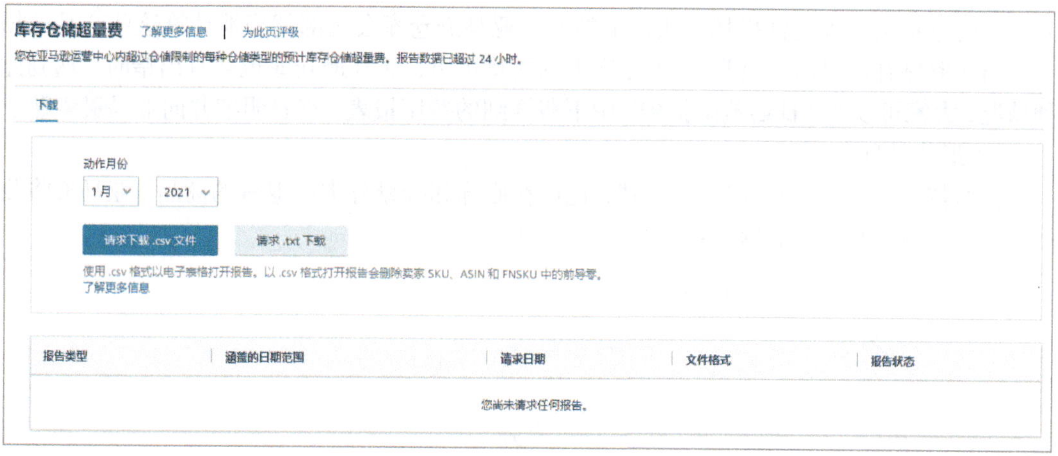

图 7-15

报告中涵盖了超限计费时间、目标 FBA 仓储中心、仓储用量等，如图 7-16 所示。

189

下载标题	描述	示例值
charged_date	使用量超出限制额度并产生预计费用的日期。格式为"月-日-年"。	8/1/2020
country_code	出现超量使用仓储空间情况的国家/地区。	美国
storage_type	使用量超出限制额度并产生预计费用的仓储类型。请注意，sortable与标准尺寸相同。	Sortable or Non_Sortable
charge_rate	某种仓储类型的每月库存仓储超量费的费率。	10.00
storage_usage_volume	收费日期的仓储用量。这适用于使用量超出限制额度并产生预计费用的仓储类型。	600
storage_limit_volume	使用量超出限制额度并产生预计费用的仓储类型的仓储限制额度。	500
overage_volume	在收费日期超出相应仓储类型的限制额度的仓储用量。	100
volume_unit	仓储限制额度、使用量和超量值的计量单位。	立方英尺
charged_fee_amount	特定仓储类型在收费日期产生的预计库存仓储超量费金额。	32.26
currency_code	仓储超量费使用的货币。	美元

图 7-16

除了上述的仓储超限费用，亚马逊针对每件产品都有收费明细，大致可划分为如下几个方面。

1）店铺服务费

包括店铺月租金、LD报名费、优惠券费用、VINE评论费以及广告成本，大家可以在"付款报告"中下载详细的服务费报表。

2）FBA操作费

包括产品损坏、丢件或退货时发生的操作费。针对有大批量FBA入仓需求的卖家，在入仓期间难免会碰到货件损坏、丢件的情况，亚马逊仓库会按部就班地计算这些产品的损失并给卖家做补偿付款，但鉴于FBA庞大的货量进出，亚马逊仓库也会有出错时，遇到此种情况，大家可以在"日期范围报告"中下载详细的费用报表，查看明细并向亚马逊索赔。

3）退货处理费

针对特定产品的FBA退货操作费，比如在服饰和鞋靴分类中退货的商品，亚马逊将收取退货处理费。我们拿衣服举例，如图7-17所示。

小号标准尺寸（服装，6至12盎司[不含6盎司]）

T恤
尺寸：8.5 x 4.8 x 1 英寸
单件重量：6.08 盎司
发货重量：6.1 盎司

退货处理费 $2.23

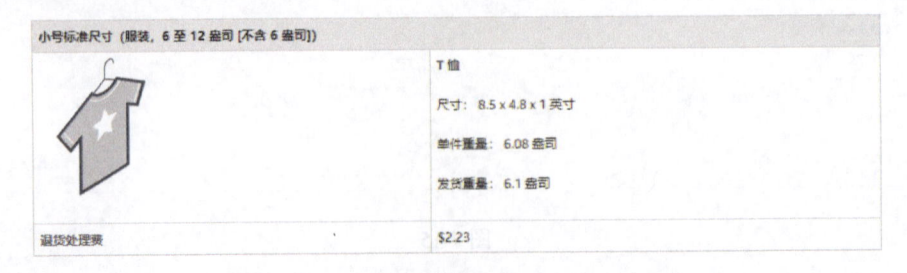

图 7-17

针对退货处理费，大家可以在"退货报告"中下载详细的报表。

4）FBA 库存费

亚马逊根据 1 年中的时间和目标产品的尺寸来划分仓储费的收费标准，如图 7-18 所示。

非危险品商品

月份	标准尺寸	大件商品
1月～9月	每立方英尺 $0.75	每立方英尺 $0.48
10月～12月	每立方英尺 $2.40	每立方英尺 $1.20

危险品商品

月份	标准尺寸	大件商品
1月～9月	每立方英尺 $0.99	每立方英尺 $0.78
10月～12月	每立方英尺 $3.63	每立方英尺 $2.43

图 7-18

大家注意到，在购物季中，标准尺寸商品的存储费用往往高于大件商品，尽管尺寸相对较小，但在 FBA 存储的过程中需要经过更复杂的装柜等工作，耗时更多。具体的计算示例如图 7-19 所示。

公式	每件商品的费用 = 日均商品数量 × 每件商品的体积 × 适用费率
示例商品	• 尺寸分段：标准尺寸 • 当月：7 月 • 每件商品的体积：0.05 立方英尺 • 日均储存商品数量：100 • 危险品分类：非危险品
计算方式	每月平均商品数量 100 × 每件商品的体积 0.05 立方英尺 × 每立方英尺费用 $0.75（7 月标准尺寸费率）= 月度仓储费总额 $3.75

图 7-19

产品的仓储费相较于 FBA 物流费来说还是比较便宜的，但如果产品存放在 FBA 超过 180 天，仓储费用会相应地增加，如果超过 1 年，亚马逊就会强制移除。从这里可以看出，亚马逊还是希望 FBA 的卖家多卖货而不是单单收取仓储费。如此这般，亚马逊的利益才能最大化，这也是其推出 IPI 的原因之一。

7.2 影响 IPI 评分的要素

IPI 指数是亚马逊库存绩效的衡量标准，分数的高低体现了店铺内 FBA 库存的效率和生产力情况，目的是避免滞销品过剩，而支付高昂的长期仓储费，同时确保畅销品的库存充足，即时解决所有相关的 Listing 问题，提高转化率。

如图 7-20 所示，为了量化标准，亚马逊围绕 IPI，推出了 4 个 IPI 评分要素，参考如下案例。

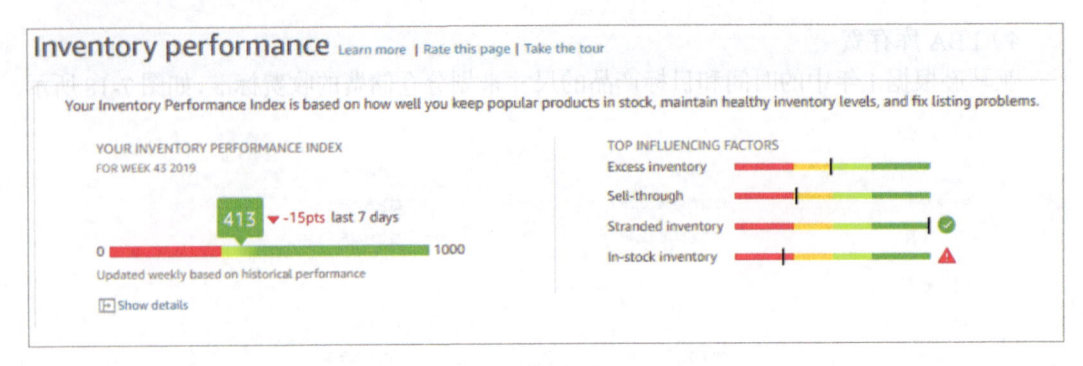

图 7-20

7.2.1 FBA 库存冗余率

FBA 冗余率，即 FBA 库存积压百分比，计算公式为冗余率=冗余数量（过去 90 天）×100/库存总量。

体现的是库存过多给卖家带来的巨大成本，如图 7-21 所示，也是亚马逊在计算 IPI 时的首要参考因素。但是亚马逊没有具体说明这个百分比的计算方式，只是以图表的方式添加了 2 个量化指标。

1）冗余 SKU 的数量指的是不断耗费 FBA 仓储费用，却一直处于滞销状态的产品数量，数据基于产品的需求及相关商品成本。

2）预估仓储成本指的是滞销状态下的产品在 FBA 仓库闲置的预估成本，包括月度仓储费和长期仓储费。

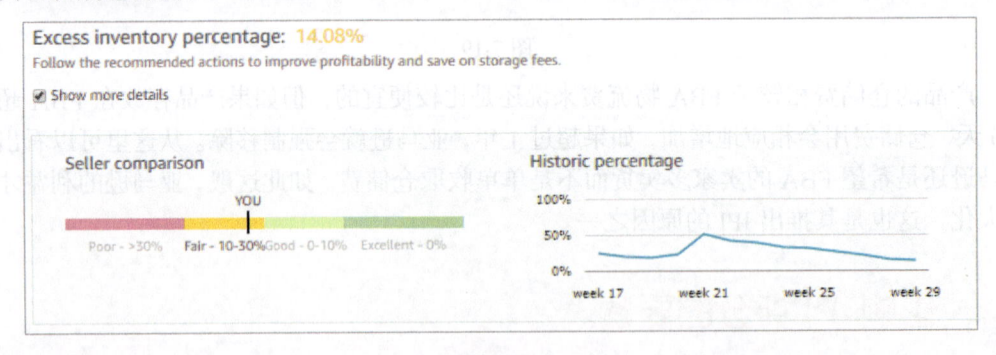

图 7-21

7.2.2 FBA 库存周转率

FBA 库存周转率，即特定周期内的 FBA 销售占比，如图 7-22 所示。计算公式为售出率=销售商品数（过去 90 天）×100/库存总量（过去 90 天）。

我们来看下亚马逊官方的示例：

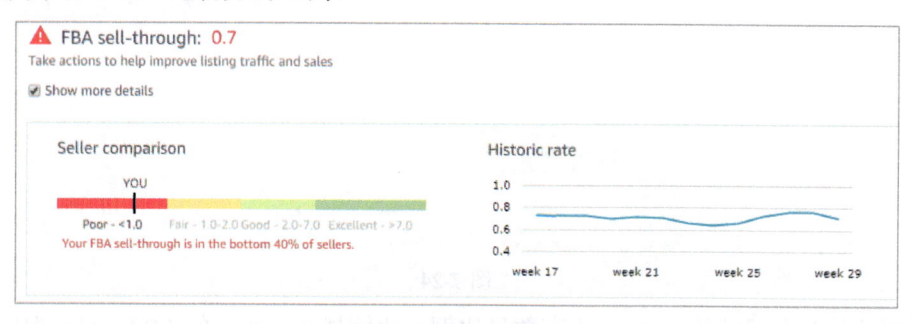

图 7-22

如图 7-23 所示，示例中的库存平均数为(50+40+150+80)/4=80，销售率的计算方式为 120/80=1.5。

Date	Unites Sold and Delivered	Available Stock
D-day	120	80
30 days to go	50	150 (150 Restocking)
60 days to go	10	40
90 days to go	0	50

图 7-23

基本指标是过去 90 天的销售总数量。体现的是销售额与 FBA 库存的动态平衡，分数越高，则表示在过去 90 天内的 SKU 级别的产品销售越好。

针对售出率的评分，亚马逊给出的等级如下：

低于 1.0，差；

1.0~2.0，及格；

2.0~7.0，好；

高于 7.0，优秀。

一般情况下，好的企业库存周转率至少应该为 6，理想情况下，每年周转率应该是 12。亚马逊每年的库存周转率维持在 9~12。虽然库存周转率不是唯一的 IPI 衡量手段，但高周转率对 IPI 指数的增长有更加积极的推动作用。

7.2.3　FBA 库存出错率

FBA 库存出错率，即 FBA 无效的 Listing 数量占比，如图 7-24 所示。计算公式为出错率=无效商品数×100/库存总量。

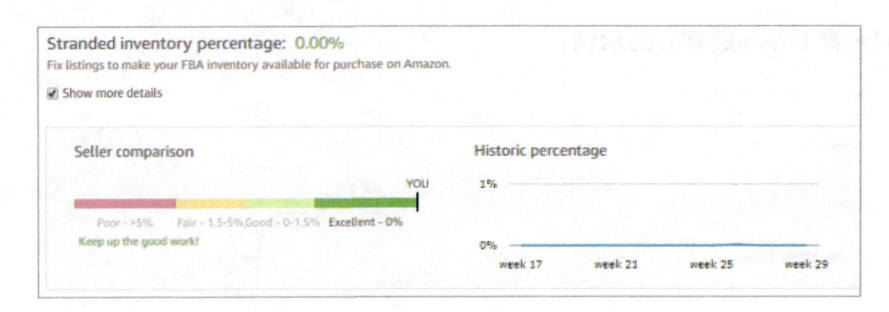

图 7-24

体现的是存在问题的 Listing 库存数量比例，比例越高，相应的 FBA 仓储费用也就越高，整体的 ROI 就越低，通俗来说就是不赚钱。而造成 Listing 出错的原因也有很多，比如定价问题、ASIN 分类限制、信息违规、品牌问题等。

7.2.4 FBA 热卖现货率

FBA 现货率，即畅销品的库存效率，如图 7-25 所示。计算公式为库存率=现货天数比例（过去 30 天）×销售速度（过去 60 天）/销售速度总和（过去 60 天）。

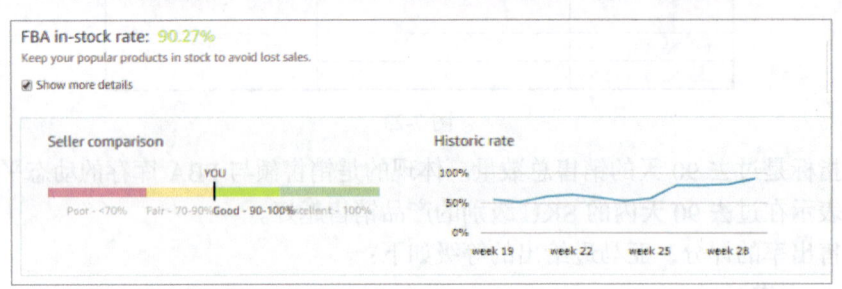

图 7-25

我们来看下亚马逊官方的示例。

如图 7-26 所示，示例中有两款产品 SKU#1 和 SKU#2，它们的现货天数比例分别为 50% 和 100%，而销售速度分别为 2 和 3，所以 FBA 的现货库存率=【（2×50%）+（3×100%）】/（2+3）=80%。

Example SKU	Current inventory on hand	Units sold in the past 60 Days	Days in stock in the past 60 Days	60-day sales velocity (units sold/days in stock)	% of days in stock in the past 30 days
SKU #1	0	90	45	90/45 = 2	50%
SKU #2	10	180	60	180/60 = 3	100%

图 7-26

基本指标是 FBA 库存的销售额损失（过去 30 天）：SKU 缺货天数的预估销售额×平均销售价格。体现的是可补货 ASIN（畅销品）的现货情况，数值越高说明畅销 SKU 现货充足，有较强的盈利预期。

7.3 如何提升 IPI 的分数

既然 IPI 指数如此重要，作为亚马逊 FBA 卖家，我们要采取哪些手段来提升 IPI 的分数呢？建议从以下几个方面入手。

7.3.1 减少 FBA 库存积压

产品滞销、库存积压是卖家们最头疼的问题了，不但增加了运营成本，对公司的现金流也是极大的挑战。现在我们可以通过 IPI 的冗余库存管理查看具体的冗余数据，并针对目标 SKU 实施合理的降库存手段。

1. 奥特莱斯

对于买家来讲，奥特莱斯品牌众多且品类丰富，如图 7-27 所示。其正逐渐成为购买折扣商品、积压促销商品和清仓商品的理想之地。而对于卖家来讲，奥特莱斯也成为了冗余 SKU 的促销利器，针对销售乏力的产品，亚马逊会定期给予卖家创建"奥特莱斯限时"的资格，通过降价促销的方式达到去库存的预期。

图 7-27

虽然参与"奥特莱斯限时"没有任何费用，只要获得创建资格，卖家就可以进行操作，但是 ASIN 的标准还是有一定门槛的，比如最低 20% 的折扣，产品评分不得少于 3.5 分等，具体要求如下：

- 拥有在亚马逊运营中心至少存放 90 天的库存；
- 现有库存超过 10 件；
- 有销售历史记录；
- 商品评分至少为 3.5 分或没有评价；
- 未注册参与"订购省"计划；

- 未注册参与其他官方活动（如秒杀）；
- 在过去 60 天内没有参加过亚马逊奥特莱斯限时促销活动。

达到如上要求后，在"管理冗余库存"页面，点选目标产品开始创建奥特莱斯限时促销，如图 7-28 所示。

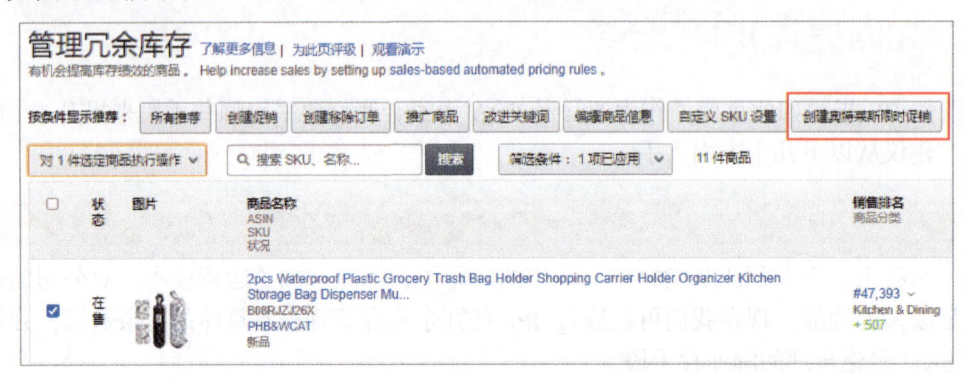

图 7-28

在设置界面，我们只需要填写促销价格，如图 7-29 所示，确认无误后，点击提交，进入亚马逊审核流程，审核通过后，即可进入奥特莱斯促销频道，展现给亚马逊的买家们。

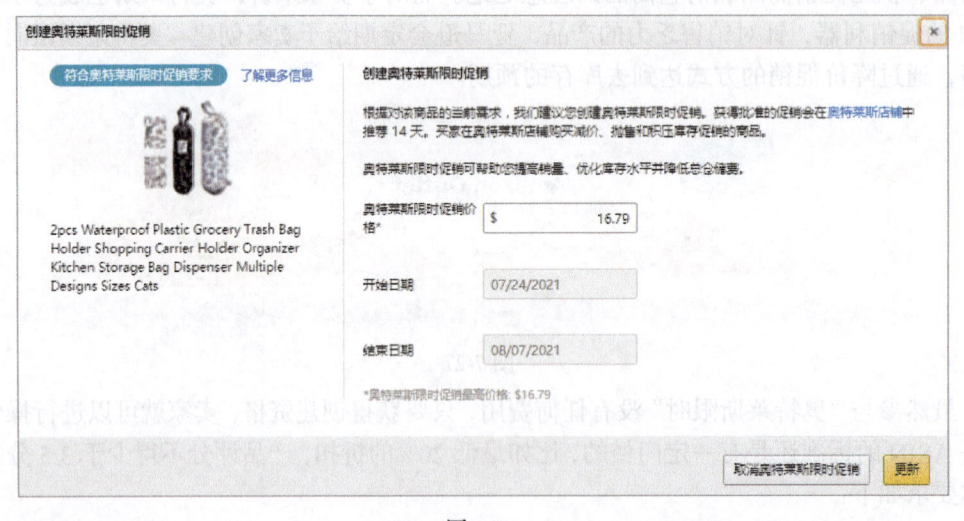

图 7-29

2. 订单移除

针对长期滞销且毫无销售潜力的产品，我们可以"快刀斩乱麻"直接利用亚马逊的订单移除功能来实现去库存的目标，如图 7-30 所示。

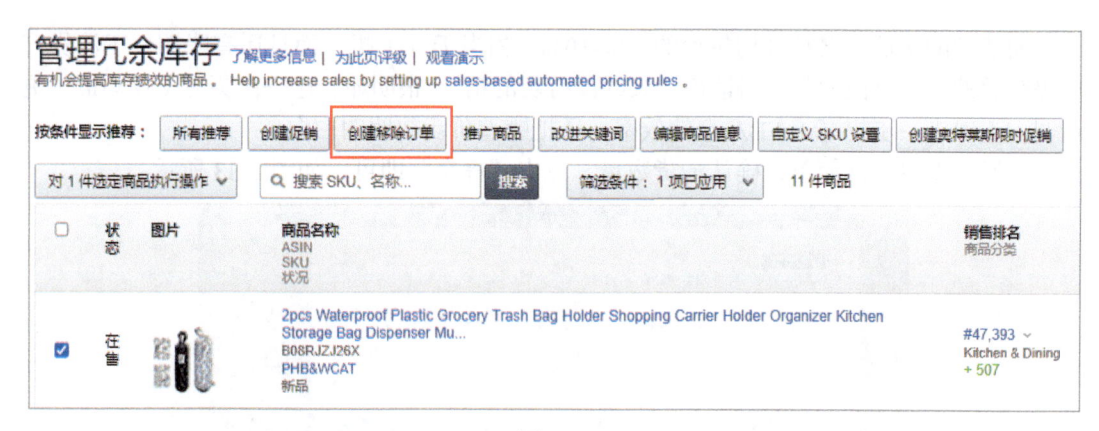

第 7 章　IPI 监管，FBA 卖家的新对策

图 7-30

关于常规的订单移除，卖家们都比较熟悉，包括我之前讲过的移仓和弃置。移仓就是卖家把产品的 FBA 库存移出亚马逊仓库，移到卖家指定的本土地址，这种方法是针对货值比较高或有价值的产品。

而弃置就比较简单，卖家选择弃置以后，产品的 FBA 库存则交由亚马逊处置。一般来说，亚马逊会进行检测及筛选，无法进行二次售卖的产品会直接被废弃掉，品相好的产品一部分进入捐赠系统，另一部分则进入亚马逊的二手渠道（Amazon Warehouse），如图 7-31 所示，来发扬勤俭节约的传统美德。

图 7-31

除了上述的常规移除，亚马逊还推出了一个新的功能——批量清货，如图 7-32 所示，顾名思义，卖家可以通过对符合条件的 FBA 库存以清货的方式卖给亚马逊来挽回一部分损失。

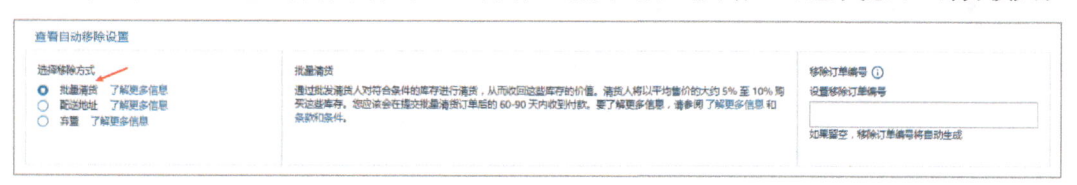

图 7-32

197

而清货的卖价大概是日均售价的 5%~10%，相当于打 1 折，而且还有账期，于清货订单提交后的 3 个月内回款。俗话说"买的没有卖的精"，很明显，这一次买方（亚马逊）更精明，不但进一步提高了 FBA 仓储效率，还把赚差价玩得明明白白。

在操作上也非常简单，确认清货数量，点击"提交"即可，如图 7-33 所示。

图 7-33

7.3.2 提高库存周转率

上文提到的库存积压问题的出现，主要的原因还是 FBA 库存周转的低效导致的。所以卖家们要尽可能地提高库存周转率，说白了就是提高 Listing 转化率，买的人多了，库存消耗得速度快了，周转率自然而然地也就增长了。同时，也避免了库存积压问题的出现。

1. FBA 库存详情

要想提高库存周转率就要先分析库存数据找出问题 SKU。FBA 库存的相关数据都呈现在 IPI 绩效的"库龄"模块中，如图 7-34 所示，包括 SKU 级别的排名、销售额、售出率、库龄以及 LTSF。

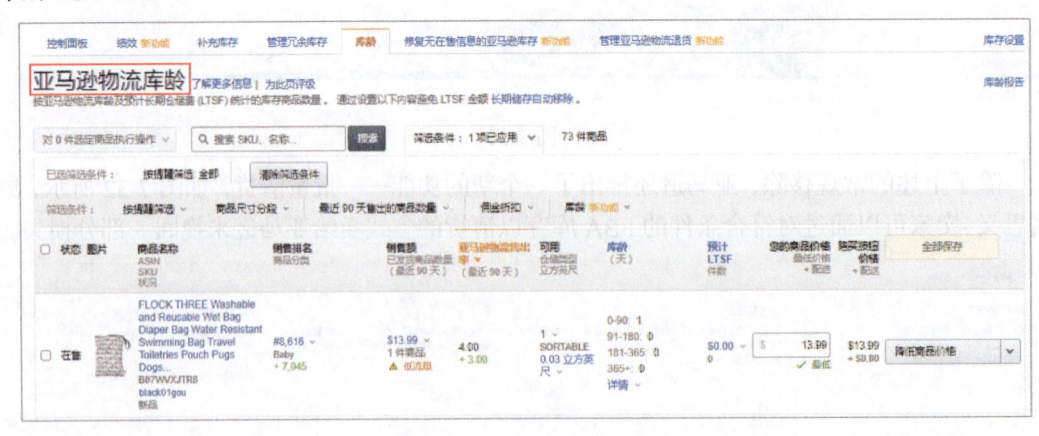

图 7-34

第 7 章　IPI 监管，FBA 卖家的新对策

最右侧的操作栏中，除了常规的 SKU 优化手段外，如图 7-35 所示，还包括一项全新的功能——SKU 业绩。

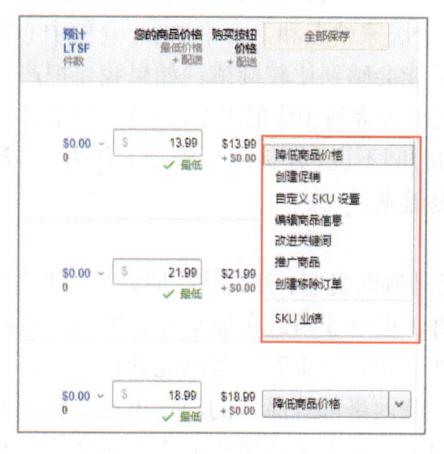

图 7-35

点击进入业绩详情，如图 7-36 所示。SKU 的数据被分成了 5 个维度，包括销售额趋势、产品定价、FBA 库存状态、亚马逊的费用明细以及产品入库状态。

其实这些都是亚马逊店铺内的基础数据，但之前的数据展现太过零散。好在亚马逊也意识到了这一点，通过 IPI 的新模型，以 SKU 为单位进行了关联数据的有效整合，让卖家能够一目了然，进一步简化了操作流程，节省了卖家的时间。

图 7-36

2. 全球销售渠道

在分析了 SKU 库存的实时数据后，针对低周转率的 SKU，除了我们常规的营销手段，还可以借助亚马逊的 20 多个国家站点和上百个 FBA 仓储中心实现订单的跨区域增长。说到这，有卖家（美国站）可能会感到比较疑惑：如果我要把产品卖到其他站点，那我岂不是要先注册目标站点的店铺，备货到相应的 FBA 仓库，然后才能开始售卖？而且又不知道销售前景如何，期间浪费的时间不说，还徒增了资金的压力。有没有性价比更高的方案呢？答案是肯定的，且听我慢慢道来。

1）北美合仓计划

大家知道，作为美国亚马逊的卖家，美国站注册以后，北美 3 国的站点是自动开通的，包括美国、加拿大和墨西哥。虽然亚马逊在加拿大和墨西哥也都有各自的 FBA 物流中心，卖家可以独立运营，但从地理位置上来看，美国北邻加拿大，南靠墨西哥，交通上相对来说比较便利，而且加拿大、墨西哥部分品类的消费市场不算很大。因此，卖家朋友们可以利用亚马逊的北美合仓计划来低成本地拓展整个北美地区的业务。说白了就是把美国 FBA 的产品卖给加拿大和墨西哥的客户，而无须备货至目标海外仓，那么北美合仓如何操作呢？

第 1 步，我们在卖家中心"库存"选项卡中，打开"亚马逊物流远程配送"，如图 7-37 所示，进入北美合仓的功能界面。

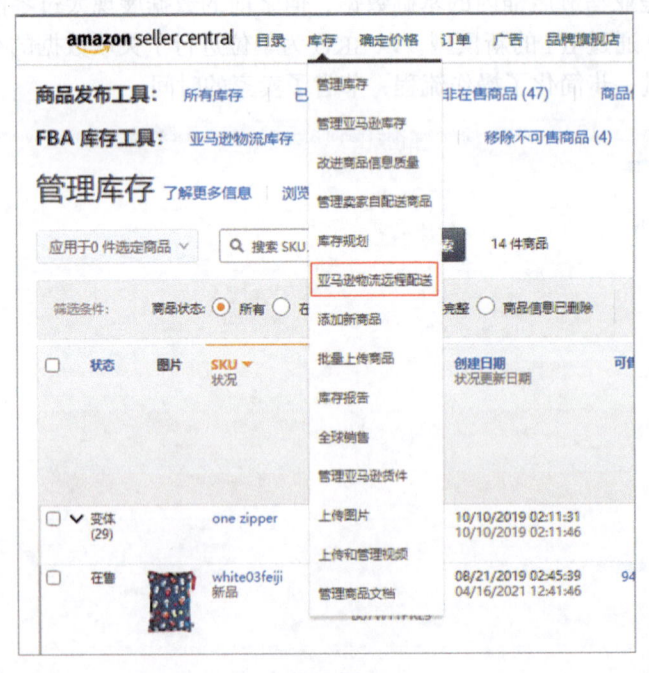

图 7-37

第 2 步，进入远程配送界面，详细阅读相关远程配送的介绍，并选择要加入的远程配送的站点，选择同意亚马逊的相关操作条款，提交注册即可，如图 7-38 所示。

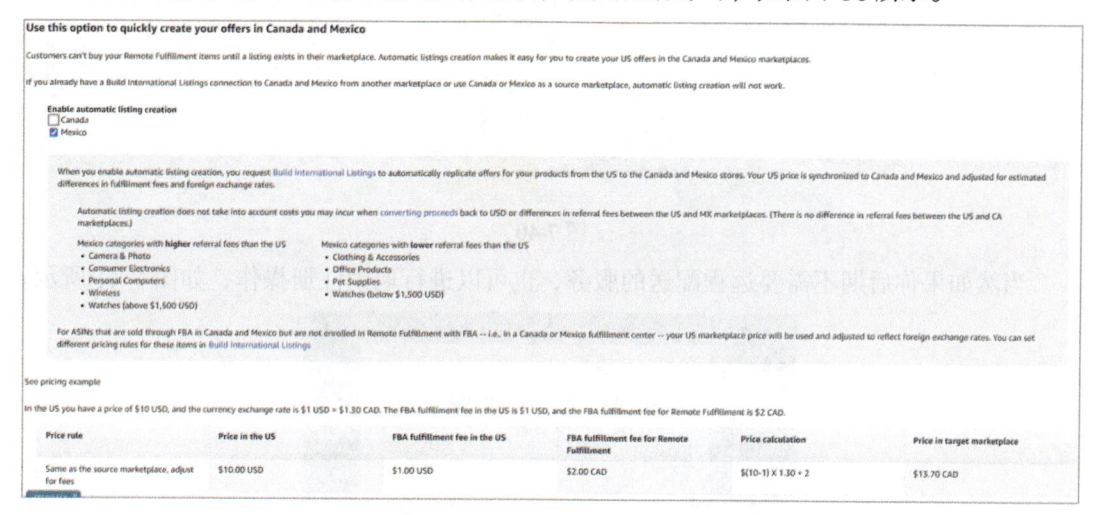

图 7-38

第 3 步，在步骤 2 中，我们默认启用了"自动创建商品信息"，需要等待 24 小时的数据审核与库存信息同步，亚马逊会自动将所有符合配送要求的 ASIN 添加到该计划中。等到信息同步完成后，我们也可以通过下载 ASIN 报告查看相关的 Listing 信息，如图 7-39 所示。

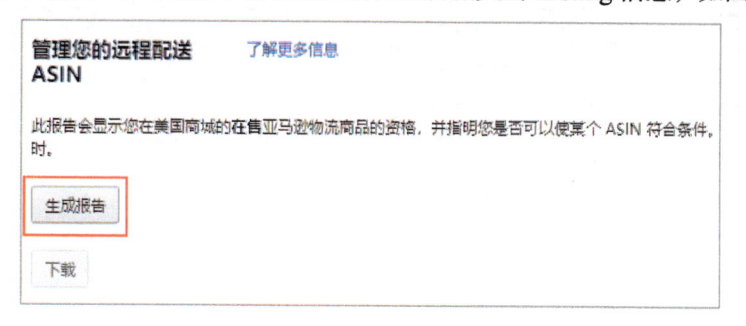

图 7-39

卖家如果想修改计划中的产品，也可以通过 ASIN 状态报告的信息调整来完成产品信息的变更，只需要在报表中选择"启用"或者"禁用"后，重新上传更新 ASIN 状态，如图 7-40 所示，因为涉及跨国销售及运输，所以产品的要求要满足目的国的海关等政策，否则无法注册成功。

201

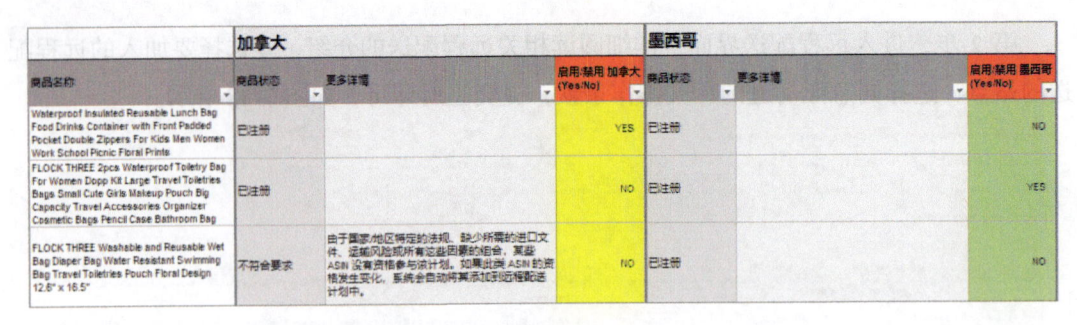

图 7-40

当然如果你后期不需要远程配送的服务，也可以进行取消注册操作，如图 7-41 所示。

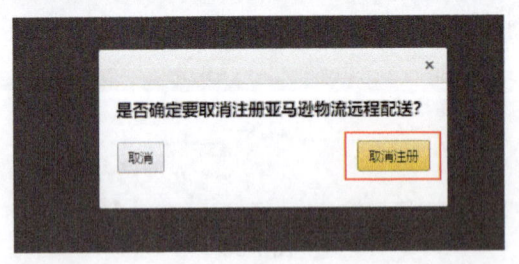

图 7-41

以上就是北美合仓的全部操作，关于后期的订单管理，大家可以在"订单历史报告"中统一查看，如图 7-42 所示。

图 7-42

我平日都是用 ZonGURU 来查看，更方便些，如图 7-43 所示。

对于远程配送的订单，卖家只需要支付相应的订单佣金和 FBA 远程配送费即可，标准尺寸的配送费不算太高，如图 7-44 所示。但大件尺寸的配送费要高出 3 倍，对于商品产生的进口关税，则需要买家支付。

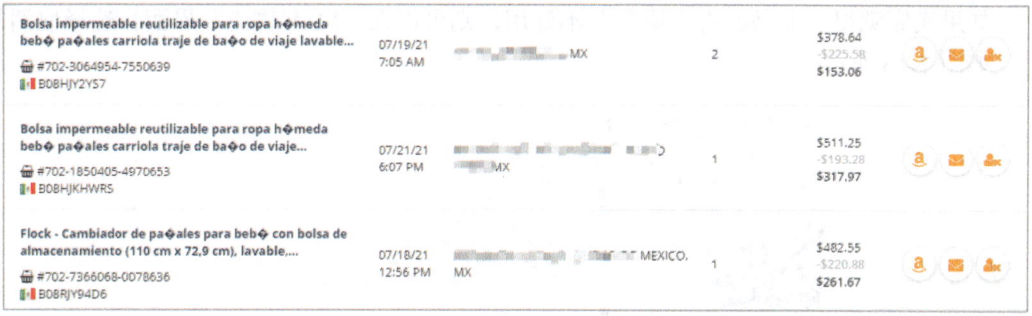

图 7-43

图 7-44

跟北美合仓一样,欧洲 5 国也有个合仓方案叫"泛欧计划",除去英国的特殊性,其他欧洲站点可以共享卖家指定的 FBA 中心仓,比如货放在德国 FBA,其他欧洲国家的订单由德国 FBA 统一配送。

2)另类全球销售

如果大家觉得北美合仓也比较麻烦,那还有更简单的方式——"亚马逊寄卖服务"。

什么是亚马逊寄卖服务呢?

相信大家在浏览亚马逊网站的时候,经常能看到亚马逊的店铺,比如 amazon.com、Amazon Warehouse、Amazon US。前两者在美国本土站点比较常见,而后者出现在美国以外的其他国家站点,比如澳大利亚,如图 7-45 所示。品牌名称为 FLOCK THREE,卖家名称为 Amazon US。

此时,这个产品就是属于亚马逊寄卖服务,亚马逊寄卖服务有别于亚马逊的供应商计划,无须卖家自行注册,亚马逊会购买卖家的 FBA 产品并在全球的亚马逊商城进行销售,从而免去卖家进行全球销售的复杂流程。通俗地说就是,亚马逊成为你的分销商,对你的产品进行二次销售来赚取差价,这时,亚马逊的订单将会显示在订单管理页面,期间跨区域操作的所有配送环节都由亚马逊负责,卖家真正成了"甩手掌柜"。

如果卖家觉得"亚马逊寄卖服务"不好用，则可以在"FBA 物流"界面，选择取消即可，如图 7-46 所示。

图 7-45

图 7-46

7.3.3 维护 Listing 信息

对于品牌 FBA 卖家来讲，尽管 Listing 的出错几率比较低，但也要避免出现诸如平台违规词或者产品属性缺失等导致的 Listing 下架、停售或库存错误。卖家最好定期检查 IPI 的 Listing 库存修复页面，并适时地利用好 Listing "自动修复"功能，如图 7-47 所示，卖家可以设置问题 Listing 的自动更新或发货方式的自动转换。页面下方的"自动移除"可以根据需要自行设置，亚马逊会根据定制规则来处理问题 Listing 的 FBA 库存。

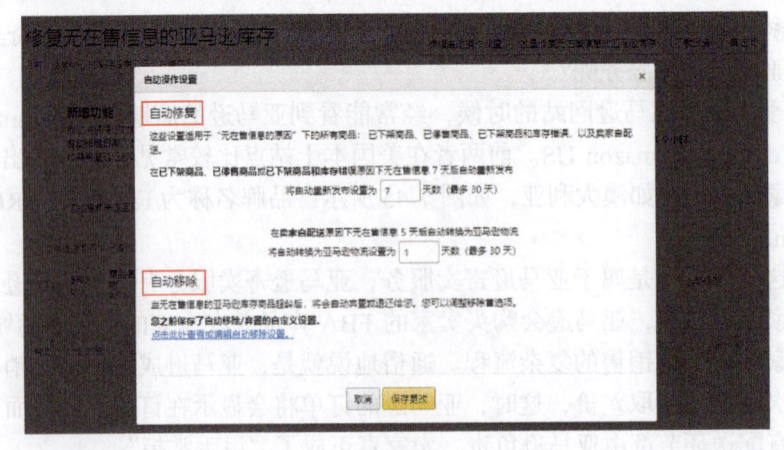

图 7-47

第 7 章　IPI 监管，FBA 卖家的新对策

如果此页面无信息出现，则表示 Listing 暂时没有问题，如图 7-48 所示，后期留意信息变动即可。

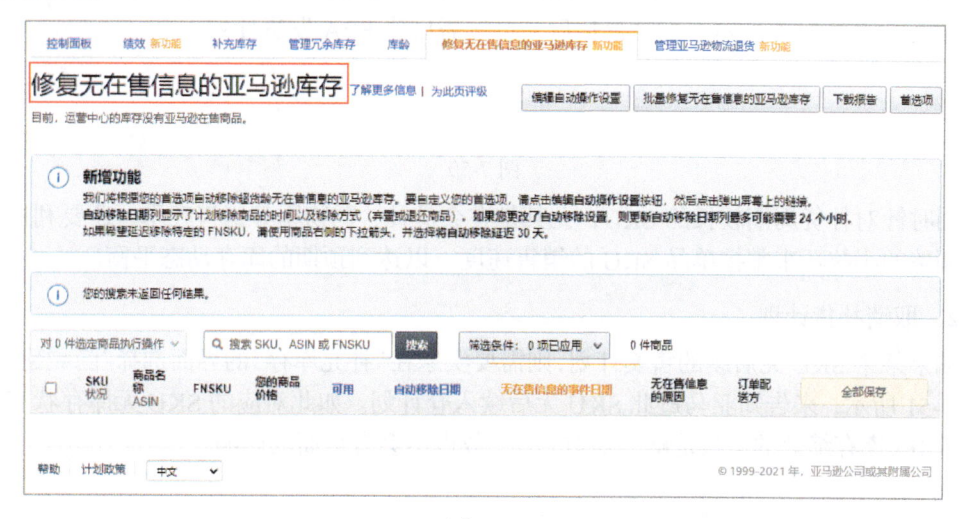

图 7-48

7.3.4　避免热卖品缺货

在 IPI 的"补充库存"界面，亚马逊会罗列出各 SKU 产品的库存供货天数，如图 7-49 所示，在这里，卖家可以对现有 Listing 库存进行实时监控，合理地制定 FBA 发货计划。

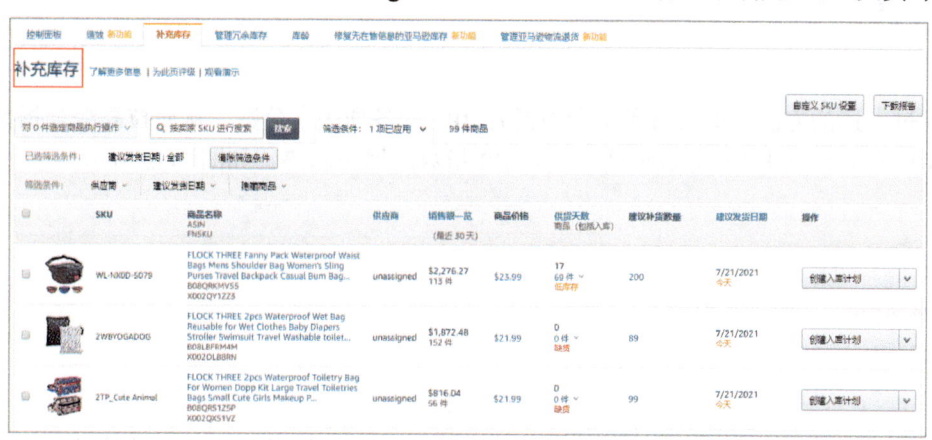

图 7-49

1．即时安排补货

在产品销售期间，卖家应该实时关注 SKU 单日销售状态及库存情况，并预估 SKU 未

205

来的销售趋势,这其实是从选品开始的常态化工作,特别是对于有自身供应链优势的卖家,必须全方面地考虑 SKU 生产周期及 FBA 入仓时间。当然,大家也要参考下亚马逊的 FBA 补货建议,如图 7-50 所示,综合评估后,再按需创建 FBA 发货计划。

图 7-50

同时针对补货周期较长的 SKU,尤其是在会员日、购物季等销售旺季,还要利用诸如价格调整的小技巧来掌控单品 SKU 的销售速度,以达到预期的库存动态平衡。

2. 取消补货计划

如果某个 SKU 无后续的售卖计划,则需要卖家在"补充库存"的界面选择"隐藏建议",如图 7-51 所示,来告知亚马逊此 SKU 无后续入仓计划。如此对应的 SKU 无库存状态将不会进入 IPI 库存绩效的考核范畴,对 IPI 的分数也不会有负面的影响。

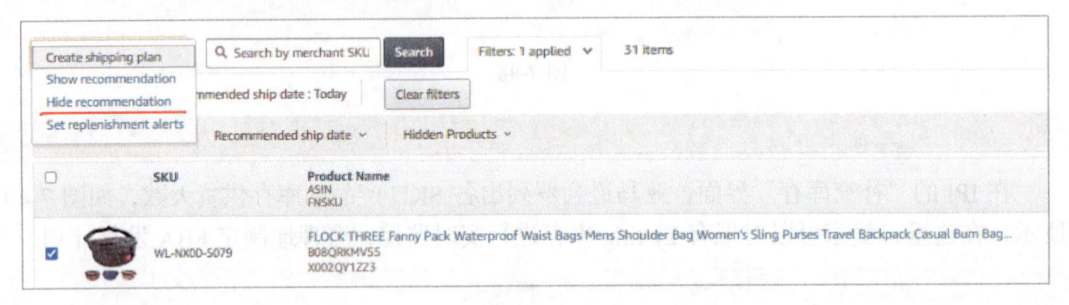

图 7-51

通过上述的方法,即可有条不紊地提升 IPI 的各项因素分数,从而拉高综合指数,卖家也可以在后台点击 IPI 分数详情,查看 IPI 指数的增长趋势,如图 7-52 所示。

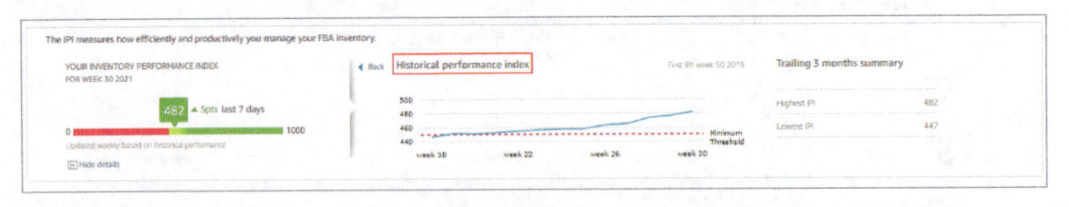

图 7-52

除了上述方案,我在平日的培训中反复强调:"解决问题的最好办法就是避免问题的出现,"中医俗称的"治未病",也就是通过大数据分析及实时监控做好 ASIN 销量的预测,配合供应链的优化,降低产品滞销的概率,减少损失,同时,辅以站内外营销手段提升产品的转化率。

7.4 库存 IPI 的常见问题

7.4.1 优化后，为什么 IPI 下降了

IPI 指数是依据过去 3 个月的销售额、库存水平及成本的综合数据，进行每周更新的动态指标。虽然保持库存的健康水平相对比较容易，但是如果销售额没有起色的话，IPI 依然会维持低位。举个例子，如果你在上周移除了一些库存，但 IPI 的数值可能不会实时地反映出来，因为这只是 3 个月周期中的 1 周，保持良好的店铺销售状态，IPI 分数会随着时间的推移慢慢提升的。

7.4.2 FBA 库存率是如何计算的

亚马逊 FBA 的存货率是按照过去 30 日内可补货的 FBA 产品库存时间的百分比和按照过去 60 日内的售出数量加权计算出来的。

7.4.3 新建的 ASIN 是否影响 IPI

新创建的 ASIN 在前 90 天内不会影响店铺的 IPI 库存绩效指标分数。

7.4.4 未达到 IPI 的后果是什么

IPI 是亚马逊监控卖家店铺整体销售状态的量化指标，目的就是让卖家们能够更加合理地对 FBA 库存进行把控，避免出现任何滞销或断货的情况。当然如果卖家的 IPI 分数没有达到亚马逊平台的要求，相关的仓储费及其他费用会不断增加，同时也会影响到项目整体的 ROI。更多的常见问题解答，卖家可以登录亚马逊后台查看，查看路径为帮助→FBA 入门→FBA 库存→IPI→IPI 常见问题。

第 8 章

绝无仅有，CPC 的"神仙"打法

对于资深的搜索营销领域的人来说，能否玩转亚马逊的 CPC 广告也算是一个不小的挑战。而小卖家如果不具备一定的广告运营基础，盲目地开广告，结果就是毫无头绪，只能眼睁睁地看着钱哗哗地流向亚马逊。

我从事跨境电商这个行业 15 年，包括自己的店铺在内，经手了许多亚马逊账号，虽然我没有 Google 等大厂的背景，但是有一路走来用"真金白银"砸出来的经验。我觉得对于中小卖家而言，我的经验虽然不是很牛，但是可能是最接地气的，希望能够帮助你一步步地走出 CPC 广告的迷宫阵。

8.1 CPC 广告介绍

亚马逊广告多半是"点击付费"的模式，而广告更多的是成本支出项，所以我们习惯称之为"CPC"（Cost Per Click）。

8.1.1 为什么投放广告

大部分中小卖家比较纠结的问题是，做亚马逊到底要不要打广告呢？毕竟小卖家不像大卖家一样财大气粗，在预算有限的前提下，不打广告只靠自然流量的增长是否可以？我们以美国市场为例，先看一组数据。

第 8 章 绝无仅有，CPC 的"神仙"打法

1. 入驻卖家数量

近几年，美国人口基数变化不大，一直稳定在 3.3 亿人口左右，如图 8-1 所示。

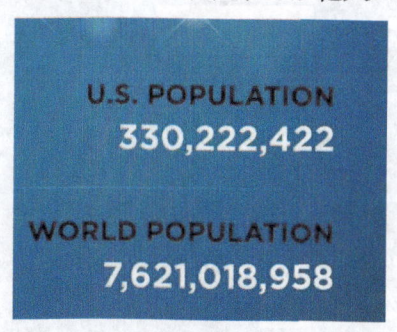

图 8-1

美国总人口增长不多，然而亚马逊在美国本土的会员数量确实连年攀升，2020 年更是达到了 1.26 亿个会员，如图 8-2 所示，相当于美国人口的三分之一。

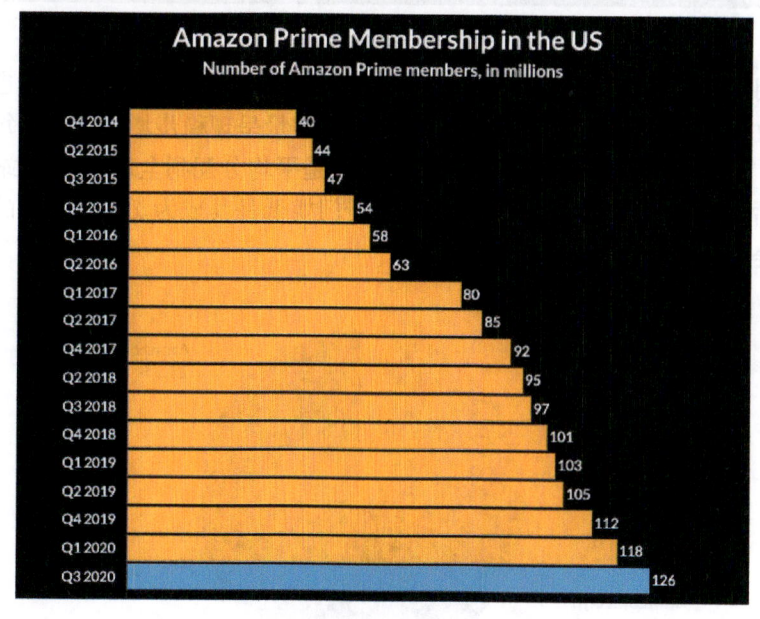

图 8-2

不仅是新会员用户数量在增长，用户黏性也在不断提高，据亚马逊（美国）会员的调研数据显示，在人们经历突发公共事件时，比如全球疫情等，在亚马逊给消费者带来的变化中，排在首位的是"亚马逊在消费者心中的地位更加重要"，如图 8-3 所示，足以见得消费者对亚马逊的依赖。

209

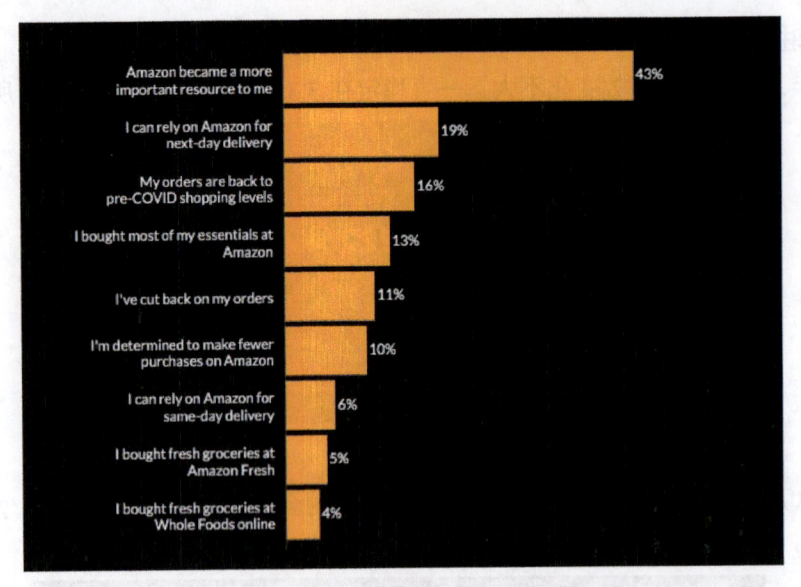

图 8-3

庞大的用户群体意味着平台持续、稳定的流量，买家多，那么卖家自然也不会少。据 MP 的调查数据显示，近几年，亚马逊全球卖家的数量呈现稳步增长态势，每年新增卖家数量达到 120 万~140 万家。但新增卖家的数量也不是平均分配到全球 20 多个站点，如图 8-4 所示，美国站依然是卖家入驻的首选站点，注册门槛低是其成为卖家第一站的主要原因，但也意味着美国站的竞争会日渐白热化。

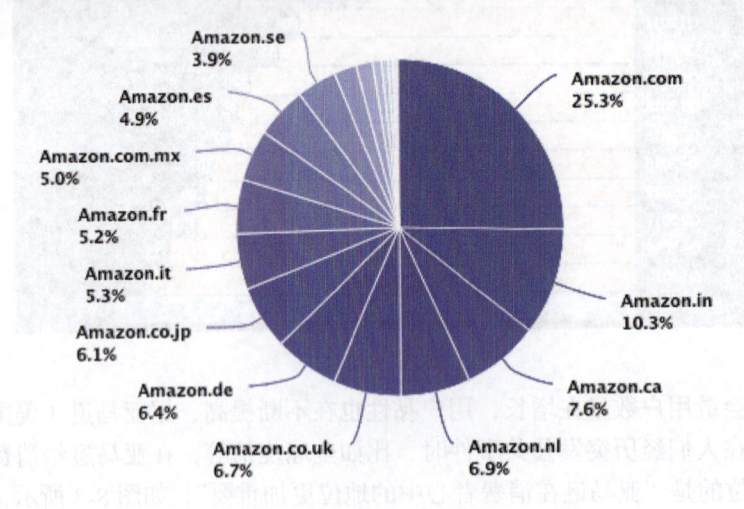

图 8-4

2. 平台产品数量

除了卖家数量的连年增长，亚马逊站内商品类目的数量也在不断飙升。据统计，亚马逊自营 Listing 有 1200 万个，第三方卖家 Listing 达到 3.5 亿个之多。从技术的角度来讲，只要亚马逊愿意，其 Listing 的数量是没有上限的，就好像是一个拥有无限货架的大超市。再加上第三方卖家的加入，平台上的 Listing 数量终有一日会涨破天际。好在亚马逊推出了 IPI 的库容政策，延缓了 Listing 规模的疯长。面对依旧庞大的卖家数量和竞品数量，CPC 广告成为新老卖家前期推广的必要手段。

3. CPC 广告支出

WR 的报告指出，在平台中 67% 的推广卖家中，有 74% 的卖家使用 CPC 来达成销售。另 FQD 的报告显示，每年卖家们在亚马逊上的总体广告花费都维持在上百亿美元，其中，CPC 均值达到 0.85 美元，ACoS 为 22%，CTR 则是达到了 12.5%。基本上卖家的 CPS 介于 6 美元~7 美元，这就意味着在 CPC 为 0.85 美元的情况下，平均 8 次点击才能产生 1 次销售。大部分卖家的广告销售占比过半，达到了 62%。

综上所述，面对激烈的平台竞争，中小卖家想要做强品牌，站内广告在中前期的投入比重依然会比较高。所以，大家应该考虑的并不是是否做广告的问题，而是如何提高广告的 ROI。

8.1.2 广告的先决条件

以上数据表明，广告是肯定要做的，但广告也不是说做就做的。亚马逊对卖家设置广告产品是有一定要求的，其必须符合"RRASIN"的平台标准，包括：

1. ASIN 处于在售状态；
2. 不能是 CPC 广告违禁品类；
3. ASIN 拥有购物车，最好是 FBA 产品。

当然，卖家如果想要保证 CPC 广告的效果，最好额外再加上 3 条，分别为：

4. 至少有 15 个用户评价，且评价分数高于 3.5 分；
5. ASIN 产品页内容已优化；
6. 至少有 5 张高质量的主图和副图。

8.1.3 CPC 广告位展示

因为我们团队在国内、国外的市场都在做，所以我会经常留意和对比国内外电商平台的规则变化，针对广告位来说，我们拿淘宝和亚马逊作比较，从广告位的布局上了解下平台的差异。

1. 淘宝广告

得益于阿里巴巴的集团资源，淘宝的广告触手很少，分为阿里站内和阿里站外。

- 阿里站内主要指淘宝、天猫等淘系平台，是淘宝卖家主要的广告投放阵地，投放形式包括 CPC（直通车）、CPM（智钻/品效宝）、CPS（淘宝客）、CPA（行动付费）、CPT（时长付费）、DSP（广告平台）、DMP（广告数据）。
- 阿里站外主要指阿里旗下的 UC 浏览器、优酷视频等流量媒介，广告形式常见的是搜索竞价、信息流和视频贴片等。除了自己的嫡系部队，还有很多其他的合作伙伴，主要是非阿里系的合作媒体资源，通过 Uni Desk（类 DSP）对合作媒体流量进行广告投放。

透过阿里的广告体系，大家可以看到，国内电商卖家的运营支出会比较分散，且成本居高不下。

2. 亚马逊广告

相比淘宝来说，亚马逊的广告体系比较克制，广告的展示效果还不多，也是这几年才逐渐丰富了广告样式，毕竟亚马逊也担负着"送 CEO 移民外星球"的任务，所以要多攒点家底。不过，我觉得亚马逊的广告布局还达不到国内一些平台"铺天盖地"的程度，我们一起来看下。

亚马逊广告也分为站内及站外：

- 站内广告包括 3 种类型：PSA（关键词广告）、BSA（品牌广告）、DSA（定向广告）。在关键词的搜索列表页，广告的展示位会多一些，如图 8-5 所示。

图 8-5

而在 Listing 的详情页，广告的展示位会融合在产品详情的各个版块里，如图 8-6 所示。

第 8 章　绝无仅有，CPC 的"神仙"打法

图 8-6

- 站外广告则依靠亚马逊联盟及各大媒体网络 DSP，在我的公众号（越人 teCH）里有关于亚马逊联盟的文章，大家可以关注公众号做延伸阅读。

8.2　CPC 操盘核心

在 Listing 优化的章节，我跟大家介绍过亚马逊全新的 A10 算法，其中，CPC 广告在新算法的影响下会有一些弱化，但不代表 CPC 广告就不重要了，而是 CPC 广告需要更加精细化地运营，从原理、逻辑、架构出发，重新读懂 CPC 广告的核心。

8.2.1　CPC 广告原理

1．竞价规则

在大多数情况下，卖家在做广告的时候，亚马逊都会根据品类和关键词给予相应的竞价推荐，如图 8-7 所示。

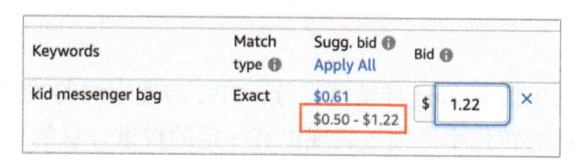

图 8-7

但是大家有没有想过，即时你选择了亚马逊推荐的最高出价，目标关键词依然无法获得预期的流量和点击率，这是为什么呢？

理论上来说，只要你的出价高于第二名，那么按照价高者得的游戏规则，你将赢得广告排名的第一位。同时，CPC 的实际支出不会是你的关键词竞价，而是比第二名多花费 0.01 美元。举个例子，同一关键词，卖家 A 出价 5.5 美元，卖家 B 出价 5.1 美元，而卖家 C 出

213

价6美元，那么，卖家C则以6美元的出价赢得了此次广告位竞价，排名第一，而卖家C的实际花费是5.51美元。怎么样？是不是很简单？那卖家唯一要做的事情就是把出价抬高，坐等出单就好了。

实际上，虽然亚马逊没有公布它的CPC算法规则，但通过多年的经验积累，还有与其他卖家朋友的交流，我们断定，在CPC竞价中，亚马逊还有更多的隐藏参考指标，包括竞价、CPC、广告评分、广告位、质量分。

1）竞价

卖家愿意为关键词单次点击支付的最高金额，可参照亚马逊给出的推荐中标范围，也可以参考相关的竞价数据，比如我们常用的ZonGURU等工具，如图8-8所示。

关键词	迅卖系统评分	关键词销量	搜索量	前25名竞品数量	销售数量	评分	单价	标题核心关键词	广告竞价
lids	100	$59,513	9,189	5	421	312	$13.78	92%	$0.72
jar	92	$80,295	9,294	4	380	329	$16.94	84%	$0.73
lid	82	$11,443	2,177	5	416	394	$12.82	36%	$0.89
wide n jars	81	$23,334	3,078	4	656	399	$13.30	72%	$1.50
n lids	81	$28,507	2,716	4	433	377	$16.40	44%	$1.89
it	79	$125,664	13,381	1	520	562	$21.84	72%	$0.80
rs	76	$18,401	2,244	4	474	408	$19.07	60%	$0.66

图8-8

2）质量分

质量分参考的因素包括Listing详情页得分，CPC与搜索词的关联性，买家评价和店铺评分。当然，店铺整体的转化率等绩效表现也有一定的权重。总的来说，质量分关乎的是用户体验，这也是A10算法中强调的信息准确，而非利益最大化。

3）广告评分

广告评分取决于出价和质量分，即广告评分=出价×质量分，这是决定关键词排名的重要因素，得分越高，排名越高。做过国内淘宝的卖家是不是感觉似曾相识呢？没错，这跟直通车如出一辙，虽然不会是一模一样的算法，但天下的CPC广告也没逃脱出这个大的框架，只不过排名因素的权重不尽相同而已。

4）CPC 计算

CPC 的出价参考了非常多的潜在因素，所以卖家在广告中的最高出价对 Listing 的排名也无法起到了关键作用，我们拿 "Kid Messenger Bag" 举例：

关键词：Kid Messenger Bag							
卖家	出价	质量分	评分	排名	CPC 计算	实际 CPC 支出	
A	$5	7	35	1	"=24/8+0.01"	3.01	
B	$6	4	24	2	"=18/5+0.01"	3.61	
C	$2	9	18	3	"=16/9+0.01"	1.78	
D	$8	2	16	4	"=12/2+0.01"	6.01	
E	$4	3	12	5			

图 8-9

如图 8-9 所示，针对同 1 个关键词，有 5 个不同的卖家参与广告竞价，其中竞价出价最高的卖家 D 没有赢得第 1 的排名；质量得分最高的卖家 C 也没有赢得第 1 的排名；而赢得排名第 1 的卖家 A 实际 CPC 支出却比排名第 2 及排名第 4 的卖家 B 和 D 还要低。

当然亚马逊综合卖家的动态出价、广告展示位及广告账户权重，算法远比表中的复杂得多。但从这个角度出发，我们可以重新审视日常的 CPC 背后的逻辑。如图 8-10 所示，这种情况的出现就与上表中的卖家 D 很像，关键词竞价出价很高，但质量分很低，导致 CPC 费用"高企"。

图 8-10

2. CPC 指标

鉴于广告的复杂性，亚马逊提供了 CPC 的诸多绩效指标来帮助卖家分析、优化广告数据，如图 8-11 所示，包括曝光量、点击量、ACoS、ROAS、CPC、点击率 CTR、转化率 CR。

绩效指标	计算公式
曝光量	/
点击量	/
ACoS	=广告支出/广告收入×100
ROAS	=广告收入/广告支出
CPC	单次点击花费
点击率 CTR	=点击量/曝光量×100
转化率 CR	=订单量/点击量×100

图 8-11

215

无论是关键词广告还是品牌广告，达到多少才算是好的指标呢？比如点击率为 0.5% 算不算高？转化率为 8% 是不是很低？在亚马逊平台上，服装、3C 电子以及生活家居算是体量比较大且受欢迎的类目，我们来看看这些类目的行业平均数据，给大家做参考。

1）点击率

如图 8-12 所示，如果是服装类目的卖家，品牌的点击率一般在 0.35%，关键词广告会高一些，而在生活家居类目里，广告整体的点击率都比较高，达到了 0.45%。

2）转化率

如图 8-13 所示，生活家居类目的关键词广告转化率达到了 14.6%，品牌广告转化率达到了 10.1%。

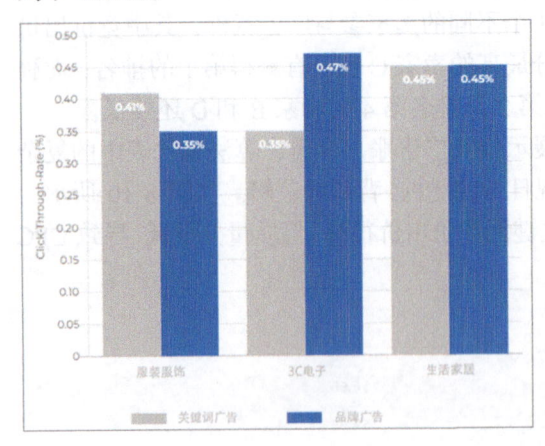

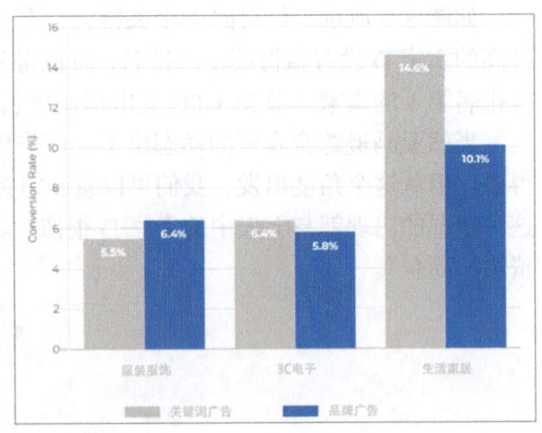

图 8-12

图 8-13

3）CPC

如图 8-14 所示，生活家居类目的 CPC 普遍较高，也意味着此类目产品竞争较激烈。当然平均值只代表了一个整体的态势，比如在 3C 电子类目中，0.79 的 CPC 也不算低了，可 3C 电子类目中的个别产品的 CPC 远远高于平均值 0.79，有的甚至高达 6 美元，这点对于做 3C 类目的卖家朋友应该深有体会。

4）ACoS

如图 8-15 所示，3C 电子类目的关键词广告 ACoS 达到了 27%，这意味着，在其销售额 100 美元中有 27 美元是广告费用。反观品牌广告的 ACoS 很低，也说明大家对 3C 电子类目的品牌认可度比较高，倾向于购买品牌认可度较高的产品。

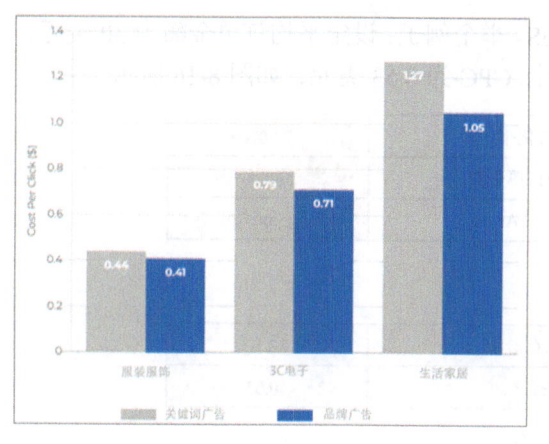

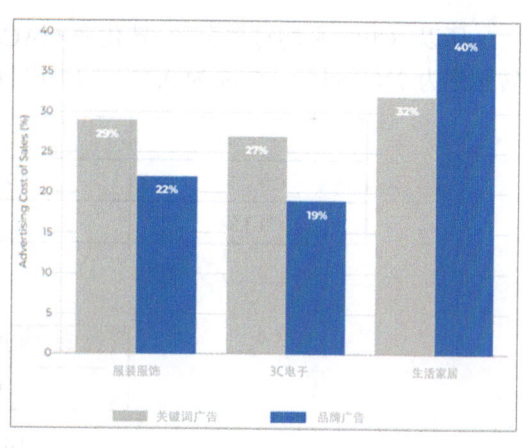

图 8-14   图 8-15

3. ACoS 设定

在众多 CPC 广告的绩效指标中，ACoS 是重中之重，它反映了竞价广告的销售占比，意味着卖家的销售成本，抛开运营策略不谈，从理论上来说，ACoS 指标越低越好，毕竟成本少了，赚的就多了，那么 ACoS 要如何计算呢？

1）ACoS 上限

ACoS 的计算公式=广告支出/广告收入×100。举个例子，如果 ACoS 是 20%，即每赚 100 美元就需要支付 25 美元（只考虑广告支出）。什么是 ACoS 的上限呢？上限就是卖家的盈亏平衡点，即利润率。我们拿"Messenger Bag"举例，商品成本为 7 美元，商品售价为 30 美元，亚马逊费用为 5 美元。

我们每次销售的广告前利润为 18 美元。我们如果把这 18 美元全部投入广告来获取订单，那么我们的广告花费占 60%，即我们的 ACoS 上限。简单理解就是，如果销售占比高于 60%，我们就亏钱了；如果销售占比低于 60%，我们就有钱赚。

2）ACoS 目标

当然对于卖家来说，我们肯定不希望执行 ACoS 的策略实现零利润，所以我们要在 ACoS 上限的标准下，设定我们的目标 ACoS，即 TACoS。

比如 60%（ACoS）-40%（TACoS）=20%（TPM），其中，40%为目标 ACoS，而 20% 是目标利润率。

3）CPC 出价

有了 TACoS，我们就可以计算出 CPC 的目标出价了，计算公式如下：

CPC=单次广告收入×TACoS=订单金额/点击量×TACoS=订单金额×转化率/订单量×TACoS=平均订单金额×转化率×TACoS。

所以，CPC=平均订单金额×转化率×TACoS。举个例子：设定平均订单金额为30美元，转化率为7%，目标ACoS为0.25，则得出目标CPC为0.53美元，如图8-16所示。

第1步	转化率	7.00%
第2步	平均订单金额	$30.00
第3步	目标 TACoS	25.00%
	平均点击收入	$2.10
	目标 CPC	$0.53

图 8-16

大家可以通过在公众号（"越人 TeCH"）内回复"ACoS 计算器"来获取计算表格，以更加便利地计算目标 CPC。

8.2.2 DFSN 黄金法则

在过往的广告实战中，我们一直遵循 CPC 的"DFSN"准则，也是广告操盘的 4 个步骤。

1. 收集关键词

"D"是第一步，即卖家对关键词的挖掘。除了在常规的亚马逊下拉框中找词，我们还可以使用一些生产力工具，比如 ZonGURU、Oalur、GKP、SemRush 等，帮助我们找到准确的目标关键词，如图 8-17 所示，大家可以在"卖家专属导航"中查看详情。

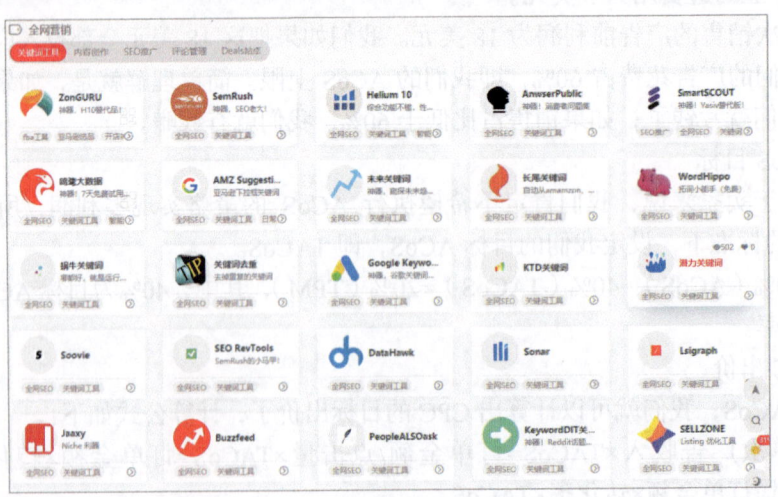

图 8-17

2．筛选核心词

"F"是第 2 步，即卖家对关键词的分析。卖家下载搜索词周期报告，筛选出好的关键词，以提升点击转化率，同时进行 Listing 的二次优化提升转化率。

3．开手动广告

"S"是第 3 步，即手动广告的介入。经过前期的数据积累，手动广告要开始发挥作用了，卖家可以把"好的词"整理到手动广告组中，如图 8-18 所示，以精准匹配的模式来逐渐降低广告成本。

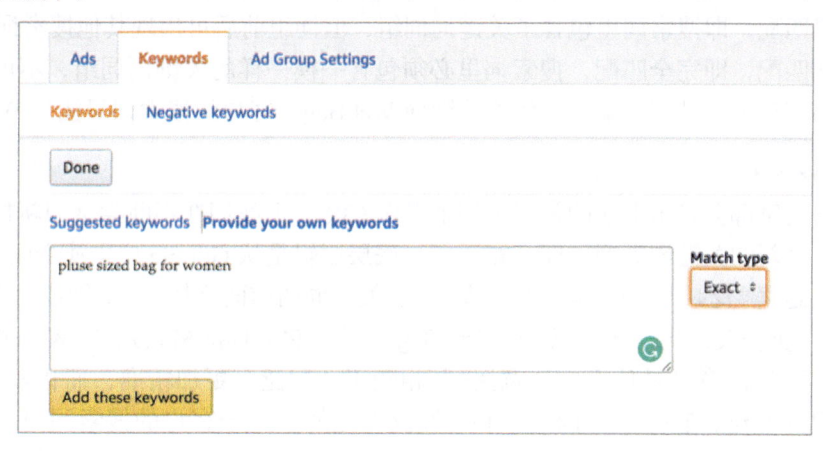

图 8-18

4．否词的应用

"N"是第 4 步，即否词的应用。卖家在完成关键词的手动广告后，相同的关键词要在源广告组中进行"精准"或"词组"否定的操作，如图 8-19 所示。

图 8-19

8.2.3 关键词新类型

在创建广告时，亚马逊会把广告分成自动广告和手动广告两种方式，而在手动广告中，卖家需要选择竞价的关键词，对于每个选择的关键词都需要指定一个匹配类型。匹配类型指的是关键词与用户搜索词相匹配的方式。

1. 常规类型

- 宽泛匹配，即部分匹配，客户搜索词里包含了关键词中的一部分，广告可能会展现出来，此时搜索词可以是错词、近义词、关联搜索词或变体。
- 词组匹配，即搜索词里包含了关键词词组，但词组前后可出现其他搜索词。
- 精准匹配，即完全匹配，搜索词里必须包含一模一样的关键词词组，不可有任何顺序的变动及关键词的增减。例如关键词 Wet Bag，客户的搜索词只能是 Wet Bag。

2. 升级类型

大部分卖家都会采用上述的常规类型来操作 CPC，但我们在不断尝试的新打法中，还发现了一个全新的关键词类型，即"宽泛+"，底层逻辑是从 Google 广告演变而来的。

- 什么是宽"泛+"？以"宽泛"为基底，在关键词的前面添加"+"，即成为全新的"宽泛+"类型关键词。我们以 Wet Dry Bag 举例，它的标准格式是"+Wet+Dry+Bag"。
- "宽泛+"的意义是什么？"宽泛+"相较于"宽泛"更加精准，而相较于"词组"则更加宽泛，它介于"词组"和"宽泛"之间。对于客户的搜索词而言，一定是"全部包含且顺序可变"。举个例子，针对"+Wet+Dry+Bag"，客户的搜索词可能是 Dry Bag Wet、Big Wet Dry Bag、Wet Big Dry Bag，在以上情况下，广告都有可能展现出来。

以上就是 4 种关键词类型，我整理了一张 VS 表供大家参考，如图 8-20 所示。

匹配类型	词性	关键词	搜索词
宽泛	错词、近义词、关联词、变体，包含任意词	Wet Bag	Dry Bag、Wet Sack
宽泛 +	包含目标词且词序可变	+Wet+Bag	Wet Dry Bag
词组	包含目标词且词序不变	Wet Bag	Big Wet Bag
精准	仅包含目标词且词序不变	Wet Bag	Wet Bag

图 8-20

尽管"宽泛+"仍然处于"DFSN"的操盘准则里，但它的出现突破了"DFSN"的时间框架，尽可能地为卖家缩短了优化时间，从而控制了店铺的广告成本，算是"DFSN"的 PLUS 版本，在实际操作中也会更加灵活。

8.3　CPC "神仙" 架构

众所周知，亚马逊 CPC 的 A10 算法结构比较复杂，数据庞杂且细节繁多，需要卖家花多些时间来熟悉和学习 CPC 的操作。估计亚马逊 CEO 杰夫·贝佐斯也意识到了这一点，最近两年，我们可以看到亚马逊的广告栏目确实在不断地更新和优化，但"路漫漫其修远兮"，它在用户体验及易用性的方向上确实还有很长的一段路要走。

在刚开始，面对店铺内千奇百怪的广告报告，我也确实无从下手。后来经过自己的学习与摸索，逐渐总结出自己的一套广告框架，再加上广告界面易用性的提升，使得我平日在广告管理、数据分析、关键词优化及报告输出方面越来越有效率。接下来，我把这个独特的 CPC 广告框架分享给各位卖家，希望大家能够融会贯通，研究出属于自己的 CPC 广告架构。

我们以 Flock Three Wet Bag（防水袋）为例，先看下完成后的部分报表架构，如图 8-21 所示。

Profile Name	Campaign Type	Targeting	Campaign Name
FLT_Wet Bag_1	SPT (Sponsored Product)	keyword	Wet Bags_1_1_SPT_1_KW Target_1_Brand
		keyword	Wet Bags_1_1_SPT_1_KW Target_2_Broad+
		keyword	Wet Bags_1_1_SPT_1_KW Target_2_Exact
		Category	Wet Bags_1_1_SPT_2_Category Target
		Auto	Wet bags_1_1_SPT_3_Auto Target
	SPB (Sponsored Brand)	Keyword	Wet Bags_1_2_SPB_1_KW Target_1_Brand
		Keyword	Wet Bags_1_2_SPB_1_KW Target_2_Non Brand

图 8-21

8.3.1　产品 ASIN 分组

在创建新的广告活动之前，我会先对所有的 ASIN 进行分组，毕竟你管理一个 ASIN 的广告还好说，如果要管理多于 100SKU 的广告，再加上诸多变体，如果没有成体系的分配规则，那后期的分析数据将是一项宏大的工程。

这里，我要先说明下 ASIN 分类的依据：

1. ASIN 的分组逻辑

一开始可以把分类的层级抬高，后期再根据广告数据按需向下调。

2. ASIN 的价格范围

如果以 ROAS 的广告数据为目标，关键词的设置应该以目标 ASIN 的价格区间为基础，再根据转化率和客单价（AP）来测算关键词的竞价范围，以此来达到 ROAS 的预期值，为了数据的精准性，广告活动中的目标 ASIN 必须在同一个价格范畴内。

3. ASIN 的报告模型

前文提到过亚马逊广告的数据过于繁杂，对数据的提取有效性比较难，如果卖家再把不同的分类 ASIN 都放在一个广告活动中，这将使卖家很难去评估不同分类产品的广告表现。所以，在一般情况下，我都是遵循"简单法则"，即相同的分类 ASIN 会放在同一个广告活动中。

举例说明：

例子 1

Wet Bag 防水袋产品有不同的套装，对于 4set Wet Bag（4 件套）vs 1set Wet Bag（1 件）vs 3set Wet Bag（3 件套）而言，不同防水袋的系列，我会把它们做广告分组来评估各自的广告数据。

例子 2

Wet Bag 防水袋按用途划分为不同的款式，比如 gym wet bag、diaper wet bag 等，不同 SKU 款式可以作为广告分组的依据，分组后如下：wet bag-gym，wet bag-diaper。

得出的结论就是，同类型产品，人群不同、使用场景不同，就会导致广告效果的不同，分门别类地进行推广，数据会更加精准。

8.3.2　确定分组 ASIN

其次，广告分组确定好以后，我们开始选择广告 ASIN。

1. 挑选产品，4~8 个 ASIN 足已

在这个环节，相同分类或相同系列的多个产品 ASIN 会按照我的既定逻辑分配到广告组合中，组合中又包含了多个广告活动类型。关于产品 ASIN 数量，一般情况下，我会挑选 4~8 个产品 ASIN，为什么这么做呢？因为我的店铺的产品系列变体本来就比较多，而且多个产品 ASIN 也有助于扩大单个搜索的维度和差异化展现。另外，我们在创建品牌广告的时候，亚马逊也有要求至少挑选 3 个产品 ASIN。

2. 进行测试，找出最佳广告 ASIN

有的卖家朋友可能变体 ASIN 会比较多，在相同的广告活动中，挑选了超过 10 个 ASIN，那么后续你在 CPC 报表分析和优化的过程可能会感到一丝压力。如果你有多多益善的执念，建议初期在同分类下挑选 10 个评分较高的 ASIN 来打广告。待到 CPC 广告运营一个月以后，再对 ASIN 的表现进行一个全盘分析。最后，保留 TOP5 表现出色的 ASIN，同时替换掉其他 5 个 ASIN 进行新一轮的 CPC 广告测试。

8.3.3 广告活动架构

接下来，我们进入 CPC 广告活动的架构搭建。按照我们的逻辑，每个产品或产品组都会对应多个不同的 CPC 广告活动，这样做的目的很简单，就是为了迎合不同曝光手段下客户的购买路径。而不同的广告活动在品牌曝光、吸引客户及引导客户下单的"漏斗"模型中各司其职，如图 8-22 所示，我们的 CPC 广告新架构包含 2 个大类，5~6 个小类。接下来，我们一一讲解。

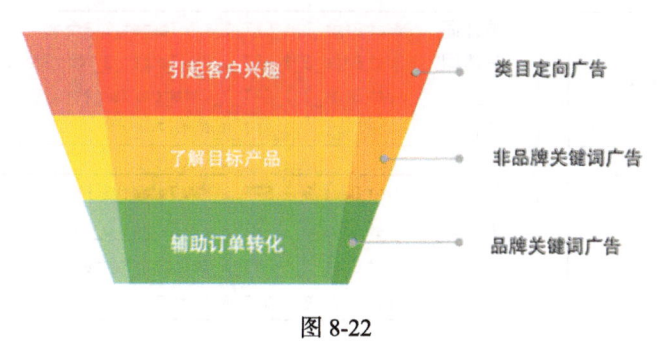

图 8-22

1. 关键词广告

1）定向广告组

在早几年，亚马逊开放了一个新的广告选项叫"广告定向"。广告定向包含分类定向和产品 ASIN 定向，卖家可以利用广告定向来选择特定的产品、分类、品牌或是与你的广告标的有类似特征的产品。广告定向的策略有助于消费者在浏览详情页、分类类目或是搜索关键词的时候都能够找到你的产品。跟 DSP 的定向规则类似，我们不能简单地用 ROAS 去衡量它，作为短期 ASIN 分类定位和长期品牌增长的策略，广告定向的作用不言而喻。

2）关键词广告组

针对关键词广告组，我划分了两个方向，包括品牌关键词和非品牌关键词。品牌关键词广告针对的人群是品牌的粉丝，为的是增加他们的转化率、复购率。同时，在一定程度上把竞品挡在品牌词的竞价排名之外；非品牌关键词广告针对的人群是从市场需求出发，正在考虑购买目标产品的客户，通过关键词广告来引导客户下单购买。

3）自动广告组

自动广告在整个广告组类型中充当的是先锋队的角色，在我们的广告架构中，自动广告在新品推广的前期会发挥其分类定位和关联搜索的作用来辅助广告关键词的优化。当然如果考虑采取精准放量的广告原则，卖家可以保留自动广告，但需调低其预算。

以下为针对不同产品的关键词广告组分类确定完毕，如图 8-23 所示。

产品	广告类型	广告名称
Wet Bag 1	关键词	Wet Bags_1_1_SPT_1_KW Target_1_Brand
	关键词	Wet Bags_1_1_SPT_1_KW Target_2_Non Brand
	定向	Wet Bags_1_1_SPT_2_Category Target
	自动	Wet Bags_1_1_SPT_3_Auto Target
Wet Bag 2	关键词	Wet Bags_2_1_SPT_1_KW Target_1_Brand
	关键词	Wet Bags_2_1_SPT_1_KW Target_2_Non Brand
	定向	Wet Bags_2_1_SPT_2_Category Target
	自动	Wet Bags_2_1_SPT_3_Auto Target
Wet Bag 3	关键词	Wet Bags_3_1_SPT_1_KW Target_1_Brand
	关键词	Wet Bags_3_1_SPT_1_KW Target_2_Non Brand
	定向	Wet Bags_3_1_SPT_2_Category Target
	自动	Wet Bags_3_1_SPT_3_Auto Target

图 8-23

2. 品牌广告

一般情况下，针对每组广告产品，我们会开设两个品牌广告活动，以关键词类型来区分，包括品牌关键词及常规关键词（非品牌关键词），如图 8-24 所示，我一般用"SPB"来表示品牌广告组。卖家朋友可以根据自身店铺的发展状况，评估品牌广告的 ROI，制定好 CPC 品牌广告策略。

Profile Name	Campaign Type	Targeting	Campaign Name
FLT_Wet Bag_1	SPT (Sponsored Product)	keyword	Wet Bags_1_1_SPT_1_KW Target_1_Brand
		keyword	Wet Bags_1_1_SPT_1_KW Target_2_Broad+
		keyword	Wet Bags_1_1_SPT_1_KW Target_2_Exact
		Category	Wet bags_1_1_SPT_2_Category Target
		Auto	Wet Bags_1_1_SPT_3_Auto Target
	SPB (Sponsored Brand)	Keyword	Wet Bags_1_2_SPB_1_KW Target_1_Brand
		Keyword	Wet Bags_1_2_SPB_1_KW Target_2_Non Brand

图 8-24

3. 广告组命名

我在给企业人员培训的过程中，发现很多人的广告活动、广告组都杂乱无章，点进店铺广告的功能模块，会让人有种想关掉电脑的冲动，如图 8-25 所示。

图 8-25

这样的广告架构，在你下载广告报告后，如果想要优化 CPC，都不知道从哪里下手。所以大家要重视广告组的命名。如果广告组有统一的命名规则，则可以保持广告账户的整齐划一，从而有效地引导我们分析数据、优化关键词以及查阅报表。广告活动的命名标准化可以帮助我们快速地识别广告活动内容，而无须一个层级一个层级地点进去查看，从而节省时间。尤其是当你的团队中有多人在操盘 CPC 广告的时候，你就会发现它的优势。以我的广告组名称为例，如图 8-26 所示。

图 8-26

其中，有以下几点需要注意。

1）首先，确保命名规则能够覆盖全部的广告活动，也就是所有广告组通用；

2）其次，CPC 广告活动报表中的各项重要标的层级都要包含其中；

3）最后，利用数字 1、2、3 标识广告优先层级。比如，我的 CPC 广告命名规则中的次序为：1. KW Target；2. Category Target；3. Auto Target。这个层级是根据预算权重划分的，大家可以看到，自动广告在我运营后期的预算权重非常低。

8.4 站内 CPC 广告

自从亚马逊推出了新广告类型及在多项广告功能更新后,整体的 CPC 广告操作逻辑更加清晰,但从运营的角度来看,则变得更加精细而复杂。

8.4.1 CPC 广告创建

在"卖家中心"选择"广告管理"进入广告操作界面,点击"创建广告活动"进入创建广告页面,如图 8-27 所示,我们逐个讲解下。

图 8-27

1. PSA 广告设置

"商品推广"简称 PSA,针对的是关键词搜索的买家,通过需求导向来展示广告,引导客户购买商品。那么,如何创建 PSA 广告呢?首先,点击"继续"进入"商品推广"的广告创建,如图 8-28 所示。

图 8-28

在页面分别填入广告名称、广告组合、每日预算以及选择广告策略,然后选择"自动投放",如图 8-29 所示。

图 8-29

其中"广告组合"是对广告活动的分类整合，我一般按照 ASIN 分类，这样方便管理，如图 8-30 所示。

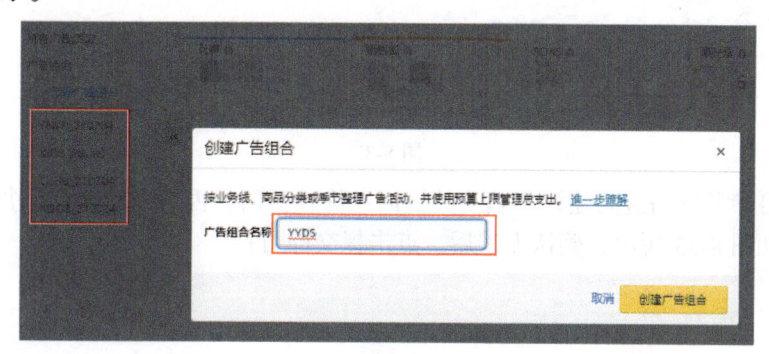

图 8-30

其次，选择"动态竞价"的策略，如图 8-31 所示。

图 8-31

紧接着，对广告组进行命名，同时选择广告标的 ASIN，如图 8-32 所示。

图 8-32

最后，可参考亚马逊的建议，填入关键词竞价、否词，否定 ASIN 的添加可晚些时候再做设置，如图 8-33 所示，确认无误后，点击提交即可。

图 8-33

以上是"自动广告"的创建，如果要创建"手动广告"，可在设置里直接选择"手动投放"，它与"自动广告"的区别在于以下两点：

其一："手动广告"可以自定义投放的关键词，包括宽泛+、词组、精准，如图 8-34 所示，还可以设置否词；

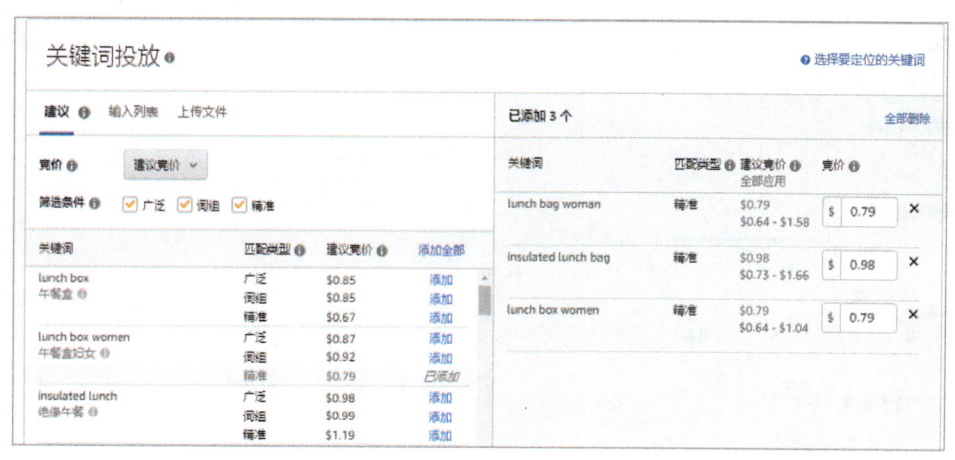

图 8-34

其二："手动广告"可以自定义商品投放，包括制定 ASIN、类目、品牌等，如图 8-35 所示。

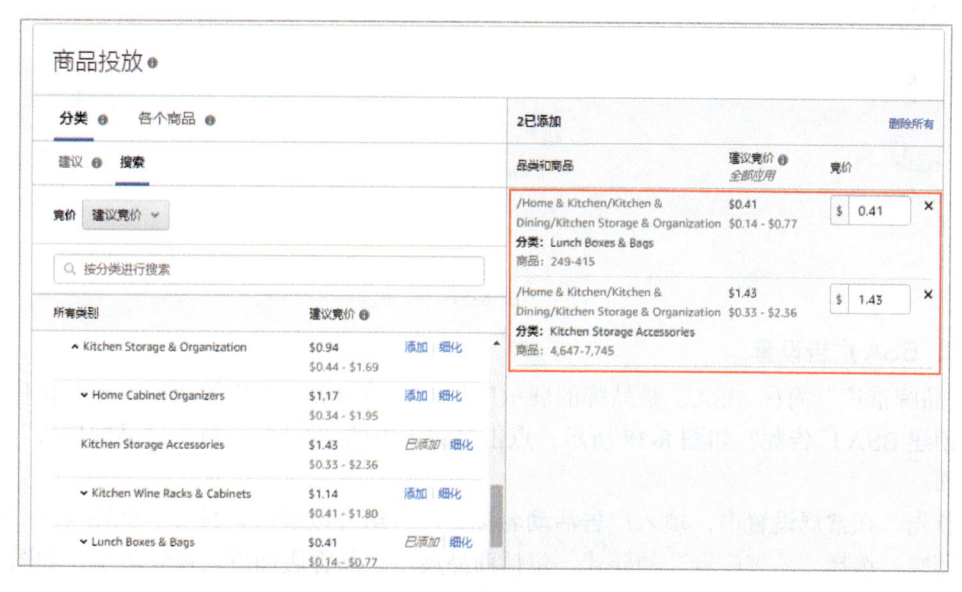

图 8-35

229

同时，也可以对定向分类进一步细化，比如特定的品牌、价格范围及星级等，如图 8-36 所示。

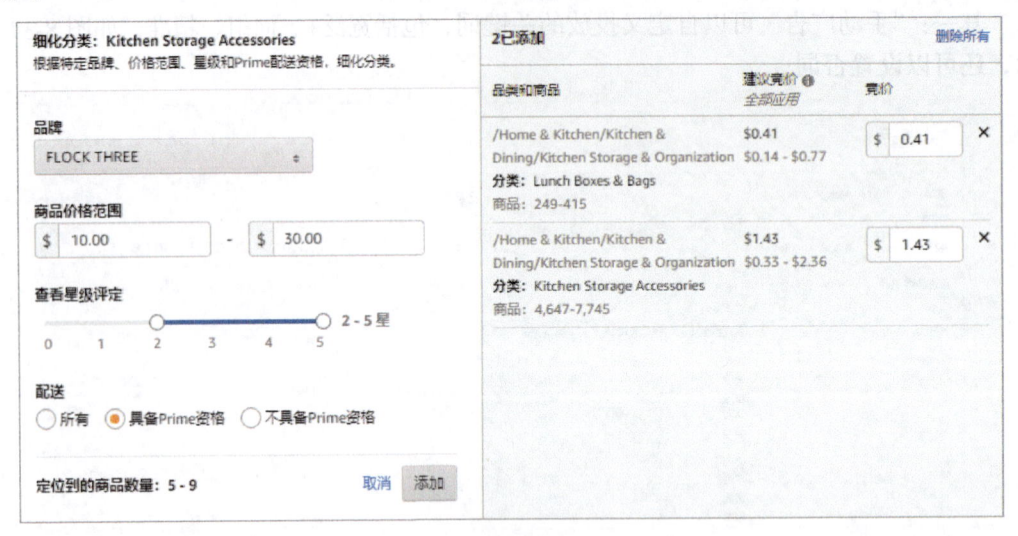

图 8-36

还可以根据需要设置否定 ASIN，如图 8-37 所示。

图 8-37

2. BSA 广告设置

"品牌推广"简称 BSA，是品牌的展示广告，以增加潜在客户的信任，提升转化率。如何创建 BSA 广告呢？如图 8-38 所示，点击页面下方的"继续"，进入"品牌广告"的创建页面。

首先，在常规设置中，填入广告活动名称、广告组合以及广告预算，如图 8-39 所示。

其次，选择"品牌广告"的样式，包括商品展示、品牌店铺以及视频展示，如图 8-40 所示。

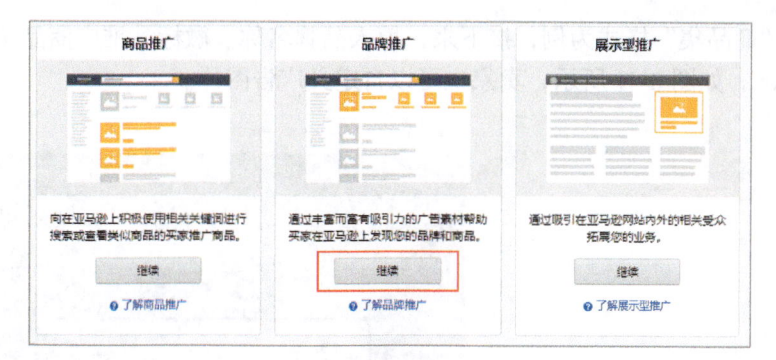

第 8 章　绝无仅有，CPC 的"神仙"打法

图 8-38

图 8-39

图 8-40

我们拿"商品集"格式为例，接下来，填入品牌名称、徽标、推广商品（3个）以及广告 SLOGAN，如图 8-41 所示，卖家也可以自定义广告图片。

图 8-41

最后，跟"手动广告"一样，选择投放的方式"关键词"或"商品定位"，如图 8-42 所示，对应的否词及否定 ASIN 建议谨慎操作。

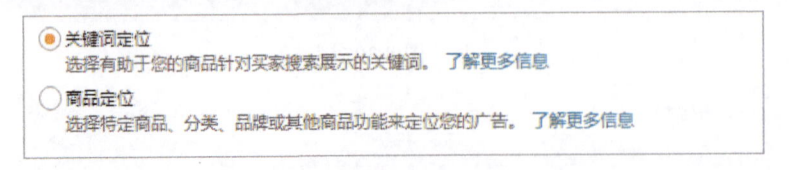

图 8-42

3. DSA 广告设置

"展示型推广"简称 DSA，是亚马逊 2019 年推出的"定向广告"。DSA 是针对目标受众进行的广告展示，这里的目标受众包括之前看过你的产品或类似产品，使用过与你的产品相关的搜索词或购买过你的产品的老客户。相较于"商品广告"和"品牌广告"，其目标定位是以人为中心，且更加精准。DSA 通常出现在 Listing 详情页及客户评论页面的右侧，当然也可能出现在亚马逊站外的合作网站。

那么，如何创建 DSA 广告呢？如图 8-43 所示，我们点击页面下方的"继续"，进入"展示型广告"的创建。

图 8-43

首先，按部就班地设置广告活动的名称和预算，如图 8-44 所示。

图 8-44

其次，输入广告组名称，并选择目标 ASIN，如图 8-45 所示。

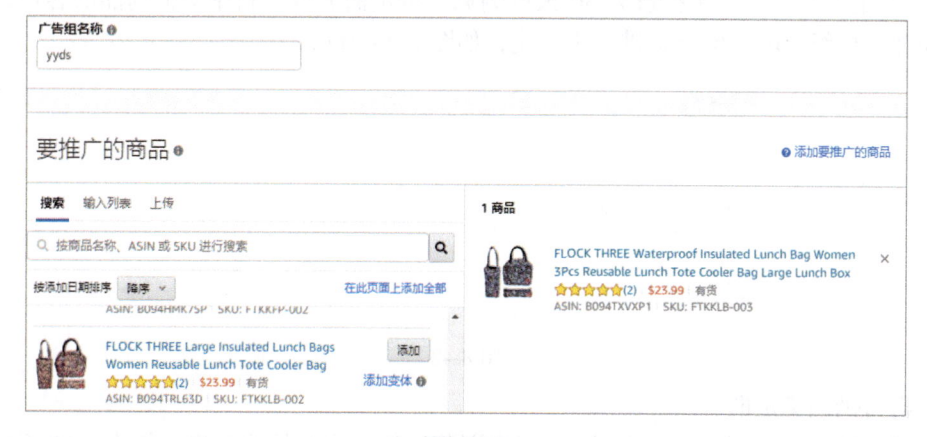

图 8-45

紧接着，选择投放类型，包括商品投放和受众，如图 8-46 所示。

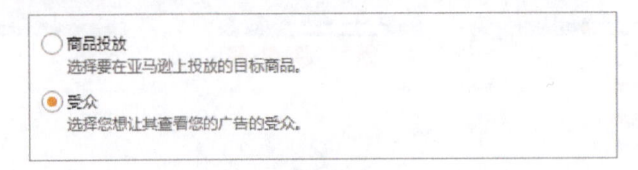

图 8-46

最后，设置好目标竞价，如图 8-47 所示，点击启动即可。

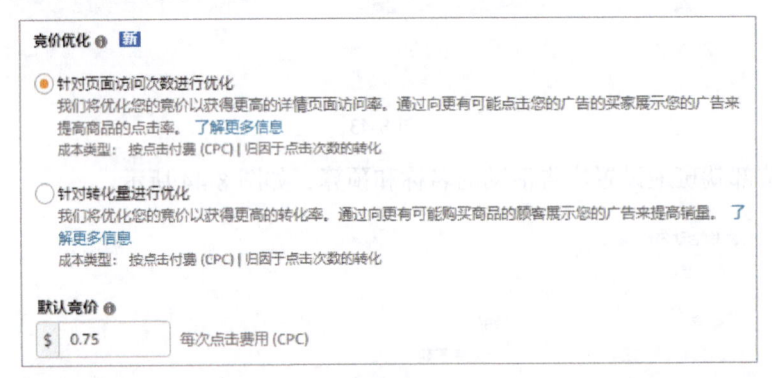

图 8-47

这里我重点讲解下 DSA 的"受众投放"策略。"受众投放"的展示面比较广泛，包含了平台站内及站外所有亚马逊的相关渠道。其中，卖家可以对目标消费者进行自定义，其包括 3 种类型。

- 品类定制受众

"品类定制受众"是指在过去 30 天内浏览过特定商品或类目中类似商品的客户，可以按照品牌、星级及配送资格来进一步细化，如图 8-48 所示。

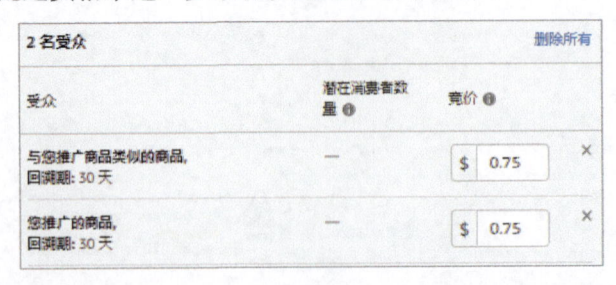

图 8-48

- 再营销浏览定向

"再营销浏览定向"是指在过去 30 天内浏览过您推广商品的客户；在过去 30 天内浏览

过与您推广的商品类似的客户；在过去 30 天内浏览过特定品类商品的客户。举个例子，可以定义"在过去 30 天内浏览过 Flock Three 品牌下，不超过 50 美元的女士单肩包详情页的客户"。如图 8-49 所示。

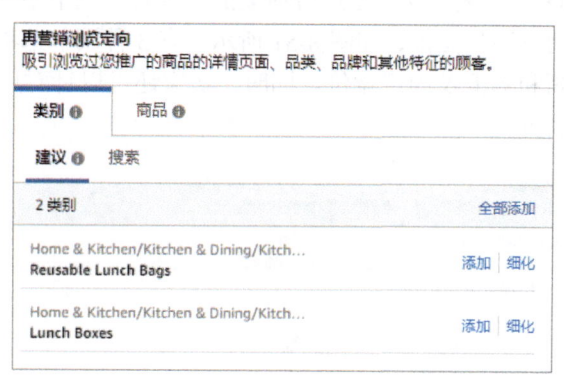

图 8-49

- 亚马逊消费者

"亚马逊消费者"提供了更广泛、更细分的受众人群。包括生活方式、兴趣、生活事件及场内客群，如图 8-50 所示。

图 8-50

8.4.2 CPC 操作进阶

各类型广告创建的流程相对比较简单，但要想利益最大化，还是有些小技巧需要大家熟练掌握。

1. 动态竞价

1）动态竞价的定义

动态竞价简称 BID+，顾名思义，是广告活动的一种智能调节手段，亚马逊可根据实时的广告数据帮助卖家动态调整竞价，如图 8-51 所示，有 3 种调节选项，包括动态竞价——仅降低、动态竞价——提高和降低及固定竞价。同时，卖家还可以针对广告展示位进行微调，包括搜索页及商品详情页。

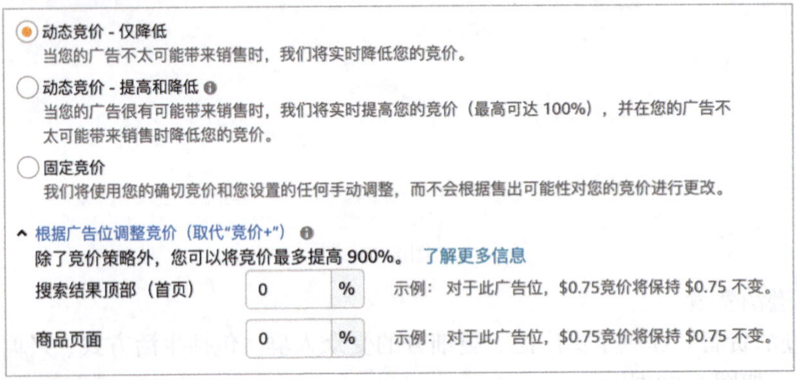

图 8-51

其中，针对"动态竞价——仅降低"，如果点击量不能转化，则最多降低 100%至出价为 0；而针对"动态竞价——提高和降低"，如果点击量可能转化，亚马逊会将搜索结果首页顶部展示位置的出价调高至多 100%，其他展示位置的出价调高 50%。

举个例子，当使用"动态竞价——提高和降低"的时候，如果默认出价为 1 美元，则亚马逊的出价范围是 0~2 美元，其中，搜索页最高出价为 2 美元，其他搜索展示位置为 1.5 美元。一直以来，亚马逊采取的都是"动态竞价——仅降低"，也就是卖家创建广告时的默认选项。

2）动态竞价逻辑

既然 BID+如此智能，大家有没有考虑过亚马逊是靠什么来判断提高还是降低竞价呢？

对于卖家来讲，我们对自己的关键词数据、投放时间以及转化效果都相当地了解，亚马逊上有上百万个卖家，集合了所有人的广告信息，包括最佳关键词、按天/月得出的最佳投放时间以及其他有助于搜索转化的相关数据，通过人工智能亚马逊每时每刻都要对这庞大的数据进行分析与判断。这些数据一般分为 3 个类别。

- 搜索用户画像，举个例子："她每次搜索东西时都会买吗？还是仅仅在比较价格？"
- 关键词数据，举个例子："哪些关键词的转化率比较高？"
- 产品的信息，举个例子："产品在不同位置的表现如何？"

除了动态 BID+，另外一种就是上文提到过的展示位调价，最高调整比例可达到 900%，以 1 美元为默认竞价，出价是 1~10 美元，如图 8-52 所示。

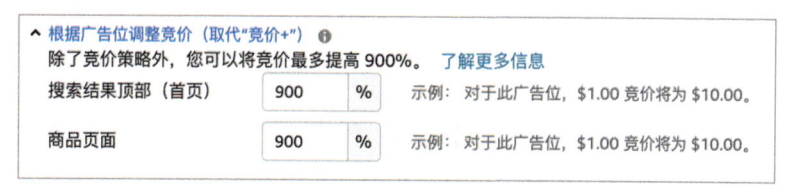

图 8-52

如果卖家同时使用了"动态竞价"+"展示调价"，亚马逊该如何判断竞价区间呢？

举个例子，假设默认竞价为 1 美元，选择"动态竞价—提高和降低"，搜索结果顶部为 900%，商品页面为 400%，如图 8-53 所示。

图 8-53

此时，搜索结果顶部最高动态出价是 20 美元，最高出价是 10 美元，商品页面最高动态出价是 7.5 美元，最高出价是 5 美元，其他页面动态最高出价是 1.5 美元。

3）动态竞价策略

我们在对不同的广告组进行大量数据测试后发现，"动态竞价"中的"动态竞价—仅降低"和"动态竞价—提高和降低"在广告效果上的差距并不大。在把时间拉长的情况下，前者的各项指标都优于后者，也可能品类不同，效果也不同，但就目前来看，我们更倾向于"动态竞价—仅降低"的设定。

在前面的内容中，我们讲过 CPC 的计算，那么在"动态竞价"的前提下，如何计算我们的 CPC 出价呢？举个例子，首先，设定产品价格为 300 美元，转化率为 10%，目标 ACoS 为 15%，我们得出目标 CPC 为 4.5 美元。

其次，在"动态调高"的条件下，亚马逊竞价为 4.5 美元/2=2.25 美元，而在"展示调价"的条件下，亚马逊竞价为 2.25 美元/10=0.23 美元，如图 8-54 所示。

图 8-54

所以，最后亚马逊的默认出价是 0.23 美元，如图 8-55 所示。

图 8-55

在这种情况下，搜索页顶部展示位置的出价最高为 4.6 美元，其他展示页面的出价最高仅为 0.35 美元，因此所有的曝光量都会进入搜索页顶部。

2. 广告自动化

大家平时有留意"卖家中心"的销售报告就会发现，无论是按月、周或是按天来分析，用户的转化率是不相同的。

比如按月度周期来看，一般广告的最佳时间是每年 4 月份，如图 8-56 所示，这个时候的 ROI 是全年中比较适宜的。

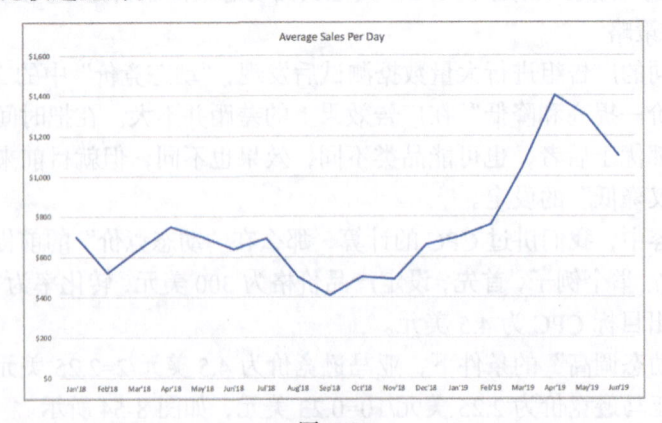

图 8-56

按每周来看，针对我们做的品类产品，一般是每周的周一至周四（北京时间）是广告转化较高的节点。

而按天来算，可能下午的转化量就稍微多一些，如图 8-57 所示。

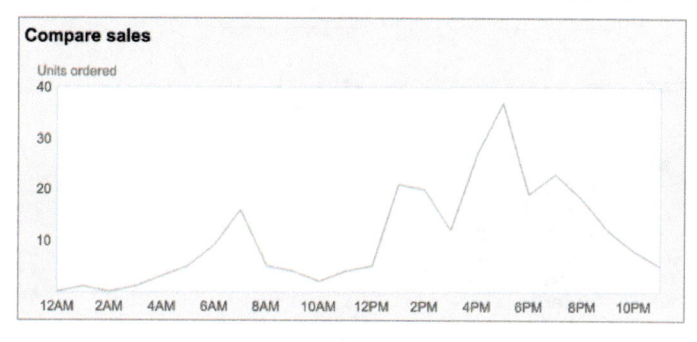

图 8-57

当然，不同的目标人群、不同的时间节点都会导致比较大的转化差异。比如我们有一款产品，客户群每天下单的时间非常有规律，基本上是在美国时间的早上 6 点、中午 11 点、晚上 7 点。

所以，如果我们想要广告效益最大化，可以利用亚马逊的新功能"预算规则"，如图 8-58 所示，来控制不同时间段的广告支出。这样，以帮助我们从高流量日中受益，达到广告成本的动态均衡。

图 8-58

在"预算规则"中，有一个调整的类型是"业绩类型"，即卖家可以通过设定参考的"业绩指标"来控制每日预算的增加，如图 8-59 所示。

图 8-59

3. CPC 否词

1）什么是否词

大家都知道关键词是匹配的商品广告，并出现在客户搜索页的词，而"否词"则恰恰相反，客户搜索到"否词"，则对应的商品广告将不会在亚马逊的搜索页展示。简单点说，就是不想让亚马逊展示广告的时候，就给亚马逊下达"否词"指令。举个例子，邮差包的关键词设定为 messenger bag，如果不做"否词"，则商品就会出现在搜索词 leather messenger bag 的 SERP 中，而我们的产品材质是 Polyster，与搜索词不匹配，客户可能会点击我们的广告，但发现并不是他们想要的产品就离开了。此时，因为没有转化点击产生的费用，就造成了广告预算的浪费。所以，"否词"是控制广告成本最直接的手段。

2）否词的标准

虽然"否词"有诸多的好处，但大家也要谨慎使用，一般如果没有十足的把握，我不建议大家一上来就做好多"否词"，尤其是"词组匹配"，要对"否词"的标准有个判断，针对自己的类目及广告类型，找出适合的"否词"，这里给大家几个示例，供大家参考。

- 关键词的曝光量在 3000 次，但点击率小于 0.2%，且没有转化；
- 关键词的花费超过了 40 美元，但没有转化；
- 关键词点击量超过了 20 次，但没有转化。

当然关键词的使用也会根据不同的广告目的产生不同的效果，所以大家要根据自身的实际情况，灵活判断关键词及其"否词"。

3）否词的添加

如图 8-60 所示，在广告活动的管理界面，我们可以对"否词"进行添加和撤销。否词的类型包括两种，即"词组匹配"以及"精准匹配"。两者的属性跟关键词一样，但对广告的作用相反。

图 8-60

8.4.3 CPC 广告报表

相比常规的 Listing 操作，CPC 广告报表着实让大部分跨境电商从业者感到头痛，特别是那些对数字不敏感的卖家们，开广告本来就很麻烦了，还要看一堆数字报表，尤其是"小白"们对 CPC 广告十分恐惧。对我来讲，CPC 报表的问题主要有两个：一是报表时间的限制，广告报表只能保留 60 天内的数据；二是报表数据的趋势，广告报表只能展现综合数据或每天的数据，无法按照每周、每月来查看。

基于以上两个方面的局限性，我建立了一套自己的 CPC 广告报表模型，接下来，我按照报表的整理流程为大家一一呈现。

1. 报表分类

为了让卖家拥有更加精细化的数据分析，亚马逊不断推出新的 CPC 报表分类，包括 3 个大类别，分别是商品推广、品牌推广视频、展示型推广；9 个小类别，分别是搜索词、定向策略、推广的商品、广告活动、预算、广告位、已购买商品、按时间查看效果、搜索词展示量份额，如图 8-61 所示。

241

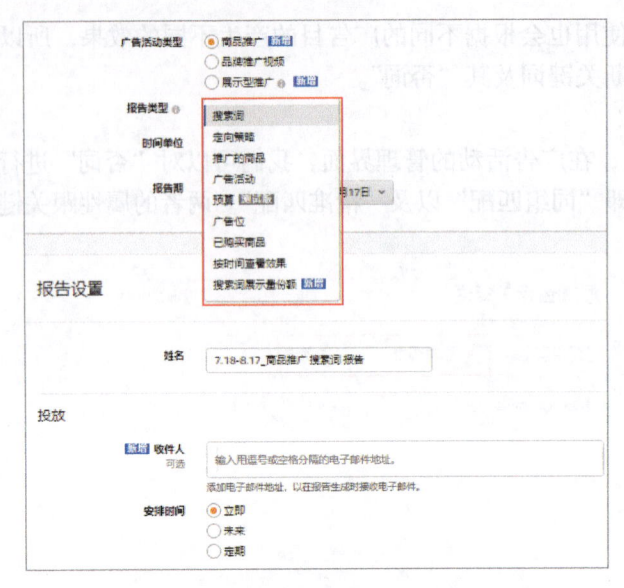

图 8-61

2. 下载报表

1）报表获取

在每个月的第 3 周，我会进入亚马逊店铺后台的 CPC 广告模块，如图 8-62 所示，下载上个月的广告报表。卖家朋友们也可以尝试开启 CPC 广告报表的"自动获取"功能，每个月定期收取广告报表并添加广告数据到自定义模板中。这样就能够按照每月、每季度、每年的数据维度来参考和分析店铺内广告的运营情况，并及时合理地操盘 CPC 广告活动。

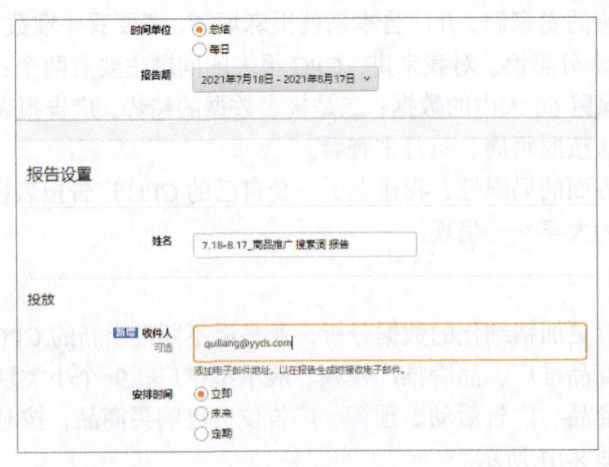

图 8-62

2）数据筛选

打开广告报表，按照广告活动名称筛选广告数据，如图8-63所示。

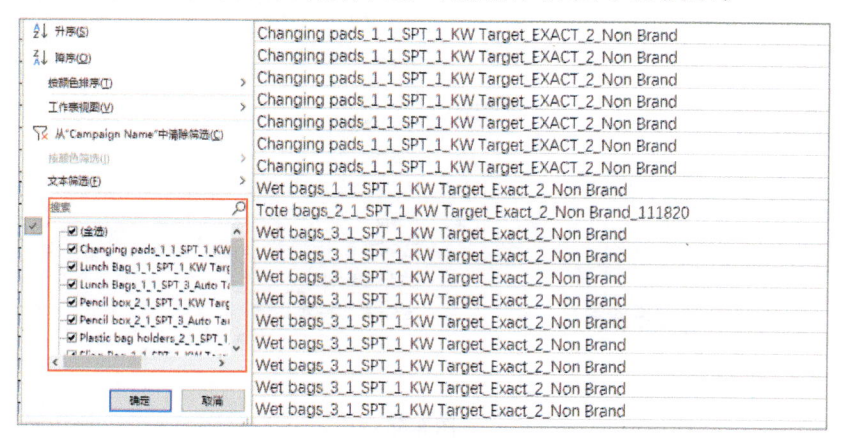

图8-63

3）数据导出

按照模板的提示，把目标数据复制、粘贴到我们的新报表模板中，报表中的数学函数会根据导入的源数据自动计算出相应的指标，如图8-64所示。

Product Category	CPC	Impr.	Clicks
Wet bags_1	$0.73	237196	403
Wet bags_3	$0.43	67935	101
Wet bags_4	$0.64	144363	282
Tote bags_2	$0.98	85440	150
Plastic bag holders_2	$0.62	131298	414
Changing pads_1	$0.68	58192	333
Lunch bag_1	$0.68	20841	454
Pencil box_2	$0.55	51351	49
Total	$0.68	796116	2186

图8-64

3. 报表解读

在前一本书中，我简单地介绍过亚马逊的CPC报告，尽管报告类型较多，但其包含的数据都是一致的，只不过不同报告的分析焦点不一样，大家可以根据自己的需要下载相应的报告，以方便查看及分析。其中，亚马逊增加了一份新类型，叫"搜索词展示量份额"，简称"STIS"，如图8-65所示。

我们打开报告，会发现点击量、转化量等指标跟之前的其他广告报告毫无差别，但是，其中有两个新的指标项，搜索词展示量排名以及搜索词展示份额，如图8-66所示。

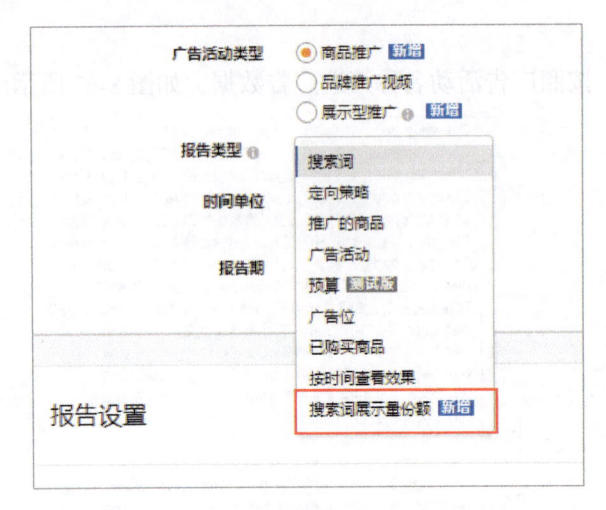

图 8-65

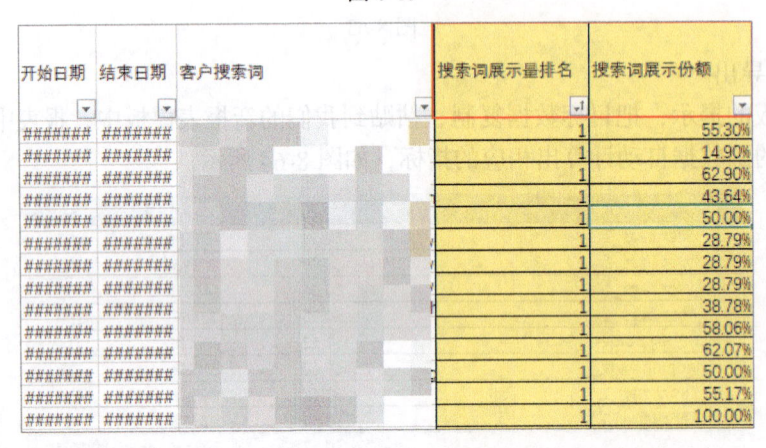

图 8-66

1）搜索词展示份额

"搜索词展示份额"是在特定搜索词上获得的展现量的占比。举个例子，如果目标搜索词总体的搜索量为 1000 次，其中你的产品关键词展现了 100 次，则展示份额为 10%。我们该如何利用这个参考项呢？在 ACoS 没有问题的情况下，特定搜索词的展示份额如果达到了 100%，则意味着竞价已达到上限，没必要提高竞价；在 ACoS 较低且特定搜索词的展示份额低于 60% 时，可以尝试抬高竞价获得更多的展示份额。

鉴于报告内的关键词"展现量"已经给出，我们就可以通过"展示份额"推算出目标关键词的预估搜索量。

2）搜索词展示排名

"搜索词展示排名"是通过在特定搜索词上与其他卖家的"搜索词展示份额"对比得出的排名，数字越小代表"搜索词展示份额"越高。

8.5 CPC 广告 TIPs

8.5.1 关键词转化率

在平日的 CPC 操盘中，广告关键词的转化率是最重要的一个指标，毕竟开广告的最终目的是赚钱。但对于大部分卖家而言，评判关键词转化率的标准是什么呢？转化率是 10%、20% 还是 30%？可能很多人心中都没有答案。虽然我们无法获得目标关键词的行业转化率，但是我们可以通过缜密的计算得出一个大概的数值做参考。

首先，我们利用等量代换导出行业 TOP 前 3 的目标关键词平均转化率公式：假定总点击=AC，3A 点击=3AC；总订单=TO，3A 订单=3AO；3A 订单占比率=3AOR，3A 点击占比率=3ACR；所以，3AOR=3AO/TO，3ACR=3AC/TC；TOP3 的平均转化率=3AO/3AC=TO/TC×(3AO/3AC)。

关键词	迅卖系统评分	关键词销量	搜索量	前25名竞品数量	销售数量	评分	单价	标题核心关键词	广告竞价	前3名关键词销量	前3名点击率	前3名转换率
lunch bag	100	$434,108	60,895	14	3,799	5,547	$18.76	100%	$0.82	$30,388	21%	23%
lunch box	100	$549,413	85,999	14	4,547	6,433	$18.79	96%	-	$186,801	24%	34%
insulated lunch bag	98	$210,723	25,323	11	3,870	5,904	$18.09	96%	-	$77,967	33%	37%
insulated lunch box	96	$100,095	12,656	10	5,551	7,109	$19.29	96%	$0.87	$50,047	48%	50%
lunch bags	95	$167,335	19,913	9	3,361	5,725	$16.75	32%	-	$45,180	26%	27%

图 8-67

举个例子，如图 8-67 所示，方框部分为 3ACR=21%，3AOR=23%；那么，TOP3 的平均转化率=TO/TC×1.09。其中，TO=3799，TI=60895，所以得出：TC=36%，最后，我们得出：3ASIN 平均转化率=3799/(60895×0.36)×1.09=18.8%。

即针对关键词 Lunch Bag，TOP3 的竞品平均转化率为 18.8%。

8.5.2 广告关联流量

大家在浏览 Listing 页面的时候，除了能看到自家产品的图文信息，亚马逊还会按区域分布展示相关的竞品。比如大家熟知的 FBT，如图 8-68 所示。

图 8-68

还有 VAV 的产品列表，如图 8-69 所示。

图 8-69

当然也包括亚马逊的广告展示，如图 8-70 所示。

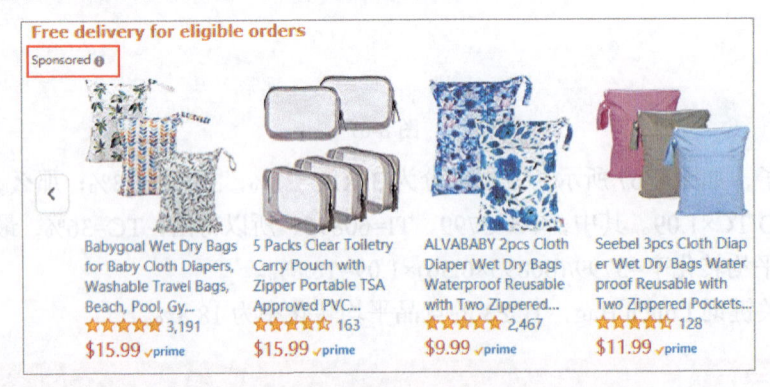

图 8-70

还有其他广告关联的形式，如图 8-71 所示。

图 8-71

这种类型的产品展示在 Listing 页面的大概有 10 多个，但都是以随机组合的形式出现。以上无论是自然匹配，还是广告推荐，出现在自家 Listing 页面中的产品都与 Listing 互为流量入口，且具有高度的关联性。所以我们可以利用此关联流量的数据进行 CPC 广告的优化，尤以产品定向的广告类型为主。在定向之前，大家一定要对定向的产品有清楚的认识，再决定是定向+还是定向否，如图 8-72 所示，这里关联的 FBT 产品就属于互补型，可以考虑做定向+；如图 8-73 所示，这种广告关联的产品多属于竞品，可以根据实际情况做定向+或定向否。

图 8-72

图 8-73

247

8.5.3　GEO 的高权重

当消费者在亚马逊上进行搜索购物的时候，亚马逊会自动识别 IP 以完成用户的地理区域的锁定，如图 8-74 所示。接下来用户在亚马逊上的一切购物行为，包括搜索、点击、加购物车、下单等，都会与其 IP 区域关联起来，从而影响 Listing 在目标区域的排名。

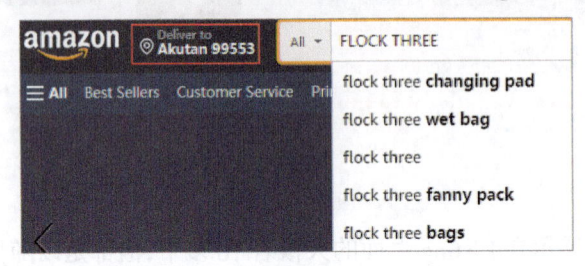

图 8-74

而这些就是亚马逊 A10 算法的隐藏规则，即"区域排名因素"，简称"GEO"。通过提升目标区域的 Listing 排名来实现转化率的提升，反过来可以降低 ACoS 的成本，优化 CPC 广告。

卖家朋友们可以通过亚马逊 DSP 广告来实现这一目标。DSP 是亚马逊的独立广告服务，类似于 DSA 的定位广告，但 DSP 的范围更广，尤其是通过区域定位来实施的广告策略，正是我们提升"GEO"排名的关键，如图 8-75 所示。

图 8-75

8.5.4　品牌 BAT 返利

针对品牌卖家，除了使用品牌广告来宣传品牌店铺及相关的产品外，亚马逊还特别推出了品牌的营销返利政策，简称"BRB"，如图 8-76 所示。

亚马逊前段时间推出了新的广告功能——Attribution（AT），它属于站外引流的辅助手段，截至 2021 年 12 月是免费使用的。而"BRB"可以看作是 Attribution 的附加条款，只要通过"AB"引流，转化成功后即可得到 10% 的佣金奖励，相当于抵扣了 2/3 的订单佣金，这对于卖家来讲，岂不美哉。

图 8-76

8.5.5 广告优化日常

1. 数据观察

在新品推广初期，CPC 广告架构搭建可以参考常规的 3 组架构，包括自动广告、B+手动、精准手动。定向、品牌、展示广告等可根据自己的需求做增减。

其中，"自动广告"的 4 个匹配类型可以进行适当的拆分，比如"紧密"和"宽泛"安排在组 1，"同类"和"关联"安排在组 2，或是只开启"紧密"和"宽泛"，后两个用分类定向替代，各位卖家可以灵活运用。

"B+手动"可以根据 ZonGURU 的核心词，按强相关到弱相关的顺序，分批次设置 B+关键词，我强调过 B+是精准放量，所以适当上调竞价，激进点的可以选择"动态竞价——提高和降低"，保守点的可以选择"动态竞价——仅降低"。

"精准手动"参考 ZonGURU 等软件的长尾词，围绕核心词推排名，动态默认"动态竞价——仅降低"。

别忘记"否词"，前期以精准否为主，且不可操之过急。

总体上，要保持每日的数据观察，包括目标词的曝光量、点击量、CPC 及转化量等。卖家可以对广告组进行有把握的单点微调。如有调整，务必记录好调整内容。

2. 复盘周期

针对广告的调整，尤其是新品，我们会给予至少 2 周的数据观察时间。当然因为有 B+的精准放量，在预算充足的情况下，1 周的数据也可以看出"端倪"。整体的思路遵循增曝光、提点击、降成本（提转化）。

1) 自动广告

观察搜索词的相关性匹配，有的卖家一开始，跑的自动广告都是 ASIN，出现这种类似的问题，在没有设定否词的前提下，说明本身的 Listing 及出价在亚马逊 SERP 中没有竞争力，再次优化 Listing，利用"展示调价"使流量向搜索页倾斜。如果广告正常跑词了，从转化量、点击量、曝光量来筛选搜索词，在辅以 ACoS 指标进行竞价及否词的相关调整。

2）手动广告

筛选 B+手动跑出的长尾词，分批次地调整到自动广告中做否词，其中，转化稳定的词则添加到精准手动。再结合"否词"的标准，控制 CPC 的成本。

3）广告否词

"否词"降成本的效果特别明显，所以我一再强调要谨慎操作。除了前文提到的"否词"的标准，还需要注意的是相关性，比如关键词有出单，但表现不稳定的话就不要轻易做否词。出单的词基本上都是强相关的，针对此类关键词要做的是微调而不是直接否定。

3. 指标参考

广告 ACoS 的下降主要取决于 CPC 广告的转化，转化率好的词是我们长期关注的重点，而转化率又受到曝光量、点击量的影响。

在亚马逊平台，目标关键词的曝光量普遍高于 Google，比如同一个关键词在 Google 有 200 次的曝光量就可以进入卖家的视野，但在亚马逊平台起码要 500~1000 的曝光量。点击率一般为 0.5%~1%算是比较好的数值了。而转化率则因人而异，一般为 8%~10%就是很好了。

8.5.6　CPC 常见问题

1. 新品上架之后，打广告的同时有必要开 COUPON 吗？

广告的作用是曝光，而 COUPON 属于提高转化的手段，亚马逊对 COUPON 和广告活动各有不同的设置要求，我们普遍采取的方案是多个变体进行价格阶梯策略，给不同的变体分配任务，比如引流（促销价或者优惠券）、赚钱、对标竞品等；如果是单个 SKU，受到分类竞争、市场需求等因素的影响，策略空间有限，就只能因人而异了。比如说你做了低价，前期做广告推起来，但是产品竞争白热化，后期价格无法提升，在没有其他应对方案的前提下，只能维持低价的趋势。

2. 自动广告要一直开吗？什么时候关闭？

自动广告我一般很少关闭，因为后期随着宽泛+，精准广告组关键词的数量不断扩充，自动广告基本上就没什么需要花钱的地方了，大部分都是 ASIN 关联展示的产品用来跑定向 ASIN。在你的精准词足够多的时候，相应的自动否词也会增加，这时自动 CPC 是否开关已不重要。

3. 广告 ACoS 目标是什么？达到多少是好的？

广告策略和营收情况因人而异，不能单纯以 ACoS 的高低来评判好与坏。一般情况下，卖家所说的 ACoS 好也只是意味着利益最大化时的低 ACoS，没有统一的标准，比如 20%

就是好，50%就是不好。

通常情况下，采取ACoS高的策略是为了：

1）部分滞销的SKU清仓；

2）提升店铺品牌的关注度；

3）加速关键词的搜索排名；

4）希望实现产品的高曝光量。

采取ACoS低的策略是为了：

1）尽可能多地创造利润；

2）售卖的产品转化率比较低；

3）SKU属于低曝光产品。

4．广告的常规打法是什么样的？

首先，我们要明确打广告的目的：其一，提升流量；其二，提升排名。当然，排名和流量也有着千丝万缕的关系，比如排名靠前了，流量自然也就源源不断地收进来了。一般情况下，我们都是尽可能地在1~2个月的测款期，通过广告等手段把流量最大化，在广告出单的同时来助推目标SKU的自然流量，从而提升排名和转化量，新品优化一般是2周一次，主要集中在Listing的分类、关键词、A+页面、评价等优化点上。在排名及转化稳定后，大概在1~1.5个月内，广告组的重心会慢慢地向宽泛+和精准转移，支出比例按自动、宽泛+和精准来分，大概是10%、50%、40%，在这个阶段，广告的支出会有明显的分层，自动广告基本上不跑词了，ASIN也会相对集中了。

5．前期广告开启后需要一直否定弱相关的词吗？

看你定义的前期有多长时间，就我的经验而言，强相关优先，特别是在刚开始打广告的时候，分类定位是最关键的，这是亚马逊的底层逻辑。

6．如果在精准关键词搜索后，产品排名小于宽泛关键词排名，此时需要做哪些调整？

按照我的CPC广告逻辑，精准关键词是包含在宽泛+里面的，如果精准词排名小于宽泛+，说明大词排名上来了，如果稳定的话，这个时候的排名、流量、点击量应该正常了？但订单还不好说。刚出现的时候，我一般不会做调整，过了观察期就否定了精准。

7．广告调整后，没有转化，应该怎么做？（在Listing优化好的前提下）

在选品没有问题的前提下，Listing优化做好了，广告架构也搭建了，流量和点击都没有问题，但没有订单转化，这个不大可能出现（在我这里没遇到过）。如果说转化不好会有可能，如果真的出现"万事皆优"，但转化全无，那也确实没有应该做的了。

综上所述，亚马逊自推出 A10 算法以来，平台不断加大对广告的技术革新，卖家们也是把广告作为营销策略中不可或缺的环节。面对规则多变、数据庞杂且管理相对麻烦的亚马逊广告，尽管挑战重重，还是要尽量放平心态，多多实战，把亚马逊广告看作未来 Google 及 FB 广告的敲门砖，研究出一套自己适用的广告逻辑与打法，等到大家做全网营销的时候就更加游刃有余了。

第 9 章

品牌数据，深度运营的法宝

9.1 品牌数据解读

在亚马逊后台的"报告"模块，亚马逊为卖家提供了常规的店铺报告数据，如图 9-1 所示，包括付款报告、业务报告、广告报告、退货报告等，卖家可以根据需要下载并分析目标报表。

除了常规的店铺数据，亚马逊还专门针对品牌卖家推出了"品牌分析"报告，如图 9-2 所示。

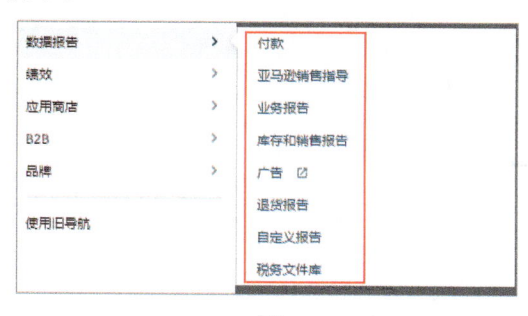

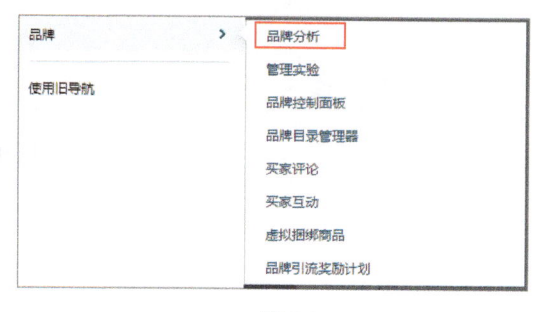

图 9-1

图 9-2

"品牌分析"功能好像数据透视镜一样，是免费的全网报告查看工具，可以深度地查看类目下的所有数据，包括搜索词的比较、用户行为及人群属性分析等，这本属于亚马逊 VENDOR 卖家的功能，被亚马逊移植给了品牌卖家。虽然是个精简版的"ARA"，但可见亚马逊对品牌卖家的扶持力度。"品牌分析"的页面包括 5 个维度的数据报表，如图 9-3 所示，我们一一做个了解。

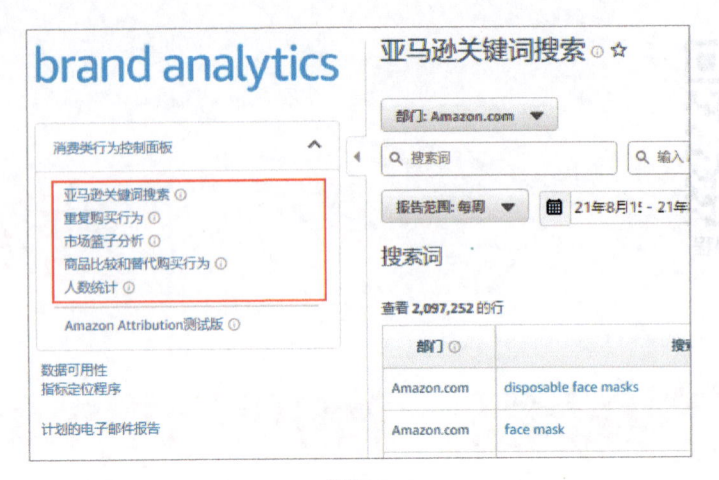

图 9-3

9.1.1 客户搜索词

如图 9-4 所示，"客户搜索词"报告提供了亚马逊搜索词及搜索频率排名（相对的搜索排名）的数据，包括 3 个指标：目标搜索词点击量排名 TOP 3 的 ASIN、目标 ASIN 的点击占比率、目标 ASIN 的转化占比率。我们可以搜索相关的产品，亚马逊就会列出其关键词的 TOP3 的数据，如图 9-5 所示。

图 9-4

图 9-5

1. 什么是搜索频率排名？

"搜索频率排名"反映的是在一定时间内与所有其他搜索词相比的流行度排名，有点类似于 Google 趋势的指数，如图 9-6 所示。

搜索词	搜索频率排名
disposable face masks	1
face mask	2
pop it	3
desk	4
iphone 12 pro max case	5
earbuds	6
n95 mask	7
apple watch band	8
black disposable face masks	9
laptop	10

图 9-6

在一定程度上，TOP10 的搜索词反映了目前人们的生活方式及购物行为，当下"口罩"依然是关注度最高的品类词，而苹果的产品依然占据了顶流。

2. ASIN 占比率

1）点击占比率

指的是在用户搜索关键词后，点击目标产品的次数占总点击量的比率。

2）转化占比率

指的是用户实际购买目标产品的订单量占总订单量的比率。

3. 占比率的用途

大家还记得上一章的"关键词转化率计算公式"吧。我们可以利用转化率公式计算得出目标 ASIN 的转化率，还是以"Lunch Bag"为例，如图 9-7 所示。ASIN 的转化率=17.3%×1.21=20.93%。以此类推，我们可以预估出目标 ASIN 的订单量、点击量、搜索量、CPC 竞价及广告花费等。

#1 已点击的 ASIN	#1 商品名称	#1 点击共享	#1 转化共享
B07KVTMJPL	Lunch Bag, VAGREEZ Insulated Lunch Bag Large Waterproof A...	15.01%	18.31%

图 9-7

目标竞品的转化率可以作为我们 CPC 广告的锚点，当我们的转化率低于竞品 ASIN 的时候，适当降低广告支出，对 Listing 进行调整；当转化率高于竞品 ASIN 的时候，可以适当调高竞价及预算，这样更有利于关键词的 ACoS。

9.1.2 重复购买行为

如图 9-8 所示，"重复购买行为"的报告是通过客户复购率的指标来帮助卖家分析新老客户的占比，以此来制定提升客户重复购买及获取新客户的策略。

商品名称	订单	唯一顾客	重复顾客-占总数的百分比
FLOCK THREE Fanny Pack Waterproof Waist Bags Mens Should...	140	137	1.46%
Waterproof Insulated Reusable Lunch Bag Food Drinks Contain...	74	74	0.00%
FLOCK THREE Waterproof Wet Bag Reusable for Wet Clothes B...	44	44	0.00%

图 9-8

9.1.3 市场篮子分析

如图 9-9 所示，"市场篮子分析"的翻译有点太直白了，其实这份报告大家可以理解为 FBT。站在卖家的角度，就是目标商品的关联销售，既然是关联销售，那就可以作为"虚拟捆绑销售"的参考数据。

ASIN	商品名称
	FLOCK THREE Waterproof Wet Bag Reusable for Wet Clothes B...
#1 已购买的 ASIN	#1 已购买商品的名称
...TS	FLOCK THREE Washable and Reusable Wet Bag Diaper Bag Wa...
#2 已购买的 ASIN	#2 已购买商品的名称
B...	FLOCK THREE Washable and Reusable Wet Bag Diaper Bag Wa...

图 9-9

9.1.4 商品比较及替代

如图 9-10 所示，"商品比较及替代"的报告是帮助卖家了解客户在购物过程中，将哪些商品与你的产品进行了比较以及比较后的 ASIN 选择，这对于我们的 Listing 差异化及广告 ASIN 定向很有帮助。

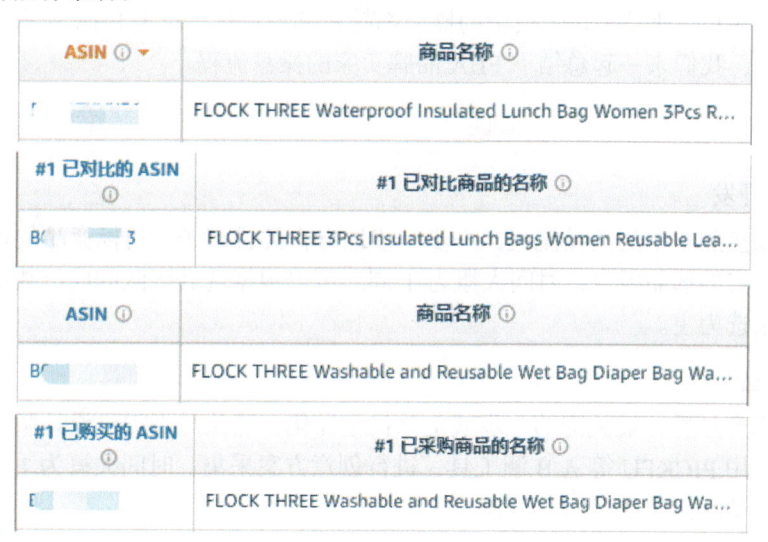

图 9-10

9.1.5 人群属性统计

如图 9-11 所示，"人群属性统计"指的是针对已下单客户的个人信息分析，包括学历、收入、性别、婚否以及年龄段，这份报告对我们的人群定位及 SEO/SEM 的人群标签非常有价值。

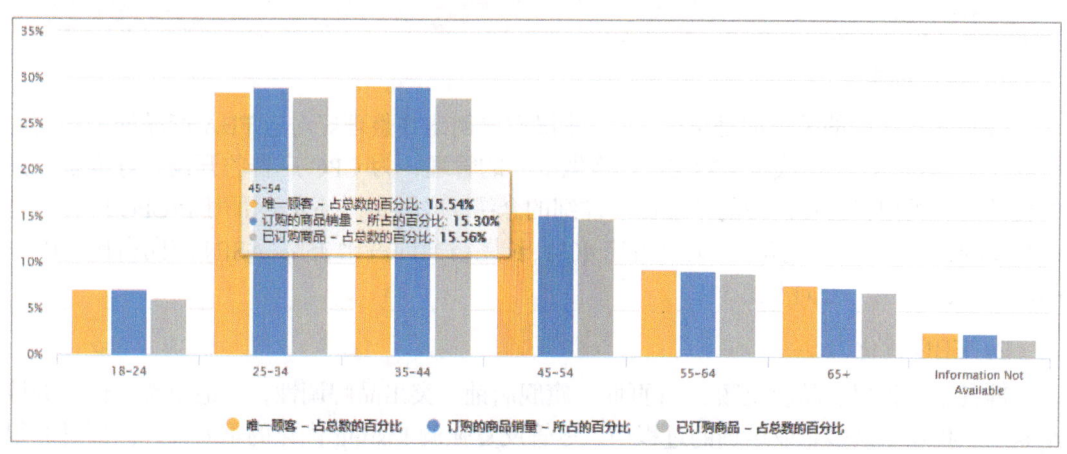

图 9-11

257

9.2 FBA 流程回顾

相较于前些年，亚马逊每个模块的操作都越来越细致化。对于 FBA 卖家而言，需要做的事情特别多，我们来一起总结下 FBA 品牌卖家的操盘流程。

9.2.1 头程前的准备

1. 产品开发

卖家可以按照本书的选品流程，一步一步地分析类目市场、目标竞品的现状及趋势数据，并出具详实的选品报告，时间大概为 1 周。可以根据选品团队的成员数量分配选品任务，建议以精选为主。

2. 产品备货

确认目标产品后，最关键的一步就是寻找差异化，确认是否需要设计微调。方案敲定后，卖家可使用 PICKFU 等 A/B 测工具，进行创意方案采集，时间大概为 1 周。然后可联系工厂下单，新品出货的时间大概为 3~5 周。

3. FBA 计划

等到备货完成后，卖家再开始创建 FBA 计划，此处需格外注意 FBA 产品信息是否准确，尤其是对于货量比较大的卖家，一旦标贴贴错或出现其他的失误，后续的处理会比较麻烦。前期在测款发货数量上，建议单品为 150~200 件，一般情况下，空运需要 3 周入仓，海运需要 5 周入仓。

9.2.2 头程中的工作

1. 关键词库

Listing 优化中的关键词是重中之重，建议卖家创建并整理好对应 FBA 产品的关键词库，可以使用 WOLAI 文档或者 EXCEL 表格做统一的管理，为 CPC 广告的开设做好准备。其中关键词的类型我已在前面的章节做了详细的介绍。这里我再补充一下用于 CPC 广告关键词类型的词量占比，前期宽泛+词量占比 40%、长尾精准词占比 25%、ASIN 定向占比 10%、品牌词占比 20%、否词占比 5%。

2. EBC 优化

准备主图拍摄、品牌视频、A+页面、旗舰店铺，突出品牌调性，营造温馨、快乐的情绪氛围。我在给众多企业培训的过程中，尽管反复强调 Listing 优化的重要性，但还是有很多卖家在后续的实操中忽略了 Listing 的优化工作，甚至有些人对于 Listing 基础优化这件事非常不屑，宁愿花钱买单做数据，也不愿意花心思在 Listing 的内容创作上。我在这里再强调一下，在保证产品自身没有问题的情况下，大家要把时间先放在产品优化上，尤其是 Listing 的标题、主图和搜索关键词，这是在内容优化中权重最高的几项，即自然流量增长和广告流量叠加的决定性因素，千万别小看了它们的作用。

3. QA 问答

问答虽然权重不及标题、评价，但也算是 Listing 优化的加分项，可以增强用户的购物体验。所以还是建议卖家提前准备 6~10 个问答，记得埋入关键词，最好再额外准备几个问答视频。

9.2.3 入仓后的操作

1. Reviews 评价

产品入仓成功后即处于销售激活状态，卖家可立即报名 VINE 计划，由此可以预计获得 15~20 个 5 星好评。做 VINE 的前提是卖家要保证 FBA 产品的质量，否则客户有可能给到 3 星甚至是 1 星，那就得不偿失了。

2. 促销折扣活动

关于站内促销，建议卖家至少设置好会员折扣和 COUPON 优惠券，因为有专属的人群及折扣频道，所以这两个性价比高些，而满减优惠的折扣码则需要利用站外 Deal 站进行推广，在操作上稍微麻烦些。还有卖家需要切记的是，针对买家的优惠是可叠加的，所以做活动之前请务必计算好优惠比例。

3. 亚马逊 CPC

FBA 入仓后，卖家即刻开启 CPC，提升 Listing 的曝光流量，并关注点击和订单转化率指标。这个环节中最重要的是跟踪数据的变化，确认转化趋势，并结合指标的表现优化 Listing。当然如果品牌已经做了前期的推广，针对新品，卖家可以采用老带新的品牌 CPC 引流方案，提升产品曝光量。

9.2.4 FBA 注意事项

1. 杜绝断货

关于 FBA 操盘，最担心的是断货。一旦产品出现断货，排名下滑会比较明显。所以卖家需要在 FBA 发货前尽量做好市场预测，而且在产品售卖的过程中，也要即时监控销量动态，并做好补货的时间安排，尤其是对供应链及物流的把控，即时补货入仓后即可开启 CPC 去拉排名。

2. 找准节奏

Listing 优化要提前准备好，按照文案、图片及 EBC 的优化细节，做到产品内容的充分展示，在中、后期可以微调，但切忌频繁改动。比如，有的同学可能隔两天就改动一次主图或者当天多次改动标题等，这种做法会严重影响 Listing 数据的收录和关键词排名。

3. 放平心态

排名虽然无法 100%决定销量，但要想赚钱，必须要让更多的人看到产品。所以排名肯定是越靠前赢利越大，也就是对于排名前 20~50 个订单可以完全计入营销费用里就可以了。

综合以上得出结论：第 1~2 个月打造爆款，第 2~3 个月看成效，数据监控以半个月为一个周期，如果有操作瑕疵及时调整。3 个月以后还未见起色的，应该放弃此产品，然而具体情况具体分析，一般来说，我们测款时限为 1~1.5 个月。如果目标商品趋势向好，比如稳定出单量为 5~10 件/天，就要及时收集质量反馈优化产品，开始准备大货发 FBA 海外仓。第二批出货 0.8~1.2k/SKU（根据自己店铺的 IPI 指定补货计划），加大流量投入并维持数据稳定。

第 10 章

账号维护，店铺日常的客服工作

10.1 店铺绩效监控

10.1.1 账户健康指标

提到卖家账户的监控指标，我在第一本书《跨境电商亚马逊开店实战宝典》里对各项指标的考核要求有详细的阐述，这里我们再简单地回顾下亚马逊账户指标的变化历程：

2015 年，卖家评级（分数从 0 分到 100 分）被亚马逊删除；

2016 年，POP 和产品指标被亚马逊取消；

2017 年，亚马逊推出了 FBA 库存绩效指数（IPI）；

2018 年，亚马逊删除了客户服务不满意率（CSDR）、回复响应时间（CRT）和退款不满意率（RDR）；

2018 年 7 月，亚马逊引入了基于 IPI 分数的 FBA 库存限制；

2019 年初，推出了"客户之声"版块，其中涵盖了两个指标，分别为 NCX 和 CX；

2019 年，ODR 仅保留 60 天的计算周期，取消了 90 天的计算时长；

2020 年 7 月，对卖家的订单启用了新的发票缺陷率考核；

2020年9月，亚马逊推出了账户健康指标考核工具（AHR），可以看作是2015年"卖家评级"工具的改良版。

相关的指标考核标准如图10-1所示，主要针对的是FBM的卖家。

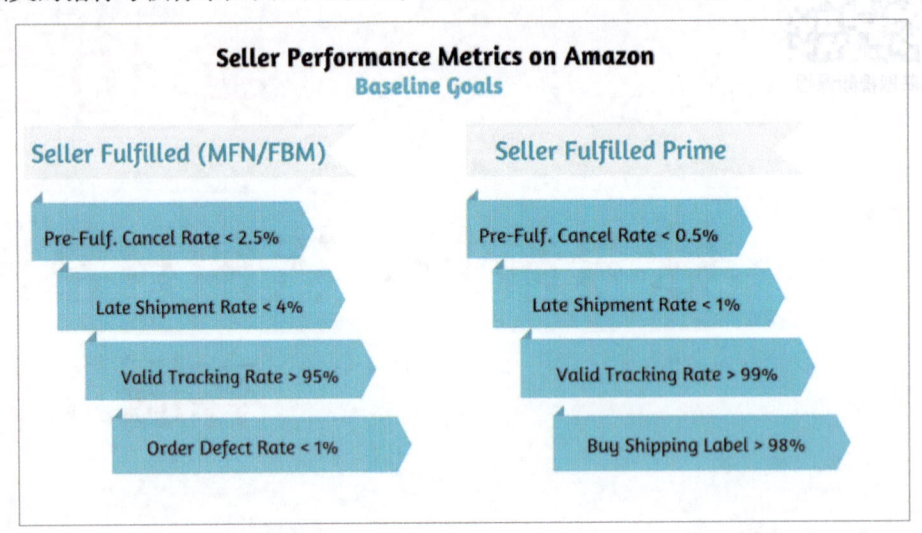

Seller Performance Metrics on Amazon
Baseline Goals

Seller Fulfilled (MFN/FBM)
- Pre-Fulf. Cancel Rate < 2.5%
- Late Shipment Rate < 4%
- Valid Tracking Rate > 95%
- Order Defect Rate < 1%

Seller Fulfilled Prime
- Pre-Fulf. Cancel Rate < 0.5%
- Late Shipment Rate < 1%
- Valid Tracking Rate > 99%
- Buy Shipping Label > 98%

图 10-1

其实亚马逊在数据监控的框架上没有太大的变化，但我们会发现，指标的侧重点开始慢慢地偏向品牌保护及客户体验的细化上，最主要的特征体现在两个方面。

1. 政策合规性

如图10-2所示，账户状况的C位就是政策合规性的考核指标，里面一半以上都是关于知识产权的合规要求，其中对品牌的保护面面俱到。因为我的店铺主要是做品牌FBA的Listing，所以基本上不会出现任何知识产权的违规情况，毕竟品牌和产品线都是我们团队自己的。不过在我做FBA培训的过程中，见过很多做FBM的学员，店铺里政策合规性这一指标确实有些目不忍睹，如图10-3所示，尤其是"知识产权投诉""上架政策违规"这两项数据严重超标，有的账户评级呈现黄色甚至红色，卖家中心首页则显示着"账户停用风险提示"。

大家如果做FBM我就不多说了，但如果要转型做品牌FBA，一定要重视店铺绩效，它不只是关乎店铺的生死，还影响着平日里的品牌运营，不要因小失大。

图 10-2

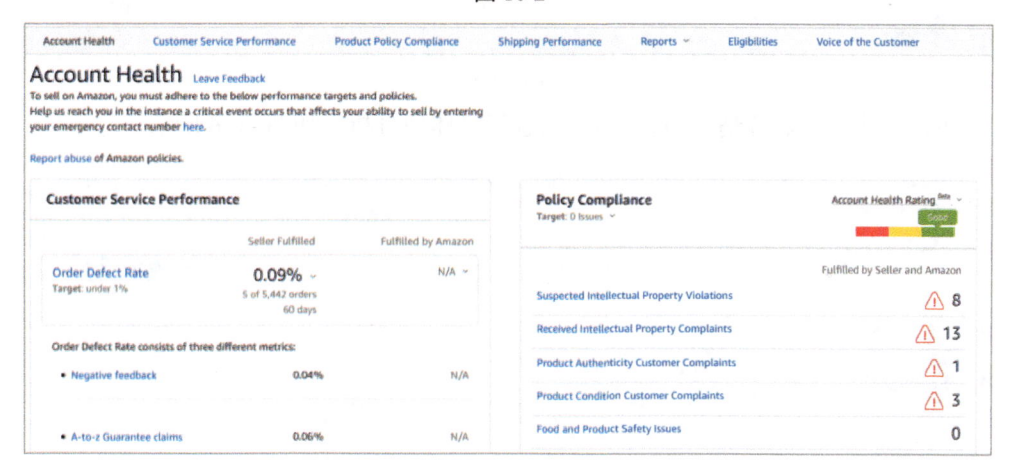

图 10-3

2. 买家之声

针对店铺里的单个 SKU,除了常规的账号指标,"买家之声"则更加具体一些,如图 10-4 所示,显示为不同的满意度指标。

图 10-4

不同的指标评分都会包含相应的产品 Listing，页面下方会列出具体的 SKU 的满意率及问题，如图 10-5 所示。

图 10-5

也可以点击"查看详情"，对目标产品进行具体地分析，如图 10-6 所示。

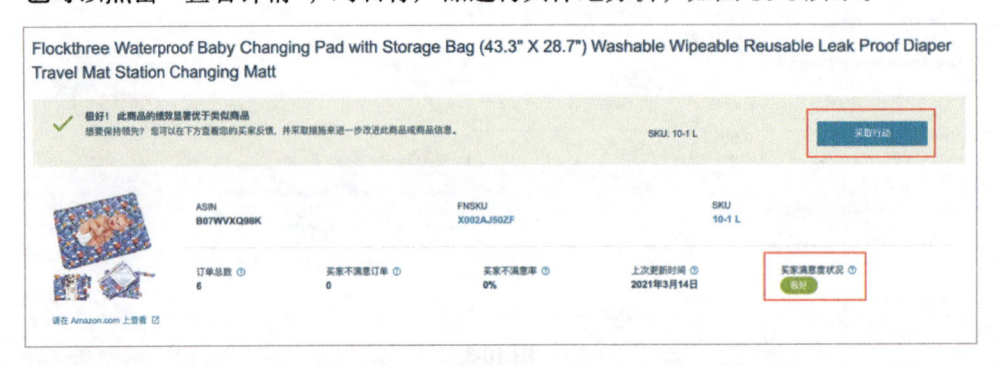

图 10-6

10.1.2 买家满意度指标

亚马逊一方面持续细化标准的绩效指标，同时又增添了其他的服务指标，比如客户服务评分。

10.1.3 客户服务评分

1. 客户服务评分是什么？

客户服务评分是亚马逊新推出的客服指标，指的是买家针对卖家回复问题的满意度，亚马逊会对买家进行调查，并收集他们对于卖家服务的反馈，仅参考最近一次的买家评分，且评分数据只在采样前 30 天，至少 40 个买家评分后方才显示，每周更新一次。

2. 买家评分反馈触发机制

每当卖家回复买家信息时，评分反馈机制便自动激活，此时，亚马逊会在信息底部插入 "Did this solve your problem"，如图 10-7 所示，这时买家可进行选择及评分。

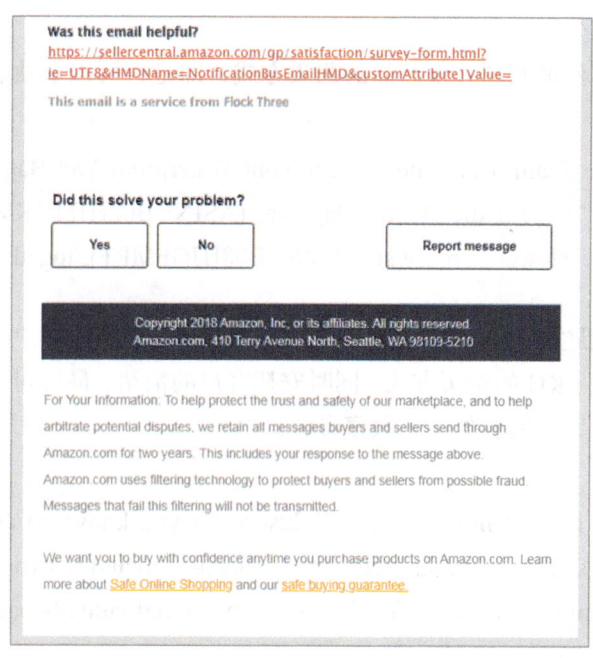

图 10-7

3. 客户服务评分的评判标准

卖家如何判断评分的好坏呢？在满分 10 分的设定下，具体标准为：

0~5.9 分，属于不及格，评分将显示红色，需要尽快地改善客户体验；

6~7.9 分，属于良好，评分将显示黄色，有改善的空间；

8~10 分，属于优秀，评分将显示绿色，继续保持即可。

4. 评分对卖家的重要性

对于卖家来讲，为客户提供有价值的产品和服务是交易的宗旨，也契合亚马逊的平台准则，评分的高低意味着买家对于客户服务的满意程度，也直接关系着卖家的品牌口碑及客户关系的维系。当然，这里的客户服务同样包括亚马逊的 FBA 订单的服务，虽然亚马逊负责物流配送服务，但对亚马逊物流的反馈也会包含其中。

5. 提高服务评分的方法

1）在第一时间回复和解决买家的问题；
2）沟通要具体化，客户的名字、之前的沟通细节都要知悉；
3）回复要言简意赅，突出重点；
4）明确问题解决方案的实施时间以及详尽的措施等。

接下来，跟大家分享个案例：

一位客户发来邮件询问"心仪产品的购买方式，即是否可以单独购买套装中的某一款产品？"，原文如下：

Dear Flock Three Team, I am interested in your Waterproof Wet Bags. Would you sell the Flamingo 15.8" × 17.7" from the Windy Days set (ASIN: B08HJFL5KW) and the Flamingo 11.8" × 14.2" from the Flower Fantasy set (ASIN: B08HJGFMPT), together or separate? Thank you.

在了解客户的问题后，我们围绕产品的供应计划，先是感谢客户的喜爱并告知客户具体的到货时间和单独 SKU 的购买方式，同时安抚客户的情绪，最后对自己的品牌旗舰店铺做了宣传。基于此，回复内容如下，大家参考：

Dear buyer,

Thanks for your interest in our products. Just to let you know we are launching the new collection of wet bags in two weeks. Our new collection includes two patterns that you are interested in (pink flamingos & purple flamingos). They are individually packed and sold. But the size for the wet bag is 16.5" × 12.6".

If you are interested, you can check our Amazon store webpage in two weeks, here is the link:

https://www.amazon.com/flockthree

Please click the single wet bag image to check the designs.

Thank you so much for your support!

Best Regards,

Flock Three Support Team.

其实品牌 FBA 的路径已经大大减少了客服的工作量，但大家记住一点，客服只要在平日的工作中用心了，客户就会感受得到并产生情感共鸣。这样卖家就可以获得消费者的信任，以此来积累客户的口碑，间接地提升品牌的影响力，订单自然也就纷至沓来。

10.2 账号问题类型

在我们运营店铺的过程中，面对亚马逊繁多的平台政策和规则，难免会出现账号的问题，比如我们常见的账号 KYC、销量激增、专利侵权等。亚马逊会要求卖家提供相应的资质证明或者改善计划，在审查期间，亚马逊会冻结店铺的部分功能、资金，如果卖家无法提供真实有效的相关证明文件，则将面临产品下架、店铺被封及财产损失。所以中小卖家要提前知晓店铺问题类型，预防在先，措施在后，防止此类事件的发生并做好应急准备。接下来，我们看下店铺的问题分类及应对方案。

10.2.1 多个账号关联

我在第一本书《跨境电商亚马逊开店实战宝典》里对亚马逊账号关联定义的介绍，在这里就不赘述了。我觉得这个问题，对于成熟卖家而言应该不是个事儿了，解决的方案就是我前面提到的店铺 IP 管理工具，不但可以避免 IP 关联问题，还可以实现随时随地移动办公，非常方便。不过在我的培训过程中，还是有学员因为账号关联的问题而导致店铺被关闭，包括两个店铺错误绑定了同一个 PingPong 收款账号、异地登录店铺的时候，用的是本地网络（复杂的 IP 环境）或者注册店铺的个人信息已经被使用过了而卖家却不知道的情况。总之一句话，1 个店铺对应 1 套信息及资料，谨记。

10.2.2 产品违规投诉

1. 产品描述不符

基于亚马逊 SEO 的原则，在优化 Listing 的时候，针对标题、五点描述等文案的编辑，卖家都会进行关键词的布局，大部分人可能更多关注的是关键词的搜索量而忽略了相关性以及包括品牌在内的违禁词。特别是做小语种站点的卖家朋友们，通过 Google 翻译出来的文案经常会词不达意，很容易违反亚马逊的政策，导致出现产品与描述不符的情况。一旦收到客户投诉或被亚马逊抽查发现了，将会被做产品下架的处理，严重的则暂停账户操作。若出现类似情况，要尽快审视 Listing 的各项文案，并做出整改后提交 PofA（行动计划）。

2. 错买产品投诉

错买产品投诉指的是客户退货的理由是买错了商品或者买了不需要的产品。当然，就跟 7 天无理由退货一样，虽然是一个因客户不满意产品而退货的由头，但是如果卖家收到因这个由头退货的占比越来越高，超过了绩效指标的底线，亚马逊也会给卖家发送警告邮件，要求卖家对产品进行改进，严重者将会给予账户关停的处罚。如果真的出现了这种情况，也不必惊慌，卖家需要撰写一份 PofA（行动计划），详细描述改进措施并提交给亚马逊审核。当然问题最好的解决方法是避免出现此类问题，这就要求卖家认真对待产品的细节及包装，不求多么完美，但求万无一失。

3. 违禁产品投诉

亚马逊平台为了保障消费者的权益，规定了多个禁售的产品，特别是对食品、药品、化学制剂等安全相关的品类要求诸多，这个内容我在第三章节的分类选品里也有阐述。当然，成熟的卖家们也都有所防备，会规避掉这些限售产品。只不过有的卖家会不小心把与限售产品相关联的描述关键词放在 Listing 的页面，尤其是做欧洲小语种市场的卖家，很容易疏忽大意，一旦亚马逊的 AI 检测捕捉到这些违禁关联词，店铺就会收到投诉、产品下架，甚至面临关闭店铺的风险，在此情况下，卖家能做的只有尽快整改，提起申述。

10.2.3　店铺销量激增

销量激增官方定义指的是在特定时间段内产品 Listing 出现的订单异常增加的问题。说实话，我做了 10 多年的 FBA，还从来没遇到过大批做 FBM 自发货的学员，其他人在平日的运营中倒是经常遇到。我看了几位学员的店铺了解了下，有的 Listing 一天可以达到 100 单，有的则是 1 天 1 单，还有的 1 个月 1 单，各种情况都有，但都收到了亚马逊的销量激增警告信件，同时，相关的产品 Listing 被纷纷下架。所以，我基本上断定销量激增就是给自发货设置的上限，也就是变相地激励卖家转成 FBA 发货模式，来更好地提升客户体验。

10.2.4　销售违规投诉

1. 一件代发禁售

代发货被投诉禁止指的是卖家从目标市场的本地三方商城发货，比如沃尔玛、BESTBUY 等，在前面的章节里我介绍过亚马逊的 OA 运营打法，里面提到过卖家售卖品牌的产品，直接从其他知名商城一件代发。虽然卖家有真实的购买记录及正规的购买凭证，但是亚马逊已经逐渐暂停了这种发货形式，毕竟从沃尔玛之类的平台发出的产品肯定是带有明显的商城品牌标识度的，这一点亚马逊肯定不会容忍。卖家想要避免这类问题只能把物流中转下，贴标自发货或入仓亚马逊 FBA，别无他法。

2. 虚假销售投诉

虚假销售投诉指的是卖家售卖的产品与品牌正品不相符。这个时候只要提供相对应的进货凭据或者产品的采购发票，文件上需包含贸易双方的公司信息；其次，卖家要仔细考虑下，为什么会收到此类投诉，比如你确定销售的是正品，可是在包装或其他产品细节上没有满足客户的期望。有时候，也可能是买家错误投诉了，但无论如何，投诉已经发生了，在产品确保 100%是正品的前提下，准备好上述资料附加到 PofA（行动计划）里，等待亚马逊审核恢复账户即可。

3. 假货销售投诉

售假投诉与虚假销售投诉有一点区别，那就是卖家销售假冒的产品，被相关的品牌商通过亚马逊进行投诉，那么售假的影响相对于以上其他投诉会比较严重，品牌商家会委托专业的律师团队以开庭审理作为前置条件进行协商索赔，这会直接导致售假卖家的账户被亚马逊关停，损失数万到数十万美元不等。当然，如果卖家确信品牌商发起了错误的索赔申诉，也可以准备材料进行上诉，保护自己的权益。

10.2.5 评价操纵投诉

前文中我反复地强调过，亚马逊非常重视客户的购物体验，借助 AI 科技尽可能地让平台保持买卖的初心，不允许任何欺诈、弄虚作假的行为出现，特别是买单、刷评等一类操盘潜规则，亚马逊都是零容忍的。一旦发现卖家有此等违规的行为，亚马逊就会毫不犹豫地封停账户。

有些卖家怀着一夜暴富的"伟大"抱负，通过给客户提供优惠券、折扣等奖励换取客户的 5 星好评，尽管客户的评价是真实的，但也存在对客户的诱导行为。更有甚者，直接雇佣第三方服务商给自己提供虚假的好评，还有的给竞争对手提供差评，以在市场竞争中拔得头筹，这些都是典型的评价操纵行为，不可取。千万不要心存侥幸，亚马逊是大数据的鼻祖，别干那些螳臂当车的事儿。

前一段时间，亚马逊"手起刀落"，把那些所谓的"大卖们"的店铺通通关停了，尽管他们也在通过法律途径寻求解封，但大势已定，回归正途才是对所有人的尊重。如果遇到操纵评价被投诉封店的情况，要即时改正，自求多福。

10.2.6 知识产权投诉

1. 商标侵权投诉（见案例 2）

商标侵权投诉指的是卖家在未经正式授权的情况下私自使用其他卖家已注册的商标。对于铺货跟卖的卖家而言，这种情况再熟悉不过了，在选品阶段把各种榜单扫一遍，哪个销量好就跟着卖哪个，虽然你也能拿一模一样的厂货，但对方已经注册品牌并印在了产品和包装上，而且 Listing 描述里也有准确的品牌词。在这种情况下，无论你是跟卖，还是另外自行上传，如果被 AI 系统检测到或者直接被卖家投诉，都可能触发商标侵权，导致产品下架、跟卖撤销、销售权限移除。同样的，如果卖家为了蹭流量，把别人的品牌词当作关键词优化在了 Listing 的标题、五点描述、关键词及详情中，也同样会被判定为商标侵权而导致账号受限。

有的同学有疑问：如果卖的是品牌配件呢？与品牌相关的关键词是不是就不能填写了？比如，Flock Three 手机壳要是写成 Flock Three Case 就是侵权了，有人建议改写成 Case for Flock Three 或者 Compatible With Flock Three 就可以避免侵权了。但大家注意，这种写法也不是绝对安全的，请大家根据具体品牌的影响力去具体地分析。当然，图片类的素材也要注意，比如你的主图在呈现使用场景时，把其他的 Logo 放了进去，这种情况也是侵权的，不要打擦边球，要尽快更正。

2. 版权侵权投诉

版权在亚马逊平台上的定义其实蛮广泛的，包括在售 Listing 的产品上印有其他卖家所有版权的图案，比如带有其他品牌版权图案的包包；在售 Listing 的产品使用了其他卖家拥有著作权的样式，比如漫威的 IP 之类；抄袭了其他卖家的 Listing 标题、五点描述、图案等，也会收到亚马逊的投诉，导致店铺的 Listing 下架，被移除销售权限。对于大部分品牌FBA 卖家而言，其实是很少遇到这种投诉的，比如我们团队在亚马逊运营期间，因为都是自主研发的产品，没有这种情况出现。所以我建议大家既然下决心做品牌，在选品上多下点功夫，做出差异化，虽然很难但确实给后面的工作减轻了不小的负担。

3. 产品专利投诉

产品专利主要包括 3 种：发明专利（功能专利）、外观专利和实用新型专利。要想知道一个产品是否拥有专利，至少我们要知道专利名、专利人和专利号中的三者之一。其中，如果有了专利名，通过专利名来查询是我们确定一个产品是否拥有专利的最直接手段。大家可以试着在卖家专属导航的专利网站上查询，然后去对比自己的产品，以此来避免侵权行为的发生。同时，也可以借用自己身边的资源，比如行业内的朋友、供应商、工厂资源等获得更多产品专利的相关信息。其实，专利投诉在运营店铺的过程中遇到的情况不多，因为大部分专利已经在选品和做产品的时候就规避掉了。如果卖家收到专利投诉，一般都是品牌商连带品牌和专利一起被投诉的，也就是说，品牌侵犯的可能性更大些，或有一些是错误的投诉，大家只需要准备好资料，规规矩矩地提交申诉即可。

10.3 账号解封流程

10.3.1 案例 1，店铺账号关联

团队中一个欧洲账号在注册的时候出现了信息关联的问题，被亚马逊移除了账号权限，我们准备了相应的信息证明文件，包括 IP 地址、信用卡账单、水电费账单等，同时附上了PofA（行动计划），邮件正文内容如下，供大家参考：

Dear Seller Performance Team,

I am appealing the removal of my selling privileges, which occurred after I expanded into EU marketplaces and failed to pass the initial verification. Please review my plan below.

Root cause of the suspension:

1. My selling privileges were removed right after I expanded into EU marketplaces because I didn't supply the documents that exactly match the name on Seller Central.

2. I have reviewed all the information and now I can provide documents that exactly match the details on Seller Central.

Actions taken to resolve issues:

I solved the problems with my account by submitting the following:

1. I am submitting a utility bill dated within the last 90 days.

2. I can verify there is a current and valid credit card on file.

Steps taken to prevent issues in the future:

I have formulated and implemented the following plan of action in order to ensure that I do not violate Amazon's selling policies now or in the future. All of these steps have been reviewed with my team:

1. To address the issues raised, I have carefully read and understood my business solutions agreement with Amazon and Amazon's policies, paying careful attention to Amazon's anti-counterfeiting policy and intellectual property policy. I have studied the prohibited seller activities, as well as product detail page rules and condition guidelines in Seller Central help. My team and I will carefully examine each and every Amazon Listing, including images, to make sure that each product I am selling is authentic, authorized, compatible, and matches exactly the product being depicted in the Listing in every way, and does not violate any copyright, trademark or trade name of any third parties, and I will monitor the Listings on a regular basis to ensure that they are always accurate and complete. Any products that do not match the Listing in every respect will be deleted from inventory.

2. I have reviewed and will regularly monitor Amazon's content guidelines for any changes to make sure I am operating within those guidelines.

3. In the event I am unsure of any item I may choose to list for sale on Amazon.com, we will contact Amazon Seller Support for confirmation before Listing it for sale.

4. I will respond immediately, in no case more than 24 hours, to all customer inquiries and refund and all return requests will be honored before any matters progress to A-Z claims, and will provide excellent customer service and communication in order that each customer has a good

shopping experience on Amazon and is satisfied with the products I offer.

5. I will monitor customer returns and complaints on any products, as well as customer reviews on products I offer, as a quality control measure, to provide a good customer experience. I will promptly replace or refund any products in response to any customer complaints. Any products that appear to create a poor customer experience will be withdrawn from my inventory.

I have educated myself on Amazon's policies and put sufficient business procedures into place to comply with your policies. Please reinstate my selling privileges.

Thank you for your consideration,

KSIAK

Merchant ID: A179IV8MAA9DATC

10.3.2　案例2，商标侵权投诉

这是另外一个店铺遇到的商标侵权问题，团队在做了充分的调查后，首先由委托律师团队与商标所有者进行沟通，说服其撤诉并收集好相关的凭证，比如进货发票等，如图10-8所示。其次团队准备了 PofA（行动计划），一并提交给亚马逊审核。正文内容如下，供大家参考：

```
Re:    JADE
       Merchant ID  A169BV8MAA9DHM
       Amazon Complaint ID: 61778863561
       ASIN: B09TC7YQ5R

Dear Mr. Glade,

The undersigned represents JADE. Our listing has been removed from Amazon, as a result of your
intellectual property complaint.

We did join a listing for this product without making sufficient checks, without having any inventory, and has not
made any sales. We does not want to litigate this matter and removed the listing from their account and pledges never
to list or sell any items infringing upon your intellectual rights. We are asking for you to send a short email to Amazon
retracting your complaint.

Simply email Amazon at: notice-dispute@amazon.com and reference Complaint ID 61778863561 and ASIN B09TC
7YQ5R, and ask that your complaint be withdrawn against JADE, Amazon Merchant ID A169BV8MAA9DHM.
Kindly blind copy me with it at: attorney@kkaris.com. It must state that it was filed in error for Amazon to take any
action.

I am available to speak with your management or legal counsel about this matter if this letter does not resolve our
dispute. In this case, please provide me with their contact information.

Sincerely,
```

图 10-8

Dear Seller Performance Team,

Please refer this to a senior investigator or manager.

Our amazon.com account was suspended for alleged copyright infringement in regard to ASIN B09TC7YQ5R (Complaint ID 61778863561). We were unaware that we were not allowed to list these products without proper authorization from the rights owner.

Our plan of action addresses all of your concerns.

Root cause of the complaints: Poor Quality Control over Listings.

a. Our seller account was suspended due to the intellectual property complaint from a rights owner with regard to ASIN B09TC7YQ5R, Complaint ID: 61778863561.

b. To investigate, we reviewed our Listing and came to a conclusion that we performed insufficient checks before Listing the toy for sale.

As a result of our review, we found the root cause of the complaint was that we were planning to source the product from an online retailer but failed to fulfill the necessary intellectual property checks.

a. According to the law, under the First Sale Doctrine, we would have the right to resell the product.

b. We were planning to drop-ship the product. Zero product under this ASIN has been sold, therefore we cannot provide invoices for it.

c. After receiving the notification, we have immediately deleted the ASIN and will not seek to relist it again.

d. We take full responsibility for having violated Amazon's policies.

Steps we took to resolve the complaints

1. We have hired an attorney, who has contacted the rights owner and has asked for a retraction of the complaint.

2. Our attorney has educated us on intellectual property rights.

3. We have permanently deleted the product from your site for ASIN B09TC7YQ5R and will no longer relist it on Amazon again.

4. To address the issues raised, we have carefully read and understood our business solutions agreement with Amazon and Amazon's policies, paying careful attention to Amazon's anti-counterfeiting policy and intellectual property policy. We have studied the prohibited seller activities, as well as product detail page rules and condition guidelines in Seller Central help. We understand that it is our responsibility to source and sell only authentic products that do not infringe on the intellectual property rights of any third parties, and we understand that

customers trust that they are buying authentic products when they shop on Amazon.

Steps taken to prevent future complaints

We have formulated and implemented the following plan of action in order to ensure that all the products we take into inventory are authentic, do not violate the intellectual property rights of any third parties and contain the proper documentation for authentication:

1. Sourcing:

a. To prevent future violations, we will conduct research with the United States Patent and Trademark Office and/or Copyright Office to ensure that the products we seek to offer in the future are not trademarked by any company or individual.

b. If in doubt, we will also confirm with our attorney that our designs do not infringe anyone's trademarks.

c. To prevent similar issues, we will source products only which we are approved to sell or which are not restricted and do not require prior approval to sell, to ensure we will not sell any products that violate Amazon's policies or sell any items that we do not have the approval to sell.

d. We have appointed a qualified Quality Control supervisor who he 广告 a Quality Control Team designed to monitor our Listings and review all products I intend to take into inventory to ensure compliance with all Amazon's selling policies and applicable local and federal laws.

e. If we are in doubt as to the Listing of any potential products, we will contact Seller Support for permission to list the product.

f. To prevent similar issues, we will source products only which are not restricted and do not require prior approval to sell. We have purchased the program, "Check Permission", to ascertain if we have the right to sell products we choose to list, before Listing them for sale.

g. We will keep all invoices on all products that we sell.

2. Listings:

To prevent complaints, my team and I have gone through every Listing, including image descriptions and bullet points, to make sure that each product we are selling is authentic, authorized, compatible, and matches exactly the product being depicted in the Listing in every way, and does not violate any copyright, trademark or trade name of any third parties, and to make sure they exactly match every feature on the product's packaging and the manufacturer's website.

a. Any products that are not authentic or do not match the Listing in every respect will be deleted from our inventory.

b. We have reviewed and will regularly monitor Amazon's content guidelines for any changes to make sure we are operating within those guidelines.

We are sorry that we have violated Amazon's policies and fully understand that we must learn from this incident and prevent it from ever happening in the future.　We pledge to only list products that comply with all Amazon's policies and guidelines, and applicable federal and state laws and regulations.　Please restore our selling privileges.

Thank you for your consideration,

JADEPJE

Merchant ID: A169BV8MAA9DHM

亚马逊应对卖家的申诉申请，第一次都是由 AI 进行自动检索判断的，这就需要大家尽可能地按照亚马逊的要求制作出自己的申述模板，这样通过审核的概率会比较高。更多的账号申述范例，请关注公众号"越人 TeCH"，回复"申述模板"领取。

10.4　店铺售后处理

相对于自发货来讲，卖家在 FBA 的订单售后处理上是比较轻松的，但唯一要注意的就是退货问题，因为亚马逊的买家购物保障（一般商品有 30 天的退换货条款）以及 FBA 的退货便利性也可能会导致退货率的上升，这一方面对卖家的商品有了更高的要求；另一方面给店铺的订单处理带来了新的挑战。

10.4.1　针对退货问题的思考

退货通知的邮件主题一般是"Refund initiated for order #×××-××××-××××。"卖家收到邮件后也会思考一番，例如：

1. 这款产品是否是售价最高或利润最高的？
2. 买家是否会评论商品有缺陷（影响到卖家指标）？
3. 退回的商品是否可以进行二次销售，或者是否已经被客户损坏？
4. 如果买家留了差评（nagtive feedback），我该怎么办？
5. 退货出现了，我该采取什么措施保护我的亚马逊账号？

10.4.2　针对退货问题的措施

1. 记录退货邮件

本土会员（Amazon Prime）发起退货后，亚马逊一般是立即发起退款的，无须等待商品退回（海淘除外）。同时，亚马逊将会给卖家发送退款通知邮件。针对这些邮件，卖家们最好标记并整理好，以便验证该笔退货是否在 45 天内顺利完成。

2. 尝试索赔退款

按照亚马逊的标准，如果退回的商品包装破损，即标记"Damage"；如果退回的商品有缺陷，即标记"Defective"。以上情况下的商品均无法再次进入常规 FBA 库存，特别是 Listing 存货不多（2~3 个）的情况下，应做好标记并按时查看客户的退货商品是否已实际到达 FBA 仓库，如果卖家发现在 45 天的退货期限内客户没有退回任何物品，卖家应该向亚马逊提出索赔。

1）退货查询方法

通过退货报告核实 Listing 退货情况，首先登录"Seller Central（卖家中心）"，在"Report（报告）"栏目下选择"Fulfillment"，找到"Customer Concessions"，点击"Customer Returns"，确定好日期后下载即可。一般需要查看 30~60 天内的数据，因店铺而异。查看报表找出退货原因，如果发现退货数据未出现在报表中，可即刻开 case 询问亚马逊客服。

2）退货索赔步骤

如果近期频繁地出现退货现象，则应当引起重视（比如客户利用退货期使用产品后发起恶意退货），做移仓时进行重点检查并保留好装箱单、照片等证据，并开 case 进行提交。如果情况属实，一般会收到如下回复，即表示亚马逊即刻发起退款补偿：

"We can tell from your photo that the item is unopened or not defective. THANK YOU for calling this to our attention, and letting you know we are adding a note to the customer's account about this incident (if a customer continues this "buyer abuse" behavior, his buying account can be cancelled). We will process a reimbursement on your behalf for this item."

3. 尽力安抚客户

一般情况下，买家在提出退款后，接下来要的做一件事就是给卖家留下 Feedback。当然无论评价内容是否为负面的，我们都要秉承客户第一的原则，与买家联系并诚挚地道歉，范例如下，供大家参考：

1）反面范本

Dear (NAME):

I see you ordered a ××× from our store, from your review, I understand that you are not satisfied with the product, I'm really sorry for that.

As a reliable seller on Amazon, we always do our best to provide good quality products as well as excellent service to our customers. So when I see your review, I feel very sad.

Here I contact you want to do something to make up for you. Our company policy is 100% refund for any unsatisfactory order or customer, so if you agree, we'd like to give you a full refund for it, do hope this shopping experience don't make you too much uneasy feeling.

As a new seller, we respect every customer with thanking, we cherish every review, and do hope you can re-consider and help to update the review to 4 or 5 stars at your convenience, is that ok? We also will update the product description about the size clearly.

Look forward to your reply.

With best regards.

以上范例，大家在互联网上搜索的时候也会有类似的模板出现，但大家要谨慎使用，认真核对里面的措辞，切忌出现任何跟评价操纵有关的说法。

2）正面范本

Dear (NAME):

Amazon just notified me that you have requested a return for item xxx. I'm so sorry that the item did not meet your expectations.

Since this was a Prime order, Amazon is supposed to provide you with an immediate refund, so I am following up to make sure the refund was successful.

I would also like to know if there is anything I can do to make things better. Thank you for taking the time to read this message and have a great day.

BEST REGARDS

× × ×

以上为正确的回复范文，言简意赅，富含情感，且站在客户的角度去沟通。

10.4.3　针对客户差评的处理

如果收到客户的差评，要第一时间跟客户协商，并在安抚客户的同时，记得引导客户删除差评，删评模板如下，供大家参考。

PC端删除差评的步骤：

Deleting Amazon review on the computer:

Once you are on Amazon's main page, click on "Accounts & Lists" in the top right corner of the page.

Under the "Ordering and shopping preferences" list, select "Your Amazon profile".

On this page, you will see all of your reviews listed under "Community Activity".

Click on the three dots in the top right corner of any of your reviews. This will prompt you to "Delete Review". Make your selection, and your review will be deleted.

手机端删除差评的步骤：

Deleting Amazon review on a mobile device:

Open the Amazon app on your smartphone or tablet.

Tap the three lines in the top left corner of the screen to open a menu and select "Your Account" from this menu.

Select "Profile" from the "Personalized Content" section.

Navigate this page until you find the "Community Activity" section, which has all of your reviews listed underneath it. Tap the three dots in the top right corner of the review you want to delete.

第 11 章

站外 SEO，亚马逊的全网流量体系

众所周知，亚马逊作为全球电商当之无愧的 NO.1，在规模及技术层面已经遥遥领先其他的电商平台。我在之前的章节也反复强调过，亚马逊比较适合初创企业的品牌孵化，不仅平台成熟，而且流量稳定，是比较好的品牌曝光地。但对于亚马逊卖家来讲，除了尽其所能地完善 Listing 赢得购物车，同时，研究最新的 A10 算法冲排名之外，未来还有更多未知的挑战等着我们。比如亚马逊推出的语音购物生态"ALEXA"，在不远的将来势必给传统意义上的搜索算法带来不小的冲击。所以，一方面卖家朋友们要紧跟亚马逊的平台规则，即时采取相关的应对策略，拥抱变化；另一方面则需要开拓更多亚马逊之外的流量及用户群体，让你的 Listing 或者品牌能够尽快地触达互联网的每个角落，并锁定目标人群，持续为客户提供价值，做到以不变应万变。

11.1 亚马逊 SEO 与 Google 的融合

说到亚马逊的站外流量大户，Google 绝对首当其冲，作为全球搜索引擎的老大哥，Google 已然成为了互联网居民日常生活的一部分，工作中遇到了难题搜索一下，学习中碰到了问题查询一下，Google 以每天数以千亿计的搜索次数，在不断地为用户的问题搜寻匹配最优解。虽然亚马逊站内的搜索规则与 Google 相比，在底层逻辑上还有些差别，但二者的算法在潜移默化中开始走向融合。

我在之前的章节说到，亚马逊从 A9 算法更新到 A10 算法，最大的变化除了搜索结果越来越贴近于用户自身的搜索目标，其对站外流量的重视程度也在不断地提高。

所以，为 FBA 品牌卖家，我们可以在平日的店铺运营中把亚马逊与 Google SEO 有机地结合起来，相信对 Listing 的流量、转化及品牌知名度的提升会起到事半功倍的效果。那么，我们具体要怎么做呢？

11.1.1 创建 Listing 的 OTA 链接

当卖家第一次在亚马逊之外进行 Listing 推广的时候，往往会遇到一个难题。比如说，在 7 天之内，Listing 产生了 200 单，其中 70 单来自亚马逊 CPC 广告，那么剩下的 130 单可能来自站外广告或自然流量等其他渠道。但对于卖家来说，无法准确地统计出站外渠道的引流数据，也就没办法进一步优化流量结构。而亚马逊新推出的站外 OTA 链接正合时宜地解决了这个困扰卖家多时的问题。Listing 的站外 OTA 跟踪链接是亚马逊给品牌卖家的一个站外流量管理特权，其官方术语为"Amazon Attribution"，如图 11-1 所示。

旨在帮助品牌卖家批量管理站外推广渠道，评估推广效果。说的通俗一点就是，让卖家确切地知道购买产品的客户是通过什么路径找到产品并下单的。其实原理上跟"Amazon Associates（亚马逊推广联盟）"很像，只不过没有"Amazon Associates"那么精细，而且这个功能还没有完全开放，仅在几个国家进行了内测，包括美国、加拿大、德国、英国等，如图 11-2 所示。

图 11-1

图 11-2

那么，卖家该如何创建 OTA 跟踪链接呢？

首先，我们从店铺后台"Advertising"栏目点选"Measure Non-Amazon 广告"进入"Amazon Attribution"界面，如图 11-3 所示，点击"Sign in"登录账户。

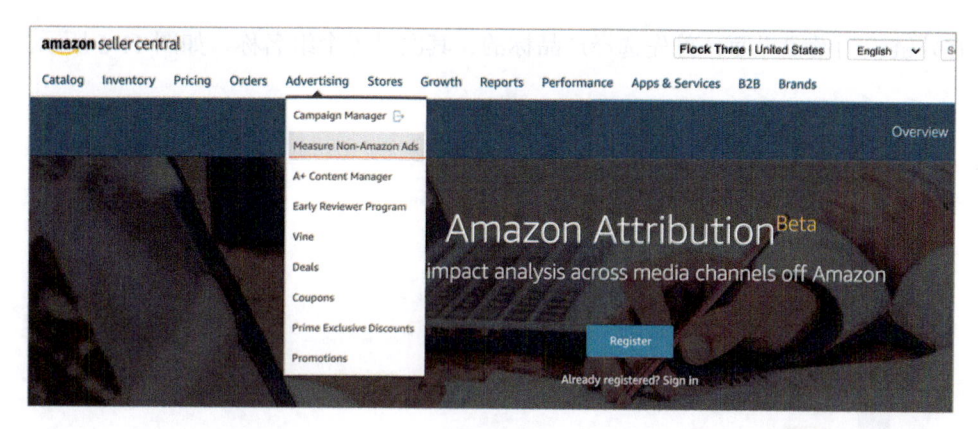

图 11-3

进入"Amazon Attribution"主界面后,先设置一个新的账户,如图 11-4 所示。

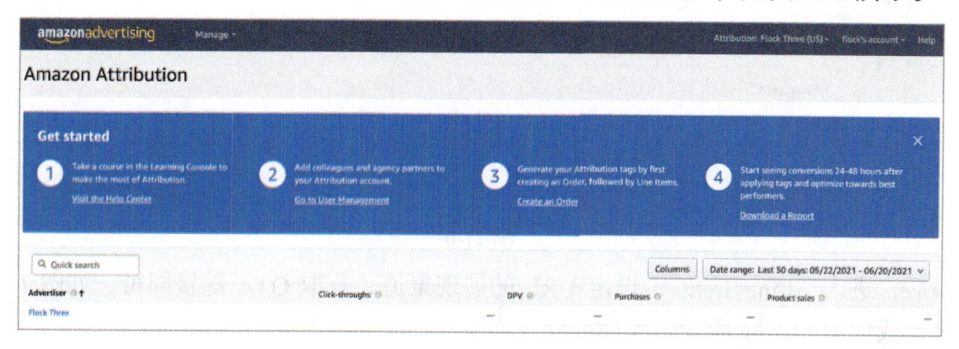

图 11-4

账户创建好以后,点击"New Order"设置外链组,如图 11-5 所示。

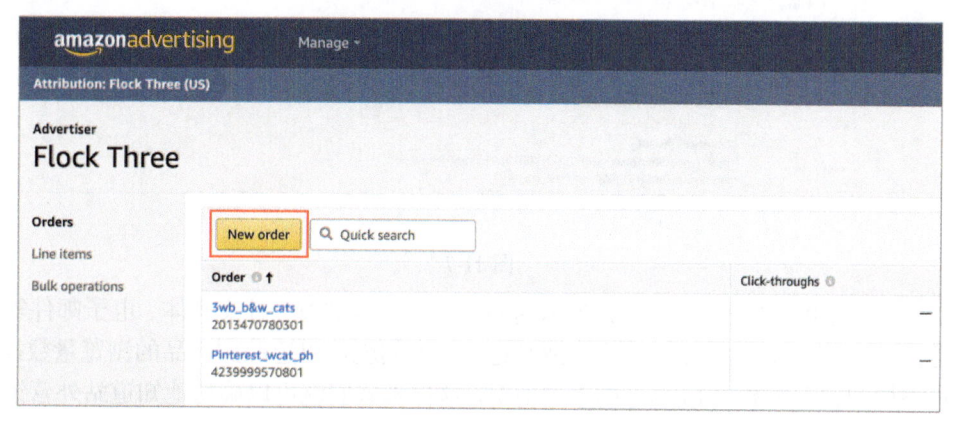

图 11-5

在外链组的设置界面，首先选择产品标的，其次设置个组名称，如图11-6所示。

图11-6

最后，进入"Line Item"，设定URL的展现渠道，获取OTA链接即可，如图11-7所示，至此我们的Listing跟踪链接就创建成功了。

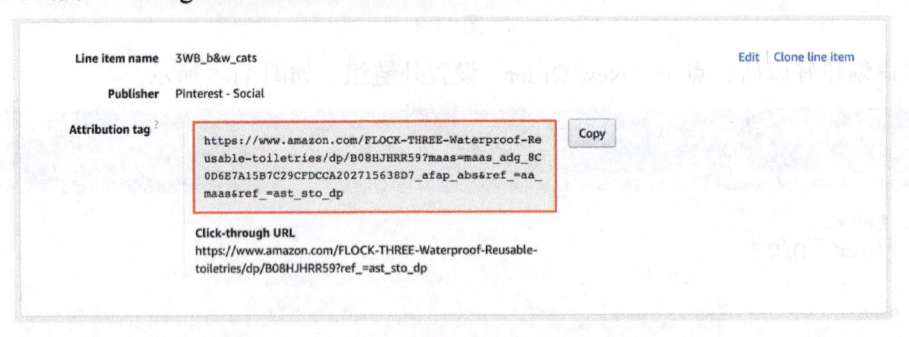

图11-7

卖家可以把创建好的OTA链接嵌入付费广告、博客文章、社交媒体、电子邮件等的推广渠道，一旦有人通过OTA链接进入亚马逊，卖家们就可以追踪到产品的浏览量数据，比如用户添加购物车次数或Listing的下单情况。这样卖家们就可以确切地知道站外营销活动的转化效果，包括哪些吸引了用户访问，哪些产生了销售额。

11.1.2 投放 Listing 的 OTA 链接

Google 搜索引擎的底层逻辑是利用自身的"搜索爬虫"不断地爬取网页信息创建庞大的数据库，来和用户搜索的关键词匹配，此类信息包括但不限于文字、图片、链接（俗称外链）等，因此，要想让 Google 能第一时间注意到亚马逊的 Listing，最快的方法就是在 Google 已收录的网站上投放自己的亚马逊 Listing。如果你碰巧有一个网站，你可以找到合适的位置插入目标 Listing 链接；如果没有，就需要去找一个其他的网站来放置，在操作的过程中，有以下几点需要注意：

1. 找一个域名权重高的网站，可以尝试用"SEMRUSH"分析目标网站；
2. 不要重复 Listing 链接，也不要不停地复制；
3. 建议使用亚马逊品牌旗舰店或产品的 OTA 跟踪链接。

接下来，跟大家分享一个案例：

在投放 Listing 的推广链接之前，我们先确认好投放网站——list.ly，以及推广标的 OTA。首先，我们打开网站，先通过关键词"fanny pack"锁定相关性高的贴文，如图 11-8 所示。

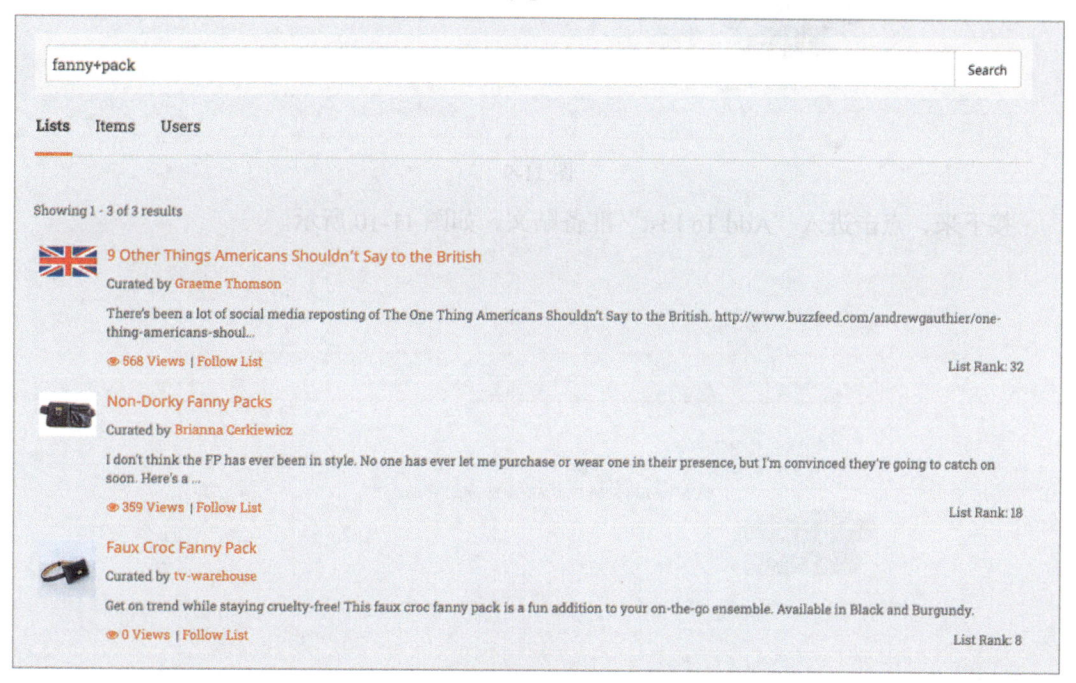

图 11-8

然后点击进入目标贴文浏览更多内容，再次确认相关性，如图11-9所示。

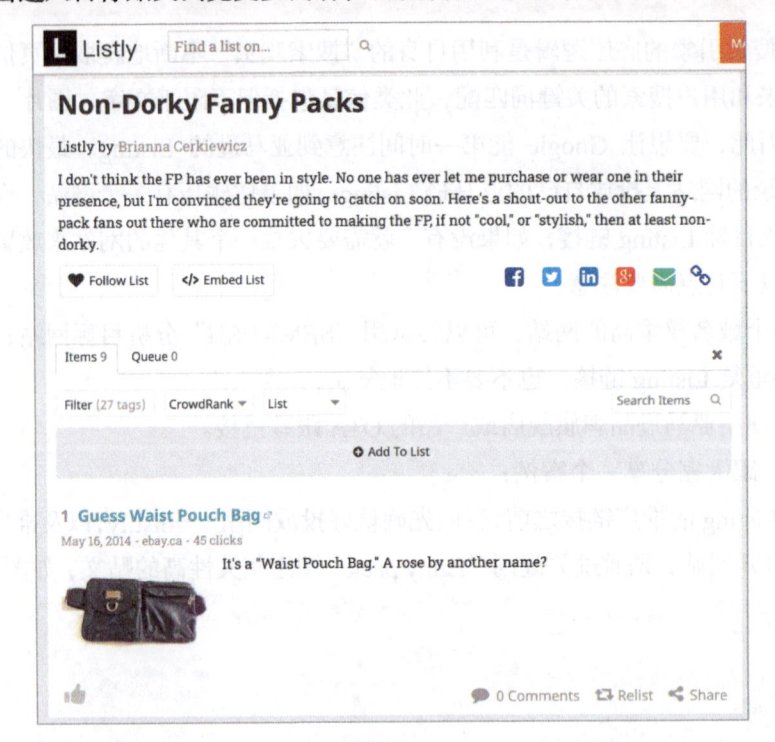

图11-9

接下来，点击进入"Add To List"准备贴文，如图11-10所示。

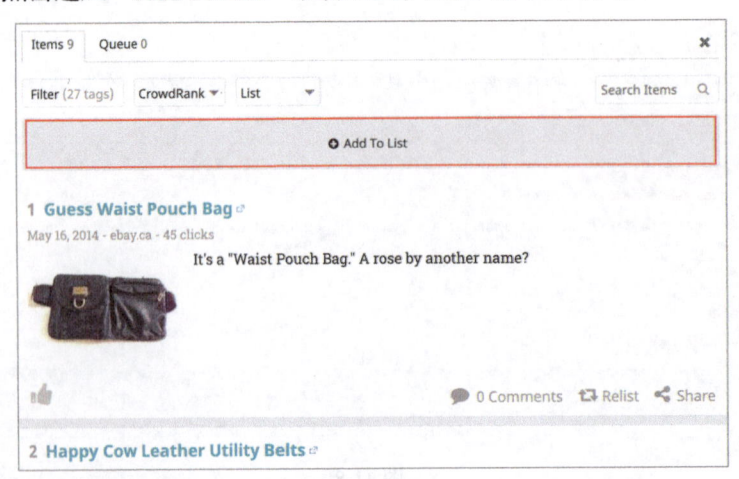

图11-10

第 11 章　站外 SEO，亚马逊的全网流量体系

添加标题、图片、文字描述及 Tag 标签，同时嵌入 OTA 跟踪链接，如图 11-11 所示。

图 11-11

编辑好贴文后，点击"保存"保存并发布后，内容就会在呈现在网站主题下的列表中，如图 11-12 所示。

图 11-12

至此，OTA 的推广操作就完成了，大家可以思考下，我们通过类 list.ly 网站的推广目的是什么？

一方面，我们可以通过此类网站的流量，增加标的 Listing 在全网搜索中的曝光度，间接地进行品牌曝光和宣传；另一方面，为了提升目标用户群体的信息关联性，业内俗称的"IP（人群）标签定位"。只要用户在网站上浏览过相关贴文或者点击过我的产品，就会进入亚马逊庞大的广告数据库，通过 AI 算法推送我的产品给目标客户 IP，效果如图 11-13 所示。鉴于内容的强相关性，曝光量增加以后，订单转化就是水到渠成的事情了。

285

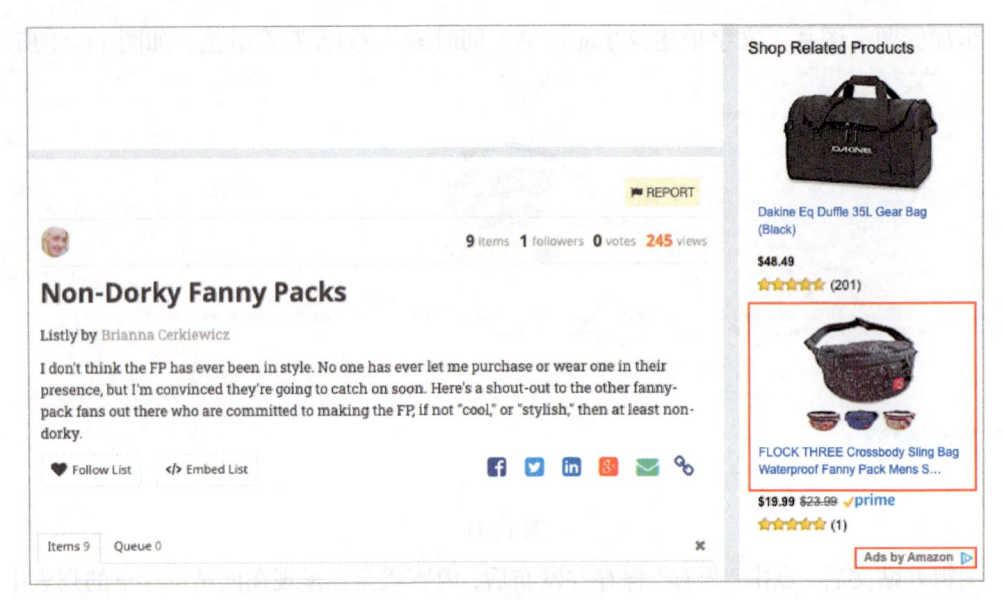

图 11-13

11.1.3 长尾关键词的运用

前文我提到过"ALEXA",毫无疑问,语音搜索将是下一个互联网营销技术的革新方向,而大家熟知的长尾词则扮演着举足轻重的作用。当我们编辑 Listing 或者进行文案创作的时候,可以把多一些时间放在与目标产品相关的长尾关键词上。亚马逊的 A10 算法对长尾词的重视程度可能还不算高,但是 Google 则更倾向于这类关键词。随着更多此类长尾词的积累,Google 会不断优化匹配用户的搜索,并指向我们的产品 Listing。Google 的搜索算法发展至今,AI 的逻辑判断已经非常强大了,而且 AI 核心还在不断地强化,搜索指向变得也越来越精准。比如当用户搜索词含有"buy"的字样,Google 会把电商的链接推得更靠前。所以,我们可以多找一些这样带有明显的搜索意图的长尾词埋在我们的 Listing 的文案中。举个例子:如果我们在 Google 里搜索"tote bag",Google 的搜索结果如图 11-14 所示,大家可以看到,在 SERP 中会参杂比较多的用户问题、品牌产品介绍、WIKI 百科等信息类的结果展现。

而我在搜索"waterproof tote bag"的时候,Google 的搜索结果则显示如图 11-15 所示。很明显,Google 的 AI 通过大数据来推断我的搜索意图更倾向于购买此类产品,所以 SERP 中排在前面的大部分都是涵盖关键词产品的购物网站信息,尤其是亚马逊全球各站点的 Listing 链接占比最高。

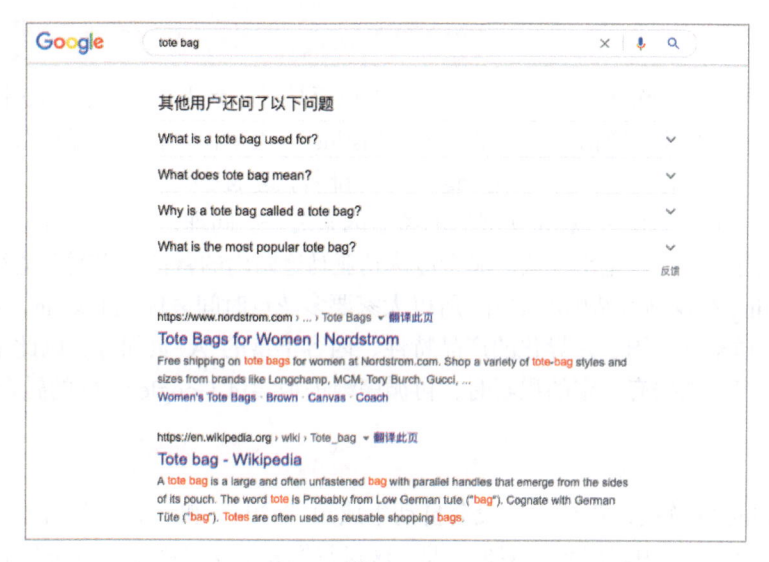

第 11 章　站外 SEO，亚马逊的全网流量体系

图 11-14

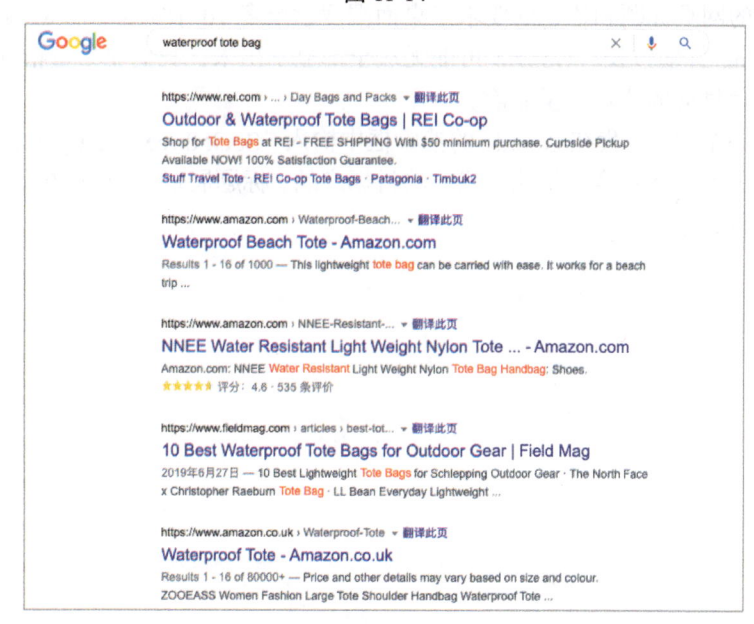

图 11-15

可见长尾关键词更进一步地表明了用户的搜索意图，Google 会匹配相应的结果并推送到用户面前。久而久之，相关性就建立起来了，而相关性又是亚马逊的 A10 算法最青睐的，双管齐下形成合力，Listing 关键词的排名自然而然地就上来了。

287

11.1.4 优化目标 Listing

流量大是不是就一劳永逸了呢？也不尽然。在亚马逊平台上，决定 Listing 排名的最重要的一个因素就是转化率。通俗点讲就是，如果 Listing 的流量很大，但是客户点击及购买产品的转化率很低，亚马逊就不会给予 Listing 更好的排名，这也是我在前面有关广告的章节中提及的 PPC 精准放量（宽泛+和精准）战法的考量因素之一。同理，如果 Listing 链接在 Google 上顺利地排上首页，但转化率很低，那么传达到亚马逊站内的营销结果就会适得其反，极大地影响到 Listing 在亚马逊站内的排名。所以大家要多花点时间去优化 Listing，尽量完善产品信息，包括高质素的主图、差异化的产品特性、内容丰富的 A+ 页面等，以此来提升亚马逊站内转化率，等到数据有一定的积累时，再循序渐进地尝试 Google SEO 的融合。

11.1.5 Listing 的精准内容

针对 Listing 的链接，亚马逊一般会自动生成短"Title"和"Meta"描述，但是此链接在 Google 搜索的结果中能展示出多少信息，这点我们是无法掌控的。Google 官方的展现标准是对 SERP 的网页标题和描述的要求是桌面端搜索至多 70 个字符，移动端至多 78 个字符，如果 Listing 标题过长，Google 可能无法全部显示出来，我们要尽量精准优化 Listing 的标题，核心信息词的位置尽量靠前。

我们来看一个案例，我在 Google 的搜索框中输入"flock three wet dry bag"，如图 11-16 所示，Google 的 SERP 的第一位就是我们的目标产品，标题展现大约为 40 个字符，还包括五点描述及评价数据。

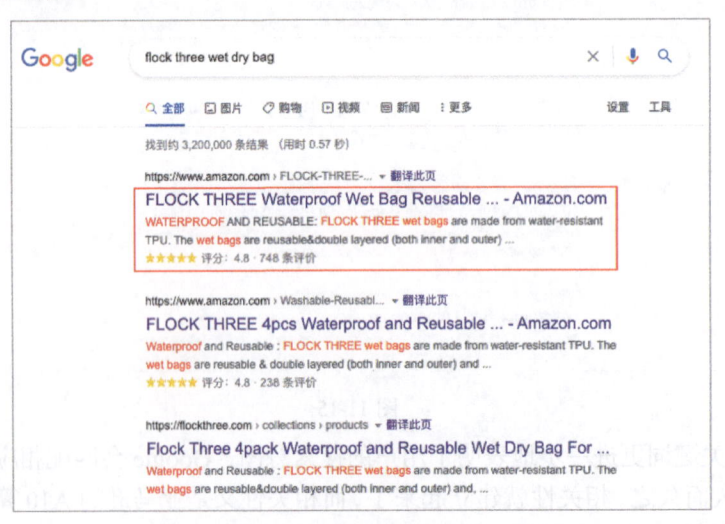

图 11-16

限于 Google 的 SERP 页面展现字符限制，我们无法看到全部的 Listing 信息，这时可以利用"网页检索源代码"功能，查看完整的产品标题信息，如下图 11-17 所示，再通过 Google 页面规则优化标题字符顺序。

图 11-17

11.1.6　品牌捆绑销售的妙用

除了文字类的 SEO，图片类的也不容忽视。比如品牌店铺的"虚拟捆绑销售"功能，除了它在亚马逊站内的常规应用，对于 Google SEO 也是大有裨益的。我们把不同的产品合并在一起创建成捆绑销售的 Listing，这个新的 Listing 带有自己唯一的 ASIN、标题、图片、价格等，用户在 Google 搜索产品关键词的时候，我们的捆绑产品因为区别于同类竞品的特有内容，会被 Google 搜索引擎的算法所青睐，并优先展现给客户，使得 Listing 及品牌脱颖而出。如图 11-18 所示，我们的组合产品"Wet Bag & Lunch Bag"，用户在用 Google 搜索关键词的时候，Google 优先展示给用户的无论是文字还是图片都体现着独一无二的差异化，提升了产品的竞争力。

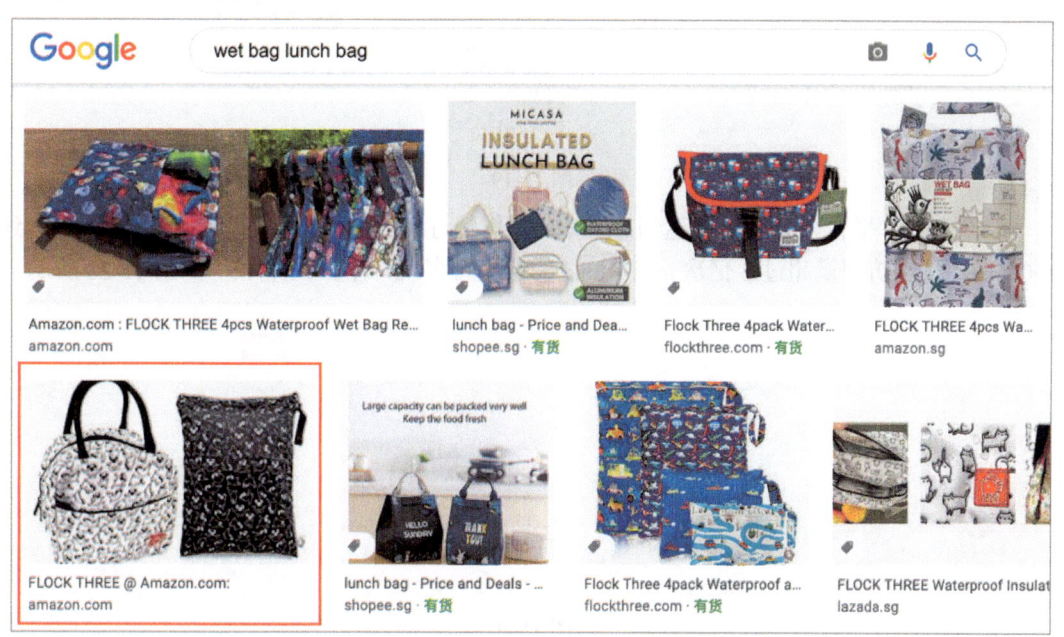

图 11-18

289

11.2 亚马逊站外 SEO 渠道

毋庸置疑，流量始终是亚马逊卖家的第一目标，除了亚马逊 A10 算法跟 Google SEO 的融合技巧，围绕 Google 的 SEO 还有特别多的玩法，这里重点说说站外的 SEO 渠道，供大家参考。

11.2.1 MEDIUM 内容营销

MEDIUM 是 2012 年推出的写作分享平台，如图 11-19 所示，属于一种新型的博客程序，人称文字版的"YOUTUBE"。平台为创作者提供了与全球广大读者分享、交流的机会。

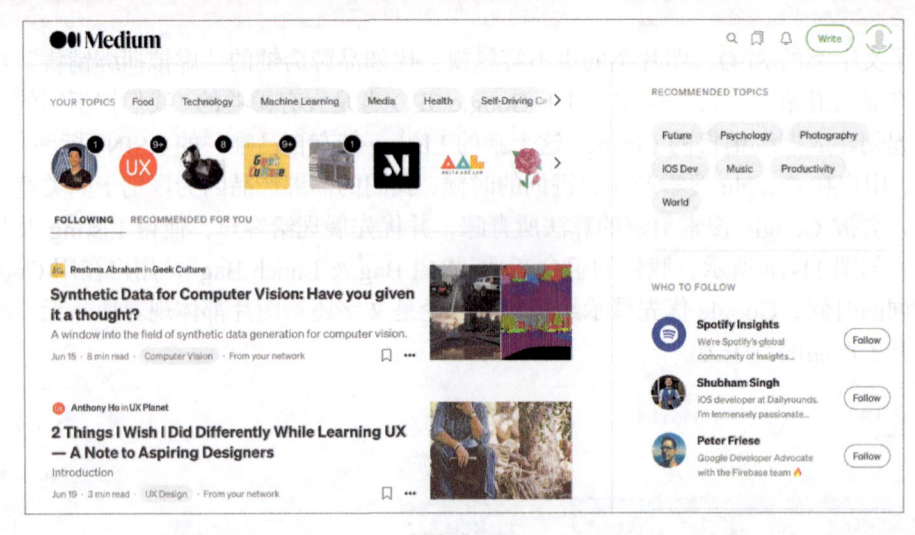

图 11-19

时至今日，平台内容创作者达到 110000+，付费订阅用户（会员费为 50 美元/年）达到 400000+，月均访问量超过 2 亿次，在 Alexa 的网站排名统计中位列第 88，如图 11-20 所示。

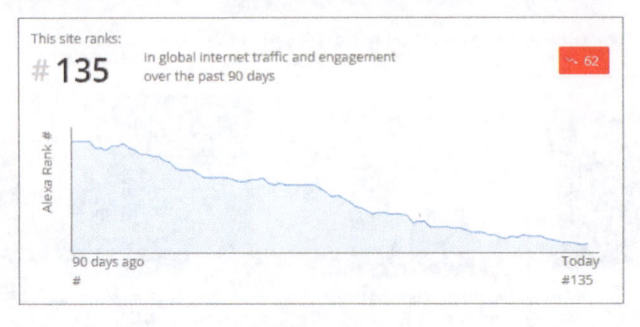

图 11-20

MEDIUM 如此庞大的流量且高质量的客户群体成为亚马逊卖家不容错过的营销平台。

1．文章常规操作

卖家们在 MEDIUM 平台上的推广形式属于软广，是以 SEO 的文章内容辅助产品植入来挖掘消费者的需求，从而引导用户消费。在 MEDIUM 上发布文章之前，我们需要充分了解 MEDIUM 的平台规则。MEDIUM 文章好坏的评判主要取决于作者内容的优劣，"内容为王"就是这么简单。所以你的作品要想成为大家口中的爆文，就必须确保文章的质量优秀。那么，如何在 MEDIUM 上发表文章呢？接下来，我们分享一个案例：

1）我们先登录 MEDIUM 的账号，点击"Write"进入文章编辑界面，如图 11-21 所示。

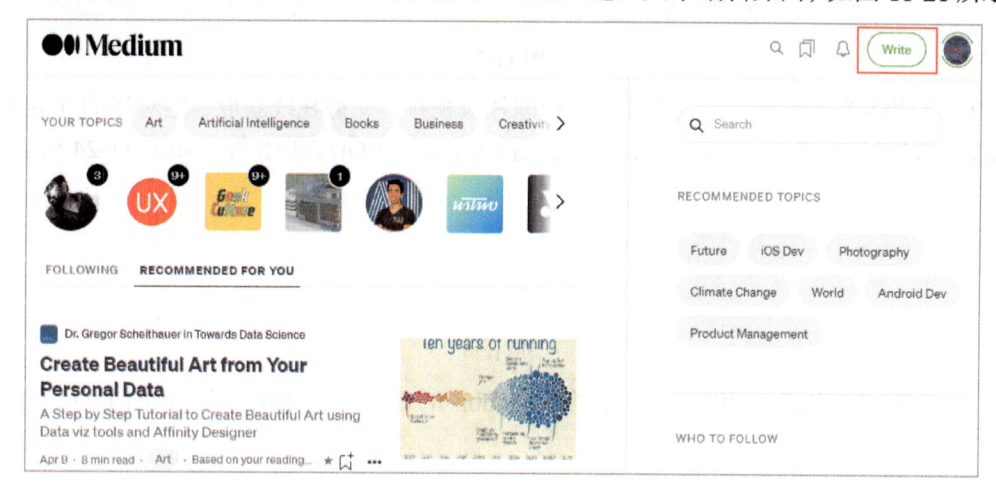

图 11-21

2）MEDIUM 的文章发布页面非常简洁，包含标题和内容两个编辑区域，如图 11-22 所示。

图 11-22

3）标题和文章内容的文字部分的可调整的内容不多，包括仅有的几个字体形式以及超链接，如图 11-23 所示，我们把事先准备好的 OTA 链接嵌入目标文字中，作为亚马逊的流量入口。

图 11-23

4）富媒体的支持类型比较常规，包括图片及视频，支持在线获取，但对接的外链网站不多，比如图片支持 Unsplash，而视频可支持 Vimeo、YOUTUBE 等，如图 11-24 所示。

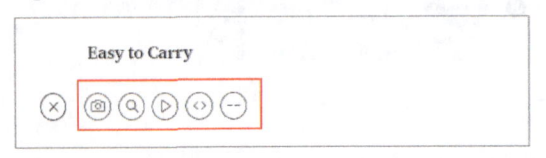

图 11-24

5）内容编辑完成后，点击页面右上角的"Publish"进入文章预览页面，如图 11-25 所示。

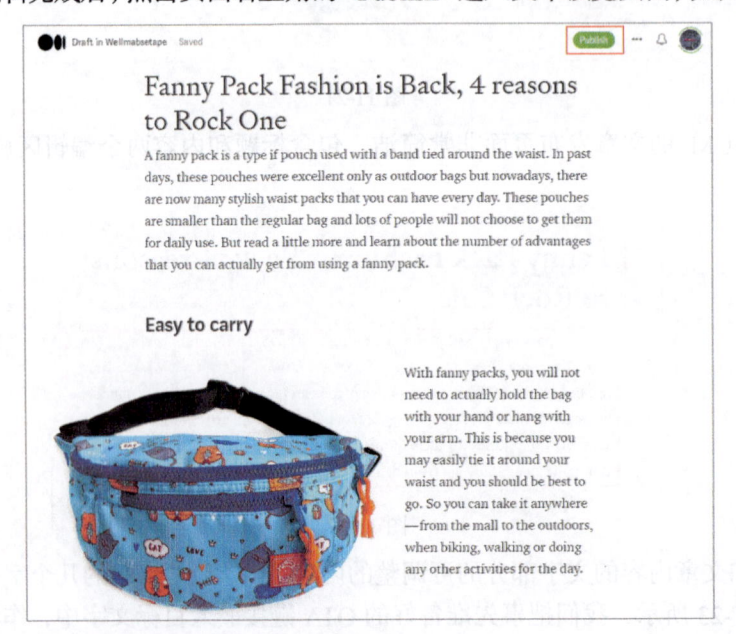

图 11-25

6）在预览页面，我们可以对封面图和 Tag 进行编辑，如图 11-26 所示，确认无误后，点击"Publish now"即可。

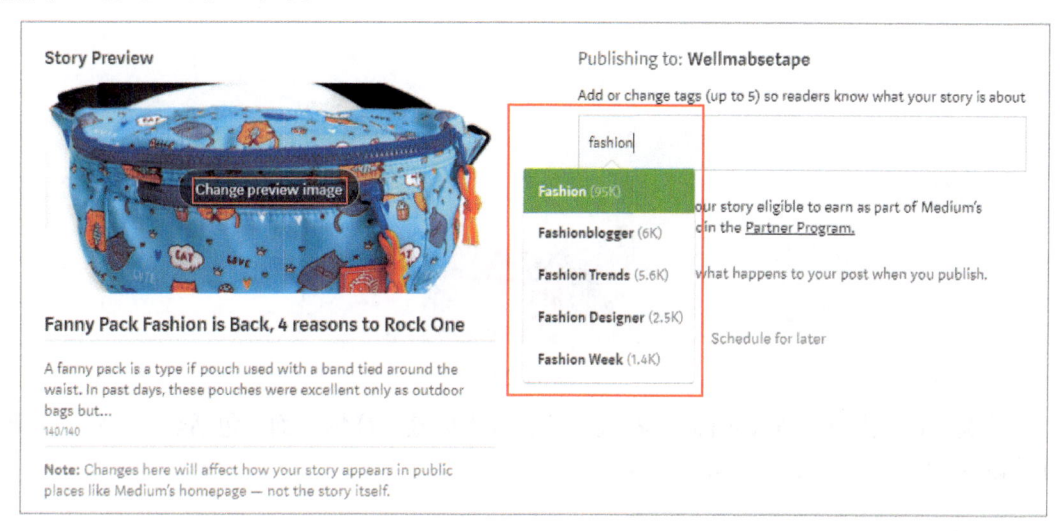

图 11-26

以上 MEDIUM 的操作相对来说比较简单，使得大家可以把更多的精力放在文章的创作上，为用户提供有价值的内容。有了内容以后，接下来需要遵循 MEDIUM 的搜索算法，进行文章的 SEO 优化。

2. 优化文章格式

MEDIUM 对创作者的文章格式有一定的要求，如果内容格式不正确，则很可能无法过审，文章就不能展现在平台上，那么，MEDIUM 对格式都有哪些要求呢？

- 标题言简意赅，首字母大写，且不可出现任何"MEDIUM"的字样；
- 保证内嵌图片的相关性，且保证图片的使用没有任何侵权的行为；
- 避免出现任何语法及内容错误，如果有 OTA 链接嵌入，要保证链接的有效性；
- 避免在文章内出现任何广告信息和索取用户信息的诱导行为。

3. 定义文章标签

Tag 标签类似于文章的定位系统，用户在搜索文章的时候，MEDIUM 的搜索引擎就会按照标签来检索文章库以匹配用户的搜索词，如此一来，Tag 的设置就比较重要了，其相当于文章的定位。我们举个例子：

首先，在 MEDIUM 的搜索框输入"Fanny Pack"，MEDIUM 的搜索推荐如图 11-27 所示，搜索结果的右侧就是推荐的 Tag 标签分类。

图 11-27

其次，我们点选"Travel Tips"标签，就会进入标签的详情页面，包括热门文章、关联标签以及 TOP 作者，如图 11-28 所示。

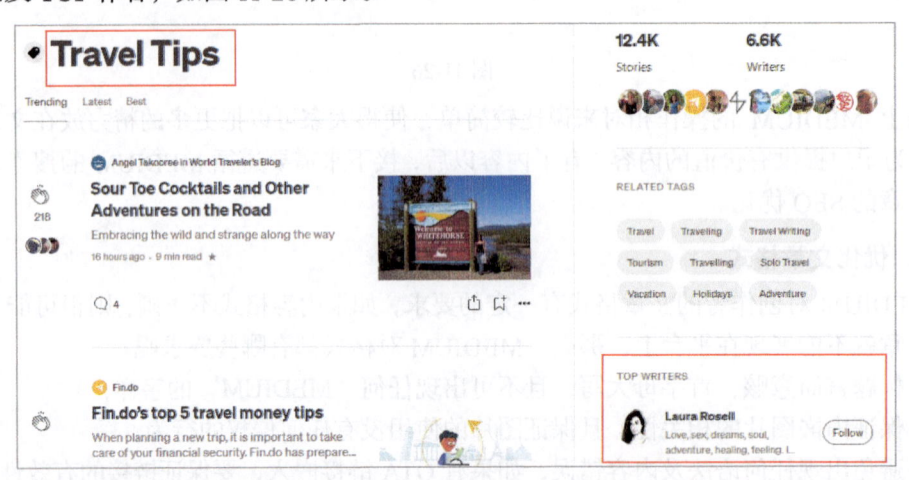

图 11-28

由此我们可以进入 TOP 作者和热门文章中借鉴一下流行的趋势，同时标签的 TOP 作者越集中，说明分类标签的热度越高，这是后期我们围绕 Listing 创作文章的时候应该优先考虑的范畴。比较热门的 MEDIUM 标签大概有几十个，包括 Advice、Cooking、Design、Fashion、Life Lessons、Travel 等，大家可以在后期的使用中多多挖掘。

4. 图片 Alt Text

"Alt Text"一般是图片的文字说明，除了可以优化搜索引擎的检索，还能够在图片加载的时候给予用户更多的关联信息，如图 11-29 所示，进一步丰富了文章的搜索引擎优化。

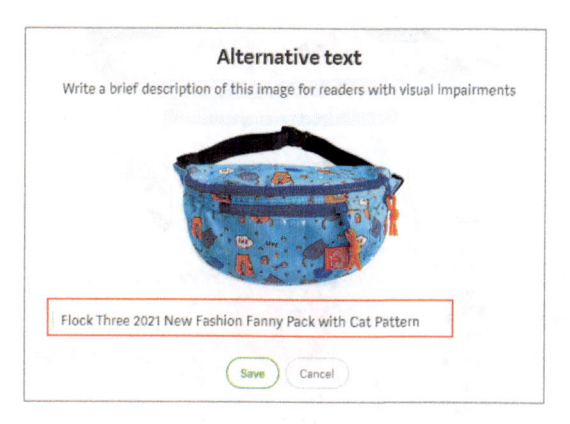

图 11-29

5．用户留言互动

文章推出后的评论区留言意味着用户对你的文章的认同，而我们事先对主题做了设定并嵌入了部分品牌 Listing 的信息，所以留言的用户多半是潜在的消费群体。一方面，我们通过留言内容了解到用户对产品的观点及需求；另一方面，我们在与用户互动的同时，也再一次优化了文章的 SEO，使得更多的人参与进来，如此反复，最终为 Listing 提升了流量和关注度，也间接地了解到未来同类产品开发的方向，这个作用有点类似于亚马逊站内的客户评价。

关于分享文章外链：

尽管 MEDIUM 是会员制，文章的完整阅读权限仅对会员开放，但我们可以利用"Friend Link"外链分享的形式进行文章的推广，如图 11-30 所示，获取链接后，在其他新媒体平台进行宣传，以达到引流的效果。

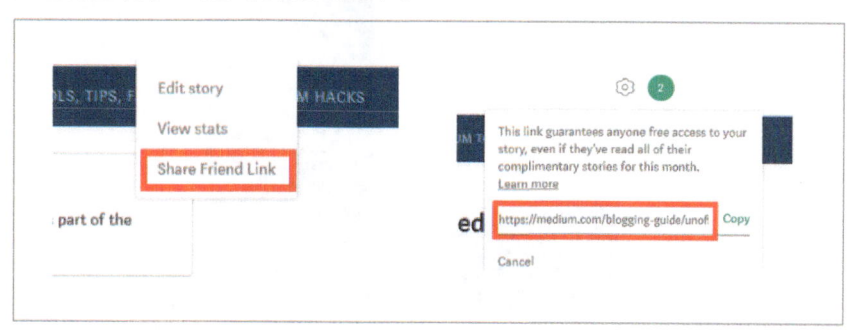

图 11-30

在大家熟练掌握 MEDIUM 文章写作及 SEO 技巧后，就可以慢慢尝试其他的文章推广平台，嵌入更多的 OTA 链接为 Listing 引流。

11.2.2　PINTEREST 运营策略

1. PINTEREST 优势

图 11-31

如图 11-31 所示，PINTEREST 是国外的一个图片、视频分享平台，对于类似的新媒体平台，大家比较熟悉的包括 Facebook、Twitter、Snapchat 等，Pinterest 的规模远远不及前几位，MAU 仅有用户 4.78 亿个，在全球流行的社交平台里排名第 14 位。但 Pinterest 的用户增长及口碑则是名列前茅，尤其受到女性用户的青睐，如图 11-32 所示，女性用户占比高达 46%，最近几年男性用户的增长也非常可观。

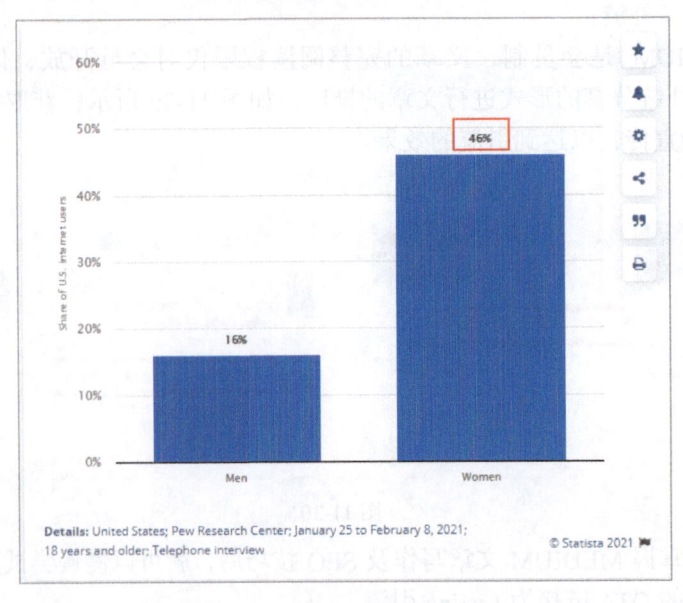

图 11-32

第 11 章　站外 SEO，亚马逊的全网流量体系

但女性群体依然是平台用户的主力军，其中，大部分属于"80 后""90 后"的女性，且 80%的女性身份为宝妈，同时，90%以上的用户会以 Pinterest 的信息来作为购物指导。用户精准、内容丰富、转化率高且流量稳定，这些是 Pinterest 的最大优势，也是亚马逊卖家的最佳营销之地。

2. 发布 Listing

Pinterest 的发帖跟一众新媒体平台的操作相差无几，按照流程一步一步操作即可。当然，卖家首先要注册一个 Pinterest 账号。这里建议大家申请企业账户，这样后期使用的功能会更多，包括广告及店铺权限等。

有了账号以后，就可以登录、发布贴图了，如图 11-33 所示。

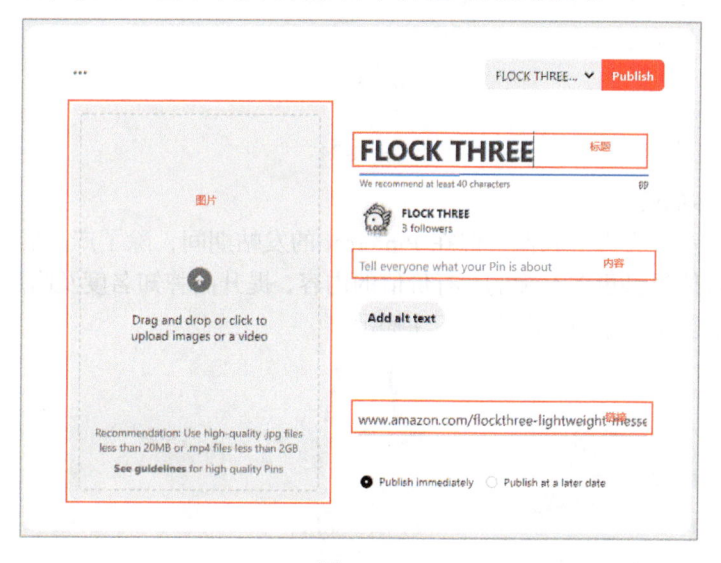

图 11-33

其中，跳转链接的设置可以使用亚马逊 Listing 的 OTA 链接，对用户浏览数据进行跟踪统计。

3. SEO 的注意事项

1）信息流量的融合

国外的互联网企业基本上联合纵横会多些，在避免侵犯用户隐私的前提下，平台间数据的共享尽可能是放开的（国内的互联网巨头也在国家政策的指导下，逐渐进行生态融合，这对卖家和消费者都是好事，也不用浪费那么多的社会资源）。所以我们可以在 Pinterest 的简介里放入亚马逊的店铺链接、品牌介绍及公司背景等，如图 11-34 所示，还可以把其他新媒体账号的信息跟 Pinterest 做链接，使得用户及流量叠加。

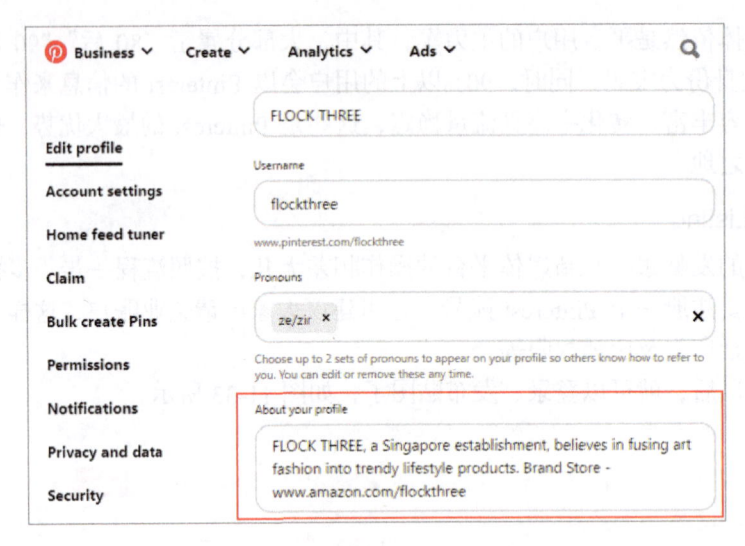

图 11-34

2）避免过多的硬广

虽然广告是竞争突围的利器，但在 Pinterest 的发帖期间，除了产品展示的图片，还要围绕目标消费群体提供更多有趣的、有价值的内容，提升品牌知名度及附加值，如图 11-35 所示，Pinterest 会对广告 PIN 图进行标注提示。

图 11-35

第 11 章　站外 SEO，亚马逊的全网流量体系

3）目标关键词优化

Pinterest 虽然是新媒体平台，但是也是信息集合的平台。面对庞杂的各类信息，用户肯定要利用搜索辅助定位，这时卖家就需要对关键词进行正确的设置。可以利用平台自身的搜索下拉框推荐，如图 11-36 所示，来洞悉用户的搜索行为，并找到合适的关键词来匹配自己的贴文。

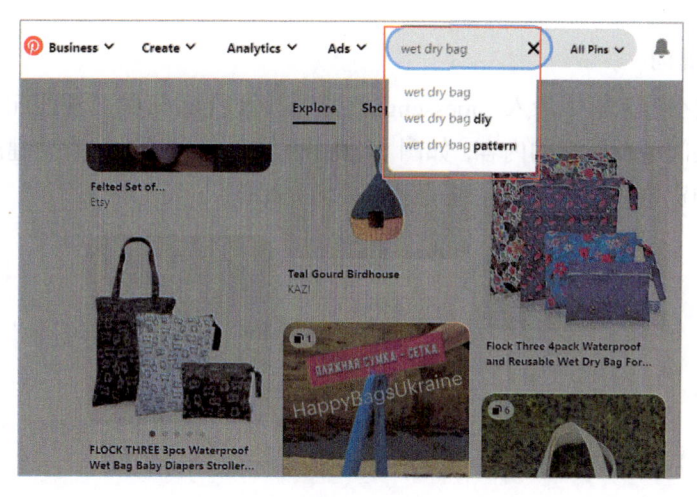

图 11-36

11.2.3　Quora 问答推广

Quora 诞生于 2009 年，是一个在线问答网站。跟国内的知乎一样，大家可以在平台上提出问题，也可以参与问题的解答及评论，平台上汇集了种类繁多的问答信息，庞大的信息载量，也带动和提升了网站整体的流量及曝光度，如图 11-37 所示。

图 11-37

299

全网拥有 3 亿多个用户，SEMRUSH 网站的排名为第 53 位，流量达到 1.59 亿次。使得 Quora 成为亚马逊站外 SEO 的又一重要渠道。那么，Quora 的 SEO 要如何操作呢？

我们在 Quora 的 SEO 无外乎两件事：一是回答关键词相关的热门问题；二是对热评的答案进行回复。前文提到的 List.ly 论坛模式也有点类似 Quora，但体量不可相提并论，我们看下案例。

1. 定位关键词

首先，我们在搜索框中录入"messenger bag"，通过 Quora 的算法匹配，页面下方会罗列出所有的相关问题及回答的内容，如图 11-38 所示，Quora 还对搜索关键词进行了颜色标注。我们可以浏览这些问题，以关键词强相关优先操作。

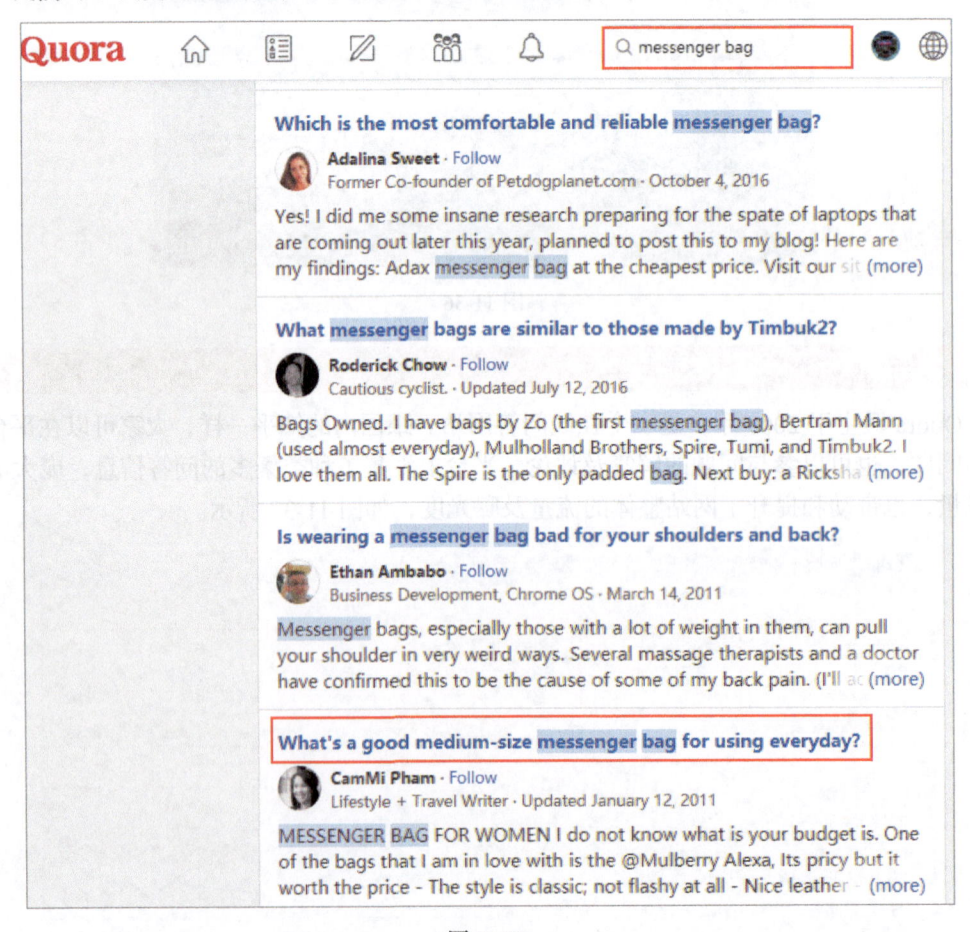

图 11-38

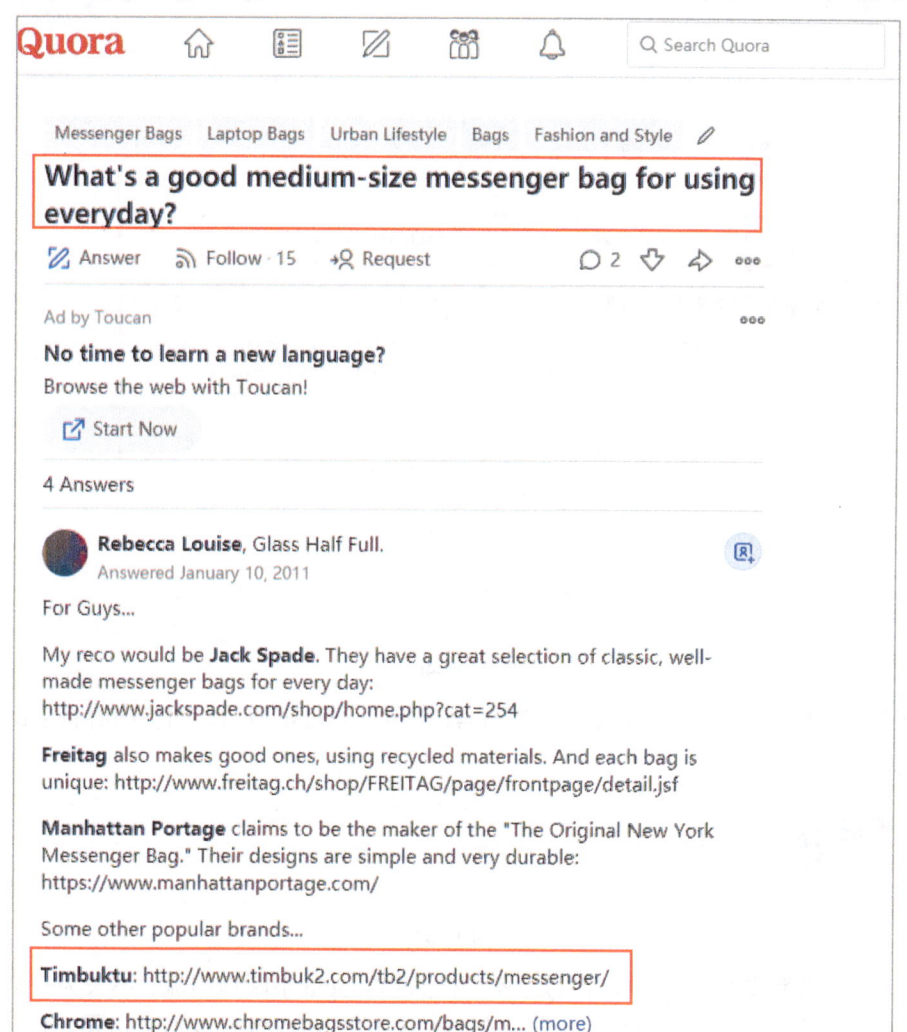

按照我们 messenger bag 的定位选择最后一个问题，点击进入，如图 11-39 所示。

图 11-39

2. 撰写回答内容

我之前强调过，做内容营销的难点在于内容，而不在于操作，所以大家要重视 SEO 内容的创作，除了注意关键词的埋入，还需要保证行文的质量，做到真实、严谨、接地气。总之一句话，就是站在用户的角度做产品的引导。如果在内容创作上没有灵感，可以借鉴亚马逊 Listing 的用户评价，记得在内容里添加 OTA 链接做引流，如图 11-40 所示。

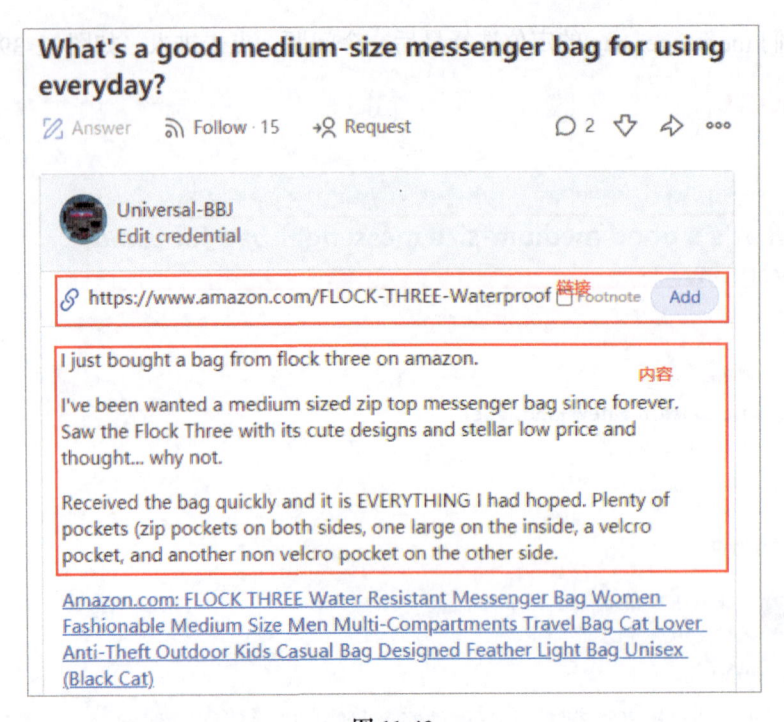

图 11-40

最后，点击"Post"发布即可，如图 11-41 所示，通过审核后，回答内容将会出现在问题的下方。

图 11-41

以上，把品牌或 Listing 融合到 Quora，并通过 Google 不断地引流，不失为一个好的方案，但做产品的目标以及行业品类不同，在 Quora 上的 SEO 效果也不尽相同，大家可以根据自身的需求多做尝试。

11.2.4　YOUTUBE 营销技巧

YOUTUBE 作为全球视频网站的鼻祖，是毋庸置疑的流量金矿（毕竟背后的金主是 Google）。每月活跃用户数量为 20 亿位，每分钟高于 300 小时总时长的视频上传频率，每天用户的观看时长达 11 亿个小时。SEMRUSH 的流量数据也足以证明 YOUTUBE "视频一哥"的地位，如图 11-42 所示。

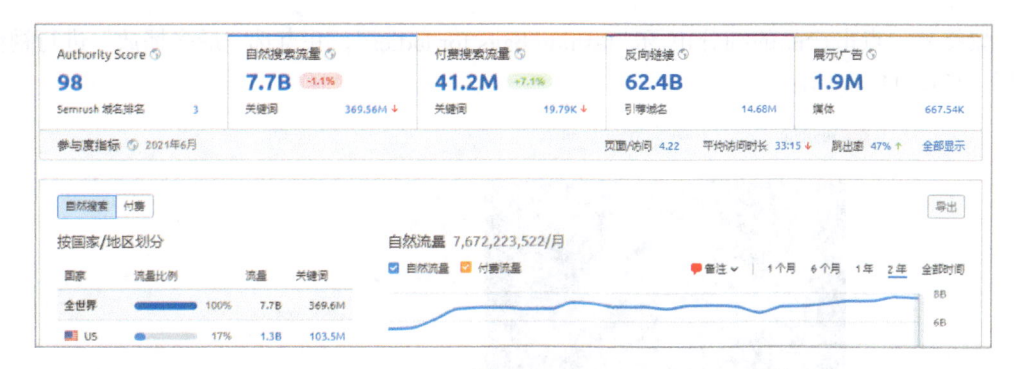

第 11 章　站外 SEO，亚马逊的全网流量体系

图 11-42

因为 YOUTUBE 隶属于 Google，我们可以通过 Google 账号便捷地登录及创建 YOUTUBE 频道。账号创建成功以后，卖家要对频道稍加布置，包括添加品牌图标、品牌频道的信息及描述，可以在此嵌入自己的亚马逊商城链接、品牌独立站链接、联系方式等，可以适时地布局一些品牌或产品相关的关键词，这样有利于后期的 SEO 推广。

为了吸引潜在用户的注意，除了优质的视频内容，SEO 依然在 YOUTUBE 的营销策略中起着至关重要的作用，包括标题、描述、关键词的优化。要想在每分钟 300+小时视频上传的体量中脱颖而出，需要掌握以下几点小技巧。

1. 找寻 KW 关键词

凡是有搜索的地方就离不开关键词，我们可以通过 AHREFS 等工具进行关键词的查询，也可以直接在 YOUTUBE 上搜索来获取关键词的建议，我们以 fashion bag 为例，如图 11-43 所示。

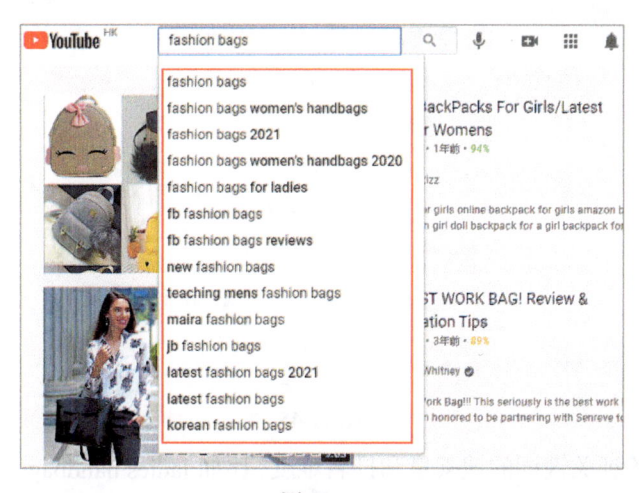

图 11-43

303

紧接着，点击产品的细分市场"fashion bags for ladies"，并点选"最多播放"进行视频排序，如图 11-44 所示。

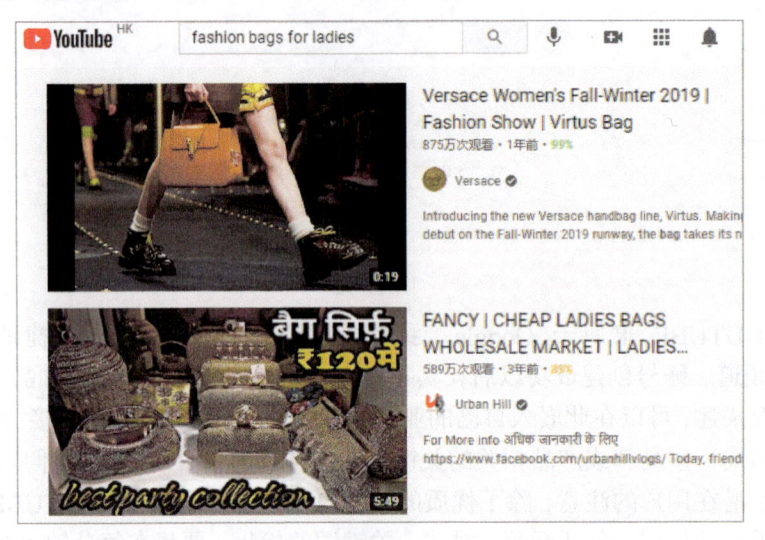

图 11-44

接下来，我们点选目标视频，参考其标题、详情及视频标签中的关键词，如图 11-45 所示。

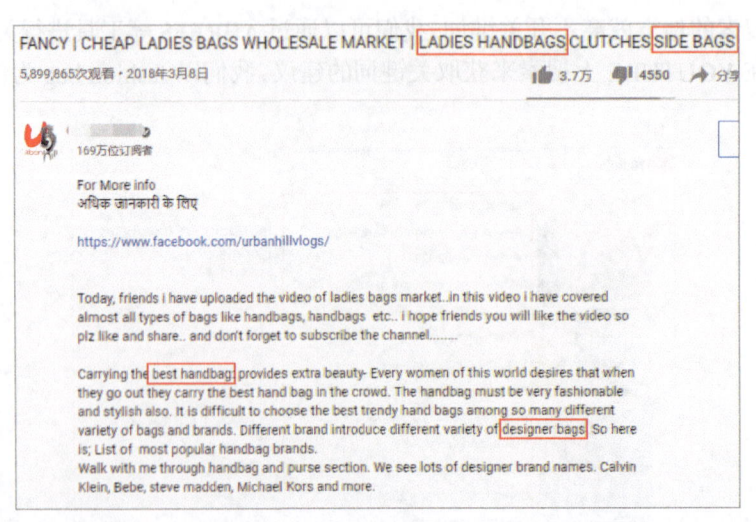

图 11-45

再到 Google 验证关键词的搜索量和排名难度，比如 ladies handbags，如图 11-46 所示，有 1210000 个搜索结果，竞争不小。

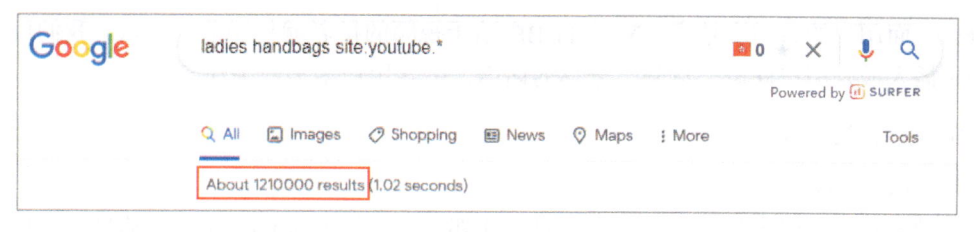

图 11-46

我们可以换一个竞争度稍微低点的，比如 latest ladies handbags，如图 11-47 所示，有 8730 个搜索结果，竞争就比较小了。

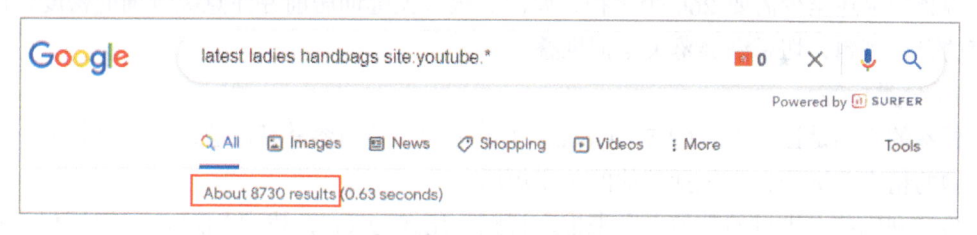

图 11-47

尽量使用 Google 已收录的关键词来布局，同时也要验证关键词的搜索量。最后，为大家推荐几个搜索引擎中比较受青睐的关键词，如 How to...Reviews、Anything Fitness、Tutorials、Funny Videos，这些词的点击转化率也很高，大家要多留意。

2. 影响排名的因素

1）视频观看率

YOUTUBE 的一大排名指标就是视频观看率，客户观看得时间越长，视频在 YOUTUBE 的排名就越高。这个逻辑很好理解，YOUTUBE 希望用户能够更长时间地观看停留在平台上，这样他们就有更大的几率点击广告，YOUTUBE 有钱赚了，也才会愿意推广你的视频，由此可见，客户观看视频的时间越长，也就越有利于排名。

2）视频点击率

当有人在 YOUTUBE 搜索目标关键词后，你上传的视频就有机会在搜索结果页面展现出来。但如果用户没有点击你的视频，则 YOUTUBE 就会慢慢地降低你的关键词排名，YOUTUBE 的算法就会判定你的视频关联度不高，不符合用户的搜索预期。所以，我们要想在搜索页面引起注意，就必须设计出好的视频封面及标题，让用户一眼就能看到并引起他的兴趣。

3）用户参与度

用户在观看了视频以后，可以点赞、回复评论，喜欢视频内容的用户还可能进行订阅

305

及分享。而用户的参与度越高，YOUTUBE 给予视频的排名就越靠前。所以，我们可以在视频里插入鼓励用户评论、订阅、分享的话语，引导用户多多地关注与分享。

3. 视频 SEO 优化

1）标题 SEO

标题的长度一般至少为 20~30 个字符，比如我们要做 Fashion Tutorial 的排名，标题可以设置为"Fashion Tutorial: Lear How to Wear a Fanny Pack"。

2）视频描述

视频的描述至少需要 260 个字符，要注意核心关键词居前并注意关键词的密度，保证内容的自然逻辑，切忌满屏幕关键词堆叠。

3）分类标签

标签的作用是让 YOUTUBE、Google 了解你的视频内容并精准收录及提升排名。一般是主题的精准关键词，也包括其他的关联短语。

最后利用前文讲过的其他平台来推广视频，比如 Quora，找到 Listing 关键词相关的主题帖，用心地回答提问者的问题并在答案的末尾插入 YOUTUBE 的视频，以达到持续引流的目的。当然，除了亲自上阵，卖家也可以寻找 YOUTUBE 网红来合作拍摄视频及推广，在"亚马逊卖家导航"里有相关的 KOL 网红平台资源，大家也可以参考，如图 11-48 所示。

图 11-48

11.2.5 DEAL 站促销发布

对于买家来讲，都希望能够买到物美价廉的商品，这也是 DEAL 站、COUPON 站大行其道的原因。而对于卖家来讲，通过 DEAL 站进行产品的推广，相对来说是性价比较高的营销方案。如图 11-49 所示，卖家导航站中有几个比较典型的 DEAL 站，大家可以参考。

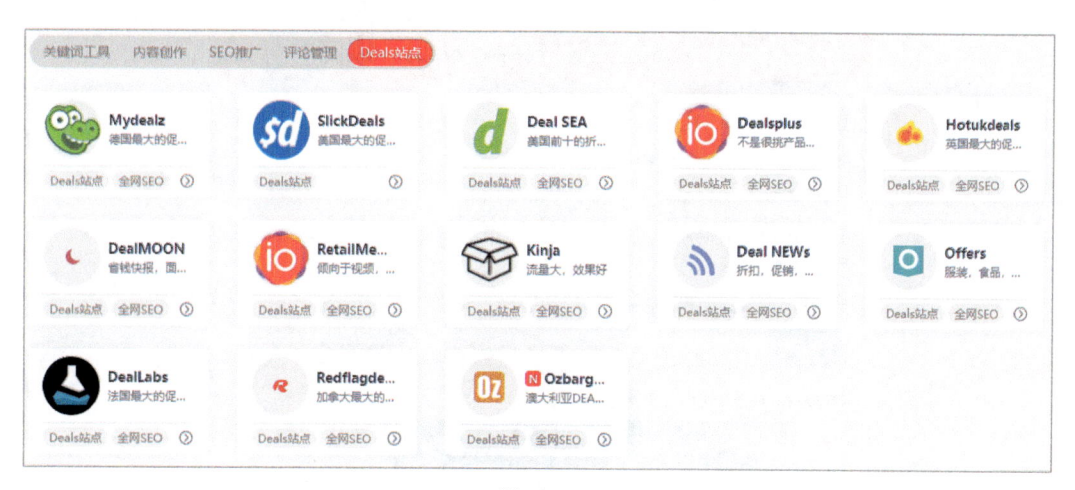

第 11 章　站外 SEO，亚马逊的全网流量体系

图 11-49

虽然具体的折扣发布规则有所差异，且大部分对用户限制较多。但各大 DEAL 站的发帖流程都比较简单，我们以澳大利亚比较流行的 DEAL 站为例，如图 11-50 所示，给大家分享下。

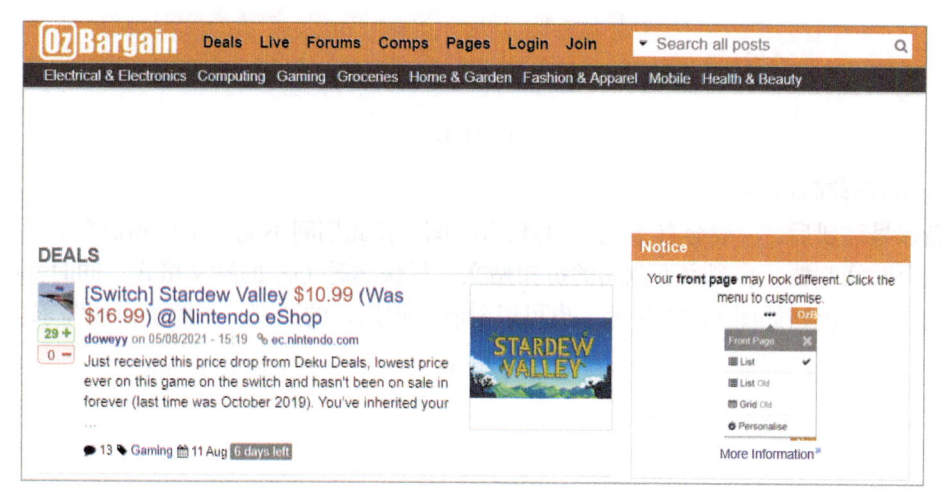

图 11-50

1. 平台账号注册

首先，我们打开 OzBargain（以下简称 OZ），注册并登录自己的账号，如图 11-51 所示。

有两点需要注意：一是国内邮箱无法注册，推荐使用 Gmail 等海外邮箱；二是"Location"一栏需要填写与常用 IP 一致的区域信息，如图 11-52 所示，否则有被封号的风险。

307

图 11-51

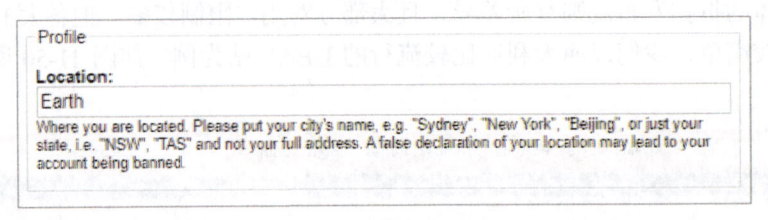

图 11-52

2. 浏览竞品信息

新账号注册后，一般会有 24 小时的禁言时间，在此期间不能发布折扣信息。大家可以趁着这个时间空档，多观察下竞品的折扣贴文，尽快熟悉 OZ 的贴文格式，同时知晓目标市场的竞争情况，如图 11-53 所示，也可以看看其他用户的回复，了解下市场需求。

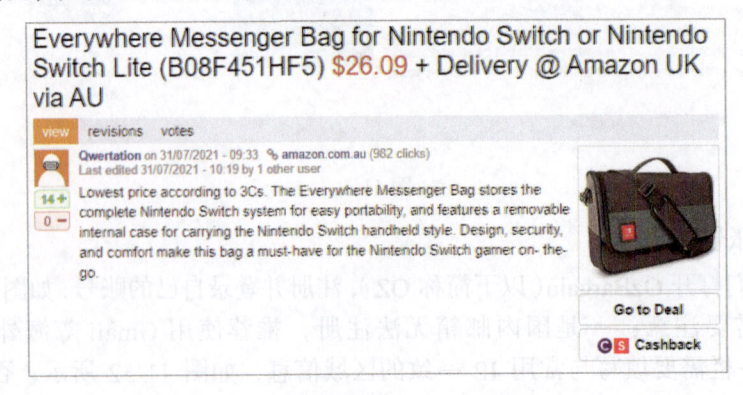

图 11-53

3. 设置贴文内容

OZ 的 DEAL 帖文需要用户录入标题、链接、折扣码（可选）、促销时间、分类标签以及贴文描述。基础信息参考平台要求及竞品格式填写，不要违规，如图 11-54 所示。如果用户与品牌或产品有关联，则必须点选 "I am Associate with the Store or Product" 表明身份，否则容易被封号。

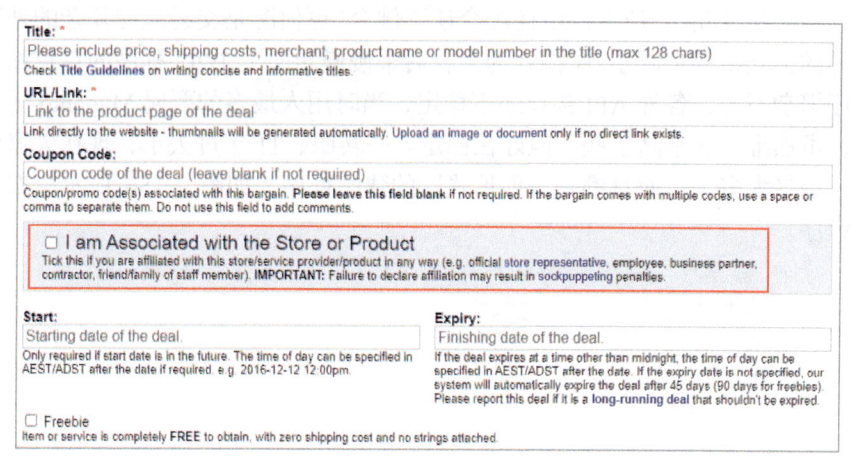

图 11-54

信息填写确认无误后，点击下方的 "Submit" 按钮提交即可。有一点需要大家注意的是，因为 OZ 近期的限制，海外用户是无法通过以上的常规操作来发布亚马逊澳大利亚站的产品折扣信息，只能在专门的讨论帖中以回复的形式发布，如图 11-55 所示，并且 OZ 要求只能在此回复，其他均视为违规。

图 11-55

这一举措在一定程度上增添了亚马逊澳大利亚站卖家的推广难度，大家可以想办法解决 IP 问题或者直接招募当地的营销团队来合作。

11.2.6　SHOPIFY 独立站 Tips

2006 年，独立站的概念就已经在外贸圈子里流传开了，只不过，在当时国内电子商务的概念才刚刚兴起没几年，所有的电商配套还不健全，更何况是交易流程复杂的外贸领域。所以，最早的独立站都是以 B2B 模式为主，后来慢慢转向了 B2C 程序的自建站，当时独立站的程序繁杂不说，各种 API 接口还不稳定，当时用人最多的要属 Magento 了，老外贸人都知道，虽然维护成本高了些，但好在稳定。一转眼，11 年过去了，现在大家要做个独立站出来，选择太多了，而且都是"傻瓜式"的建站程序，如图 11-56 所示，都是比较优秀的建站程序。

图 11-56

当然，在众多的方案中，我觉得 SHOPIFY 算是性价比比较高的一个了，相信大家也都比较熟悉，这个也是我们团队正在用的独立站程序，如图 11-57 所示，我们子品牌的一个官网。

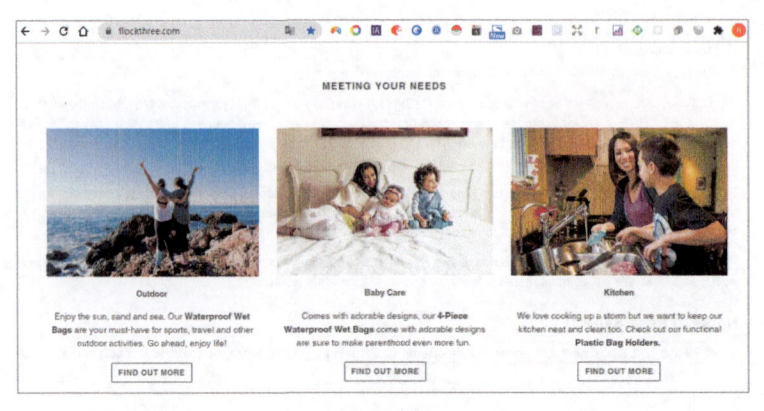

图 11-57

我们策略是为不同的子品牌建立多个官网，来为品牌背书，进而提升我们的产品在亚马逊的转化率，基于此，我们充分地利用了 SHOPIFY 与亚马逊的融合机制，进行了双向的数据同步。接下来，为大家举例说明。

1. 开启 FBA 共享仓

亚马逊的 FBA 不仅可以配送自家平台的订单，也可以帮助卖家完成除亚马逊外的其他电商渠道的订单处理，比如我们的 SHOPIFY 自建站。这个时候，我们就要用到之前提到的"FBA 多渠道配送"。当 SHOPIFY 平台产生了订单，我们需要在 Listing 对应的亚马逊店铺后台来操作 FBA 发货，最后再返回 SHOPIFY 录入亚马逊的快递单号即可完成。但 1 天完成 5 单还好，如果 1 天完成 50 单，就会给卖家增添不小的工作量，而且容易出现错误，比如订单地址填写错误、产品数量有差错等。所以，我们可以利用亚马逊和 SHOPIFY 的 API 接口来实现独立站订单的配送自动化，听起来复杂，其实操作起来非常简单。

第一步，登录 SHOPIFY 账号，在店铺后台找到"SALES CHANNELS"，并点击"Amazon"，如图 11-58 所示。

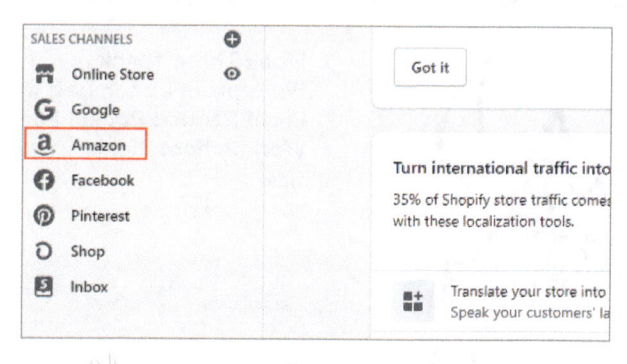

图 11-58

第二步，在"Amazon SALES CHANNELS"页面，进行 SHOPIFY 应用与亚马逊目标店铺的关联，如图 11-59 所示。

图 11-59

第三步，是设置 Listing 的 SKU 信息，确保两个平台的产品信息及库存的一致，并等待库存信息同步完成，如图 11-60 所示，库存更新每 15 分钟进行一次。

311

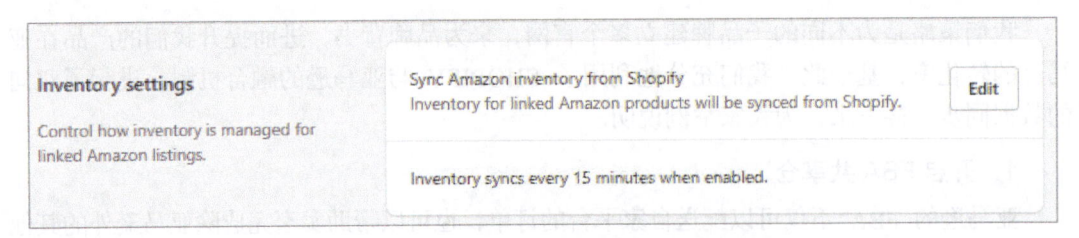

图 11-60

第四步，库存信息同步完成后，产品的基本信息、订单信息都会出现在 SHOPIFY 的后台供卖家统一管理。

这里需要大家注意的是，亚马逊的 FBA 共享仓仅针对本土订单，也就是店铺 API 的对接仅支持同一个区域，比如 SHOPIFY 对接美国站点 API，则 FBA 的配送范围仅限于美国本土。所以为了满足更多区域的订单配送，我们可以做品牌的多个本地独立站，也可以在产品的 SHOPIFY 详情页面添加"亚马逊购物按钮"，如图 11-61 所示，客户可以根据各自的国家选择目标站点进行购物，对于卖家来讲，后者的性价比高一些。

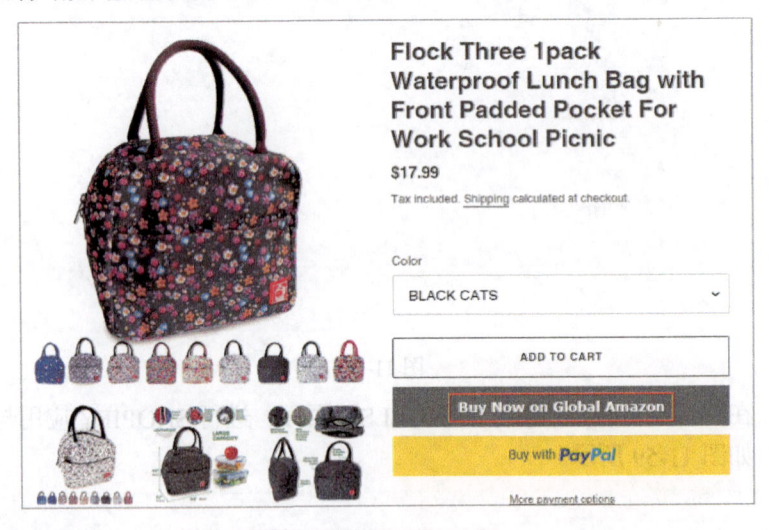

图 11-61

2. 同步客户的评价

一般说来，SHOPIFY 独立站的客户留评相对较少，尤其是对于中小品牌来讲，客户留评的比率非常小，如此就会影响到独立站访客的转化。所以我们可以采取评价同步的方式，使得独立站上的 Listing 能够获取亚马逊的评价内容，这样一来，产品的品牌背书就会更权威、更真实。如图 11-62 所示，类似的信息同步应用很多，大家可以在 SHOPIFY 的官方服务商城中获取。

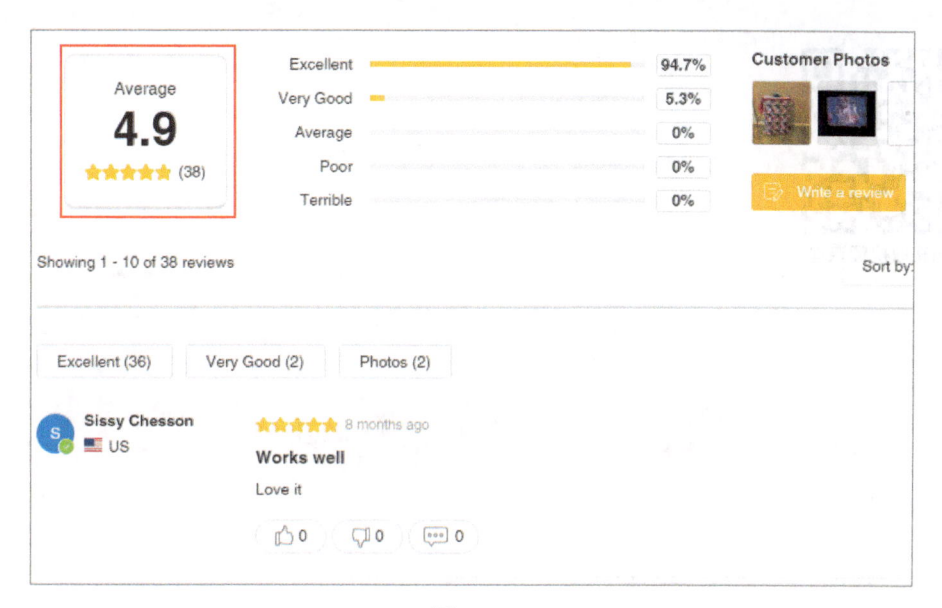

第 11 章　站外 SEO，亚马逊的全网流量体系

图 11-62

至此，以亚马逊为中心的独立站运营模型为客户搭建了一个在线消费的闭环生态，进而扩大品牌影响力、提升订单转化率。

第 12 章

ABT3.0，新团队作战体系

12.1 团队的核心竞争力

做跨境电商的朋友们对亚马逊的飞轮理论再熟悉不过了，如图 12-1 所示，飞轮理论是亚马逊 CEO 杰夫·贝佐斯在创立亚马逊初期提出的一个商业理论，指的是公司的各个业务模块之间有相互的作用力，就像互相咬合的齿轮一样，齿轮组的快速运转与每一个参与的齿轮都有关系，齿轮带动着齿轮组转动起来，齿轮组又反过来带动齿轮，如此循环。

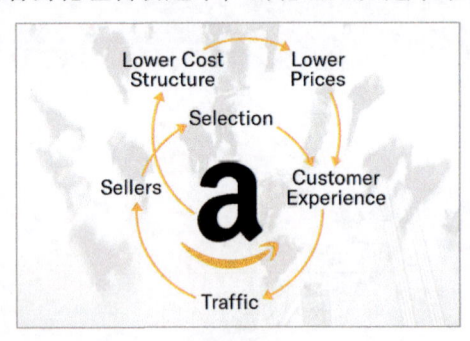

图 12-1

做了这么多年的亚马逊店铺，我对飞轮理论的理解是其核心更加侧重于价值互换，且可持续发展，即在互惠互利的基础上，形成一个价值链生态。卖家也好，客户也罢，需要在价值链生态中实现并贡献自己的力量，如此循环下去。秉承这个理念，再回头看亚马逊"以用户体验为中心"的原则就好理解了。

因此亚马逊卖家们在组建团队的时候，同样要有长远的价值输出的战略。围绕飞轮理论提供更好的产品及用户体验，以此来获取更多的客户评价和搜索流量，最后积累更多的忠实用户（粉丝）并通过更优质的用户洞察数据，不断地优化产品及用户体验，如此循环。

所以正向的价值驱动才是未来团队的核心竞争力，各位卖家要把眼光放得长远些。

12.2 团队架构及人员职责

俗话说，"人在一处叫团伙，心在一处叫团队"。有了上述价值观的驱动，团队的目标和凝聚力自不必说。但人才是最稀缺的，且不能一蹴而就，所以我们在做团队规划的时候，一方面要有长远的战略目标，另一方面也需要着眼于当下，循序渐进地完成团队的架构升级。

12.2.1 团队架构

大家知道，公司在做亚马逊业务的时候，从卖家的角度来看，会经历 3 个不同的运营阶段，也是 3 种卖家类型。

1）卖家 1.0：没有自己的产品作为分销商或者经销商，通过一件代发或自发货的形式来专卖品牌商品，通过品牌自身流量实现订单转化。这部分卖家多是前期刚入行的小卖家，意在低成本启动跨境电商项目，算是一种尝鲜，而团队成员可能只有 1~3 人。

2）卖家 2.0：有自己的产品，深度利用亚马逊专业卖家计划的各项功能，包括 FBA、CPC 广告等多项技术加持，相比较于 1.0，无论是商品曝光度还是订单转化率，这部分卖家的优势都比较明显，这个阶段的卖家团队已经有所分工，但成员数量也不会太多，基本上是 5~9 人的小团队。

3）卖家 3.0：有产品、资金与专业的团队，供应链优势明显。把亚马逊作为流量入口和品牌打造的孵化池，采用品牌化战略辅以全网多渠道营销方案，包括新媒体、搜索引擎及自有网站矩阵。同时把亚马逊 FBA 变成海外共享仓，使得主流电商平台能够采取中心仓发货的方式，触达更多终端消费者。这样亚马逊实际上就成为了我们品牌孵化和物流集散的中心，也是我们的大数据实验平台，在此基础上的多元化运营策略，使得这部分卖家能够厚积薄发，在中后期迅速拉开与竞争对手的距离，抢占当地的市场份额。这个时候的团队运营在公司的长期战略指导下，分工更加精细化，团队核心成员数量可达到 15~30 人，规模化以后可能会达到 50~100 人。截至 2021 年年末，大部分卖家还处在 2.0 或在 2.0~3.0 的过渡阶段，少部分领先卖家已经进入 3.0 阶段。

鉴于多年从业经验和资源的积累，我们团队内部的核心成员来自不同的国家或区域，包括中国、新加坡、美国及英国。当然为了服务亚马逊全球的目标市场，我们也会组建本土化的附属团队来更好地服务客户。

团队的结构基本上都是扁平化的，以产品类目为基准，划分成各个不同的项目部，项目部也会有核心和协作的区分。

我们团队的核心工作会落在产品研发和运营两大块上，但在分工上，产品研发是核心部，而运营可能就属于协作了，类似的比如品牌事业部里品牌宣传的工作也是一样，属于协作的范畴。品牌事业部主要会分管不同的品牌，做品牌规划的同时进行招商、衔接产品线及分销商。其他的部门就比较常规，包括财务、人事、物流等。

12.2.2 人员职责

团队运营初期，工作职责比较粗放，一人肩挑数职的情况比较普遍。但随着业务规模的增长，为了提升团队效率，分工会越来越具体，大体上可以划分为如下几个工种：

1. 产品研发

产品研发的岗位职责为负责亚马逊平台的新产品开发，这是我们的核心部门，前期工作比较集中，后期会细分出数据选品、产品设计、供应链专员等工种。其中，供应链专员的职责一般是对接供应商，根据店铺数据制定采购计划，并保证备货/发货计划的顺利进行。还要对接自有/三方物流，根据运营方案制订物流配送计划，并确保按时完成 FBA 头程的订单配送。

2. 品牌设计

一般是隶属于品宣部的，统一对品牌产品做 UI、VI 的设计，属于美工类的工作范畴。

品牌设计的岗位职责为负责亚马逊品牌旗舰店的设计及优化、产品 Listing 页面的文案优化，新媒体平台等站外渠道推广素材的制作。

3. 店铺运营

店铺运营是除了产品研发外的另一个核心岗位，"酒香也怕巷子深"，所以店铺运营的工作会要求更高些。

店铺运营的岗位职责为负责品类的日常运营和 Listing 的管理，产品编辑、上传、优化等站内 SEO 的工作；

优化 Listing 的关键词，提升排名，包括 CPC 的广告规划及操作；

定期统计销售概况，有效地利用运营数据，即时做出营销策略的调整；

配合供应链，根据销售预测进行备货及库存管控；

对行业动态及竞争对手业务进行调研及数据监控，制作各类相关竞品的报表；

资历老的运营会带团队，培训新成员。

4. 全网 SEO

SEO 是贯穿全网的一项工作，我们一般会把工作细分开，站内的 SEO 一般划分到店铺运营，我们全网的 SEO 主要侧重于站外的营销。

负责除亚马逊之外的所有营销平台及方式，包括促销活动及策划；

使用相关的统计工具做好数据分析，辅助爆款的打造；

策划店铺日常促销及大促期间的活动方案及宣传文案；

负责跨境新媒体的内容创作及日常的运营工作。

5. 客户维护

岗位设定为客户关系管理，其实也是隶属于品牌部的。

客户维护岗位的职责为负责跟进客户的评价及反馈，妥善处理客户的售前咨询及售后问题，包括但不限于亚马逊站内、站外新媒体等平台。

12.3 团队管理的高效系统

电影《天下无贼》中一句经典台词："人多了，队伍不好带啊"，这也是规模化以后会遇到的业务瓶颈。当然方法总是有的，除了利用团队价值观上的趋同，还需要有一套完善的任务指导体系，毕竟工作是为了完成任务的。主流的目标管理体系有两类，我们一起来看下。

12.3.1 主流的 KPI

关键绩效指标法（Key Performance Indicator）就是我们常说的 KPI，主要是把绩效的评估划分为若干个工作流中的关键词指标的考核方式，把员工作为数字人的概念，充当着企业宏观目标拆分出的小目标的实施者。切实可行的 KPI 指标体系是需要遵循 SMART 原则，包括具体的绩效指标、指标数据可量化，且在实际工作中、自身能力范围内可实现。最后是要有时限，也就是在特定时间段内来完成。KPI 企业普遍采用的是员工绩效管理系统。

12.3.2 新兴的 OKR

目标与关键成果法（Objectives and Key Result）就是新兴的 OKR 考核，是一套定义和跟踪目标及完成情况的管理办法，是由 Intel 公司在 1999 年发明的。也是 Google 团队一直在用的绩效管理系统。OKR 的目的是对项目标的进行自上而下的贯穿，比较突出的特点就是简单明了且透明化，每个被考核的人员都有目标，但目标不多；关键结果可实施且有对应的目标可完成；最后每个团队及个人的目标及结果都是公开的，大家都知道我们是为了公司的整体目标在做事情，目标感明确且互通有无，工作效率自然而然就上去了。

KPI 和 ORK 两者的主要区别在于 KPI 考核的是"工作是否做了"，而 OKR 考核的是"工作是否完成了"。对于大部分亚马逊团队来说，创新性的工作可以多一些 OKR 来辅助评估，比如爆款选品、产品研发等。而流程化的工种则可能更偏向于 KPI 的督促，比如客户维护、SEO 推广等。我们做亚马逊的目的是为全球的潜在用户提供价值，所以我始终认为，团队小而美的规模化才是正道，坚持创新第一，执行第二，所以在日常管理中，相对来说，我更加倾向于 OKR 的结果导向。OKR 和 KPI 没有优劣之分，两者不能完全互相替代，因人而异，因地制宜，希望大家能够找到适合自身团队的绩效评估方法。

12.4　跨境电商人才培养

12.4.1　行业人才缺口

在贸易全球化的今天，依托于互联网的飞速发展，跨境电商的相关配套产业服务也逐渐兴盛起来。不单单是亚马逊业务，对于众多跨境电商业务的公司来讲，制约公司发展的问题最后都落在了人才上，大家也逐渐意识到人才是根本。

一方面是跨境电商行业的蓬勃发展，另一方面是专业人才储备的匮乏，随着一带一路的新基建建设的逐步完工，9710、9810 等新通关政策的相继启动，跨境出口的便利性再一次助推了跨境电商行业的爆发式增长，人才缺口的问题则更加凸显。近年来，高校毕业生的数量连创新高，千万量级的毕业生走入社会成为每年的常态，包括传统行业在职人员的转型需求，给全社会的就业带来不小的压力。针对日益增长的行业人才缺口，我们团队积极地响应国家的号召，透过自身的业务能力，与政府、企业、学校展开人才培养合作，具体的合作模型如下。

12.4.2　政企合作模型

互联网大势所趋，各行业的变化风云莫测。之前比较吃香的工作，现在都不见了踪影，慢慢被 AI、机器人所替代，连备受大学生青睐的公务员都开始进行薪酬体系优化了，危机感无处不在。对于行业转型，无论从宏观还是微观的经济来看，全球贸易范畴内的跨境电商行业都是一个比较适合转型的领域，只不过对于行业小白来讲，确实没有那么容易入门。所以各地方政府也是针对传统行业的用工饱和及新兴行业的用工荒出台了诸多福利政策。比如我们团队的合作项目"圆梦计划"就是很好的案例。

深圳市总工会的"圆梦计划"旨在给予深圳企业的在职人员提升技能的机会，属于公益类性质的社会化培训。这种培训对于各行业的在职人员起到了很好的辅助转型的作用，通过自身的职场经验和我们的专业培训，让他们面对行业变革或未来的职业生涯都多了几分自信和选择，也间接地为跨境电商领域培养了优秀的基础人才。

12.4.3 校企合作模型

1. 校企合作现状

在与全国多家高校合作期间，针对跨境电商领域，我了解到大部分地区的学校在校企合作上其实还没有成熟的体系和规范，一般的校企合作会出现如下几种情况。

有的学校是和专门做电商培训的机构展开合作，意在培养跨境电商领域的人才。不过实操经验不足的机构在培训效果上会打些折扣，对学生们的就业造成一定的影响。而大学生就业一直是国家高度关注的问题，从这一层面讲，类似的培训机构是不能相比的。

有的学校是和做系统服务的公司展开合作，主要是以虚拟的项目来模拟跨境电商的店铺运作，学生们可以体验平台各个环节的操作。但也确实缺乏了一些项目实战的趣味性，有些实战中的问题没法体现出来，学生们在后期进入职场后还是要一步步地积累经验。

还有的学校是与跨境物流企业展开合作，提供的实习岗位相对来说比较单一，无法给学生们一个完整的产业链的接触和学习机会。因为跨境电商其实是一门综合能力比较强的学科，涉及的环节比较多，所以我更倾向于让学生们能够在进入职场之前有一个全方位的学习过程。

从以上我们可以了解到，虽然部分学校的初心是好的，但因为区域经济发展的不平衡，使得学校对产业相关的信息了解甚少，上述传统的校企合作大都停留在产业链中的一个点或者一个环节上，合作中的企业无法覆盖整个生态，没有形成闭口循环，这样就无法解决学校学生的就业需求，更无力解决行业及人才的双向输出问题。

2. 全新模式突围

相比较于以上传统的校企合作弊端，我们团队采取了全新的产学融合新模式，与深圳、广州、青岛、太原、郑州、长春、大连、贵阳等全国各地 100 多所高等院校都展开了实际意义上的校企合作对接，因地制宜地采取多种合作模式，包括但不限于线上线下的双师教学、专业共建、建设校园内的跨境电商实训基地、举办地区性的大学生跨境电商创业比赛等，累计专业内实训人数达到 3000~5000 人。以其中的一个"跨境电商产业基地"项目为例，为大家剖析下具体的流程。

在实训之前，我们会跟目标院校进行对接，充分了解学校各专业的教学及学生的就业情况。再根据校方老师的年度教学计划，制定出符合本校学生的实训课程体系，包括线上教学、线下实操、双师教学，辅以专业的学习教材。

在实训期间，由团队内部经验丰富的同志担任客座讲师，为学生们系统地讲解跨境电商的产业知识及运营经验，实训中的课程均来自于团队内部开展的新老项目，学生们从第一天实训开始，就进入了一个完全的项目实战状态。我们会对学生进行分组，并根据学生的学习状态进行实训课程的安排及项目调整。同时，依托于我们自主研发的 OMS 跨境电商信息化平台，使得零基础的学生们能更快地掌握相关的技能，真正学得项目运营的工作流程及操作方法。

实训结束后，会有统一的实训结业考核，学生们可以根据自己的兴趣自主选择毕业后的去向，可以考虑入职本公司工作，或者考虑自主创业。无论选择哪一个，都会带动当地跨境电商产业的发展，同时加速本地关联产业的供给侧改革。不管就业也好创业也罢，公司都会提供全方位的企业内训或创业扶持，包括但不限于场地、设备及资金补贴等，形成有效的跨境电商生态闭环。

针对校企合作，除了上述的实训体系，我们还会跟政府的相关部门，比如人社局、创新/创业协会等一同组织并举办大学生跨境电商创业比赛，大赛包括跨境电商进口及出口的实战项目，旨在让学生们充分地发挥自主创新的精神，促进本地跨境电商生态的良好发展，为国家培养行业综合性人才。

作为一个在跨境电商行业工作多年的人来说，我特别希望能够在政府的政策指引下，与学校一起打造跨境电商的产业生态，依托于我们的信息技术平台、专业的培训体系为学生们提供就业、创业的支持，这也是校企合作的发展方向。

鉴于本书篇幅有限，有关跨境电商人才培养更详尽的研究报告，大家可以在"中国知网"查看，如图 12-2 所示。

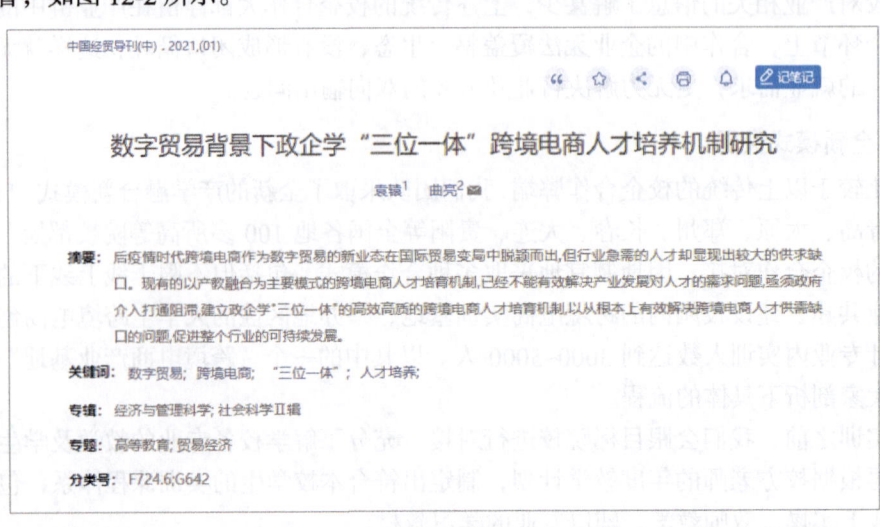

图 12-2

综上所述，今后的校企合作模式都将会是产学研一体的人才培育模式，形态类似于产业融合学院（有些地方的院校已经开始涉足了），由企业进驻学校，同校方一起共建校内项目实习、实训基地，同时配合企业自身的项目孵化产业园，实现项目教学、就业及创业一体化的人才培养目标。在校企双方的共同努力下，完成产业生态圈的规模化及全球化，带动当地经济的转型升级，顺应国家双循环的发展战略，实现供给侧改革的终极目标。

结语

扫码获取视频课程

未来，在各国贸易全球化的新格局下，随着互联网技术的不断创新，跨境电商领域的规模依然会保持着稳健的增长，而产业链生态也将进一步完善，包括系统商、运营商、物流渠道、资本融资等至关重要的商业环节都将进入洗牌及发展的快车道。为跨境电商助力就像亚马逊的"飞轮理论"一样，不断地助推亚马逊及其他跨境电商市场的体量变得越来越大。

最后，再给大家补充以下两点。

第一点，在这个物质相对充裕的时代，卖家们要清楚地认识到"挖掘需求是比产品供应更有价值的事情"，通俗点讲就是在跨境电商领域里，最有价值的资产不是产品而是消费者。因此，大家可以看到，大多数品牌商们不遗余力地砸钱做广告和以扩充商品的品类来吸引消费者而陷入了抢流量大战，最终却收效甚微。殊不知，创造需求，用真正的价值服务来吸引消费者才是竞争的终极要义。

在本书中，我提到过 Google Shopping 和亚马逊的数据对比，二者的发展正像我说的那样，Google Shopping 依托 Google 系强大的搜索引擎算法，不断地为消费者匹配电商产品，比如链接和效仿亚马逊的产品库。而亚马逊却在不停地完善 Prime 会员体系和会员福利，为什么这么做呢？因为只要有了数目庞大的 Prime 会员做支持，亚马逊的全球供应链体系就会变得更加完善，效率也会越来越高、口碑越来越好，反过来再去吸引更多的消费者成为 Prime 会员。而消费者在做购物选择的时候，不会因为 Google Shopping 里有相同的产品而放弃亚马逊。在商品同质化越发严重的今天，电商最终比拼的是服务价值，消费者的价值生态才是卖家们应该去考虑的底层经营逻辑。

第二点，移动互联网的快速发展已经重塑了全球新零售的流量渠道，从过往的传统纸媒、户外广告的流量获取逐渐转变成向消费者靠拢的新媒体、社交平台，比如 Facebook、Instagram，国内的发展趋势也是一样，这是毋庸置疑的。我反复强调过，国内电商系统因为数据的规模化而不停地迭代，其发展是先于海外电商的，所以大家可以看到国内的团购、社群电商等电商新业态最先开始布局，各大资本及品牌商也陆续进入这个新赛道，而这时海外的 Instagram、Pinterest 等才刚刚起步。卖家们要看到这个趋势，配合日常的亚马逊店铺运营，根据目标市场布局流量策略，有效地引导消费者，提升店铺的转化率。

总而言之，消费需求差异化、流量渠道扁平化和互联网去中心化是未来跨境电商的大趋势，希望卖家朋友们能够抓住时机来分享行业发展的红利。

最后祝各位卖家朋友们大卖。

附录 A

亚马逊常用专业术语 A-Z 指南

Amazon A+Content

卖家俗称的 A+页面，旨在通过丰富的图片及视频等内容为消费者提供直观的产品展现，从而提升卖家的 Listing 竞争力。

Amazon A10

亚马逊搜索的底层算法，亚马逊上数以亿计的 Listing 页面，通过 A10 算法的搜索逻辑不断地优化匹配客户搜索词，来使线上消费者的购物变得越发流畅和轻松。其中，Listing 的标题、图片、视频、文案、A+页面、评价、库存等都会影响到搜索引擎的 SEO。

A/B Testing

亚马逊品牌卖家的专属功能，俗称"A/B 测"。可以在同一时间测试两种不同内容的 Listing 元素、标题、图片、五点描述等，以期找到最佳转化率的内容搭配。

Account Health

亚马逊针对卖家店铺运营的各项指标监控，包括卖家是否侵犯知识产权，Listing 操作是否违规等问题，旨在规范卖家的竞争秩序，保障平台健康发展。

Amazon Advertising

亚马逊的广告服务，其前身是亚马逊的营销服务体系（AMS）。

ACoS (Advertising Cost of Sale)

亚马逊广告效果的衡量指标之一，与 ROAS 相反，其计算公式为广告总支出/总销售额×100%。从理论上来讲，ACoS 越低越好，具体的策略参见广告章节。

Ad Daily Budget
亚马逊广告活动的每日预算。

Amazon Ad Impressions
亚马逊广告活动的曝光量。

Amazon Ad Orders
亚马逊广告活动所带来的订单量。

Ad Sales in 7days
亚马逊广告活动一周内的销售情况。

Amazon Ad Spend
亚马逊广告活动的点击花费（在所选时间段内）。

Amazon Ad Status
广告活动的状态，比如运行中、已暂停、已结束、已存档（已删除）、超出预算或付款失败等。

Amazon Standard Identification Number (ASIN)
在售产品的全球 ID，亚马逊为每个产品都分配了一个 10 个字符的"身份" ID，每个 ID 对应 1 个 SKU，包括父 ASIN 和子 ASIN。

Amazon's Choice
俗称的亚马逊优选，是品牌卖家进入 ECHO 流量入口的门票。

Amazon Affiliate Marketing
亚马逊 CPS 的推广联盟，佣金最近做了下调，但仍然是较大的推广平台。

A-to-Z Guarantee
亚马逊针对平台买家的购物售后保障政策，如果买家购买商品后不满意第三方卖家销售的商品或服务，买家可以发起亚马逊商城交易保障索赔（Amazon A-to-Z Guarantee claim），来保护自己的利益。

BID
亚马逊广告中的关键词竞价。

Brand Registry
亚马逊品牌注册中心，旨在保护品牌卖家的知识产权不受侵害，对在亚马逊上架的产品有绝对的自主控制权，且品牌备案后可为客户创造更多、更好的服务体验。

Brand Store
针对亚马逊品牌备案的卖家给予的品牌旗舰店功能，是品牌曝光、提升转化率的利器。

Buy Box
卖家俗称的 Listing 购物车，在跟卖盛行的铺货年代，抢购物车在跟卖的卖家中是常规操作，只不过对于品牌来讲，FBA 后的购物车基本上不会有人跟卖了。

Browse Node
亚马逊内部产品分类的数字标识码，不同的分类作为节点串联起各自的子类产品，批量上传时记得匹配好。

Bundle Virtual
捆绑销售，同样是品牌备案卖家才有的功能，仅限用于美国商城。

Catergory
亚马逊产品分类，平台对数以亿计的产品进行了分类，比如 1 级分类、2 级分类等，有些分类还需要分类审核。

Child ASIN
Listing 子变体，从属于同一个 Listing 的父体 ASIN，带有相同的特征、不同的属性。

CTR (Amazon Click through rate)
亚马逊广告活动表现的评估指标之一，计算公式为 CTR=点击次数/曝光量。

CR (Amazon Conversion rate)
亚马逊广告活动表现的评估指标之一，计算公式为 CR=订单量/点击次数。

COGS (Cost of Goods Sold)
产品采购成本，在亚马逊 FBA 计算器中也经常见到。

CPC (Cost-per-Click)
亚马逊广告活动的单次点击成本，计算公式为 CPC=总广告费用/点击次数。

Display 广告

亚马逊的受众定向展示广告，依据平台受众用户的购物行为来辅助卖家定位目标人群，包括用户的兴趣、产品浏览等。

Early Reviewer Program

亚马逊 REVIEWS 体系中的早期评论人计划，其是官方的索评功能，旨在帮助卖家的新品尽快地积累评价数据，但此功能已于 2021 年 4 月份取消，卖家已无法继续申请。

EDECK

易得客，亚马逊店铺的 IP 管理工具，旨在帮助卖家更加灵活地实现移动运营，提高工作效率。

File Feed

亚马逊 Listing 批量模板上传功能，可更新、修改产品信息。

Fulfillment by Amazon (FBA)

亚马逊的物流仓储配送服务中心，卖家的产品批量发货入仓，后续的客户订单由亚马逊仓储中心履约完成。

Fulfillment by Merchant (FBM)

亚马逊的第三方卖家自行处理订单的配送方式，即我们常说的自发货。

Inventory Health

FBA 库存健康数据，根据动销率等数据维持适量的库存，以应对未来的销售增长，尽量避免积压产品。

IPI Inventory Performance Index

亚马逊新推出的 FBA 库容指标，依据 FBA 仓库的产品大小、尺寸及动销率，评估卖家的库存表现及产品绩效，从而给予更多的库容空间，新手店铺的常规产品库容为 1000 个。

Launchpad

亚马逊的创新企业支持工具包，旨在为有潜力的初创团队提供更多的营销及服务支持，包括 EBC 的视频等。

Lightning Deals

亚马逊官方的秒杀活动，特定时间内的折扣售卖。

LIVE

亚马逊直播，也是品牌卖家的独有功能，旨在通过视频直播和实时互动的形式提升用户的购物体验，丰富在线购物的展现形式。

LQD (Listing Quality Dashboard)

亚马逊的 Listing 质量管理，主要是 Listing 属性等的补充说明，旨在让产品的客户匹配更加精准。

LTFS (Long Term Storage Fees)

亚马逊 FBA 长期仓储费，是月度库存仓储费之外的附加费用。指的是卖家在 FBA 运营中心内存储 6 个月以上的所有产品。费用层级分为 6~12 月、12 月以上的产品 ASIN。

MWS (Amazon Marketplace Web Services)

亚马逊的网络应用服务中心，卖家可以在此处获取 API/MWS 的密钥（程序接口）。

Match Type

亚马逊广告活动中的关键词匹配类型，适用于关键词定向广告，针对品牌和产品 ASIN。其中，手动广告中的关键词类型包括广泛匹配、词组匹配和精准匹配。

MCI (Multi Country Inventory)

亚马逊 MCI 卖家能够将亚马逊 FBA 库存运送到指定的欧洲多个国家/地区的亚马逊 FBA 运营中心。

OALUR

亚马逊全网大数据挖掘工具，包括品类调研、关键词反查等，助卖家一臂之力。

Parent Listing (Parent ASIN/PASIN)

没有实际意义、不可购买的父体 ASIN，仅作为变体合并的语法参数。

POST

亚马逊站内的新媒体系统，卖家可以像操作 INSTAGRAM 一样，发布品牌、产品的文字以及图片内容，帮助品牌曝光、积累粉丝、提高转化率。

PingPong

亚马逊官方授权的第三方收款方式，注册免费，账号 1 天即下，费率上限为 0.3%~1%，是店铺资金管理的好帮手，更多信息可通过亚马逊导航站获取。

PRIME
亚马逊会员，即"PRIME MEMBER"。成为亚马逊会员以后，用户可以享受平台诸多的优惠，包括专属折扣、包邮、免费电影、视频和电子书等。

Private Label
"自有品牌"（也称为 Private Brand），"自有品牌"实质上是零售企业的 OEM 产品，即在细分的流通产业生产链条上，作为终端的零售商不进行生产而寻找有加工能力和信誉的生产厂家进行生产，最终的产品使用零售企业的品牌。

Product Detail Page (PDP)
产品详情页，可以浏览 Listing 的详细信息，包括图片、视频、QA 或者产品评价。

PPC (Pay Per Click)
亚马逊 PPC 广告指的是按点击付费的一种广告形式，卖家通过投放关键词广告的形式使得客户在亚马逊搜索框中搜索产品的时候，就会根据 A9 算法展现出匹配度最高的产品，排名靠前的产品会带有"广告"字样的标识，客户点击进入产品详情页后就需要对应的卖家支付广告费用。

ROAS (Return On Ad Spend)
亚马逊 ROAS 是评估产生的收入的指标，与 ACOS 相反，其计算公式为广告产生的收入/广告成本。

Referral Fee
亚马逊向卖家收取的订单佣金，一般是 8%~15% 不等。

SEO (Search Engine Optimization)
亚马逊站内 SEO，指的是卖家通过优化 Listing 标题、五点描述、主图、视频等来迎合 A9 算法的搜索逻辑，提升自然搜索的排名。当然产品的销售情况、客户的评价以及产品价格等因素也会在 SEO 中占有一定权重。

Seller Central
亚马逊卖家中心，卖家管理亚马逊店铺的系统后台。

Seller Fulfilled Prime
卖家自发货可申请加入的 Prime 会员计划，但有特定的要求。

Sponsored Brands
亚马逊品牌广告，旨在帮助卖家进行品牌曝光、宣传，提升品牌知名度。

Sponsored Video 广告
亚马逊品牌独有的视频广告功能，旨在利用更加丰富、直观的视频元素吸引潜在客户。

Seller Feedback
客户评价，从属于亚马逊的评价体系，允许买家针对卖家的服务做出评价。

Verified Review
有实际购物行为的买家留下的 Listing 产品评价。

Vendor Central
俗称的 VC 卖家中心，VC 卖家从属于亚马逊供应商体系，即亚马逊成为卖家的品牌分销商。

Vine Program
亚马逊的 VINE VICE，按照亚马逊的购物达人排行榜，邀请用户来参与亚马逊 VINE 计划，购买或免费领取产品后发表真实的使用体验。一方面帮助卖家积累评价；另一方面帮助其他消费者做出购买决策。

ZonGURU
亚马逊店铺综合管理软件，以关键词为核心算法，辅助卖家进行大数据选品、Listing 量化以及店铺管理等，性价比极高。